ANDREW
WEIL

Heilung aus eigener Kraft

Die Selbstheilungskräfte des Körpers aktivieren

Aus dem Amerikanischen
von Anni Pott

Mosaik
bei GOLDMANN

Dieser Band ist bereits als Goldmann Taschenbuch
Nr. 12752 erschienen

Umwelthinweis:
Alle bedruckten Materialien dieses Taschenbuches
sind chlorfrei und umweltschonend.

Vollständige Taschenbuchausgabe Juni 1999
Wilhelm Goldmann Verlag, München

Originalverlag: Alfred Knopf, New York
Originaltitel: Spontaneous Healing
Umschlaggestaltung: Design Team München
unter Verwendung folgender Fotos:
Umschlag und Umschlaginnenseiten: Imagine, Horizoh
Druck: Elsnerdruck, Berlin
Verlagsnummer: 16205
Kö · Herstellung: Stefan Hansen
Made in Germany
ISBN 3-442-16205-X

1 3 5 7 9 10 8 6 4 2

Mosaik
bei GOLDMANN

Buch

Geschichten unerwarteter Heilung bei scheinbar unheilbarer Krankheit sind dem medizinischen Laien ebenso vertraut, wie sie der Schulmedizin suspekt erscheinen. Der Autor ist diesen Fällen von sogenannter Spontanremission nachgegangen und stieß dabei auf die schier wunderbaren Fähigkeiten des angeborenen, natürlichen körpereigenen Selbstheilungssystems. Es besitzt ein ungeheures Heilungspotential für leichte bis schwerste Krankheiten.

Weil erforschte dieses subtil auf den Organismus abgestimmte System und entwickelte darauf aufbauend ein bahnbrechendes 8-Wochen-Programm zur Aktivierung und Verstärkung der inneren Körperheilkräfte.

Autor

Dr. Andrew Weil studierte in Harvard Medizin, arbeitete für das National Institut of Mental Health und war 15 Jahre lang am Harvard Botanical Museum in der pharmakologischen Forschung tätig. Seine Studien zur Heilkraft von Pflanzen sowie die Suche nach alternativen Heilweisen brachten ihn mit Ärzten und Heilern auf der ganzen Welt in Kontakt. Zur Zeit lehrt er an der University of Tucson, Arizona, und praktiziert Naturheilverfahren und Präventivmedizin.

Vom Autor ist im Goldmann Verlag außerdem erschienen:

Das 8-Wochen-Programm (14135)

Für Diana

Inhaltsverzeichnis

Teil II: Das Heilungssystem optimieren 183

Teil III: Wenn Sie krank werden 305

Vorwort

»Spontanremission« ist der verschämte Ausdruck der Schulmedizin für jenes unerklärliche Geschehen, das alle anderen Wunder nennen. Wie die Kirche will auch die Schulmedizin von Wundern nichts wissen. Daran hat man als »wissenschaftlicher« Mensch nicht zu glauben. Wo sie trotzdem nicht zu leugnen sind, werden sie wenigstens »wissenschaftlich« benannt. Daß es sich bei Schulmedizin wie Kirche um Glaubensgemeinschaften handelt, die bestimmte Glaubensrichtungen vertreten und andere ablehnen, mag bei ersterer überraschen.

Aber wäre die Medizin – ihrem Anspruch gemäß – tatsächlich eine Naturwissenschaft, könnte es jene Schwachstellen nicht geben, auf die Weil schonungslos den Finger legt. Während Naturwissenschaftler auch ihre bewährtesten Hypothesen neuen Erkenntnissen opfern, ignoriert die Schulmedizin Ausnahmen von ihren Regeln und versucht manchmal geradezu krampfhaft, Lehrmeinungen zu retten. Hier wird eher auf jenem (kindlichen) Niveau gedacht, wo Ausnahmen die Regel bestätigen. Inzwischen müssen allerdings schon so viele Ausnahmen so viele unhaltbar gewordene Regeln bestätigen, daß die Lage für die Schulmedizin ungemütlich wird. Gerade Ärzte wie Weil verstärken mit ihren fundierten und dabei einfachen und klaren Anmerkungen diesen Aufbruchprozeß, der die Medizin endlich erfaßt hat.

Haben Physiker die Hypothese, alle Schwäne seien weiß, wird die Entdeckung des ersten schwarzen Schwanes diese Hypothese ein für alle Mal erledigen. Anders dagegen bei der Schulmedizin, die in einem solchen Fall dazu neigt, den einen schwarzen Schwan zu übersehen, ja nicht selten sogar seine Existenz abstreitet. Anstatt im wissenschaftlichen Sinne froh über die Enttäuschung zu sein, die immerhin eine Täuschung beendet, wird eher versucht, den Entdekker des schwarzen Schwanes lächerlich zu machen. Um Beispiele zu finden, brauchen wir leider nicht bis zu Semmelweis, dem allseits behinderten Wiederentdecker der Hygiene, zurückzudenken, auch der Weg der modernen Medizin ist mit Beispielen gepflastert. Wo Physiker ihre Fehler zum Anlaß nehmen, Theorien zu verbessern und noch fehlende Aspekte einzufügen, lassen sich Mediziner bei der Pflege ihrer Lehrmeinungen ungern stören. Bei diesem Spiel auch noch den Anspruch auf Naturwissenschaftlichkeit aufrechtzuerhalten ist einerseits komisch, andererseits gefährlich. Auf Physiker müßte dieser Anspruch im übrigen geradezu beleidigend wirken.

Ein konkretes Beispiel mag das Problem veranschaulichen: Solange Krebspatienten tun, was ihnen vorausgesagt wird, nämlich in einem überschaubaren Zeitrahmen zu sterben, sind sie für unsere Schulwissenschaft von großem Interesse, wehe aber, einer stirbt nicht wie vorausgesagt, sondern wird gar – im Rahmen einer Spontanremission – wieder gesund. Anstatt das ganze Interesse der Medizin nun auf sich zu ziehen, kann er sicher sein, daß er von nun an in Ruhe gelassen wird. Ähnlich ergeht es AIDS- und HIV-positiven Patienten, die ihre Lebenserwartung bei weitem überschritten haben. Sie werden ignoriert, als fürchte die Medizin, ihre »wissenschaftliche« Meinung ihretwegen überdenken zu müssen. Solches Verhalten ist nicht nur unwissenschaftlich, sondern behindert Fortschritte in der Erkenntnis, die das eigentliche Ziel einer Wissenschaft sein müßten.

Andrew Weil, selbst von der renommiertesten amerikanischen Universität, Harvard, kommend, läßt keinen Zweifel an diesen Schwachstellen moderner Medizin. Zugleich läßt er ihr aber auch ihr Recht, wo sie im Recht ist, und verfällt keineswegs in Schwarzweißmalerei. Statt dessen entwirft er das Bild einer möglichen zukünftigen Medizin, die, die Schulmedizin einbeziehend, einen weiten Bogen spannt und auch viele Bereiche der Erfahrungsheilkunde mit umfaßt. Nichts, was sich als hilfreich erwiesen hat, ist ihm tabu. So beginnt er sein Buch mit einer Fülle von Wunderberichten, ein Vorgehen, das der Medizin mehr als verdächtig ist. Einzelfälle gelten als anekdotisch, unwichtig und jedenfalls nicht aussagekräftig. Weil aber macht ganz deutlich, daß der Patient immer ein einzelner ist und daß für ihn eine einzige Fallgeschichte, von einem Menschen, der ein ähnliches Krankheitsbild gemeistert hat, von überragender Bedeutung sein kann. Fertig werden mit Aufgabe und Chance, die in jedem Krankheitsbild liegen, ist seine Grundmaxime, und dafür ist ihm alles recht von Pflanzentinkturen über manuelle Therapien bis zu Bilderreisen in innere Seelenlandschaften.

Wenn Weil anregt, Berichte von medizinischen Wundern zu sammeln und Betroffenen verfügbar zu machen, wandelt er auf einer uralten Fährte, die längst in Vergessenheit geraten schien. Das Lesen von Legenden, von *Heils*geschichten, ist heilsam und gibt Hoffnung. Das ist nicht neu, aber immer noch wirksam. Und so bringt er das Prinzip Hoffnung zurück in die Medizin. Eine einzige Heilsgeschichte von jemandem, der etwas bewältigt hat, was einem anderen gerade bevorsteht und schwer zu werden droht, sagt mehr als viele Statistiken, wobei Weil auch den Statistiken durchaus ihr Recht läßt, denn auch sie könnten auf ihre spröde Art noch Hoffnung nähren.

Den ärztlich-wissenschaftlichen Pessimismus brandmarkt der Autor als eine Art Verhexung der Patienten und zieht den Vergleich zu dunklen Voodoo-Künsten. Er verweist darauf, wie fatal Lehrmeinungen, insbesondere die der absoluten Spezialisten, wirken können und wie offen die Patienten in ihrer Angst dafür sind. Durch ihre Krankheit hellhörig geworden, hören sie vieles heraus und interpretieren einiges hinein. Wenn der Patient mit Nierenkrebs fragt, ob er das Rauchen aufgeben solle, und der Urologe antwortet, in diesem Stadium könne er sich das sparen, hört der Patient heraus: »Du stirbst sowieso bald, da ist schon alles gleich.« Er erlebt den vielleicht sogar nett gemeinten Rat als Verdammung.

Dagegen setzt Weil seine *Heils*geschichten, Erfahrungsberichte geheilter Patienten, die es aus eigener Kraft geschafft haben und mit der Herausforderung fertig wurden. Diese Geschichten machen Mut, Lebensmut, der zum Gesunden unverzichtbar ist. Den Kräften, die zu solchen und eigentlich allen Heilungen führen, setzt er sich hartnäckig auf die Spur und findet aus seinem durchaus wissenschaftlichen Denken, was Paracelsus in seinem analogen Weltbild schon wußte: daß es die innere Natur ist, die heilt, und nicht die Medizin. So, wie Weil uns das nahebringt, können wir es allerdings viel leichter annehmen, da er es auf dem Stand des neuesten Wissens begründet. Er erläutert etwa, wie auf der Ebene der Erbsubstanz bereits gut untersuchte Selbstheilungssysteme jede Sekunde zehn Millionen defekte Zellen ersetzen, wie in Zellmembranen ein dauernder regenerativer Austausch stattfindet und wie die Schleimhäute, unsere inneren Grenzen, sich in einem fort umbauen zur Erhaltung ihrer einwandfreien Funktion. Die Wundheilung auf Gewebeebene bietet ebenfalls ein eindrucksvolles und für jedermann nachvollziehbares Heilungsbeispiel. Unsere Leber, ein wahres Wunder an Regenerationsfähigkeit, kann den Verlust von achtzig Prozent ihrer Zellen in Stunden kompensieren und in kurzer Zeit den größten Teil ihres eigenen Gewebes erneuern. Nach einem Ausflug in die Welt der körperlichen Heilsysteme widmet sich der Autor auch den geistig-seelischen Heilgesetzen, deren Ergebnisse zwar bekannt sind und in Placeboeffekt und dem Ausdruck »Droge Arzt« sogar Namen haben, die aber kaum erforscht werden, da hier kein Geld zu verdienen ist.

Bei allem Verpflichtetsein gegenüber der eigenen wissenschaftlichen Herkunft ist es vor allem Weils Menschlichkeit, die anspricht. In Harvard, der Krone der amerikanischen Medizin, ausgebildet, bewegt ihn am Ende seines Studiums statt Stolz das Gefühl, im Krankheitsfall nicht so behandelt werden zu wollen, wie er gelernt hat, seine Patienten zu behandeln. Dieses Gefühl teilt er mit vielen Kollegen, wie Umfragen belegen, nur fügt er sich nicht in das scheinbar Unabdingliche, sondern beginnt eine lange Suche. Es spricht für ihn, daß er dabei neben neuen eigenen Erkenntnissen vor allem die alten Wurzeln der Medizin wiederentdeckt, um sie uns nun mit modernen Worten nahezubringen.

Er durchschaut den Kriegscharakter der Schulmedizin, die gegen alles immer nur Waffen entwickelt, ohne auch nur einen Versuch zu machen, das Wesen des jeweiligen Gegners zu verstehen. Das Arsenal der Schulmedizin ist Ausdruck einer Antimedizin: Antibiotika, Antiarrhythmika, Antihypertensiva, Antitussiva, Anticholinergika, Antihistaminika, Antidepressiva, Antipyretika, Antiallergika, Antikoagulanzien und schließlich noch die Blocker: Beta-Blocker, Säure-Blocker, Ca-Antagonisten, H_2-Rezeptoren-Antagonisten. Wir kämpfen Kriege gegen Krebs und Drogen, AIDS und viele mehr oder weniger gefährliche Symptome. Kriege und Waffen aber sind grundsätzlich gefährlich und können es auch für die Anwender selbst werden. Die Verluste durch sogenanntes freundliches Feuer waren zum Beispiel im Golf-Krieg hoch. Die Verluste durch das freundlich gedachte Feuer der Schulmedizin werden zwar von offizieller Seite nicht gezählt, dürften aber inzwischen ein schreckliches Ausmaß angenommen haben. Noch bei jedem Ärztestreik ging die Sterblichkeit der Bevölkerung spürbar zurück. Waffen provozieren darüber hinaus die Angreifer zu größeren Anstrengungen, was wir an der zunehmenden Resistenz von Erregern zu spüren bekommen. Selbst Schulmediziner erkennen inzwischen mit Grauen, daß wir in manchen Bereichen der Medizin mittlerweile schlechter dran sind als vor der Anti(biotika)ära.

Obwohl Weil der Homöopathie nicht allzuviel zutraut, hat sich sein Denken doch bereits weitgehend vom allopathischen Dagegen zum homöopathischen Damit gewandelt. Im Einklang mit ihren Selbstheilungskräften lehrt er seine Patienten, sich den Chancen und Möglichkeiten zu stellen, die in jedem Krankheitsbild liegen. Seine Ratschläge reichen weit, ohne zu erschlagen. In einem für jeden nachvollziehbaren 8-Wochen-Programm integriert er sie zu einem Weg in die Gesundheit. Dabei sind die Vorschläge einfach und einleuchtend. Hier hat ein Arzt den Mut gefunden, zurückzukehren zu den ganz einfachen Schritten, und schreckt auch nicht davor zurück, Spazierengehen als beste Bewegungstherapieform zu empfehlen und einfache, fast banal wirkende, in ihren Konsequenzen aber verblüffende Atemübungen vorzuschlagen. Seine Hinweise zur Ernährung sind ebenso vernünftig wie leicht zu befolgen, ähnlich wie vieles andere, was er zur Lebensreform vorschlägt.

So ist dieses Buch vom Zauber der Einfachheit umgeben, und es bleibt ihm zu wünschen, daß nicht umsonst bleibt, was so billig und einfach zu haben ist. Da auch Ausdrucksweise und Sprache leicht eingänglich und sehr direkt sind, mag von seiten der ins Kreuzfeuer genommenen Schulwissenschaft der Vorwurf des Populismus wieder einmal ins Spiel kommen, der gerne ausgepackt wird, wenn Ärzte so sprechen, daß ihnen auch Nichtärzte folgen können. Darin aber liegen gerade Chance und Faszination dieses Buches.

Rüdiger Dahlke

Einleitung

Ein Mann, dessen Lungen hoffnungslos von Krebs befallen sind, wird mit der Auskunft, daß die Medizin nichts für ihn tun kann, nach Hause geschickt, um zu sterben. Sechs Monate später erscheint er wieder in der Praxis seines Arztes, tumorfrei. Eine junge Frau, Diabetikerin und starke Raucherin, liegt nach einem schweren Herzanfall auf der Intensivstation. Ihr Arzt steht hilflos der Tatsache gegenüber, daß ihre Herztätigkeit rapide nachläßt; aber er kann nichts tun, um die Frau zu retten. Nichtsdestoweniger übersteht sie die Nacht, ist am Morgen bei vollem Bewußtsein, redet und befindet sich eindeutig auf dem Weg der Besserung. Oder: Ein Neurochirurg teilt den untröstlichen Eltern mit, daß ihr Sohn, der nach einem Motorradunfall mit schweren Kopfverletzungen im Koma liegt, nie wieder das Bewußtsein erlangen wird. Der Sohn ist heute quicklebendig.

Die meisten Ärzte, die ich kenne, haben ein oder zwei Geschichten dieser Art erlebt, Geschichten spontaner Heilungen. Wer sich die Mühe macht, solchen Geschichten nachzugehen, stößt auf sehr viele; aber nur wenige medizinische Forscher tun das. Für die meisten Ärzte sind solche Geschichten eben Geschichten, nicht ernst zu nehmen, nicht wissenschaftlich belegt und folglich nicht der Mühe wert, sie als Informationsquellen zu nutzen, um mehr über das Selbstheilungspotential des Körpers zu erfahren.

Die moderne Medizin ist inzwischen so teuer geworden, daß sie die öffentlichen Haushalte vieler Industrienationen strapaziert und für weite Teile der Weltbevölkerung bereits unerschwinglich geworden ist. In vielen Ländern streiten sich die Politiker über die Finanzierbarkeit oder Nichtfinanzierbarkeit des Gesundheitswesens, wobei allerdings die Grundsatzdebatte, was eigentlich unter Gesundheitsvorsorge zu verstehen ist, völlig außer acht gelassen wird. Aus Sicht der Ärzte setzt Gesundheit eine Intervention von außen voraus, während die Anhänger der Naturheilkunde Gesundheit als Ergebnis eines Lebens im Einklang mit der Natur betrachten – so wie früher die Ärzte im alten Griechenland der Ägide des Heilgottes Asklepios folgten, während die Heiler sich Asklepios' Tochter Hygieia, der Göttin der Gesundheit und Inbegriff der Gesundheit, anschlossen. Der Mediziner und Philosoph René Dubos schrieb dazu:

> »Für die Verehrer von Hygieia ist Gesundheit der natürliche Zustand der Dinge, ein positives Attribut, das den Menschen zusteht, wenn sie ihr Leben weise führen. Für sie ist die oberste Aufgabe der Medizin, die natürlichen Gesetze zu entdecken und zu lehren, die für einen gesunden Geist des Menschen in einem gesunden Körper sorgen. Für die Anhänger von Asklepios, die den Lauf der Welt skeptischer und weiser betrachten, besteht die Hauptrolle des Arztes darin, Krankheit zu behandeln und durch die Berichtigung geburtsbedingter Unvollkommenheiten oder nach Unfällen Gesundheit wiederherzustellen.«[1]

Die politischen Auseinandersetzungen, wie die Kosten des Gesundheitswesens zu finanzieren seien, werden weitestgehend unter den Anhängern Asklepios' geführt. Gestritten wird dabei nicht über die Natur der Medizin oder über die Erwartungen, die die Menschen an die Medizin stellen, sondern ausschließlich darüber, wer die horrenden Kosten für die medizinische Versorgung tragen soll, die durch die Technologiehörigkeit der Ärzte inzwischen ungeheuere Dimensionen erreicht haben. Ich bin ein begeisterter Anhänger Hygieias und möchte diesen Standpunkt engagiert in jeder Diskussion vertreten, bei der es um die Zukunft der Medizin geht.

Ein Beispiel mag verdeutlichen, wie diese beiden unterschiedlichen Systeme in der Praxis zu höchst unterschiedlichen Ansätzen führen. Im Westen ist das Hauptaugenmerk der wissenschaftlichen Medizin auf die Identifizierung äußerer Krankheitserreger und die Entwicklung entsprechender Waffen gerichtet, um sie zu bekämpfen. Ein herausragender Erfolg dieses Ansatzes waren die Entdekkung der Antibiotika Mitte dieses Jahrhunderts und der damit verbundene grandiose Siegeszug gegen bakterielle Infektionskrankheiten – ein Erfolg, mit dem die Anhänger des Asklepios sich die Herzen und Seelen vieler eroberten und die meisten davon überzeugten, daß die medizinische Intervention mit den Segnungen der Technologie, ungeachtet aller Kosten, der richtige Weg sei. Im Osten, insbesondere in China, hat die Medizin demgegenüber seit jeher eine völlig andere Schwerpunktsetzung. Hier wurden – auf den Spuren Hygieias – Wege und Möglichkeiten zur Erhöhung der inneren Widerstandskräfte gegen Krankheiten untersucht, so daß man, ungeachtet schädlicher Einflüsse, gesund bleiben kann. Und im Zuge ihrer Forschungen entdeckten chinesische Ärzte zahlreiche natürliche Substanzen, die die Abwehrkräfte des Körpers stärken. Zweifellos hat uns der westliche Ansatz lange Zeit Erfolge beschert, langfristig wird sich seine Brauchbarkeit vielleicht aber nicht einmal annähernd mit dem östlichen messen können.

Waffen sind gefährlich. Sie können nach hinten losgehen, den, der sie einsetzt, verletzen, und sie können auch den Feind reizen, so daß er noch aggressiver zuschlägt – ein Punkt, den wir inzwischen erreicht haben. Denn weltweit sehen sich die Experten für Infektionskrankheiten inzwischen mit der zunehmenden Resistenzentwicklung von Organismen und so mit der Nichtbehandelbarkeit von Epidemien konfrontiert.

Ein Leitartikel der *Clinical Research News for Arizona Physicians*, einer Publikation des Medizinischen Zentrums der University of Arizona, beschäftigte sich unlängst mit der Frage »Resistenz gegenüber antibakteriellen Agenzien: Die neue Seuche?«. Darin heißt es:

»Antibakterielle Agenzien wurden als die ›Wundermittel‹ des 20. Jahrhunderts betrachtet. Inzwischen sind Kliniker und Forscher sich aber nur allzusehr der Tatsache bewußt, daß die mikrobische Resistenz gegenüber Medikamenten ein großes klinisches Problem darstellt ... Etliches wurde an Lösungsvorschlägen bisher vorgebracht. So versucht etwa die Pharmaindustrie, neue Mittel zu entwickeln, die den gegenwärtigen Resistenzmechanismen eher standhalten. Das Problem ist jedoch, daß diese Organismen offenbar sehr schnell neue Resistenzmechanismen entwickeln ... Von entscheidender Bedeutung bei der stationären Behandlung ist also die strikte Einhaltung der bei Infektionen angezeigten Behandlungsmethoden. Alle Beschäftigten im Gesundheitswesen müssen begreifen, daß die antibakterielle Resistenz in der Praxis in allen Bereichen ein wachsendes Problem darstellt, das unmittelbar schwerwiegende Konsequenzen für den Patienten haben kann.«[2]

Der Hinweis, daß das Problem »unmittelbar schwerwiegende Konsequenzen für den Patienten haben kann«, ist dabei eine durchaus euphemistische Feststellung. Denn sie bedeutet nichts anderes, als daß der Patient an Infektionen sterben kann, die bisher ärztlicherseits mit Antibiotika behandelt werden konnten. Fest steht, daß Antibiotika mit rapider Geschwindigkeit ihre Wirksamkeit verlieren, so daß manche Spezialisten für Infektionskrankheiten bereits über Alternativen nachdenken für den Fall, daß wir uns auf diese Mittel nicht mehr stützen können. Eine Möglichkeit wäre sicherlich, sich auf die in den zwanziger und dreißiger Jahren üblichen Methoden zu besinnen, deren man sich in den Krankenhäusern bediente, als es noch keine Antibiotika gab: strikte Quarantäne und Desinfektion, Aderlaß und ähnliches. Aber welche Wende wäre das angesichts unserer Apparatemedizin!

Bei den natürlichen Tonika der chinesischen Medizin gibt es dieses Problem der Resistenzentwicklung nicht, da sie nicht *gegen* Bakterien wirken (und somit auch deren Evolution nicht beeinflussen), sondern *mit* den körpereigenen Abwehrkräften. Sie erhöhen die Aktivität und Effizienz der Zellen des Immunsystems und fördern so allgemein die Abwehr von Infektionen aller Art, und nicht nur von solchen, die durch Bakterien verursacht werden. Antibiotika sind im übrigen nur im Einsatz gegen Bakterien effektiv und bei der Bekämpfung virenbedingter Krankheiten nutzlos. Die Machtlosigkeit der westlichen Medizin gegenüber Virusinfektionen wird zum Beispiel im erfolglosen Kampf gegen AIDS klar sichtbar. Und auch hier scheint die chinesische Kräuterheilkunde HIV-Infizierten einen wesentlich vielversprechenderen Ansatz zu bieten. Ganz im Gegensatz zu den derzeit im Westen üblicherweise verabreichten antiviralen Mitteln sind die chinesischen pflanzlichen Mittel ungiftig und ermöglichen vielen HIV-Infizierten, trotz Virus in ihrem Körper noch relativ lange und frei von Symptomen zu leben.

Das östliche Konzept der Stärkung der inneren Abwehrkräfte entspricht den Prinzipien Hygieias, da es von dem Grundsatz ausgeht, daß der Körper von Natur aus über die Fähigkeit verfügt, Krankheitserreger abzuwehren und mit ihnen fertig zu werden. Würde diesem Grundsatz auch in der westlichen Medizin mehr Rechnung getragen, gäbe es die gegenwärtige ökonomische Krise in der Gesundheitsversorgung nicht, da die Methoden, die bei den natürlichen Selbstheilungskräften des Körpers ansetzen, weitaus billiger sind als die intensiven Behandlungsmethoden der Apparatemedizin. Und nicht nur das: Sie sind auch unbedenklicher und langfristig effektiver.

Das Hauptinteresse der Anhänger Asklepios' gilt der Behandlung, das der Hygieias der Heilung. Die Behandlung kommt von außen; die Heilung kommt von innen. Das Wort »heilen« bedeutet »ganz machen«, also Integrität und Gleichgewicht wiederherstellen. Ich bin seit langem vor allem an Berichten über Heilungen interessiert und Sie vermutlich auch. Vielleicht haben Sie sogar persönlich bei einem Krebskranken einen Fall spontaner Remission erlebt, wobei große Tumore auf scheinbar unerklärliche Weise und zum Erstaunen der behandelnden Ärzte vorübergehend oder vielleicht auch dauerhaft verschwanden. Was ist hier geschehen? Oder vielleicht kennen Sie auch jemanden, der infolge von Gebeten oder aus einem starken religiösen Erleben heraus geheilt wurde.

Dieses Buch hat den Titel *Spontanheilungen*. Ich habe ihn gewählt, um die Aufmerksamkeit gezielt auf die uns angeborenen Heilungskräfte, auf die intrinsische Natur des Heilungsprozesses zu lenken. *Selbst wenn Behandlungen erfolgreich verlaufen, stellen die dabei erzielten Ergebnisse nichts weiter als die Aktivierung jener intrinsischen Heilungsmechanismen dar, die unter anderen Umständen vielleicht auch ohne äußeren Stimulus wirksam geworden wären.* Das Thema dieses Buches läßt sich im wesentlichen kurz wie folgt zusammenfassen: Der Körper kann sich selbst heilen – dank seines ureigensten Heilungssystems. Sofern Sie bei guter Gesundheit sind, sollten Sie dieses Buch nutzen, um sich über dieses System zu informieren, denn es sorgt dafür, daß Sie auch weiterhin bei guter Gesundheit bleiben; und darüber hinaus sollten Sie natürlich auch wissen, was Sie noch mehr für Ihre Gesundheit tun können. Sofern Sie oder Ihnen nahestehende Personen krank sind, ist es erst recht wichtig, sich über dieses System zu informieren, da es die beste Hoffnung auf Genesung verheißt.

In *Teil I* werden die Beweise für die Existenz dieses Heilungssystems aufgezeigt; es wird beschrieben, wie es funktioniert und mit der Psyche zusammenwirkt. Ich werde aufzeigen, daß auf jeder Ebene der biologischen Ordnung – angefangen von der DNA – Selbstdiagnose-, Selbstheilungs- und Regenerationsmechanismen existieren, die jederzeit bei Bedarf aktiviert werden können. Eine Medizin, die sich diese uns innewohnenden Heilungsmechanismen zunutze macht, ist effektiver als eine Medizin, die lediglich die Symptome unterdrückt. In diesem Abschnitt werden Sie den Geschichten von Menschen begegnen, die ich persönlich kenne, die entgegen den Vorhersagen ihrer Ärzte von Krankheiten genesen sind, den Vorhersagen von Ärzten, die keine Genesungsmöglichkeit sahen oder darauf beharrten, daß Besserungen allenfalls mit einem massiven Einsatz von Mitteln nach den Prinzipien des Asklepios erzielt werden könnten. Da ich, wann und wo immer möglich, mein Interesse an Fallgeschichten dieser Art kundgetan habe, sind mir auch sehr viele zu Ohren gekommen. Und ich glaube, daß jeder, der danach sucht, weitere finden wird. Spontanheilungen sind eine normale Erscheinung und keine Seltenheit. Wir staunen über die Geschichten spontaner Remissionen bei Krebskranken und halten sie für Wunder, schenken aber den eher alltäglichen Aktivitäten des Heilungssystems, etwa bei der Heilung von Wunden, kaum Beachtung. Und dabei sind es gerade diese ungewöhnlichen, alltäglichen

Fälle, in denen sich die herausragende Wirksamkeit des Heilungssystems zeigt.

In *Teil II* dieses Buches erfahren Sie, wie Sie Ihr Heilungssystem optimal fördern können. Sie erfahren, wie Sie mit einer Änderung des Lebensstils Ihr Heilungspotential im einzelnen erhöhen können, wobei Umweltgifte, körperliche Bewegung, Streßreduzierung, Ernährung, Vitamine, Nährstoffergänzungen sowie Heilpflanzen, die Sie allgemein zur Stärkung Ihres Wohlbefindens nutzen können, eine besondere Rolle spielen. Des weiteren finden Sie hier ein 8-Wochen-Programm, das Ihnen als Anleitung für eine allmähliche Umstellung auf einen Lebensstil dienen kann, der Ihre natürlichen Heilungskräfte fördert.

In *Teil III* finden Sie praktische Ratschläge zum Umgang mit Krankheiten. Hier werden die Stärken und Schwächen der konventionellen und alternativen Behandlungsmethoden analysiert und Strategien aufgezeigt, die von Patienten erfolgreich erprobt und angewendet wurden. Darüber hinaus finden Sie hier Vorschläge zur Nutzung natürlicher Methoden im Umgang mit allgemeinen Beschwerden und Krankheiten. Dabei gehe ich im Schlußkapitel auf Krebs als Sonderfall ein, da diese Krankheit eine besondere Herausforderung an das Heilungssystem darstellt und die Wahl der Behandlungen eine sorgfältige Analyse der jeweils gegebenen Voraussetzungen im Einzelfall verlangt.

Im *Nachwort* gehe ich schließlich auf die Frage ein, inwieweit sich die heutigen medizinischen Institutionen und Rahmenbedingungen verändern müßten – im Sinne einer Annäherung an die Prinzipien Hygieias.

Bisher haben sich nur wenige Ärzte und Wissenschaftler mit Fallbeispielen von Heilungen beschäftigt, so daß es nicht überrascht, wenn manchem das Phänomen der »Spontanheilungen« obskur und das Konzept eines inneren Heilungssystems immer noch befremdlich erscheint. Ich behaupte hingegen: Je mehr wir uns mit diesem Konzept anfreunden, desto mehr Heilung werden wir in unserem Leben erfahren, und desto weniger werden wir gezwungen sein, auf medizinische Interventionen zurückzugreifen, die nicht nur unnütz, sondern mitunter auch schädlich und extrem kostenintensiv sind. Mit einer heilungsorientierten Medizin wäre uns wesentlich mehr gedient als mit dem gegenwärtigen System. Sie wäre unbedenklicher und wirksamer und nicht zuletzt auch billiger. Um diesem Ziel näherzukommen, habe ich dieses Buch geschrieben.

Teil I
Das Heilungssystem

— 1 —

Vorspiel im Regenwald

Ich möchte Sie zunächst an einen weitentlegenen Ort mitnehmen, den ich vor mehr als zwanzig Jahren besuchte: an das sandige Ufer eines breiten Flusses, eines Nebenflusses des Rio Caquetá im Nordwesten des Amazonas, nahe der Grenze zwischen Kolumbien und Ecuador. Ein schwüler Nachmittag im Jahr 1972 – und ich hatte mich verirrt. Ich war auf der Suche nach einem Schamanen, einem Kofán-Indianer namens Pedro, der irgendwo inmitten des riesigen, dichten Urwaldes in einer abgelegenen Hütte lebte. Aber der Pfad, der mich dorthin führen sollte, endete an einem unüberwindbaren Fluß, ohne jeden Hinweis, wie es weitergehen sollte. Und es war allmählich spät geworden.

Zwei Tage vorher hatte ich meinen Landrover nach einer langen und anstrengenden Fahrt am Ende einer schmutzigen Straße stehenlassen und ein Motorboot genommen, um zu einer winzigen Siedlung an der Grenze zu gelangen, wo ich eine unruhige Nacht verbrachte. Am nächsten Tag fand ich einige Indianer, die sich bereit erklärten, mich mit einem Kanu zum Ausgangspunkt eines Pfades zu bringen, der mich, wie sie sagten, zu der Lichtung führen würde, wo Pedro lebte. »Ein halber Tagesmarsch«, sagten sie, wobei mir allerdings klar war, daß ein halber Indianertagesmarsch für mich durchaus länger sein konnte. Mit meinem Rucksack war ich zwar im wesentlichen für alle möglichen Eventualitäten gerüstet, aber ich hatte nicht viel Eßbares dabei, da ich davon ausgegangen war, bald bei dem Schamanen zu sein. Nach mehreren Stunden im dunklen Urwald gabelte sich der Pfad. Doch niemand hatte mir etwas von einer Gabelung gesagt. Ich entschied mich für die rechte Abzweigung. Nach einer weiteren Stunde kam ich auf eine Lichtung mit mehreren Hütten und fünf Kofán-Indianern, die einander die Gesichter bemalten.

Mir war wahnsinnig heiß, ich war durstig und fragte auf spanisch, ob ich etwas Wasser haben könnte. Die Männer ignorierten mich. Ich fragte nochmals. Da antworteten sie, sie hätten kein Wasser. »Kein Wasser?« rief ich entsetzt. »Wie ist das möglich?« Sie zuckten nur gleichgültig die Schultern und setzten unbeirrt ihr Schminken fort. Ich fragte nach dem Schamanen. »Nicht hier«, sagte einer der Indianer. »Wo kann ich ihn finden?« fragte ich. Mit einer nachlässigen Kopfbewegung wurde ich auf einen Pfad hinter den Hütten aufmerksam gemacht. »Ist es weit?« fragte ich. Wieder zuckten sie die Schultern.

Es war eine neue Erfahrung für mich. Im Hinterland Kolumbiens war ich immer überschwenglich gastfreundlichen Indianern begegnet. Nur die Einwohner der unwirtlichen Städte an der Grenze, die Mestizen, die Mitgiftjäger, die nichts unversucht ließen, um ihr Glück zu machen, waren unfreundlich und einschüchternd. Aber sobald ich die Städte hinter mir gelassen und indianisches Gebiet erreicht hatte, hatte ich mich immer sicher gefühlt, auch im Hinblick darauf, daß die Eingeborenen einen Fremden aufnehmen und ihm weiterhelfen würden.

Diese fünf Kofán-Männer waren jung, gut gebaut und offenbar sehr eitel. Sie trugen einfache Tuniken, hatten langes glänzendes schwarzes Haar und gaben sich ganz ihren kosmetischen Künsten hin. Jede an der Stirn oder auf der Wange aufgetragene neue Linie wurde erst minutenlang in der Scherbe eines zerbrochenen Spiegels begutachtet, ehe der Geschminkte zufrieden grunzend seine Zustimmung bekundete oder weitere Verschönerungen verlangte. Diese Prozedur würde bestimmt den ganzen Nachmittag in Anspruch nehmen. Meine Anwesenheit interessierte sie nicht im mindesten, und nachdem sie mich eine halbe Stunde ignoriert hatten, nahm ich meinen Rucksack und setzte meinen Weg auf dem angedeuteten Pfad fort, bis er sich Stunden später im Dickicht am Ufer des Flusses verlor.

Es war atemberaubend schön dort, obwohl ich, ehrlich gesagt, eher geneigt war, den Fluß und den Urwald als Hindernisse denn als Quellen sinnlicher Freuden zu sehen. Am Himmel über dem Blätterdach der Bäume zogen große aufgetürmte Kumuluswolken. Der Fluß hatte eine schnelle Strömung, und sein Wasser war völlig klar. Nichts deutete hier auf menschliches Leben hin, es gab keine Geräusche, außer denen der Insekten und Vögel. Wären da nicht die Sandfliegen gewesen, diese kleinen stechenden Biester, die von der Morgen- bis zur Abenddämmerung in großen Schwärmen auftraten, hätte ich nichts dagegen einzuwenden gehabt, hier mein Zelt aufzuschlagen. Ich hatte eine Hängematte und ein Moskitonetz in meinem Rucksack und hätte notfalls die Nacht hier verbringen können. Aber die Tatsache, daß ich mich verirrt hatte, ließ mir keine Ruhe und machte mich nervös; und diese Nervosität wurde zu allem Überfluß auch noch durch meinen Unmut über die Fruchtlosigkeit meiner Unternehmung verstärkt.

Dieser Schamane, der so schwierig zu finden war, sollte ein großer Heiler sein. Früher war ich schon einmal ein Jahr lang in Südamerika herumgewandert, und die meisten Schamanen, denen ich dabei begegnet war, waren für mich eine Enttäuschung gewesen. Manche waren Säufer. Andere waren eindeutig nur auf ihren Ruhm und auf Reibach bedacht. Einer wollte mich, nachdem er erfahren hatte, daß ich ein Harvard-Doktor war, nur noch dazu überreden, ihm ein Zertifikat von ebenjener Institution zu beschaffen, das ihm seine außergewöhnlichen Kräfte attestierte, um damit seinen Rivalen eine Nasenlänge voraus zu sein. Ich erlebte auf diesen Reisen endlose Abenteuer, aber nie lernte ich etwas dabei, was mir geholfen hätte, ein besserer Arzt zu sein. Pedro war meine letzte Hoffnung. Ein Zufall hatte mich auf seine Spur gebracht, denn er war selbst in Insiderkreisen völlig unbekannt. Ich würde der erste Gringo sein, der ihn aufsuchte. Und damit verband ich die große Erwartung, daß er mich in die Geheimnisse des Heilens, nach denen ich schon so lange suchte, einweihen würde.

Für den Moment fühlte ich mich erst einmal verloren, und die strahlende Amazonas-Sonne nahm gerade jene typische tiefgoldene Färbung an, die das Ende des Nachmittags ankündigte. Die Nacht würde nun schnell hereinbrechen, begleitet von empfindlicher Kälte am Fluß – und das ohne die Chance, eine Unterkunft zu finden. Ich bin kein Raucher, aber ich zündete mir drei Zigaretten gleichzeitig an (die einheimische Billigmarke mit dem Bild eines nordamerikanischen Indianers auf der Packung) und blies den Qualm um mich, um mir so zumindest zeitweilig die Sandfliegen etwas vom Leibe zu halten.

Ich brach meine mageren Vorräte an, ein Päckchen Kakaomixgetränk, etwas Trockenobst. Ich stellte meinen kleinen Butankocher auf, kochte mir etwas Flußwasser ab und schlürfte die heiße Flüssigkeit, die mir nie besser geschmeckt hatte – ein wenig Wohlbehagen in dieser für mich fremden Umwelt.

Ich befand mich in dieser abgelegenen Gegend Südamerikas, weil ich auf der Suche nach etwas war, was ich für exotisch und außergewöhnlich hielt, nach etwas, was jenseits meiner herkömmlichen Erfahrungen lag. Ich war auf der Suche nach einer Quelle, die mir Einblick in die Urgründe der Heilkraft und das Zusammenwirken von Magie, Religion und Medizin gewähren würde. Ich wollte verstehen lernen, wie Geist und Psyche mit dem Körper zusammenwirken und einander gegenseitig beeinflussen. Und vor allem hoffte ich, Geheimnisse zu erfahren, die ich in der Praxis anwenden könnte, um Menschen wieder gesund zu machen. Acht Jahre hatte ich an einer renommierten Gelehrteninstitution verbracht, vier Jahre Botanik und vier Jahre Medizin studiert, aber auf meine Fragen keine befriedigenden Antworten gefunden. Meine Botanikstudien weckten in mir den Wunsch, den Regenwald zu sehen, eingeborene Heilkundige kennenzulernen und mitzuhelfen, das so rasch schwindende Wissen über Heilpflanzen zu retten. Und aufgrund meiner medizinischen Ausbildung hatte ich den Wunsch, der Welt der invasiven, technologischen Behandlungsmethoden zu entfliehen und mich dem »romantischeren« Ideal der natürlichen Heilung zu verschreiben.

Drei Jahre vorher, 1969, hatte ich mich, nach Beendigung meiner medizinischen Grundausbildung, entschieden, nicht die Art von Medizin zu praktizieren, die ich gerade gelernt hatte, und zwar aus zwei Gründen, einem emotionalen und einem logischen. Der erste beruhte auf einem Unbehagen, denn ich wollte nicht, wenn ich selbst krank würde, so behandelt werden, wie man es mir gerade beigebracht hatte, zumindest nicht, solange es noch eine Alternative dazu gab. Der zweite resultierte aus der Einsicht, daß die meisten Behandlungsmethoden, die ich in den vier Jahren an der Harvard Medical School und einem weiteren Jahr Praktikum gelernt hatte, nicht an die Wurzel der Krankheitsprozesse heranreichten und die Heilung nicht förderten, sondern diese Prozesse nur unterdrückten oder lediglich die sichtbaren Krankheitssymptome kurierten. In all den Jahren hatte ich fast nichts über Gesundheit und Gesundbleiben oder über die Vorbeugung von Krankheiten gelernt – ein für mich unverzeihliches Versäumnis, da die Hauptaufgabe des Arztes nach meiner Überzeugung zunächst einmal darin besteht, Menschen zu lehren, wie sie nicht krank werden. Das Wort »Doktor« kommt aus dem Lateinischen und heißt »Lehrer«. Und so sollte die Lehre von der Krankheitsvorbeugung an erster Stelle und die Behandlung einer gegebenen Krankheit erst an zweiter Stelle stehen.

Was mir nicht behagt, ist die suppressive Natur der konventionellen Medizin. Wir brauchen uns nur die Namen der gängigsten Medikamentengruppen anzusehen, die diesen Charakter allein schon durch die häufige Vorsilbe »Anti-« verraten. Wir verwenden Antispasmodika, Antihypertonika, Antiemetika und Antidepressiva, Anticholinergika, Antiarrhythmika, Antitussiva, Antipyretika und Antimykotika oder Beta-Blocker und H-Rezeptoren-Blocker: eine ausgesprochene Antimedizin, eine Medizin, die ihrem Wesen nach unterdrückt und bekämpft.

Was ist falsch daran? Bei gefährlich hohem Fieber oder einer allergischen Reaktion, die außer Kontrolle geraten ist, ist es natürlich keine Frage, daß diese Symptome zu bekämpfen sind. So habe ich denn auch *im Umgang mit sehr ernsten Erkrankungen* nichts gegen eine *kurzfristige Anwendung* solcher Behandlungsmethoden. Aber bereits sehr früh, während meines Praktikums im Krankenhaus, wurde mir klar, daß mit der Strategie, sich bei der Behandlung von Krankheiten in erster Linie auf suppressive Maßnahmen zu stützen, zwei massive Probleme aufgeworfen werden.

Erstens werden Patienten Risiken ausgesetzt, da pharmazeutische Wirkstoffe grundsätzlich stark toxisch sind; nur allzuoft stehen deshalb den gewünschten Effekten unliebsame Nebenwirkungen gegenüber. Diese negativen Reaktionen auf die Antimedikation der konventionellen Medizin sind der große Schwachpunkt dieses Systems, und ich habe während meiner klinischen Ausbildung mehr als genug davon gesehen, um zu wissen, daß es einen besseren Weg geben muß. Die Naturheilkunde dagegen faszinierte mich, weil sie unbedenkliche und natürliche Alternativen zu den toxischen Medikamenten bot.

Das zweite Problem, das zwar weniger offensichtlich, aber nichtsdestotrotz besorgniserregender ist, besteht darin, daß suppressive Behandlungsmethoden den Krankheitsprozeß de facto sogar verstärken können, statt ihn zu beenden. Auf diese Möglichkeit machten mich allerdings erst die Schriften des großen Häretikers der orthodoxen Medizin, Samuel Hahnemanns (1755–1843), aufmerksam, jenes abtrünnigen deutschen Arztes, der die Homöopathie, eine der wichtigsten Schulen der alternativen Medizin, entwikkelte. Die Homöopathie arbeitet prinzipiell mit stark verdünnten Mitteln, die in sehr niedrigen Dosierungen zur Beschleunigung von Heilungsprozessen verabreicht werden. Ich bin kein Homöopath und mit einigen Prinzipien der homöopathischen Theorie absolut nicht einverstanden (zum Beispiel mit ihrer ablehnenden Haltung gegenüber der Immunisierung), abgesehen davon, daß mir das System insgesamt ebenso rätselhaft wie unvereinbar mit den derzeit gültigen wissenschaftlichen Modellen der Physik und Chemie erscheint. Andererseits habe ich homöopathische Heilungen erfahren und beobachtet, und ich bewundere dieses System, da hier Behandlungen vorgenommen werden, die nicht schaden können. Mehr noch: Einige Ideen Hahnemanns finde ich ausgesprochen nützlich.

Eine seiner wichtigsten Lehren setzt sich mit der Gefahr der Suppression sichtbarer Krankheitssymptome auseinander. Hahnemann veranschaulichte dieses Problem gerne am Beispiel eines Ekzems, einer Hautentzündung. Es ist besser, lehrte er, die Krankheit äußerlich zu haben, weil sie von der Oberfläche nach außen verschwinden kann. Die Gefahr bei suppressiven Behandlungsmethoden ist, daß sie den Krankheitsprozeß nach innen treiben und lebenswichtige Organe in Mitleidenschaft gezogen werden können. Der juckende Ausschlag mag verschwinden, aber möglicherweise mit der Konsequenz, daß sich darunter Schlimmeres »zusammenbraut«, etwas, was sich dann vielleicht sogar als resistent gegenüber den stärksten suppressiven Mitteln erweist.[1]

Hahnemann gelangte lange vor der Entdeckung der Kortikosteroide zu dieser Einsicht, jener äußerst potenten entzündungshemmenden Hormone, die von den allopathischen Ärzten heute so bereitwillig verabreicht werden, ohne daß sie sich allzu viele Gedanken darüber machen, welchen Schaden sie anrichten können. Lokal applizierte Steroide sind sehr effektiv in der Suppression von Hautausschlägen und in den USA heute nicht einmal mehr rezeptpflichtig, sondern frei verkäuflich. Ich erlebe immer wieder, wie Patienten davon abhängig werden. Solange sie die steroidhaltigen Cremes und Salben verwenden, haben sie ihren Ausschlag im Griff, aber sobald sie mit der Behandlung aufhören, tauchen die Symptome neuerlich und schlimmer als vorher auf. Die Krankheit wird nicht geheilt, sondern nur gehemmt, so daß sie Kräfte sammeln kann, um erneut auszubrechen, sobald die von außen wirkenden Mittel abgesetzt werden.

Sofern Steroide systematisch verabreicht werden, sind ihr suppressives Potential und ihre Toxizität sogar noch größer. Patienten, die beispielsweise monate- oder jahrelang Medikamente wie Prednison zur Kontrolle von rheumatoider Arthritis, Asthma und anderen Autoimmun- oder allergischen Krankheiten nehmen, haben in der Regel entsetzlich unter der Toxizität dieser Mittel zu leiden (was sich in Gewichtszunahme, Depressionen, Geschwüren, Sehschwäche bis hin zum grauen Star, Knochenschwäche oder Akne äußert); sie können diese Mittel jedoch nicht absetzen, da sonst die Symptome wieder mit voller Kraft zum Ausbruch kämen. Aber was geschieht mit den Energien der so unterdrückten Krankheiten? Wohin gehen sie?

Meine Erfahrungen mit Patienten bestätigen Hahnemanns Warnung. Unlängst kam eine Frau, Mitte Dreißig, zu mir in die Praxis, bei der erstmals zwei Jahre zuvor die Symptome einer schweren

Autoimmunkrankheit aufgetreten waren: Sklerodermie. Typisch für diese Krankheit im Anfangsstadium ist, daß die Hände bei Kälteeinwirkung weiß werden und schmerzen. Das Raynaud-Syndrom ist ein Zeichen neurovaskulärer Instabilität, die als solche die Ursache sein kann, der aber auch weitreichendere Nerven- und Kreislauffunktionsstörungen zugrunde liegen können. Bei dieser Frau folgten auf die anfänglichen Symptome Gelenkschmerzen und ein Anschwellen der Finger. Dann wurde die Haut an den Fingern und Händen dicker und härter, die klassische sichtbare Manifestation von Sklerodermie (was ja »harte Haut« bedeutet). Die Hände von Patienten mit fortgeschrittener Sklerodermie sind oft kalt, rot, glänzend, hart und unbeweglich. Diese äußere Veränderung ist entstellend genug, aber nicht das Schlimmste an dieser Krankheit. Wenn Sklerodermie auf innere Organe des Verdauungs-, Herz- und Atmungssystems übergreift, kann sie tödlich sein.

Bei dieser Patientin diagnostizierten die Ärzte sehr schnell das Problem und verabreichten ihr hochdosiertes Prednison und andere Immunsuppressiva – und sie sprach phantastisch darauf an. Innerhalb weniger Monate hatte sich ihre Haut wieder normalisiert, die Gelenkschmerzen waren verschwunden, und ihr Arzt versicherte ihr, sie sei wieder völlig hergestellt. Ein Jahr später entwickelte sie dann jedoch eine Kurzatmigkeit. Nach Untersuchungen wurde anhand von Röntgenaufnahmen eine Lungenfibrose diagnostiziert, eine progressiv verlaufende Lungenerkrankung, bei der das normale Lungengewebe durch anomales Bindegewebe ersetzt wird. Laut Auskunft der Ärzte hatte diese Erkrankung nichts mit der vorhergehenden Sklerodermie zu tun. Dem steht jedoch entgegen, daß es sich bei einer Lungenfibrose um eine zwar ungewöhnliche, aber nichtsdestoweniger sehr wohl bekannte Manifestation des gleichen Prozesses handelt, der hierbei nur in einer wesentlich vitaleren Körperregion zum Ausdruck kommt und sich gegenüber Therapien als wesentlich resistenter erweist. Ihre Hände waren jetzt warm und weich und hatten eine natürliche Farbe. Äußerlich wies ihr Körper keine sichtbaren Krankheitszeichen auf. Aber innerlich litt sie nunmehr statt dessen an einer Lungenkrankheit, die allen Bekämpfungsmaßnahmen der konventionellen Medizin trotzte.

Bis zur Beendigung meines medizinischen Praktikums hatte ich zur Genüge solche und ähnliche Fälle in allen möglichen Variationen gesehen, so daß für mich feststand, daß ich diese Schulmedizin weder praktizieren noch mich weiter in dieser Richtung ausbilden lassen wollte. Ich wußte aber nicht, was ich statt dessen praktizieren sollte; diese Ungewißheit veranlaßte mich, nach alternativen Möglichkeiten zu suchen, und war somit der Beginn meiner zuvor beschriebenen Unternehmungen. Aber nach zweijährigem Bemühen, unter teilweise schwierigen Bedingungen, hatte ich noch immer nur sehr wenig über »Heilen« gelernt. Aber vielleicht, so sagte ich mir, ehe ich mich schließlich ins Kofán-Gebiet aufmachte, mußte ich einfach andere Wege gehen, um dieses Neuland zu erforschen. Die Heiler und Schamanen, die ich bisher aufgesucht hatte, waren bereits entdeckt, nur allzugut bekannt und leicht zu finden. Was ich suchte, mußte noch weiter weg, noch schwieriger zu erreichen und noch versteckter in der Tiefe des Amazonas-Urwaldes sein.

Und da war ich nun, verloren, der Kakao alle, der Tag seinem Ende zugeneigt. Ich habe schließlich Pedro, den Schamanen, doch noch gefunden, und ich erinnere mich noch sehr gut an unsere Begegnung, obwohl sie lange zurückliegt, denn sie war ein wichtiger Wendepunkt in meinem Leben. Mir war damals allerdings nicht bewußt, wie bedeutend sie später tatsächlich für mich sein würde. Zunächst einmal war sie für mich nichts weiter als eine weitere Enttäuschung in der langen Reihe der bisher erlebten. Es sollte sich jedoch herausstellen, daß sie in Wirklichkeit der erste Schritt auf einem neuen Weg war, der mich zurückführen und mir an einem Ort die Augen öffnen sollte, wo ich das fand, was ich gesucht und von dem ich immer gewußt hatte, daß es es gab, aber in meiner Blindheit nie hatte sehen können.

Nachdem ich meine Ausrüstung zusammengepackt und meinen Rucksack geschultert hatte, entdeckte ich etwas flußaufwärts eine längliche Sandbank. Von dort aus, überlegte ich mir, wäre die Gegend vielleicht besser zu überblicken, die Richtung, in der Pedros Hütte zu suchen war, wohl am ehesten zu erahnen. So watete ich zu der Sandbank und erspähte, nachdem ich das Ufergelände von dort aus sorgfältig inspiziert hatte, weiter flußaufwärts einen winzigen Pfad. Ich erreichte ihn, indem ich am Ufer entlang durchs Wasser ging; nach fünfundvierzig Minuten kam ich an eine Lichtung, wo ein kleiner Fluß in den großen mündete. Und genau an der Einmündung stand auf Pfählen eine einsame geräumige, strohgedeckte Hütte. Ich rannte auf sie zu, während der Himmel in den Farben des tropischen Sonnenuntergangs erglühte, und kletterte die behelfsmäßige Treppe zu einer Art Veranda hinauf, die einen freien Blick über den Zusammenfluß der beiden Flüsse bot.

Ein Schamane war nicht in Sicht. Der einzige Bewohner war ein junges Indianermädchen, das zögernd und gebrochen Spanisch sprach und mich wie einen Außerirdischen ansah. Sie sagte, Pedro sei weggegangen, bereits vor zehn Tagen, und hätte eigentlich seit gestern wieder zurück sein sollen. Ich fragte, ob ich bleiben könnte. Nachdem sie nichts dagegen hatte, setzte ich meinen Rucksack ab und befestigte meine Hängematte zwischen zwei Pfählen in einer Ecke der Veranda.

Die nächsten vier Tage und Nächte verbrachte ich fast ausschließlich in meiner Hängematte, ließ massenweise Zigaretten zwischen meinen Fingern verglimmen und beobachtete, wie die langen heißen Tage den klaren sternenreichen Nächten wichen. Nur manchmal raffte ich mich trotz der lästigen Sandfliegen auf und ging einen Nachmittag lang im Fluß schwimmen. Meine Bemühungen, die junge Frau des Hauses in ein Gespräch zu verwickeln, blieben fruchtlos. Und so flüchtete ich mich vor dieser Welt der Hitze, Feuchtigkeit, blendenden Sonne und des dichten Urwaldes in eine Sammlung von Jack-London-Romanen über den hohen Norden, die ich genau für solche Umstände mitgenommen hatte. Ich hatte damit eine glänzende Wahl getroffen, es war die perfekte literarische Flucht in die Welt der Iglus, Eisfelder und klirrenden Kälte. Aber irgendwann war diese Exkursion dann leider beendet, und so las ich die Bücher noch einmal und noch einmal.

Eine kleine außerliterarische Abwechslung gab es. Pedro hatte kurz vor seinem Aufbruch einen Jaguar erlegt. Der Jaguar hatte ein Junges, das jetzt in einem Käfig im Haus stand. Es war niedlich und verspielt und freute sich, wenn man sich mit ihm beschäftigte.

Einmal hatte ich es aus dem Käfig herausgenommen und auf dem Boden mit ihm herumgespielt, bis mir sein Spiel zu ruppig geworden war. Ich wollte, daß es damit aufhörte, aber alle Versuche, es wegzuschubsen oder zu beruhigen, weckten nur weiter das wilde Tier in ihm. Plötzlich war es kein zutrauliches Kätzchen mehr, sondern nur noch eine bösartige Raubkatze. Das Indianermädchen nahm schließlich einen Besen zu Hilfe, und mit vereinten Kräften gelang es uns, das Junge in seinen Käfig zurückzuschaffen. Ich kam mit einigen häßlichen Kratzern und zwei kräftigen Bissen an den Armen davon.

Dann, eines Nachmittags, tauchte Pedro auf und begrüßte mich förmlich: ein Mann Anfang Vierzig, der Kraft, Elan und Würde ausstrahlte. Ich mochte ihn auf Anhieb. Er sagte aber gleich von vornherein, mein weiterer Aufenthalt sei zwecklos, da er aufgehört habe, in seinem Metier zu praktizieren. Statt als Heiler zu arbeiten, war er politischer Aktivist geworden, der versuchte, seine Stammesgenossen, die Kofán-Indianer, zum Kampf gegen die Vernichtung ihres Lebensraumes und Lebensstils und damit gegen »La Texas« zu mobilisieren, wie Texaco hier genannt wurde. Der Ölkonzern war in den Nordwesten Amazoniens eingedrungen, um die dortigen reichen Erdölvorkommen auszubeuten. Bei einem kurzen Aufenthalt in einer Grenzstadt, die Texaco als Basislager diente, hatte ich einen entsetzlichen Eindruck gewonnen: eine einzige Zusammenballung von Lärm, Schmutz, Qualm, Dieben, Huren und Haudegen, die nur Zerstörung verbreiteten. Aber die Stadt lag Hunderte von Meilen von dieser friedlichen Region entfernt, und ich konnte mir nicht vorstellen, inwiefern sie Pedros Leben bedrohte.

Pedro erzählte mir dann, wie der Lärm der Texaco-Hubschrauber das Wild aus weiten Teilen des Urwaldes vertrieb und die Fischbestände in den Flüssen verschwanden. Was bei der Jagd und beim Fischen für die Indianer abfiel, war in den letzten zwei Jahren spürbar zurückgegangen, und diese Tatsache lastete Pedro einzig und allein der Ausbeutung der Erdölvorkommen an. Seine ganze Kraft investierte er jetzt dafür, Unterschriften für eine Petition zu sammeln, wonach von Texaco Wiedergutmachungsleistungen verlangt wurden. Er bedauerte, daß ich einen so langen Weg vergeblich auf mich genommen hatte. Ich auch. Aber zumindest verstand ich jetzt, warum Kofán-Männer einem Gringo, der durch ihren Wald spaziert, nicht allzu gastfreundlich begegneten.

Am nächsten Morgen brach ich auf, erreichte schließlich meinen Landrover wieder und ließ das Kofán-Gebiet endgültig hinter mir.

Ich sollte noch ein weiteres Jahr durch Kolumbien, Ecuador und Peru wandern, aber ich habe nie mehr eine so mühsame Reise um eines exotischen Wunderheilers willen auf mich genommen. Statt dessen beschäftigte ich mich in Ecuador und Peru mit Heilpflanzen, informierte mich über die Kultivierung von Kokasträuchern und die Verwendung von Kokablättern, arbeitete mit einem kolumbianischen Filmemacher zusammen, um die Verwendung von Heilpflanzen und Drogen durch Schamanen zu dokumentieren, und suchte nach außergewöhnlichen Früchten, Gewürzen und Farbstoffen. Auch wenn ich es mir selbst nicht eingestehen wollte, irgendwie wußte ich, daß ich das, wonach ich suchte, nicht in der Wildnis Amazoniens oder an irgendeinem anderen exotischen Ort finden würde. Gleichwohl war ich noch immer auf der Suche nach Antworten auf meine Fragen: Was ist die Quelle der Heilung? Welcher Zusammenhang besteht zwischen Behandlung und Heilung? Wie können Ärzte und Patienten häufiger Heilung erreichen? Meine Suche nach Pedro lehrte mich schließlich, daß ich am falschen Ort nach Antworten suchte, daß ich mich nicht von meinem eigenen Land, von meiner Kultur, von meiner regulären Ausbildung und meinem Selbst abwenden mußte, um die Quelle der Heilung zu finden. Aber ich hatte diese Jahre der Wanderschaft erst verbringen müssen, um zu dieser Einsicht zu gelangen.

Inzwischen ist fast ein Vierteljahrhundert vergangen, seit ich Pedros Hütte an der Mündung des kleinen Flusses verließ. Die durch die Ölförderung verursachte Vernichtung des Regenwaldes hat inzwischen Ausmaße angenommen, die Pedro und sein Volk sich wohl nie hätten vorstellen können. Durch Straßenbau, großflächige Verschmutzung des Erdreiches mit Öl, durch das achtlose Wegwerfen und Einleiten toxischer Chemikalien in die Flüsse und die zynische Mißachtung und Gleichgültigkeit gegenüber den Kulturen der Eingeborenen – und zwar sowohl seitens der nationalen Regierungen als auch der ausländischen Multis – wurden weite Teile Kolumbiens und Ecuadors irreparabel verseucht und zerstört. Dem Volk der Kofán wurde, kurz gesagt, die Lebensgrundlage entzogen. Sie sind am Ende, und das Wissen, über das die weisen Alten und traditionellen Heiler verfügen, wird bald für immer verloren sein. Längst sind auch andere Stämme der gleichen Gefahr ausgesetzt. Und ob sie dem Schicksal der Kofán entgehen können, ist mehr als ungewiß.[2]

Meine Jahre waren lichter. Ich habe gefunden, wonach ich suchte, und mehr noch: Ich fand es meinem Zuhause wesentlich näher, unerwartet und für mich befriedigend.

Die Gesichter der Heilung: Kristin

Kristin Killops sollte heute eigentlich nicht mehr leben. Und erst recht sollte sie keine Kinder haben. Die Ärzte schickten sie nicht nur nach Hause, um zu sterben, sie gaben ihr auch unmißverständlich zu verstehen, daß sie aufgrund der Behandlungen, die ihr zuteil geworden waren, ihre Gebärfähigkeit eingebüßt hatte.

Kristins Geschichte beginnt damit, daß 1974 unerklärliche Hämatome an ihrem Körper auftreten. Sie ist neunzehn und lebt mit Freunden auf der Insel Maui, die zu den Hawaii-Inseln gehört. Ein Arzt rät ihr zur Einnahme von Eisenpräparaten. Als nach zwei Wochen jedoch keine Besserung eingetreten ist, werden Blutuntersuchungen vorgenommen, die alarmierende Ergebnisse zeitigen: Bei allen Untersuchungen wird ein Mangel an roten und weißen Blutkörperchen sowie an Blutplättchen festgestellt. Die Blutplättchen sind maßgebend für die Blutgerinnung, und der niedrige Blutplättchenspiegel ist die Ursache für die Hämatome, auf die Kristin aufmerksam geworden ist. Um die Ursache des Mangels an Blutkörperchen zu klären, wird eine Knochenmarkbiopsie vorgenommen, deren Ergebnis noch bestürzender ist: Ihr Knochenmark weist fast keine Blutkörperchen auf, nur zwei Prozent des Normalwertes. Die Diagnose lautet auf aplastische Anämie – medizinisch gesehen eine Katastrophe, da gleichbedeutend mit dem Verlust eines der lebenswichtigsten Körpergewebe, das für die gesamte Blutbildung zuständig ist. Kristin wird sofort in ein Krankenhaus im Süden Kaliforniens verlegt: Hier stehen alle technologischen Mittel zur Verfügung, die jetzt noch ihr Leben retten können.

Der Begriff »aplastisch« bedeutet »ohne Form« – eine treffende Beschreibung eines Prozesses, bei dem die regulären Bestandteile des Knochenmarks vernichtet werden; das Ergebnis ist ein »leeres Knochenmarksyndrom«, was nichts anderes heißt, als daß dort, wo blutbildende Zellen sein sollten, Leerräume und Fett entstehen. Das Knochenmark produziert die für den Sauerstofftransport zuständigen roten Blutkörperchen, die verschiedenen weißen Blutkörperchen, die für die Abwehrkräfte des Körpers von zentraler Bedeutung sind, sowie die Blutplättchen. Die Produktion all dieser Zellen verläuft normalerweise kontinuierlich, wobei jede einzelne Zelle in ihrer jeweiligen Blutzellreihe entsteht, in bestimmten Phasen heranreift und schließlich vom Knochenmark großer Knochen aus in die Blutbahnen wandert. Diese Blutzellreihen entspringen einem gemeinsamen Pool von Stammzellen im Mark, einem Pool mit »primitiven«, embryonalen Zellen, die sich sodann erst zu den einzelnen Blutzellreihen differenzieren. Eine aplastische Anämie dürfte als Ergebnis irgendeiner Schädigung oder Suppression vermutlich auf eine Fehlfunktion dieser Stammzellen zurückzuführen sein.

In Kristins Fall gab es keine erkennbare Ursache für das Versagen der Knochenmarkfunktion, es gab jedoch den Verdacht auf einen Zusammenhang mit Giftstoffen, denen sie ausgesetzt gewesen war. Denn auf Maui entwickelten sechs weitere Personen gleichzeitig Knochenmark- und Blutanomalien, und alle starben innerhalb weniger Monate. Ein solcher Cluster von Fällen läßt auf eine umweltbedingte Ursache schließen. Landwirtschaftliche Chemikalien werden auf Hawaii sorglos in Unmengen eingesetzt, vor allem auf den großflächigen Zuckerrohr- und Ananasplantagen, die auf der ganzen Insel zu finden sind. Die Frage ist, ob bei den Opfern eine genetisch bedingte Empfindlichkeit gegenüber einem Pestizid oder Herbizid vorlag, dem sie ausgesetzt waren. Wir werden es wohl nie erfahren.

Kristin kam in einem alarmierenden Zustand in Santa Barbara in Kalifornien an. Wie soll es jemandem auch anders gehen, dessen Knochenmarkfunktion praktisch gleich Null ist! Ein starker Mangel an roten Blutkörperchen kann zu einer einschneidenden Drosselung des Stoffwechsels und einer massiven Belastung des Herzens führen, das jetzt härter arbeiten muß, um den Sauerstoffmangel im Blut auszugleichen. Und der Mangel an weißen Blutkörperchen bringt die körpereigene Abwehr gegenüber Infektionen zum Erliegen. Um Kristin vor Keimen und Bazillen so gut wie möglich zu schützen, wurde sie im Krankenhaus streng isoliert, auf Antibiotika gesetzt und täglich statt mit Seife von Kopf bis Fuß mit Desinfektionsmitteln gewaschen. Darüber hinaus birgt der Mangel an Blutplättchen das Risiko anomaler – innerer und äußerer – Blutungen.

Die Behandlung einer aplastischen Anämie erfordert drastische Maßnahmen. Oft werden hohe Dosen von Steroiden und anderen Immunsuppressiva verabreicht, die in manchen Fällen wirken, in anderen jedoch nicht. Solche Behandlungen erscheinen irrational angesichts der Tatsache, daß das Immunsystem durch das Verschwinden der »Armeen« von weißen Blutkörperchen sowieso bereits gelähmt ist; es besteht jedoch die Möglichkeit, daß irgendeine Autoimmunität das Knochenmark schädigt, was dann von Steroiden unterdrückt wird. Eine Autoimmunreaktion, bei der das Immunsystem die Stammzellen im Knochenmark angreift, kann durch die Exposition gegenüber bestimmten Chemikalien oder Viren ausgelöst werden – eine Reaktion, die sich sodann, völlig unabhängig von dem auslösenden Moment, verselbständigt.

Kristins Ärzte begannen mit der Steroidbehandlung; sie betrachteten ihren Zustand jedoch als zu kritisch, um ihr eine Überlebenschance zu geben. Die allerletzte Hoffnung war für sie eine Knochenmarktransplantation, und so überwiesen sie sie ins Medical Center der University of California in Los Angeles. Diese Operation ist für Patienten mit aplastischer Anämie oft die letzte Hoffnung, insbesondere für junge Menschen, die meist sehr gut darauf ansprechen. Sie stellt jedoch einen schwerwiegenden Eingriff mit ungewissem Ausgang dar. Hinzu kommt, daß die Möglichkeit einer Operation im Hinblick auf die begrenzte Zahl passender Spender eingeschränkt ist; Komplikationen bei der Transplantation können am ehesten ausgeschlossen werden, wenn es sich bei Spender und Empfänger um eineiige Zwillinge oder um Geschwister handelt, bei denen eine Übereinstimmung der Antigene gewährleistet ist. Kristin hatte glücklicherweise einen Bruder und eine Schwester, die diese

Voraussetzung erfüllten und bereit waren, Rückenmark zu spenden.

Kristin wollte aber die Tortur einer Transplantation nicht auf sich nehmen. »Ich habe alles mögliche versucht, um um die Transplantation herumzukommen«, sagt sie. »Visualisieren, Meditation, um Heilung zu erzielen, und ich habe jede Menge Vitamine und Nährstoffergänzungen genommen. Dann fand ich schließlich einen Heiler, der mit mir arbeiten wollte, aber es war einfach schon zu spät. Die Ärzte hatten mir eine Deadline gesetzt, von der sie nicht mehr abrücken wollten, und so hatte der Heiler nicht mehr genügend Zeit, mir zu helfen.«

Bei Kristin wurden schließlich zwei Knochenmarktransplantationen vorgenommen, aber sie hatte Pech: Beide Transplantate wurden von ihrem Körper abgestoßen. Damit hatte die Schulmedizin ausgedient. Sie hatte Kristin nun nichts mehr zu bieten, außer Zuspruch und allgemeine Unterstützung. Ihre Ärzte hatten jede Hoffnung aufgegeben.

Kristin jedoch nicht. Sie war entschlossen, andere Behandlungsmethoden, zunächst einmal Psycho-Heilen und Visualisierung, auszuprobieren. Der Klinikpsychologe verwies sie an einen Forscher der University of California in Los Angeles, der sich mit Psycho-Heilen beschäftigte. Über ihn fand sie einen Heiler, der mit Hypnotherapie und Handauflegen arbeitete. Kristin hatte die nächsten zwei Wochen vier Sitzungen bei ihm. Bei den anschließend durchgeführten Untersuchungen wurde eine bescheidene Zunahme des Knochenmarks festgestellt – für die Ärzte ein Phänomen, wie sie sagten, von dem sie bis dahin noch nie etwas gehört hatten. Obwohl ihre Blutwerte sich erheblich verbesserten, so aber doch nicht gut genug, um sie von der Isolierstation entlassen zu können, und sie brauchte auch weiterhin Transfusionen. Schließlich sagten die Ärzte jedoch, sie könnten nichts mehr für Kristin tun. Nach Gesprächen mit ihr und ihrer Mutter wurde sie aus der Klinik entlassen – was nach dem Verständnis der Mutter nichts anderes bedeutete, als daß man ihrer Tochter die Chance geben wollte, zu Hause zu sterben.

Kristin setzte ihre Suche nach Heilern verbissen fort. Sie fand einen weiteren, der fünf Tage in der Woche zum Handauflegen kam. Die

Ergebnisse nach zwei Wochen erschienen wieder wie ein Wunder: Die Werte von Blutkörperchen und -plättchen waren gestiegen und lagen im Grenzbereich der unteren Normalwerte. Sie klammerte sich daran. Dann zog sie sich jedoch durch die Transfusionen eine Serumhepatitis zu, wurde sehr krank und hatte einen Monat lang über 38 °C Fieber.

Kristin hörte von einer Frau in einer Psycho-Einrichtung, die Heildiäten verordnete. Die Diätvorschriften, die Kristin von ihr erhielt, waren alles andere als leicht zu befolgen: weder Zucker noch Stärken irgendwelcher Art, zwei Eier und ein zusätzliches Eigelb am Tag, mit gedünstetem Gemüse, einer Gemüsesuppe und Salat ohne Öl, ein wenig gedünstetem Fisch oder Huhn und ein Glas Granatapfel- oder Grapefruitsaft täglich, der zu fünfzig Prozent mit Wasser verdünnt war. Kristin hielt sich neun Monate an diese Diät. »Es war das Härteste, was ich je durchgemacht habe«, sagt sie. Sie nahm ab. »Aber damit kam ich wieder auf die Beine. Nach nur wenigen Tagen zeichnete sich bereits eine deutliche Verbesserung der Hepatitissymptome ab.«

Alles in allem lag Kristin ein halbes Jahr im Krankenhaus. Ein Jahr nachdem ihre Krankheit erstmals aufgetreten war, wußte sie, daß sie überleben würde, auch wenn der Weg bis zur vollständigen Genesung noch lang und beschwerlich war. »Außerdem hatte man mir gesagt, ich könnte wegen des Medikamentes, das man mir bei der Knochenmarktransplantation gegeben hatte, um zu verhindern, daß das Spendermark abgestoßen wurde, keine Kinder mehr bekommen«, erinnert sie sich. »Um dem Risiko unkontrollierbarer Blutungen vorzubeugen, mußten, so wurde mir gesagt, auch meine Perioden unterbunden werden; deshalb wurden mir darüber hinaus in hoher Dosierung weibliche Hormone verabreicht. Zusätzlich bekam ich Prednison, um etwaige Reaktionen auf die Transfusionen zu kontrollieren, und außerdem männliche Hormone, die die Knochenmarkbildung anregen sollten. Ich hatte ein Jahr lang keine Periode, und eine Psycho-Heilerin, die ihre Hand über mein Becken legte, sagte, sie fühle dort eine ›absolute Schwärze‹. Aber dann fastete ich, und nach nur einer Woche setzte meine Periode wieder ein! Und seither kommt sie immer regelmäßig.«

Zwanzig Jahre später ist Kristin eine gesunde, vitale Frau und Mutter von vier auf natürlichem Wege gezeugten, gesunden Kindern. Ihre Genesung war aus medizinischer Sicht so außergewöhnlich, daß einer ihrer Ärzte ihren Fall bei einer internationalen Konferenz über aplastische Anämie vorstellte. Kristin schreibt: »Ich bin nicht nur am Leben, ich fühle mich auch gesund und stark. Ich hatte schon immer großen Spaß an körperlichen Aktivitäten und stellte, als es mir besserging, fest, daß ich so stark werden konnte, wie ich nur wollte. Tägliches Radfahren, regelmäßiges Laufen und Schwimmen im Meer haben mir geholfen, die letzte Hürde zu nehmen, um meine Gesundheit vollständig wiederherzustellen.

Ich bin heute glücklich und vollauf damit beschäftigt, meine vier Kinder großzuziehen. Ich bin inzwischen eine zugelassene Naturheilpraktikerin, habe aber nicht mehr praktiziert, seit ich Mutter geworden bin. Ich unterrichte Yoga und schreibe im übrigen an einem Kinderbuch, das ich auch selbst illustrieren möchte. Wir sind eine sehr aktive Familie – wir laufen Ski, haben Spaß am Windsurfen, und ich jogge regelmäßig. Wenn ich meine Krankheitsgeschichte nicht erwähne, vermutet niemand einen solchen Hintergrund bei mir; und diejenigen, denen ich davon erzähle, können kaum glauben, daß ich jemals so schwer krank war.«

Auf welche Reserven an Heilkraft konnte Kristin zurückgreifen, um ihre Knochenmarkbildung zu reaktivieren, die ursprüngliche Krankheitsursache zu neutralisieren und die toxischen Effekte der invasiven Behandlung letztendlich wieder wettzumachen? Was mich fasziniert, ist ihre unerschütterliche Zuversicht, die sie während ihres Leidensweges an den Tag legte. »Ich habe immer daran geglaubt, daß es einen Weg gibt, um zu leben«, sagt sie. »Ich mußte ihn nur rechtzeitig finden. Dieser Glaube und die Suche nach einem Weg waren die Quelle meines unverbrüchlichen Optimismus und ausschlaggebend dafür, daß ich am Heilungsprozeß aktiv beteiligt war.« Und was würde Kristin anderen sagen, die mit schweren gesundheitlichen Krisen konfrontiert sind?

»Da die Menschen verschieden sind, können auch die Wege zur Heilung verschieden sein«, sagt sie. »Aber es gibt immer einen Weg. Entscheidend ist, nie aufzuhören, danach zu suchen!«

– 2 –

Gleich nebenan

Nachdem ich meine Südamerikareise 1973 beendet hatte, beschloß ich, mich in Tucson, Arizona, niederzulassen, wo ich auch heute lebe. Ich fühlte mich der dortigen Natur und Landschaft mit der Wüste sehr verbunden und fand schnell Kontakt zu den Leuten. Eine dieser frühen Verbindungen war Sandy Newmark, ein graduierter Anthropologiestudent an der University of Arizona, der zu meinen Nachbarn im Esperero Canyon am Fuße der Catalina Mountains zählte. Sandy verabschiedete sich schließlich von der Anthropologie, um Farmer in den White Mountains in Arizona zu werden, kehrte später dann aber wieder nach Tucson zurück und immatrikulierte sich für ein Medizinstudium. Heute ist er der Kinderarzt meiner Familie.

Sandy und seine Frau Linda, eine klinische Psychologin, haben eine Tochter, Sophia, die in der Entwicklung zurückgeblieben ist. Noch als Sophia im Säuglingsalter war, gaben viele Freunde den Newmarks Ratschläge für eine Behandlung. Einer dieser Ratschläge war, einen außergewöhnlichen Osteopathen namens Robert Fulford aufzusuchen, der bekanntermaßen bei den verschiedensten Problemen bereits erfolgreich mit Kindern gearbeitet hatte. Sandy und Linda waren so beeindruckt von ihm, daß sie Sophia zu einigen behutsamen kranialen Therapiesitzungen zu ihm brachten; und Sandy, der damals im ersten Jahr seines Medizinstudiums an der University of Arizona war, arbeitete dann selbst eine Zeitlang mit Dr. Fulford zusammen. Immer wieder sagte mir Sandy, ich müßte Dr. Fulford kennenlernen; aber ich war nicht interessiert, was zum Teil an meiner Ignoranz lag; mit Osteopathen wußte ich nichts anzufangen. Für mich waren sie Ärzte zweiter Klasse, die, genau wie viele Chiropraktiker, nur manipulierten und herumpfuschten. Mein Desinteresse lag wohl auch daran, daß ich immer noch der romantischen Vorstellung verhaftet war, irgendwo in weiter Ferne, in einer völlig anderen Kultur einen Heiler und Lehrer zu finden – trotz der wiederholten Erfahrung, daß ich von meinen Reisen immer wieder mit leeren Händen zurückgekommen war. Erst nachdem mehrere Leute mich gedrängt hatten, stattete ich Dr. Fulford schließlich einen Besuch ab.

Bob Fulford war damals Ende Siebzig. Er war von Cincinnati nach Tucson gezogen, um sich aus seinem Berufsleben mit ständig überfüllter Praxis zurückzuziehen. Nachdem er sich ein Jahr lang von seiner Erschöpfung hatte erholen können, erhielt er eines Abends den verzweifelten Anruf eines Freundes, dessen Kind an einer schweren Lungenentzündung erkrankt war. Das Baby lag im Krankenhaus und sprach auf keine Antibiotika an. Dr. Fulford fuhr ins Krankenhaus, behandelte das Kind »mit den Händen«, und am nächsten Morgen war das Baby außer Gefahr. Diese Geschichte hatte sich im Handumdrehen herumgesprochen; es war nur eine Frage von Stunden, bis die ersten Hilfesuchenden bei ihm anriefen, so daß er sich schlagartig aus seinem Ruhestand hinaus- und wieder in seine spezielle Praxis als Osteopath hineinkatapultiert sah.

Mich verblüffte die Schlichtheit seiner Praxis: ein Wartezimmer mit einer Schwester, die für die Anmeldung zuständig war, sowie zwei Behandlungszimmer. Abgesehen von einem Diplom des Kansas City College of Osteopathy, das an der Wand hing, gab es nichts, auch nichts an Geräten und Einrichtungen, was typisch für eine ärztliche Praxis ist. Dr. Fulford war ein netter und großväterlicher Mann. Er war hoch gewachsen, kräftig, wirkte entspannt und hatte große, wundervolle Hände. Er sprach ruhig und war kein Mann großer Worte. Ich sagte ihm, ich hätte viel von ihm und der Wirksamkeit seiner Methode gehört und wolle seine Behandlung gerne selbst einmal für mich in Anspruch nehmen.

»Nun, was fehlt Ihnen?« fragte er.

»Nicht viel«, sagte ich. »Mit meinem Nacken habe ich mitunter etwas Probleme; bisweilen treten Versteifungen auf, die recht schmerzhaft sein können.«

»Gut, wir wollen sehen, was wir tun können«, sagte er.

Er bat mich, mich aufrecht hinzustellen, legte beidseitig seine Hände auf meine Schultern und beobachtete meine Atmung. Dann bewegte er meinen Kopf in verschiedene Richtungen. »Legen Sie sich jetzt hier auf den Tisch«, sagte er daraufhin. Ich legte mich auf dem Rücken flach hin und schaute ihm zu, wie er an einem Regal mit einem merkwürdigen Instrument herumhantierte, das an ein langes Stromkabel angeschlossen war. Das Instrument war sein »Perkussionshammer«, eine Art abgewandelter Bohrer aus der zahnärztlichen Praxis mit einer dicken runden Metallscheibe, die in Auf- und Abwärtsbewegungen vibrierte. Dr. Fulford nahm auf dem Stuhl neben dem Tisch Platz, justierte die Vibrationsfrequenz und setzte die Scheibe an meiner rechten Schulter an. Ich konnte die Vibrationen auf der ganzen rechten Seite meines Körpers fühlen, ein angenehmes und entspannendes Gefühl, aber doch wohl kaum eine Therapie, die als solche diesen Namen verdiente. Nach einigen Minuten ruckte seine Hand leicht, und er brummte: »Und weg ist sie.« Damit setzte er den »Perkussionshammer« ab und begann eine neue Stelle auf meiner rechten Hüfte zu bearbeiten. Etwa zwanzig Minuten arbeitete er so weiter an mir, derweil ich meinen Tagträumen nachhing. Dann schaltete er die Maschine ab, zog seinen Stuhl ans Tischende und legte beidseitig seine Hände an meinen Kopf, mit den Fingern um meine Ohren.

Einige Minuten lang hielt er meinen Kopf so, wiegte ihn und drückte mal hier, mal dort leicht. Es war die behutsamste Form der Körperarbeit, die ich je erlebt hatte, so behutsam, daß ich bezweifelte, daß sie überhaupt irgend etwas bewirken konnte. Gleichzeitig war es beruhigend, von diesen erfahrenen und selbstsicheren Händen so gehalten zu werden.

Nachdem diese Phase der Behandlung abgeschlossen war, überprüfte Dr. Fulford die Beweglichkeit meiner Gliedmaßen. Und schließlich bat er mich, ich solle mich hinsetzen, so daß er die Behandlung mit einigen Manipulationen, die mir mit dem damit verbundenen Knacken der Wirbelsäule schon vertrauter waren, beenden konnte.

»Damit dürften wir es haben«, sagte er.

»Was haben Sie festgestellt?« fragte ich.

»Nicht viel«, antwortete er. »Einige kleine Einschränkungen in der Schulter, die wahrscheinlich die Ursache Ihrer Nackenschmerzen waren. Ihre kranialen Impulse sind sehr gut.«

Ich hatte keine Ahnung, was kraniale Impulse waren, aber es freute mich zu hören, daß meine gut waren. Die »Einschränkungen in der Schulter« und wie sie Nackenversteifungen auslösen konnten, erschienen mir ebenso rätselhaft. Aber Dr. Fulford enthielt sich weiterer Erklärungen und ließ erkennen, daß unsere Zeit abgelaufen war. Er sagte mir noch, ich sei jederzeit willkommen, um ihm bei der Arbeit zuzuschauen.

Angenehm überrascht war ich, daß ich für diese Sitzung nur fünfunddreißig Dollar zu bezahlen hatte, ein Spottpreis, wenn man allein den Entspannungsbonus nahm, der dabei abfiel. Dennoch: Ich konnte mir nicht vorstellen, wie diese minimale Intervention all die Geschichten erklären sollte, die ich über Dr. Fulfords klinische Erfolge gehört hatte. So beschloß ich, wieder hinzugehen und ihm bei der Behandlung von Patienten zuzuschauen.

Am nächsten Tag stellte ich überrascht fest, daß ich müde und alles andere als in guter Verfassung war. Ich rief Dr. Fulford an, um ihn zu fragen, ob meine Befindlichkeit mit seiner Behandlung zusammenhängen könne. »O ja«, sagte er, »das ist absolut normal; das kann noch einige Tage nachwirken.« So war es dann auch. Aber anschließend fühlte ich mich bestens, und mein Nacken plagte mich tatsächlich weniger; darüber hinaus konnte ich jedoch keine Veränderungen feststellen.

Etwa einen Monat später begann ich, einige Stunden in der Woche in der kleinen Praxis in der Grant Road zu verbringen und dem alten Mann bei der Arbeit mit seinen Patienten zuzuschauen. Seine Praxis war immer voll, oft mit Eltern und Kindern, aus allen Schichten der Bevölkerung, die im südlichen Arizona beheimatet sind, einschließlich Latinos und Orientalen, Städter und Leute aus den ländlichen Regionen. Alle kamen mit hohen Erwartungen und waren einfach nur dankbar, daß sie diesen Mann sehen konnten. Im übrigen war Dr. Fulford das Musterbeispiel eines altmodischen, fürsorglichen Hausarztes, der allein schon durch seine Warmherzigkeit und seine vorbildliche Gesundheit dafür sorgte, daß sich die Leute gleich besser fühlten.

Was mich beim Zuschauen erstaunte, war, wie kurz er sich bei der Erkundigung nach der Krankengeschichte und bei den körperlichen Untersuchungen faßte. Er stellte nur sehr wenige Fragen, wenn ein neuer Patient zur Tür hereinkam: »Wo liegt das Problem? ... Wie lange haben Sie die Beschwerden schon? ... Sind Sie in Ihrer Kindheit einmal gestürzt oder hingefallen? ... Wissen Sie etwas über die Umstände Ihrer Geburt?« Dann hatten sich die Patienten aufrecht hinzustellen, er überprüfte ihre Atmung und die Beweglichkeit der Gliedmaßen, drehte ihren Kopf einige Male hin und her und bat sie dann, sich auf den Tisch zu legen. Den meisten wurde die gleiche Art der Behandlung zuteil, die ich kennengelernt hatte: zunächst die Arbeit mit dem »Perkussionshammer«, der an verschiedenen Körperteilen angesetzt wurde, bis sich irgend etwas löste (was durch den plötzlichen Ruck seiner Hand angezeigt wurde, in der er den »Perkussionshammer« hielt), gefolgt von einer langen, kaum wahrnehmbaren manuellen Manipulation des Kopfes, schließlich einige Justierungen der Wirbelsäule. Von sich aus gab er selten irgendwelche Erklärungen ab, was seiner Meinung nach »nicht in Ordnung war« oder was er vorhatte, auf Anfrage erklärte er es jedoch mit wenigen Worten. Aber die meisten fragten nicht; sie vertrauten sich oder ihre Kinder einfach diesem Arzt an und ließen ihn in Ruhe arbeiten. Unter Dr. Fulfords Händen entspannte sich jeder, selbst unruhige, zappelige Kinder wurden still, sobald er sie auch nur berührte.

Am Ende einer Sitzung gab er vielen recht seltsame »Hausaufgaben« mit auf den Weg: Übungen, die sie täglich machen sollten, Übungen, von denen ich noch nie etwas gehört oder gesehen hatte. Eine Übung, die er oft empfahl, war folgende: »Stellen Sie sich aufrecht, die Füße schulterbreit auseinander, hin; die Arme ganz ausstrecken, dabei die linke Handfläche nach oben und die rechte nach unten halten. Währenddessen regelmäßig und tief durchatmen. Behalten Sie diese Stellung bei, bis die Anstrengung in den Oberarmen und Schultern zu groß wird. Dann die Arme, ganz ausgestreckt, so langsam wie möglich über den Kopf hochheben, bis sich die Hände berühren. Danach die Arme wieder herunternehmen und entspannen.«

»Was soll das bringen?« fragte ich ihn. »Diese Übung öffnet den Brustkorb und ermöglicht der Atmung, sich weiter auszudehnen«, antwortete er. Bei einer anderen Fulford-Übung hatte man sich auf die Kante eines Stuhls zu setzen, die Füße flach auf dem Boden und schulterbreit auseinander, dann beugte man sich mit den Armen zwischen den Beinen durchgreifend nach vorne und faßte mit den Händen unter die Fußsohle. Diese Stellung war einige Minuten beizubehalten. Dabei wurde der untere Wirbelsäulenbereich leicht gestreckt und so die Beweglichkeit der Wirbelsäule erhöht. Manchmal, wenn Patienten wiederkamen und Dr. Fulford sie untersuchte, bekamen sie zu hören: »Sie haben Ihre Übung nicht gemacht« oder »Mein Gott, Sie haben Ihre Übung ja gemacht!« – und die Patienten bestätigten jeweils ersteres oder letzteres.

Oft genügte eine Behandlung, und die Patienten mußten zu ihrem Erstaunen nicht ein zweites Mal kommen. »Wann möchten Sie mich wiedersehen?« fragten sie in der Regel, wenn sie sich vom Behandlungstisch erhoben. Und Dr. Fulford antwortete: »Ich brauche Sie nicht wiederzusehen. Bei Ihnen ist jetzt alles in Ordnung.« »Aber muß ich nicht noch einmal zur Kontrolle kommen?« fragte der Patient dann oft verunsichert nach, worauf Dr. Fulford lächelnd den Kopf schüttelte und erklärte: »Ich habe Ihr System von dem Schock befreit. Alles weitere können Sie jetzt der alten Mutter Natur überlassen.« Wenn es Enttäuschungen unter Dr. Fulfords Patienten gab, dann allenfalls die, daß sie nicht wiederzukommen brauchten, da ihr Befinden nach der Behandlung nichts mehr zu wünschen übrigließ.

Mit der Zeit dämmerte mir, daß das, was ich hier sah, etwas sehr Außergewöhnliches war. Dieser alte wortkarge Mann mit den starken Händen half den Menschen tatsächlich, die mit den unterschiedlichsten Beschwerden zu ihm kamen, und oft nur in einer einzigen Sitzung, mit einer Therapie, die, oberflächlich betrachtet, minimal erschien. Ich hörte Geschichten über Geschichten von langwierigen Problemen, die nach nur ein oder zwei Besuchen bei Dr. Fulford gelöst waren, Probleme, an denen die konventionelle Medizin gescheitert war. Und dabei ging es nicht nur um Wehwehchen und Schmerzen oder um Probleme mit der Skelettmuskulatur, sondern auch um hormonelle Störungen, Verdauungsprobleme, Schlafstörungen, Asthma, Mittelohrentzündungen und vieles andere mehr. Wie konnte eine derart undramatische Behandlung zu solchen dramatischen Resultaten führen?

So begann ich, Dr. Fulford nach dem Warum und Wieso seiner Behandlungsmethoden zu fragen. Welche Theorie steckte dahinter? Was machte er genau? Die Antworten, die ich erhielt, klangen völlig anders als alles, was ich an der Harvard Medical School gelernt hatte.

Bob Fulford war ein reiner Osteopath der alten Schule, ganz in der Tradition des Mannes, der die Osteopathie begründet hatte, Andrew Taylor Still (1828–1917) aus Kirksville in Missouri. Andrew T. Still, der »alte Doktor«, wie seine Zeitgenossen ihn nannten, ein Renegat der orthodoxen Medizin, hatte mit den toxischen Medikamenten, die seine Kollegen verabreichten, nichts im Sinn und bevorzugte ein medikamentenfreies Behandlungssystem, das sich ausschließlich auf die Knochenmanipulation stützte. Dahinter stand die Idee, den Körper mechanisch durch Einrichten der Knochen so zu justieren, daß ein reibungsloses Funktionieren der Blutzirkulation und des Nervensystems gewährleistet war: Dadurch hatten die natürlichen Heilungskräfte Zugang zu den erkrankten Körperteilen. Der neue Therapiezweig, den Still 1874 gründete, war in den ersten Jahren sehr erfolgreich, geriet aber bis Mitte des 20. Jahrhunderts infolge des spektakulären Durchbruchs der modernen wissenschaftlich orientierten Medizin, der sogenannten allopathischen Medizin, wieder in Vergessenheit. Selbst die Osteopathen hatten sich im Sog der medizinischen Erfolge von Stills Lehren verabschiedet und praktizierten zunehmend wie konventionelle Ärzte. Inzwischen stellen die akademischen Auszeichnungen »Doktor der Medizin« und »Doktor der Osteopathie« Äquivalente dar;

denn die meisten Osteopathen stützen sich heute genau wie die Schulmediziner auf Medikamente und chirurgische Eingriffe; es sind nur noch wenige, bei denen die Manipulationstherapie als wichtigste Behandlungsmethode im Vordergrund steht.

Aber es gibt diese Minderheit unter den Osteopathen noch, die in der alten Tradition der osteopathischen Heiler steht, die seit jeher auf Medikamente verzichten und sich um eine weitere Vertiefung der Einsichten Andrew T. Stills über die Natur des menschlichen Körpers und das körpereigene Heilungspotential bemühen. Einer dieser Heiler war William Sutherland, der einen bestimmten Aspekt der menschlichen Physiologie, den sogenannten primären Atmungsmechanismus, entdeckte, 1939 seinen Kollegen diese Entdeckung offenbarte und ihnen zugleich erklärte, wie sie diesen Mechanismus modifizieren konnten. Diese Methode wurde dann als die kraniale Therapie oder kraniosakrale Therapie bekannt. Viele Jahre hatte Sutherland an seiner Theorie gearbeitet, um sie bestmöglich abzusichern, ehe er damit an die Öffentlichkeit ging. Dennoch stieß sie auf großen Widerstand und wurde nur von wenigen Osteopathen akzeptiert. Einer dieser Adepten war der junge Bob Fulford, der damals gerade seine Praxis in Cincinnati eröffnete.

Sutherland ging von dem Prinzip aus, daß das Zentralnervensystem und die unmittelbar damit verbundenen Strukturen in einer konstanten rhythmischen Bewegung sind und daß diese Bewegung ein wesentliches Merkmal des menschlichen Lebens und der menschlichen Gesundheit ist, vielleicht sogar das wichtigste überhaupt. Im Zusammenhang mit dem primären Atmungsmechanismus identifizierte er fünf Komponenten:

- Die Bewegung an den Schädelnähten, den Nähten, durch die die sechsundzwanzig Schädelknochen miteinander verbunden sind
- Die Ausdehnung und Kontraktion der Hirnhemisphären
- Die Bewegung der Hirn- und Rückenmarkshäute
- Eine Flüssigkeitswelle innerhalb des Liquors, der Gehirn und Rückenmark umspült
- Eine subtile, durch das autonome Nervensystem ausgelöste Bewegung des Kreuzbeins

Nach Sutherlands Auffassung ähnelte das rhythmisch verlaufende Ausdehnen und Zusammenziehen dieses Systems dem Atemsystem; da es jedoch in den lebenswichtigsten Organen erfolgte, sprach er von der primären Atmung, um so dessen Bedeutung innerhalb der Hierarchie der Körperfunktionen hervorzuheben und den Unterschied zur sekundären Atmung zu verdeutlichen, jenem bekannten Bewegungssystem zwischen Brustkorb, Lungen und Zwerchfell, das mit dem Luftaustausch verbunden ist. Nach seiner Meinung war ein intakter, sich frei bewegender primärer Atmungsmechanismus Voraussetzung für eine optimale Gesundheit; jede Einschränkung dagegen konnte, so seine These, Krankheiten nach sich ziehen, da alle anderen Organe vom Zentralnervensystem reguliert werden.

Als eklatanter Bruch mit der vorherrschenden Lehrmeinung, als Häresie wurde unter anderem Sutherlands These angesehen, wonach die Schädelknochen sich bewegen. Seit Generationen lehrten die Anatomen, die Nähte zwischen den Schädelknochen seien fest und unbeweglich. Aber nicht nur die Schulmediziner, auch die Mehrzahl der Osteopathen weigerten sich, die Idee von der kranialen Bewegung auch nur im Ansatz ernst zu nehmen. Dr. Fulford gehörte nicht zu ihnen, und er brachte sich selbst bei, diese Bewegungen mit den Händen am Kopf der Patienten zu fühlen.

Erst in den letzten Jahren haben Forscher am Michigan State University's College of Osteopathic Medicine Sutherlands These anhand von Röntgenfilmen lebender Schädel bestätigt, die die kraniale Bewegung zeigen. Diese Bewegungen sind mit hochempfindlichen Instrumenten meßbar[1] – wobei Bob Fulford sagen würde, die empfindlichsten Instrumente seien die Hände eines versierten Arztes. Er hat seinen Tastsinn so weit sensibilisiert, daß er ein menschliches Haar unter siebzehn Blatt Papier fühlen kann. Er meint sogar, daß jeder mit hinreichend Übung einen ähnlich feinen Tastsinn entwickeln könne.

Unter der Anleitung von Dr. Fulford versuchte ich selbst, ob ich am Kopf von Patienten kraniale Impulse fühlen konnte. Anfänglich spürte ich vor allem meinen eigenen Puls, aber mit etwas Übung gelang es mir schließlich, auch jene subtile atemähnliche Bewegung zu fühlen, die nach Dr. Fulfords Auffassung der vitalste Ausdruck von Leben ist. Zumindest konnte ich sie bei Personen mit einem gut funktionierenden primären Atmungsmechanismus fühlen.

Einmal bat er mich, den Kopf einer Frau zu fühlen, bei der, wie er sagte, keine kranialen Impulse feststellbar waren. Sie hatte mehrere schlimme Unfälle hinter sich, von denen einer zwanzig Jahre zurücklag, und litt jetzt an extremer Müdigkeit, Schlaflosigkeit, Migräne, einer Sehschwäche, Verdauungsproblemen und einer erhöhten Anfälligkeit gegenüber Infektionen. Ihr Kopf fühlte sich wie ein Sack Zement an, wie ein totes Gewicht, dem der Lebensrhythmus fehlte. Nach mehreren Sitzungen kamen dann die kranialen Bewegungen allmählich zurück, und damit besserte sich auch ihr Gesundheitszustand wieder.

»Wodurch werden Beeinträchtigungen dieses Systems ausgelöst?« fragte ich Dr. Fulford.

»Durch ein Trauma«, sagte er. »Genaugenommen durch drei Arten von Traumata. Das erste ist das Geburtstrauma. Wenn der erste Atemzug des Lebens nicht absolut richtig und ganz erfolgt, können die kranialen Rhythmen von Anfang an eingeschränkt sein. Der erste Atemzug ist ungemein wichtig. Ich habe in meinem Leben so viele Probleme erlebt, die darauf zurückzuführen waren, und sie nehmen weiter zu; hier liegt in meinen Augen der große Schwachpunkt unserer heutigen Geburtshilfe. Der zweite weitverbreitete Grund ist ein physisches Trauma, insbesondere wenn es früh im Leben eintritt. Jeder Fall oder Schlag, der die Luft wegnimmt, der den Atemzyklus unterbricht – und sei es auch nur für einen Moment –, kann die Ursache einer dauerhaften, lebenslänglichen Einschränkung des primären Atmungsmechanismus sein. Diese Einschränkungen kann man mit den Händen fühlen, identifizieren und beheben. Das ist das, was ich ›den Körper vom Schock befreien‹ nenne. Der dritte, vielleicht weniger verbreitete Grund ist ein psychisches Trauma, und auch dieses wiegt um so schwerer, je früher es im Leben eintritt. Nach meiner Schätzung leiden fünfundneunzig Prozent der Menschen an mehr oder weniger gravierenden Einschränkungen dieser Funktion.«

In der Zeit, als Dr. Fulford mir diese für mich neuen Vorstellungen nahebrachte, versuchte ich gerade, einem Freund über eine gesundheitliche Krise hinwegzuhelfen. Kim Cliffton, vierunddreißig Jahre alt und Meeresbiologe, verbrachte den Großteil des Jahres an den Pazifikstränden Südmexikos, wo er gefährdete Arten von Seeschildkröten zu retten suchte, die durch Fang und Jagd vom Aussterben bedroht waren. Er leitete ein Projekt des World Wildlife Fund, das – abgesehen von den Sommermonaten, in denen die Schildkröten in die offene See hinausschwammen – mit Feldarbeit und einem rauhen, abenteuerlichen Leben verbunden war. In den Sommermonaten kam er dann nach Tucson herauf, ziemlich erschöpft, um seine Geschichten zu erzählen und wieder zu Kräften zu kommen. Schon seit mehreren Jahren schlug er sich mit Darmproblemen herum, die sich in massiven Durchfallphasen äußerten, wenn er in Mexiko war, sowie in Verdauungsproblemen bei vielen Nahrungsmitteln und in Unterleibsschmerzen. Immer wieder nahm er für einige Zeit Antibiotika und Antiparasitika, aber mit jedem Jahr traten seine Beschwerden häufiger und intensiver auf. Als er zu mir kam, hatte er fast zwanzig Pfund abgenommen, seit Monaten keinen festen Stuhlgang und oft Blut und Schleim im Stuhl gehabt; außerdem litt er ständig unter Unterleibsschmerzen und vermehrten Schwächeanfällen. Er fürchtete, seine Arbeit für die Schildkröten nicht fortsetzen zu können.

Kim wollte etwas verordnet haben, was, wie er sagte, den Parasiten in seinem Bauch den Garaus machte; aber sein Erscheinungsbild ließ nicht auf eine Infektion schließen. Das Ganze sah mir eher nach einer chronischen Darmentzündung, möglicherweise einer *Colitis ulcerosa* aus, und ich drängte ihn, einen allseits sehr empfohlenen Magen-Darm-Spezialisten im Medical Center der University of Arizona aufzusuchen. Kim glaubte als Sohn eines New Yorker Lungenchirurgen fest an die konventionelle Medizin. Dieser Glaube geriet jedoch ins Wanken, als der Magen-Darm-Spezialist nach einer langen und teuren Reihe von Untersuchungen, zu denen auch eine Dickdarmbiopsie gehörte, das Problem nicht identifizieren, sondern lediglich sagen konnte, bei Kim liege eine schwere chronische Dickdarmentzündung vor, möglicherweise eine *Colitis ulcerosa*. Er sagte zu mir: »Ich denke, wir sollten noch mehr Gewebe entnehmen. Dann können wir vielleicht feststellen, was Kim um alles in der Welt hat.« Das klang nicht gerade ermutigend, und da Kim die ganze Prozedur aus eigener Tasche zu bezahlen hatte, schlug ich ihm vor, eine andere Behandlung zu wählen, und schickte ihn zu Dr. Fulford.

Kim hatte sehr lange Kontaktsportarten gepflegt, unter anderem geboxt, bei der Army sogar als Schwergewichtler, und sich dabei viele Verletzungen zugezogen. Mir fiel auf, daß er immer durch den Mund atmete. Und von seinen Darmbeschwerden abgesehen, klagte er immer wieder über schlimme Rücken- und Nakkenschmerzen. Ich dachte, Dr. Fulford könnte sich vielleicht einen Reim auf dieses Gesamtbild machen, sah dabei aber zwei Probleme voraus.

Das erste war, daß Dr. Fulford nur noch Patienten unter dreißig Jahre annahm; diese Altersgrenze hatte er selbst festgesetzt, da der Zulauf in seine Praxis infolge seiner wachsenden Reputation überhandzunehmen drohte. »Ich bin fast achtzig«, sagte er mir einmal, »und ich kann nicht mehr bis zum Umfallen arbeiten. Mit meinen Energien erreiche ich bei jungen Leuten mehr, ihre Heilungsreaktionen sind stärker.« So hatte er den »Perkussionshammer« auch erfunden, um sich die Arbeit zu erleichtern. Was der »Perkussionshammer« leistete, konnte man, wie er sagte, auch mit den Händen bewirken, aber nur unter erheblich mehr Anstrengungen.

Das zweite Problem war, daß Kim, der mit der Schulmedizin sozusagen aufgewachsen war und dem jede Erfahrung mit alternativen Praktikern fehlte, sich einem Osteopathen, wenn überhaupt, nur widerstrebend anvertrauen würde. Ich tat mein Bestes, um beiden, Dr. Fulford und Kim, zu erklären, warum sie zusammenkommen mußten – mit Erfolg, wenn man davon absieht, daß Kim sich nicht vorstellen konnte, wie ein Osteopath seinem Dickdarm helfen sollte. »Schildere ihm einfach alle deine Symptome«, sagte ich ihm. »Erzähle ihm von deinen Darmproblemen und auch von deinen Rücken- und Nackenschmerzen.« Ich konnte an besagtem Tag leider nicht selbst in der Praxis mit dabeisein und war gespannt, was Kim berichten würde, wenn er zurückkam.

»Er ist ein Quacksalber«, waren Kims erste Worte. »Ich meine, er ist ein netter alter Mann, aber er macht schlicht überhaupt nichts.«

»Was hast du ihm erzählt?« fragte ich.

»Er sagte, mein Zustand ist kritisch. Meine kranialen Bewegungen seien aufgrund alter Verletzungen völlig lahmgelegt, und deshalb funktioniere auch der kraniale Nerv nicht, der das Verdauungssystem reguliert. Und aufgrund dieser Verletzungen atme ich auch durch den Mund, was, wie er sagte, zur Folge hat, daß das Gehirn nicht ausreichend mit Sauerstoff versorgt wird wie bei der richtigen Atmung.«

»Sagte er, daß er dir helfen kann?« fragte ich.

»Er sagte, er habe das meiste beheben können und ich sollte in drei Wochen noch mal wiederkommen. Aber er machte insgesamt einen sehr schwächlichen Eindruck auf mich, und dann auch noch diese nervösen Ticks! Im Grunde tat er mir irgendwie leid. Aber wenigstens hat das Ganze nicht viel gekostet.«

»Was meinst du mit ›nervösen Ticks‹?« fragte ich.

»Du weißt doch, wenn er diesen Vibrator angesetzt hat, dann fliegt alle paar Minuten seine Hand hoch, und er zuckt am ganzen Körper.«

»Ach, wirklich?«

»Ja, er kann einem schon leid tun.«

Ich rief Dr. Fulford an, um seine Meinung über Kims Besuch zu hören. »Mr. Cliffton kam nicht einen Augenblick zu früh«, sagte er. »Sein ganzer primärer Atmungsmechanismus war lahmgelegt. Ich glaube, es wäre mit ihm wirklich bald schnell bergab gegangen.«

»Konnten Sie ihm helfen?«

»O ja! Ich habe in vielen Körperteilen schwerwiegende Blockaden gelöst, einen Großteil des Traumas behoben und erreicht, daß die Impulse jetzt wieder fließen. Sobald der *Nervus vagus* einspringt, wird bei ihm alles in Ordnung sein. Er sollte sich jetzt erst einmal nicht allzu viele Gedanken machen und alles weitere Mutter Natur überlassen.«

Sechs Stunden nach der Behandlung hatte Kim zum erstenmal seit acht Monaten keinen Durchfall mehr, und er sollte nie wieder einen bekommen. Er nahm alles, was er an Gewicht verloren hatte, wieder zu und war bald bei Kräften. Seine Rücken- und Nackenschmerzen verschwanden, und er hörte auch auf, durch den Mund zu atmen.

»Er hat mir das Leben gerettet«, sagte Kim später. »Ich bin überzeugt davon.« Inzwischen ist er ein leidenschaftlicher Anhänger der alternativen Medizin im allgemeinen und der Osteopathie im besonderen geworden. Seine Heilung war für mich so beeindruckend, daß ich versuchte, eine Konferenz zu veranstalten, bei der der Fall mit Dr. Fulford, Kim, meiner Wenigkeit und dem Magen-Darm-Spezialisten der Universität diskutiert werden sollte. Letzterer erklärte mir, er sei daran interessiert, machte dann aber einen Rückzieher. Als ich nach dem Grund fragte, sagte er mir: »Sehen Sie, ich hätte in der Diskussion nicht bestehen können, aber ich kann trotzdem nicht glauben, daß die osteopathische Behandlung irgend etwas mit dem Ausgang des Falles zu tun hat.«

Wenig später hatte ich einen weiteren Anlaß, die Fähigkeiten Dr. Fulfords im Umgang mit dem menschlichen Körper zu bewundern, diesmal höchstpersönlich als sein Patient. Ich arbeitete mit einem Freund zusammen in meinem Garten. Mein Freund richtete sich dummerweise in dem Moment auf, als ich mich bückte, und er traf mich mit der Schulter hart rechts im Gesicht, unmittelbar vor dem Ohr. Ich fühlte einen stechenden Schmerz und konnte den Mund weder ganz auf- noch zumachen. Ich hatte das Gefühl, mein Kiefer sei irgendwie ausgerenkt, und ich schaffte es nicht, ihn wieder zurechtzurücken. Ich rief Dr. Fulford an und erklärte ihm, was passiert war. »Kommen Sie vorbei«, sagte er. So fuhr ich zu seiner Praxis. Ich hatte immer noch Schmerzen und konnte meinen Unterkiefer nicht richtig bewegen. Er zog mich in der Reihe der wartenden Patienten vor und bat mich, mich auf den Tisch zu legen.

Kaum hatte er die Hände an meinen Kopf gelegt, da wußte er auch schon den Schädelknochen, der nicht an Ort und Stelle war. Dann begann er mit denkbar sanften Manipulationen. Nach wenigen Minuten sagte er: »So, jetzt sitzt er wieder.« Ich hatte keine Veränderung bemerkt und fühlte mich keinen Deut besser. Er sagte, ich könnte aufstehen. »Es tut immer noch weh«, sagte ich enttäuscht.

»Ja, die Muskeln werden schon noch eine Weile schmerzen«, antwortete er. »Nun, ich muß jetzt weitermachen.«

Ich verließ die Praxis, alles andere als überzeugt, daß mir geholfen worden war, und spielte mit dem Gedanken, zur Ambulanz des Universitätskrankenhauses zu fahren. Aber zehn Minuten später, als ich an einer roten Ampel stand, merkte ich plötzlich, daß der Schmerz verschwunden war und daß ich den Mund ganz normal öffnen und schließen konnte. Unglaublich! Dann dachte ich: »Was hätte ich gemacht, wenn ich nichts von einem Dr. Fulford gewußt hätte?« Ich wäre wahrscheinlich zu einer Ambulanz gefahren, hätte mich röntgen lassen und wäre mit Schmerzkillern, Muskelrelaxanzien und der Aussicht auf eine dicke Rechnung nach Hause geschickt worden. Gut möglich, daß ich wochen- oder monatelang auf eine Heilung hätte warten können.

Damit war ich vollends motiviert, alles von Dr. Fulford zu lernen, was ich lernen konnte. Und nebenbei schwand zunehmend meine Lust, mit Kollegen über meine Begeisterung zu sprechen – die Erfahrungen waren zu frustrierend. Die meisten Ärzte waren nicht mehr als jener Magen-Darm-Spezialist an meinen Geschichten interessiert. Als besonders deprimierend empfand ich meine vergeblichen Versuche, mit Kinderärzten über die Fulford-Methode zur Behandlung von Mittelohrentzündungen bei Kindern zu sprechen.

Kinderärzte leben geradezu von wiederkehrenden Mittelohrentzündungen (*Otitis media*), die bei Kindern derart verbreitet sind, daß sie in unserer Gesellschaft inzwischen zunehmend als normaler Bestandteil der Entwicklung hingenommen werden. Mittelohrentzündungen werden in der Regel mit Antibiotika sowie Dekongestionsmitteln (abschwellenden Mitteln) und in manchen Fällen mit einem Trommelfellschnitt zum Druckausgleich behandelt. Die medikamentösen Behandlungen beenden diese Infektionen früher oder später, allerdings vielfach nur mit dem Ergebnis, daß neue Schübe in immer kürzeren Intervallen wiederauftreten.

Bob Fulford hatte in diesem Zusammenhang eine außergewöhnliche Erfolgsbilanz vorzuweisen. Es gelang ihm immer wieder, diesen Teufelskreis bei kleinen Kindern auf Dauer zu durchbrechen, oft mit nur einer Behandlung, bei der er sich darauf konzentrierte, das Kreuzbein zu lösen und so die Atmung der Kinder zu befreien. »Ich vertreibe einfach den Teufel aus dem Kreuzbein«, sagte er, da das sakrale Ende des kraniosakralen Systems nach seiner Erfahrung oft der bei Kindern blockierte Punkt war, wahrscheinlich aufgrund eines Geburtstraumas. Er erklärte die Situation folgendermaßen:

»Wenn das Kreuzbein eingeengt ist, ist der ganze primäre Atmungsmechanismus beeinträchtigt. Und damit ist auch die Atmung insgesamt eingeschränkt. Aber mit den Atembewegungen werden – durch die rhythmischen Druckveränderungen im Brustkorb – die Lymphflüssigkeiten gepumpt. Und durch eine unzureichende Zirkulation der Lymphflüssigkeiten wird die Ableitung von Flüssigkeiten aus Kopf und Nacken eingeschränkt, so daß sich die Flüssigkeit im Mittelohr staut und den Bakterien einen idealen Nährboden bietet. Natürlich können die Bakterien wahlweise mit Antibiotika vernichtet werden; solange das ursächliche Problem des Flüssigkeitsstaus jedoch nicht korrigiert wird, werden sie natürlich immer wiederkommen.« Und das ist genau die Erfahrung, die Kinder, Eltern und Kinderärzte für gewöhnlich machen: Die Bakterien kommen einfach wieder.

Ich erlebte in Dr. Fulfords Praxis wiederholt, wie *Otitis media* mit seiner schlichten Behandlungsmethode dauerhaft geheilt wurde. Oft konnte ich schon eine Veränderung in der Atmung feststellen, wenn das Kind vom Tisch herunterstieg: ein größeres und symmetrischeres Ausdehnen des Brustkorbs sowie tiefere Atemzüge. Dennoch konnte ich keinen einzigen Kinderarzt in Tucson bewegen, Dr. Fulford in seiner Praxis einmal bei der Behandlung zuzuschauen. Statt Interesse zu zeigen, fühlten sich die Vertreter der etablierten Medizin offenbar nur bedroht. Die Ausnahme machte eine britische Praktikerin. Sie schickte Dr. Fulford sogar einen Patienten – mit so guten Ergebnissen, daß sie begeistert versprach, mich in der Zusammenarbeit mit dem Fachbereich Biomedical Communications der University of Arizona bei der Erstellung eines Dokumentarfilms über Dr. Fulford zu unterstützen.[2]

Je länger ich Bob Fulford bei seiner Arbeit zusah, desto mehr war ich von seiner Gesundheit und seinem Elan beeindruckt. Er war mit seinen achtzig Jahren das Musterbeispiel, wie man erfolgreich alt wird. Bei einer Gelegenheit fragte ich ihn nach dem Geheimnis seiner glänzenden Gesundheit. »Ich zeige es Ihnen«, sagte er, und dann atmete er tief, langsam und lange ein. Sein Brustkorb dehnte sich gewaltig aus. Darauf atmete er ebenso intensiv aus. Ich starrte ihn ungläubig an. »Je mehr Luft man ein- und ausatmen kann, desto mehr Nahrung kann man dem Zentralnervensystem geben«, erklärte er. »Eine gute Atmung ist der Schlüssel.«

Was ich bei Bob Fulford sah, war die Art von Medizin, die ich in den Jahren meiner klinischen Ausbildung und meiner Wanderschaft so sehr gesucht hatte. Es war eine gewaltfreie Medizin, die Krankheiten nicht unterdrückte, sondern das körpereigene Heilungspotential förderte. Dr. Fulford war in meinem Leben der erste Praktiker, der sich förmlich religiös an die zwei berühmtesten Ermahnungen des Hippokrates hielt. Erstens: »Vor allem, schade nicht!« (*primum non nocere*) – und zweitens: Achte die »heilende Kraft der Natur« (*vis medicatrix naturae*).

Ich lernte so viel: einfach indem ich ihm bei der Arbeit zusah, wie er an mir arbeitete, und durch die zwanglosen Gespräche mit ihm. Seine Antworten auf meine Fragen waren immer knapp, er drückte sich verständlich aus, ungekünstelt, gemessen an den Maßstäben der akademischen Medizin; aber was er sagte, war voller Klugheit und voller nützlicher praktischer Informationen. Von den Grundgedanken, die ich ihm verdanke, erwiesen sich unter anderem folgende bei meiner Arbeit als Arzt als ausgesprochen nützlich:

- *Der Körper möchte gesund sein.* Gesundheit ist der Zustand eines perfekten Gleichgewichts, in dem alle Systeme problemlos funktionieren können und die Energie frei zirkulieren kann. Das ist der natürliche Zustand, der, der die wenigste Anstrengung erfordert; folglich möchte der Körper, wenn er aus dem Gleichgewicht geraten ist, wieder in diesen Zustand zurückfinden. Jede Behandlung kann und sollte sich diese Neigung, in den Zustand der Gesundheit zurückzukehren, zunutze machen.
- *Heilen ist eine natürliche Kraft.* Wenn Dr. Fulford seinen Patienten sagte, sie sollten sich erst einmal keine Sorgen machen und »alles weitere der alten Mutter Natur überlassen«, drückte er

damit auf volkstümliche Weise seinen festen Glauben an die *vis medicatrix naturae* aus, von der Hippokrates sprach – ein Grundgedanke, der in der konventionellen Medizin völlig fehlt. In meinen Jahren an der Harvard Medical School hat mir oder meinen Kommilitonen nie jemand etwas davon gesagt, und ebensowenig sprechen die Professoren an den medizinischen Fakultäten heutzutage vor ihren Studenten darüber. Und das scheint mir für sich genommen das größte systemische Defizit der modernen Medizin zu sein, die Wurzel unserer Unfähigkeit, kostengünstige Lösungen für allgemeine gesundheitliche Probleme zu finden.

- *Der Körper ist ein Ganzes, und alle seine Teile sind miteinander verbunden.* Dr. Fulford verfügte über ein brillantes, intuitives Wissen über den Körper, den er als ganzheitliches System sah. Wenn ein Patient zu ihm kam, der über Schmerzen im Knie klagte, ging er nicht automatisch davon aus, daß das Problem im Knie zu suchen sei, und fing demnach auch nicht an, das Knie zu behandeln. Er wußte, daß das Knie das Auffanggelenk für Probleme mit dem Fußknöchel und mit der Hüfte ist. Wenn zum Beispiel das Fußgelenk aufgrund einer Einschränkung, die von einer alten Verletzung herrührt, nicht richtig auf das Zusammenspiel von Schwerkraft und Bewegung reagieren kann, wird ein fehlgeleiteter Druck das Bein hinauf weitergegeben und vom Knie aufgefangen, damit das Becken seine normale Position beibehalten kann. Die Belastung, die durch die Anstrengung, diesen fehlgeleiteten Druck aufzufangen, entsteht, kann sich dann in Form von Knieschmerzen äußern. Und sofern das Knie aus irgendeinem Grund blockiert ist, kann dieser vom Fußgelenk ausgehende fehlgeleitete Druck bis zur Hüfte hinauf weitergegeben werden und folglich die Ursache von Schmerzen im unteren Rückenbereich sein. Dr. Fulford wunderte sich immer wieder, wie viele Knie- und Rückenoperationen aufgrund von Problemen durchgeführt werden, deren Wurzeln in Wirklichkeit in blockierten Fußgelenken liegen. Ich habe selbst miterlebt, wie er mit seinem »Perkussionshammer« Blockaden im Fußgelenk löste und damit chronische Knie- und Rückenschmerzen heilte.

Diese Einschränkungen, von denen er sprach, waren seiner Meinung nach in der Faszie zu suchen, jenem robusten und wenig dehnbaren Bindegewebe, das die einzelnen Muskeln und Muskelgruppen umhüllt und die einzelnen Muskeln sowohl untereinander als auch vom umliegenden Gewebe abgrenzt. In der Anatomie wird gelehrt, daß die Faszie aus einzelnen Fasern und Blättern besteht; im Gegensatz dazu ging Fulford bei seiner Arbeit von dem Grundsatz aus, daß die Faszie als ein einziges großes, zusammenhängendes Gewebe zu sehen ist. Und wenn irgendwo eine Einschränkung auftritt, ist das Gewebe als Ganzes davon betroffen, was nichts anderes heißt, als daß lokale Veränderungen globale Effekte haben können.

Auf der Grundlage dieses Prinzips beurteilte Dr. Fulford auch das Gesamtbild der gestörten Physiologie Kim Clifftons, als dieser mit seinen Rücken- und Nackenschmerzen, mit seiner Mundatmung und seinen chronischen Darmbeschwerden zu ihm kam, und identifizierte als gemeinsame Ursache dieser Probleme eine alte traumatische Kopfverletzung. Der Magen-Darm-Spezialist, der nur Kims Dickdarm untersuchte, konnte dessen Beschwerden nicht erklären und hatte folglich – abgesehen von Medikamenten zur Hemmung des Entzündungsprozesses im Dickdarm – auch keine Behandlungsmöglichkeiten zu bieten.

- *Es gibt keine Trennung zwischen Geist, Seele und Körper.* Genau wie Dr. Fulford der Meinung war, daß psychische Traumata die vom Zentralnervensystem kontrollierten Atembewegungen beeinträchtigen können, so war er auch überzeugt, daß umgekehrt physische Interventionen mit ihrem Effekt auf das Nervensystem eine positive Wirkung auf die Psyche haben können. Es gelang ihm immer wieder, mit seiner kranialen Therapie den Intelligenzquotienten bei lernbehinderten Kindern zu erhöhen. Er war damit sogar so erfolgreich, daß eine bundesstaatliche Klinik für zurückgebliebene Kinder in Louisiana ihn jedes Jahr einige Wochen anforderte, um mit den Patienten zu arbeiten.
- *Der Glaube des Arztes hat einen starken Einfluß auf das Heilungspotential der Patienten.* Dr. Fulford glaubte an die Genesungschancen der Patienten, die er behandelte. Bezeichnend für

> ihn war ein sehr einfacher, aufrichtiger Glaube an ihr Heilungspotential, den er sowohl verbal als auch nonverbal vermittelte. Das war ein Grund, warum so viele zu ihm pilgerten. Wichtig war für ihn jedoch auch, die zu behandelnden Fälle sorgfältig nach seinen Heilungsmöglichkeiten auszuwählen. Wenn jemand mit einem Knochenbruch zu ihm kam, sagte er: »Für einen gebrochenen Knochen kann ich nichts tun. Überlassen Sie es der Natur, ihn zu heilen, und dann kommen Sie wieder, damit ich Ihr System vom Schock der Verletzung befreien kann.« Ebensowenig behandelte er Fälle, in denen Operationen oder andere Formen der Soforthilfe erforderlich waren.
>
> Mit zunehmendem Alter und den stetig wachsenden Anforderungen, die an ihn gestellt wurden, senkte er die Altersgrenze der Patienten, die er annahm. Am liebsten hätte er sich auf die Behandlung von Kindern beschränkt, »da ihr Heilungspotential so groß ist und die Einschränkungen noch nicht die Zeit hatten, um sich in den Körperstrukturen zu fixieren«. Außerdem war er der Auffassung, daß alle Neugeborenen prophylaktisch behandelt werden sollten, da, wie er sagte, »so viele Krankheiten im späteren Leben nur die langfristigen Konsequenzen einer traumatischen Geburt sind. In den ersten vierundzwanzig Stunden sind die Knochen noch wie Pudding, so daß sie ganz mühelos wieder so eingerichtet werden können, wie sie sein sollten.«

Dr. Fulford war nicht in jedem Einzelfall erfolgreich, aber seine Erfolgsbilanz war größer als bei jedem anderen Praktiker, den ich kannte.

Schließlich wurde die Arbeitsbelastung dann doch zu groß für ihn, so daß er zum großen Bedauern seiner Patienten und Anhänger beschloß, sich endgültig zur Ruhe zu setzen und ins südliche Ohio zu ziehen. Das hat er gemacht, aber während ich diese Zeilen schreibe, ist er mit seinen neunzig Jahren immer noch aktiv. Er reist im ganzen Land herum, hält Vorträge über die kraniale Therapie, unterweist Studenten in der Technik und inspiriert junge Menschen, wirkliche Ärzte zu werden.

Daß ich Dr. Fulford gleich nebenan entdeckte, nachdem ich

jahrelang durch die ganze Welt gereist war, entpuppte sich als lehrreiche Erfahrung für mich: Ich mußte nicht »da draußen« nach den Dingen suchen, die ich mir wünschte. Und ebensowenig müssen die meisten »da draußen« nach Heilung suchen. Natürlich lohnt es sich, nach der besten Behandlung zu suchen, da die Behandlung von außen kommt. Aber die Heilung kommt von innen, und ihre Quelle liegt unmittelbar in unserer Natur als lebenden Organismen.

Die Gesichter der Heilung: Harvey und Phyllis

Im Sommer 1992 zeigten sich bei Harvey Sandler, gerade fünfzig Jahre alt und seit sechs Monaten zum zweitenmal glücklich verheiratet, eine ganze Reihe beängstigender Symptome. Mit einemmal war seine Sehkraft getrübt, oft wachte er mitten in der Nacht schweißgebadet auf, außerdem litt er unter Harndrang, und er wurde impotent. Letzteres war am belastendsten, da er und Phyllis, seine neue Frau, seit sie sich kannten, die leidenschaftliche sexuelle Beziehung genossen hatten. »Im Bett wurde es immer schwieriger für mich«, erinnert sich Harvey, »so daß ich schließlich einfach aufhörte, mit ihr zu schlafen.« Er führte alles auf Streß zurück und suchte keinen Arzt auf.

»Ich wollte ihn nicht unter Druck setzen«, sagt Phyllis dazu, »aber nach einer Weile war ich einfach fertig.« Harveys Job als Finanzmakler war sicher mit Streß verbunden, aber sie hatten »ein ausgesprochen schönes Leben«. Nach einigen Monaten wandte Harvey sich hilfesuchend an eine auf sexuelle Dysfunktionen spezialisierte Psychiaterin. Sie ließ verschiedene Blutuntersuchungen durchführen: Bei einem Test wurden anomale Hypophysenhormonwerte festgestellt. Als nächstes ordnete ein Augenarzt eine Magnetresonanztomographie (MRT) des Gehirns an: Es stellte sich heraus, daß sich unmittelbar hinter den Augen ein Tumor eingenistet hatte; von dort drückte er auf den Hypothalamus, jenes lebenswichtige Zentrum, das die Funktion der Hirnanhangsdrüse und über sie zahlreiche autonome Körperfunktionen kontrolliert. Und er drückte auch auf die Sehnerven.

Harveys Ärzte hielten den Tumor, ausgehend von seinem Sitz und Aussehen, für gutartig und tippten auf ein Gliom oder ein Kraniopharyngeom. Bei ersterem handelt es sich um eine Geschwulst des Gehirns aus Neuroglia, einer Stützsubstanz des Zentralnervensystems, in die die Nervenzellen und ihre Fortsätze eingeschlossen sind. Letzteres entsteht aus embryonalen Zellen, die während der fötalen Entwicklung zurückgeblieben sind; es ist im allgemeinen zystisch und enthält neben dem Gewebe mit Flüssigkeit gefüllte Säckchen. Das Kraniopharyngeom tritt normalerweise bei jüngeren Menschen als Harvey auf; es kann aber auch so langsam wachsen, daß es lange braucht, bis es die Größe erreicht, um in die Gehirnfunktion einzugreifen.

Das Gehirn ist ein Körperteil, wo die Unterscheidung zwischen gutartigen und bösartigen Tumoren nicht unmittelbar so wichtig wie in anderen Bereichen ist. Das Problem in Harveys Fall war vordringlich ein Platzproblem, da der Tumor Raum beanspruchte und dadurch Druck auf lebenswichtige Zentren ausübte. Er mußte entfernt oder zum Schrumpfen gebracht werden.

Harvey und Phyllis klapperten nun die Neurochirurgen in New York ab. Die meisten entpuppten sich als ausgesprochene »Schwarzseher«, was die Chancen anbelangte, den Tumor ohne bleibende Gehirnschädigung zu entfernen. »Am Ende fanden wir einen Neurochirurg, der uns das sagte, was wir hören wollten«, erzählt Phyllis. »Er meinte, die Operation sei eine ›Kleinigkeit‹ und er werde Harvey nach zwei Tagen Krankenhausaufenthalt wieder nach Hause schikken können. Also entschieden wir uns, zu ihm zu gehen.«

Die Operation wurde im November 1992 durchgeführt. Dabei stellte sich heraus, daß der Tumor die Größe eines kleinen Eis hatte und zwischen dem Sehnerv und dem Hypothalamus lag. Aufgrund seiner Lage konnte der Chirurg den Tumor nicht entfernen; er leitete jedoch Flüssigkeit ab, um den Druck zu reduzieren, und entnahm eine Gewebeprobe, deren Untersuchung ergab, daß es sich um ein Kraniopharyngeom handelte. Um den Tumor zum Schrumpfen zu bringen, ordnete er eine Strahlentherapie mit dreißig Bestrahlungen an, die etwa um die Weihnachtszeit abgeschlossen war.

Zum Entsetzen aller verschlimmerte sich der Zustand des Patienten mit fortschreitender Behandlung. Sein Sehvermögen verschlechterte sich fast bis zur völligen Blindheit, so daß er weder lesen noch irgend etwas auf dem Fernsehschirm erkennen konnte. Um eine Gehirnschwellung zu vermeiden, verordneten ihm die Ärzte Decadron, ein starkes Steroid; die Folge war, daß er fast vierzig Pfund zunahm und seine Persönlichkeit sich veränderte. »Er war wütend, aggressiv und ungenießbar«, sagt Phyllis, »außerdem schlief er die meiste Zeit.« Aber Harvey kann sich, wie er sagt, an überhaupt nichts mehr erinnern. Er verlor sein Gedächtnis und ließ geistig erschreckend nach. Er fand sich in seiner eigenen Wohnung nicht mehr zurecht und beschrieb Ereignisse, die niemals stattgefunden hatten. »Ich kannte den Menschen nicht, der da an meiner Seite war«, sagt Phyllis. Den Ärzten zufolge hätte all das nicht passieren dürfen, und sie hatten keine Erklärung für diesen Verfall. »Niemand war bereit, dafür die Verantwortung zu übernehmen«, meint Phyllis. »Der Chirurg erklärte: ›Ich bin hier nur der Zimmermann; und meine Arbeit ist erledigt.‹ Der Endokrinologe erklärte uns, wir sollten zum Neurologen gehen; und der Neurologe meinte, wir sollten zum Endokrinologen gehen. Es war zum Verrücktwerden.«

In dieser Zeit erbarmte sich eine Sozialpädagogin namens Deborah, die seit langem mit Schwerkranken arbeitete, und »entführte« Phyllis über ein Wochenende, damit sie mal zur Ruhe kam. Sie arrangierte, daß Harveys Sohn sich in dieser Zeit um seinen Vater kümmerte und ihn versorgte. Deborahs Bruder war ein renommierter Neurochirurg in Philadelphia, und Deborah schaltete ihn ein, um noch eine weitere Meinung einzuholen. Nachdem er sich den Fall angehört hatte, erklärte er seiner Schwester: »Harvey Sandler wird in seinem Leben nie mehr eine eigenständige Entscheidung treffen können. Er wird nie mehr gesund werden. Du solltest versuchen, Phyllis darauf vorzubereiten, sich mit seinem Zustand abzufinden. Sie kann von Glück sagen, wenn es so bleibt, wie es heute ist, und sich sein Zustand nicht noch weiter verschlechtert.«

Phyllis reagierte hysterisch, als Deborah ihr von diesem Gespräch erzählte. »Phyllis schrie: ›Das kann nicht sein, daß er nicht wieder gesund wird!‹« erinnert sich Deborah. »Um sie zu trösten, sagte ich:

›Ist ja gut, ich bin ganz deiner Meinung‹, aber in meinem Herzen glaubte ich es nicht.«

Phyllis kam mit dem Gefühl nach Hause, sie dürfe jetzt keine Zeit mehr verlieren. »Ich rief die klügsten Leute an, die ich kannte, und alle, die mir einfielen, die irgendwelche Verbindungen hatten«, sagt sie. »Und ich bat jeden um Hilfe. Ich sagte allen, ich müßte den einen Arzt auf der Welt finden, der mehr als alle anderen konnte. So hetzte ich von einem zum anderen und erhielt immer nur wieder eine Abfuhr. Ich weiß nicht, mit wie vielen Ärzten ich sprach. Schließlich fand ich einen, der der Richtige zu sein schien, aber dann stellte sich heraus, daß er auf Arterienerweiterungen und nicht auf Tumoroperationen spezialisiert war. Dann rief der Augenarzt mich an und sagte: ›Es ist alles nur noch eine Frage der Zeit. Was er an Sehkraft noch behalten hat, wird er verlieren.‹ Ich schleppte meinen armen Mann von Arzt zu Arzt, obwohl er völlig erschöpft war und nie aus dem Haus gehen wollte. Die Regel war inzwischen, daß ich ihn anziehen und halbwegs tragen mußte, und für gewöhnlich schlief er in den Arztpraxen ein; einmal ging er aus einer Praxis hinaus und verirrte sich. Am Ende fand ich einen Neurochirurg, der bereit war zu operieren; er hatte bereits sehr viele derartige Operationen durchgeführt und ließ sich von dem hohen Risiko in Harveys Fall nicht abschrecken.«

Die zweite Operation zur Entfernung des Tumors wurde Mitte Februar 1993 durchgeführt. Harvey wachte nach der Operation lange nicht aus der Narkose auf. Dann starb er fast infolge eines Lungenödems, weil sich Flüssigkeit in seinen Lungen angesammelt hatte. Am vierten Tag nach der Operation fiel er in ein Koma, und wieder wußten die Ärzte nicht weiter.

Es war Phyllis, die die Situation rettete. Ihr kam plötzlich der Gedanke, ob Harveys Koma nicht vielleicht darauf zurückzuführen war, daß man das Decadron zu schnell abgesetzt hatte. Dieses Medikament wird kurzfristig nach einer Operation zur Vorbeugung von Gehirnschwellungen verabreicht; das Ärzteteam wußte jedoch nicht, daß Harvey seit der letzten Operation kontinuierlich hochdosiert mit Decadron weiterbehandelt worden war. Als Phyllis sie darauf aufmerksam machte, versuchten sie, ihm Decadron intravenös zu verabreichen. Am nächsten Morgen saß er aufrecht im Bett und konnte sprechen. Er blieb noch zwei Wochen auf der Intensivstation, weitere zwei Wochen auf der regulären Krankenstation – und dann begann seine lange, aber stetige Genesung.

»Es dauerte ein ganzes Jahr, bis er wieder auf den Beinen war«, sagt Phyllis. »Zwar fehlte ihm weiterhin die Erinnerung an die letzten drei Monate vor der zweiten Operation, doch langsam kam er immer mehr zu Kräften, und auch ein Teil seines Erinnerungsvermögens kehrte zurück. Er mußte eine ganz neue Art zu denken entwickeln und eine neue Einstellung zum Leben finden. Er mußte erfahren, was ihm passiert war, sich darüber entsetzen und dann neu geboren werden.«

Deborah erinnert sich an Harveys Frustration in dieser Zeit. »Jeder erwartete von ihm, daß er jetzt nach allem wie verwandelt wäre, aber in Wirklichkeit schien jeder *außer* ihm verwandelt. Harvey hatte in seinem Leben alles gehabt: Er war reich, erfolgreich, sah gut aus und genoß das Leben in vollen Zügen. Sein Schicksal ging seinen Freunden sehr nahe. Fast über Nacht verkehrte sich die Situation, so daß er auf der Seite der Unglücklichen stand: hirngeschädigt, übergewichtig, wütend und unkontrolliert, desorientiert und mit der Aussicht, aller Wahrscheinlichkeit nach zu sterben oder nur noch dahinzuvegetieren. Und alle sagten: ›Wenn ihm das passieren kann, dann kann es auch mir passieren.‹ Es brachte wirklich alle dazu, über ihre eigene Verwundbarkeit nachzudenken und in ihrem Leben reinen Tisch zu machen. Je mehr Harvey jetzt, nach der zweiten Operation, mitbekam, was er bei anderen ausgelöst hatte, desto mehr ärgerte er sich darüber, daß sich bei ihm kein vergleichbares Wunder vollzogen hatte.«

Phyllis half Harvey jeden Tag bei seinen Versuchen, wieder gehen zu lernen. Er stritt viel mit ihr und erinnert sich noch, daß sie ihn fortwährend fragte: »Was ist denn heute anders? Inwieweit hat sich dein Leben durch all das geändert?« Und alles, was er darauf zu sagen hatte, war: »Ich möchte endlich wieder auf den Tennisplatz gehen.«

Etwa ein Jahr nach der zweiten Operation geschah das Wunder. »Mit einemmal begann ich zu denken«, sagt Harvey. »Ich hatte es immer Phyllis überlassen, für mich mitzudenken, und mich immer vor Verantwortung gedrückt. Jetzt schien es, als hätten der Tumor und die Operation Teile in mir wiedererweckt, die bis dahin geschlafen und zugleich andere Teile von mir beeinträchtigt hatten. Sechs Wochen nach der Operation war meine sexuelle Potenz wiederhergestellt, aber meine Sexualität hatte insgesamt nachgelassen. Vielleicht hatte sie vorher auch eine zu dominante Rolle gespielt. Auf der anderen Seite nahmen Denken und Emotionen zu. Ich fühlte mich insgesamt ausgeglichener. Kurz gesagt: Ich habe inzwischen die Verantwortung für mein Leben übernommen. Ich bin heute ein verantwortungsbewußter Mensch, und ich weiß meine Kraft und Macht angemessen zu nutzen. Diese Krankheit war eines der größten Geschenke, die ich je bekommen habe.

Mein Sehvermögen ist heute praktisch besser als vorher, und mein Gedächtnis funktioniert hervorragend. Ich arbeite und gönne mir Muße, ich lebe heute wesentlich mehr das Leben, das ich leben möchte. Ich habe es beruflich inzwischen so eingerichtet, daß ich zu Hause arbeiten kann und nicht mehr in irgendein Büro muß. Und jeden Morgen spiele ich Tennis.«

Ich sprach auch mit Phyllis, um ihre Sicht der Dinge zu hören. Sie sagt: »Ich weiß noch, daß ich an den dunkelsten Tagen immer wieder dachte: ›Das alles wird auch sein Gutes haben, und ich werde jeden Zipfel unvermittelten Glücks festhalten.‹ Wir waren sehr isoliert in jener Zeit; ich habe nur wenige Menschen an unserem Leben teilnehmen lassen. Wäre ich der Überzeugung gewesen, daß die Ärzte alle mehr wußten als ich, dann hätte ich ihre pessimistische Sicht akzeptiert und mich nicht weiter bemüht, eine Möglichkeit der Heilung zu finden. Aber man läßt sich nicht so leicht von der heimlichen Hoffnung abbringen, daß sie doch nicht alles wissen. Der Chirurg, der sich schließlich zur Operation bereit erklärte, sagte mir, er könne keine Garantie übernehmen, daß Harvey den Eingriff überlebe oder anschließend sehen könne – oder auch nur wieder zu Bewußtsein komme. Er war von dem Ausgang genauso überrascht, von Harveys fortschreitender Genesung genauso begeistert wie jeder andere. Ein Jahr nach der Operation luden wir ihn und seine Frau zum Essen ein, um mit uns zu feiern.

Harvey ist wirklich wie neu geboren. Die Krankheit gab ihm die Chance, ein anderer Mensch zu werden, und er ist ein großzügigerer Mensch geworden, jemand, der einfühlsamer gegenüber anderen ist und der der denkbar beste Mensch sein möchte. Auch ich wurde bei alledem neu geboren. Unser Abenteuer hat uns beide bewogen, auch die Teile von uns zu heilen, die noch nicht geheilt sind. Wir haben noch immer eine Menge zu verarbeiten und sind uns dessen bewußt.«

Phyllis erzählte mir auch, daß das nicht die erste spektakuläre Heilung war, die sie erlebt hatte. »Vor sieben Jahren hatte ich Probleme mit dem Ischiasnerv – entsetzliche Schmerzen! Zweieinhalb Jahre quälte ich mich damit herum und lief zu mehr als zwanzig Ärzten, aber keiner konnte mir mit seiner Behandlung und den verschriebenen Mitteln helfen. Dann wurde mein erstes Enkelkind geboren, und ich wollte unbedingt auf das Kleine aufpassen. Ich wußte, ich mußte wieder fit werden, wenn ich Spaß an meiner neuen Großmutterrolle haben wollte. So hörte ich mir Kassetten an, beschäftigte mich mit Visualisieren, ließ mich akupunktieren, ernährte mich gesund und nahm Vitaminergänzungen. Nach nur vier Wochen waren meine Schmerzen verschwunden, zu hundert Prozent. Ich glaube, das wichtigste bei allem war, daß ich mir beim Visualisieren konkret vorstellte, wie mehr Blut zu meinem Rücken floß. Und außerdem sagte ich mir immer wieder: ›Ich will einfach wieder gesund werden.‹«

– 3 –

Zeugnisse

Als Arzt mit einer botanischen Ausbildung und einem langjährigen Interesse an Heilpflanzen arbeite ich als Berater für verschiedene Gruppen, die sich mit naturheilkundlichen Forschungen beschäftigen; eine davon ist der American Botanical Council in Austin, Texas. Der Direktor dieser Organisation, Mark Blumenthal, bat mich unlängst um eine Stellungnahme zu einem Brief, den er von einer Frau aus Chicago erhalten hatte. In diesem Brief pries sie überschwenglich die gesundheitlichen Vorzüge von Ginkgo. Sie nahm Pillen mit einem Extrakt aus den Blättern des Ginkgobaumes (*Ginkgo biloba*), der in China beheimatet ist, inzwischen aber in Städten auf der ganzen Welt mit Vorliebe angepflanzt wird – dank seiner Resistenz gegenüber Luftverschmutzung. Der Baum hat schöne, fächerförmige Blätter, die in der traditionellen chinesischen Medizin seit Jahrhunderten genutzt werden; die weiblichen Bäume tragen außerdem eßbare Nüsse. Konzentrierte Extrakte aus den Ginkgoblättern sind im Westen erst seit einigen Jahren erhältlich. Besonderer Beliebtheit erfreuen sie sich in Deutschland, wo sie in Kapselform im Fachhandel angeboten und zur Behandlung von Kreislaufbeschwerden verwendet werden. Von der Schulmedizin wird dieses pflanzliche Mittel allerdings weitgehend ignoriert.

Ich möchte besagten Brief hier ausführlich wiedergeben.

»Eine vierundachtzigjährige Freundin (ich selbst bin sechzig) rief mich an, um mich zu fragen, ob ich schon einmal etwas von *Ginkgo biloba* gehört hätte. Ich verneinte, sagte aber, ich würde

mich erkundigen. Bei meinen Recherchen stieß ich auf zwei Bücher... Ich hörte mich dann noch weiter um und fand noch einiges andere heraus.
Meine eigenen Erfahrungen mit Ginkgo waren dann so erstaunlich, daß ich eine wandelnde Reklame dafür geworden bin. Am dritten Tag nachdem ich mit der Einnahme begonnen hatte (eine Kapsel täglich am Anfang), bemerkte ich erstmals eine Veränderung – ein Eindruck, der sich nach einigen Tagen verstärkte. In der zweiten Woche erhöhte ich die Einnahme auf drei Kapseln täglich, jeweils eine nach den Mahlzeiten. Ich glaube, es war in der dritten Woche, als meine Depression verschwand und ich die Welt wieder schön fand und glücklich war, in ihr zu leben.
Ich hatte wieder mehr Energie. Innerhalb eines Zeitraums von nur sechs Wochen registrierte ich weitere Veränderungen... Eine der phantastischsten war, daß Ginkgo offensichtlich eine Wirkung auf meinen Gleichgewichtssinn hatte. Ich benutzte einen Stock beim Gehen, da mein Gang aufgrund von Gleichgewichtsstörungen unsicher war. Als ich nun in einem Kaufhaus herumspazierte, merkte ich mit einemmal, daß ich meinen Stock nicht mehr benutzte, und ich machte größere und sicherere Schritte. Der Zufall wollte es, daß ich in diesem Augenblick einer Bekannten begegnete, der ich aufgeregt erzählte, was geschehen war. Ich schwang meinen Stock, statt ihn als Stütze zu benutzen! Ich war so aufgeregt, daß ich mich vor Freude im Kreis drehte (was ich seit Jahren nicht gemacht hatte!). (Ich weiß, die Leute müssen gedacht haben, ich sei verrückt geworden!) Ich strahlte übers ganze Gesicht – und meine Bekannte auch!
Meine Schmerzen in den Beinen und Füßen verschwanden. Ich lernte, wieder normal zu atmen. Inzwischen, ein Jahr später, habe ich meine Nachtblindheit verloren (und konnte sogar meinen Optiker für Ginkgo interessieren). Mein Sehvermögen hat sich verbessert, stark auch mein Hörvermögen. (Mein Fernseher ist heute längst nicht mehr so laut eingestellt.)
Ich wollte, daß alle erfuhren, was ich erlebt hatte. Und so rief und schrieb ich alle an, die ich kannte. Diejenigen, die mich sahen, seit ich Ginkgo einnahm, waren baß erstaunt.

Eine Kosmetikerin klagte über starke Schmerzen in den Handgelenken, die auf Überanstrengung infolge ihrer Arbeit zurückzuführen waren. Nachdem ich ihr meine Geschichte erzählt hatte, begann sie mit der Einnahme von Ginkgo und behauptet nun, ihre Schmerzen seien nicht nur verschwunden, sie schlafe jetzt auch wesentlich besser.

Ein anderes Beispiel ist eine Frau Ende Vierzig, die nur selten aus dem Haus gehen konnte, und wenn, dann mußte sie eine Flasche Sauerstoff mit sich herumschleppen und ständig inhalieren, wenn sie draußen war. Heute muß sie nur noch selten auf den Sauerstoff zurückgreifen – und kann fast überall hingehen. Ein regelrechter Schock für viele Leute, die sie und ihren Hintergrund kennen!

Ich habe Probleme mit dem Schädelbein-Unterkiefer-Gelenk (Temporo-Mandibula-Gelenk-Syndrom) – oder korrekter, ich hatte sie. Plötzlich habe ich keine Schmerzen mehr! Und das kann nur auf Ginkgo zurückzuführen sein! Ich bin fest überzeugt: Solange ich bei Ginkgo bleibe, werde ich keine Gelenkschmerzen mehr haben. Sogar das Knackgeräusch ist verschwunden!

Meine vierundneunzigjährige Mutter ist in einem Pflegeheim und hat in diesem Jahr den Arzt gewechselt... Der neue Arzt war damit einverstanden, daß meine Mutter Ginkgo nahm, sofern ich es bezahlte. Das war für mich keine Frage.

Es war der letzte Mittwoch im Januar 1994, als der Arzt seine Zustimmung gab. Er wollte die Einnahme jedoch auf eine Pille täglich beschränkt wissen. Darin sah ich keine Schwierigkeit, da ich bei der vierundachtzigjährigen Frau, die mich auf Ginkgo aufmerksam gemacht hatte, miterlebt hatte, welche erstaunlichen Ergebnisse selbst mit nur einer Kapsel am Tag möglich waren!

Am nächsten Tag begann meine Mutter mit der Einnahme von Ginkgo. Und nach nur wenigen Tagen, von Donnerstag bis Sonntag, waren bereits erstaunliche Veränderungen festzustellen. Sie war nicht mehr depressiv. Sie war glücklich. Sie war voller Leben. Ihr Stimmvolumen veränderte sich, die schwächliche, dünne Stimme (die unverkennbar nach Krankheit klang) wandelte sich in eine starke, feste Stimme. Ich konnte die Spannung in dem Raum zwischen uns direkt fühlen! Ich war so glücklich, diese Veränderungen bei ihr zu sehen, und sie war hellauf begeistert, daß es ihr so viel besser ging! Darüber hinaus verbesserte sich auch ihr Hörvermögen in einem Maße, das an ein Wunder grenzte! Dadurch erhielt ihr Leben wieder eine ganz neue Qualität! Vorher war sie auf ihre eigene kleine Welt beschränkt, sie konnte nicht hören, was andere sagten, es sei denn, sie machten sich die Mühe, laut zu schreien (aber die machten sich die wenigsten), und sie konnte nicht klar denken (Verlust des Kurzzeitgedächtnisses, Verwirrtheit, Angstzustände usw.) ...

Eines Tages begann sie, im Speisesaal mit den anderen an ihrem Tisch zu sprechen – etwas, was sie noch nie zuvor gemacht hatte!... Ganz offensichtlich verbesserte sich ihr Kurzzeitgedächtnis... Außerdem verbesserten sich ihre Hämorrhoidenbeschwerden...

Ein Bekannter von mir nahm etwa sechs Monate lang eine Ginkgokapsel am Tag. Er litt unter Ohrenklingen. Nach sechs Monaten war das Klingen verschwunden. Dann setzte er Ginkgo ab. Und sofort waren die Geräusche wieder da.

Ich glaube, man muß Ginkgo weiter nehmen, wenn man seine positiven Effekte nicht verlieren will. Für alle, die sehr leiden, lohnen sich die Kosten mit Sicherheit! Viel zu viele Menschen haben das Gefühl, das Leben sei nicht lebenswert. Ich wünschte, ich könnte sie alle erreichen und ihnen von den Wundern durch Ginkgo erzählen!«

Dieser Brief ist das klassische Beispiel eines Zeugnisses für ein gesundheitsförderndes Produkt. Doch viele Mediziner nehmen solche Zeugnisse nicht ernst: Sie qualifizieren sie gemeinhin als »anekdotisches Material« ab – für den Papierkorb bestimmt, heißt doch »anekdotisches Material« im medizinischen Sprachgebrauch nichts anderes als »wissenschaftlich wertlos oder irrelevant«. Ich habe eine völlig andere Einstellung zu diesem Material und finde es bemerkenswert, warum viele Ärzte sich so schwer damit tun.

Die einfachste Antwort ist vielleicht, daß Ärzte und Wissenschaftler nicht als verrückt angesehen werden möchten und eine Gefahr für ihr Renommee wittern, wenn sie sich für Produkte oder Techniken verbürgen, deren vermeintliche Effekte sich dann doch als Irrtum oder in kontrollierten Versuchsreihen als nicht nachweisbar entpuppen könnten. Aber genauso verrückt ist es, solche Zeugnisse zu ignorieren, da sie sowohl wichtige Hinweise auf die Natur der Heilung liefern als auch wegweisend für die experimentelle Forschung sein können.

Viele Wissenschaftler verwerfen solche Zeugnisse in der Annahme, die Informationen seien falsch, die vermeintlichen Zeugen unterlägen irgendwelchen Täuschungen oder hätten die Geschichten aus irgendwelchen Gründen nur erfunden. Eine gute Wissenschaft zeichnet sich jedoch durch aufgeschlossene Forschung aus. Wäre es dann nicht sinnvoll, zumindest zu versuchen, diese Geschichten zu verifizieren? Wenn ich Personen, die mir solche Briefe geschrieben hatten, begegnete und sie interviewte, habe ich überwiegend die Erfahrung gemacht, daß kein Anlaß bestand, ihnen nicht zu glauben, selbst wenn ich die subjektive Interpretation ihrer Erfahrungen persönlich nicht unbedingt teilte. So glaube ich zum Beispiel, daß die Schreiberin des eben zitierten Briefes die positiven Veränderungen tatsächlich erfahren hat, über die sie im Zusammenhang mit ihrer eigenen Gesundheit und der Gesundheit von Verwandten und Freunden berichtet. Aber ich bin mir nicht sicher, ob ich ihrer Feststellung zustimmen möchte, wenn sie sagt: »Und das kann nur auf Ginkgo zurückzuführen sein!«

Wissenschaft ist das geordnete Sammeln von Erkenntnissen aufgrund methodischer Forschungen und Experimente. Aber woher sollen die Ideen, worüber man forschen oder womit man experimentieren sollte, kommen, wenn nicht aus den Erfahrungen, die man in der Welt um sich herum macht? Mit blindem Experimentieren, das nicht von begründeten Hypothesen ausgeht, die auf Erfahrungen beruhen, werden oft nur Zeit, Geld und Kraft verschwendet. Mein Interesse an Dr. Fulford und über ihn an der kranialen osteopathischen Theorie und Praxis wurde durch Zeugnisse seiner Arbeit geweckt. Und Zeugnisse waren es auch, die mich auf die Spur anderer nützlicher Heilmethoden brachten.

Vor einigen Jahren erhielt ich einen Brief von einem Mann in Kalifornien, in dem er seine bemerkenswerten Erfahrungen mit einem pflanzlichen Präparat, mit Blutwurz, beschrieb, von dem er sagte, es habe auf wundersame Weise Pigmentmale und andere Hautwucherungen verschwinden lassen, und in einem Fall sogar, was er bezeugen könne, ein bösartiges Melanom. Er drängte mich, ich solle das Präparat bei einem alten Mann in Utah bestellen, der es herstellte, und damit experimentieren. Ich bestellte es. Es war relativ billig. Und kurze Zeit später erhielt ich mit der Post eine Dose mit einer öligen blutroten Paste, ohne jeden weiteren Hinweis. Also ging ich an mein Bücherregal, um nachzulesen, was ich über diese Pflanze finden konnte.

Blutwurz, *Sanguinaria canadensis*, ist eine kleinwüchsige Pflanze, die in Waldgegenden vorkommt und in Nord- und Mittelamerika sowie in Kanada beheimatet ist. Ihre Pfahlwurzel sondert einen rötlichen Saft ab, der vermutlich die Indianer als erste auf den Gedanken brachte, mit der Pflanze zu experimentieren und sie als Medizin zu nutzen. Blutwurz war bei den in der Prärie lebenden Indianern und bei den europäischen Siedlern, die später kamen, eines der beliebtesten Pflanzenheilmittel. Innerlich angewendet wurde es bei Halsentzündungen und Atemwegsbeschwerden, äußerlich für die Behandlung von Hautwucherungen genutzt. Die Pflanze geriet in jüngerer Zeit in Mißkredit, als ihre Giftigkeit nachgewiesen wurde: Bei innerer Anwendung greift sie in die Zellteilung ein und kann so Mutationen und Krebs Vorschub leisten. Bei der Food and Drug Administration, der Lebensmittel- und Arzneimittelüberwachungsbehörde der USA, steht sie auf der Liste der gefährlichsten Pflanzen. Aber ich konnte auch eine Reihe von Hinweisen auf ihre seltsame Fähigkeit finden, anomale Hautwucherungen zu beseitigen, ohne daß dabei das normale Gewebe angegriffen wurde; in einigen Fällen brachte sie sogar Brustkrebs, der die Haut durchbrochen hatte, zum Verschwinden – in einer Zeit, als es die heutigen Krebsbehandlungsmethoden noch nicht gab. Äußerlich angewendet schien sie also unbedenklich zu sein.

Da ich keine unmittelbare Verwendung für die Paste hatte, stellte ich sie in meinen Kühlschrank – und vergaß sie. Erst sechs Monate später fiel sie mir wieder ein, als ich meine sechsjährige Hündin Coca, einen Rhodesian Ridgeback, wegen einer Hautwucherung, die sich nahe ihrer rechten Schulter entwickelt hatte, in Behandlung geben mußte. Angefangen hatte es mit einer kleinen schwarzen Hautausstülpung, die stetig größer geworden war, inzwischen die Größe einer Murmel erreicht hatte und aussah wie ein kleiner schwarzer Blumenkohl. Der Tierarzt meinte, sie müßte entfernt werden. »So etwas kann sich zu einem Melanom entwickeln«, sagte er. Entfernen hieß jedoch, das Tier einer Vollnarkose auszusetzen, was ich nicht wollte, da Vollnarkosen eine riskante Sache sind, für Hunde noch mehr als für Menschen. Zunächst einmal entschied ich mich fürs Nichtstun, und der Tumor wuchs weiter.

Dann fiel mir die Dose in meinem Kühlschrank wieder ein. Das war eine ideale Gelegenheit, die legendäre Heilkraft des Blutwurzes zu testen. Ich trug eine dünne Schicht der Paste auf die Wucherung auf und wiederholte diese Anwendung, jeweils morgens, drei Tage lang. Am vierten Tag, als ich Coca zur üblichen Behandlung zu mir rief, erschrak ich, als ich sah, daß sie an der Seite blutete. Der Tumor hatte sich gräulich verfärbt, schien sich von der Haut zu lösen und eine offene Wunde darunter zu hinterlassen. Ich beschloß, erst einmal keine neue Salbe mehr aufzutragen, sondern die Stelle nur mit Wasserstoffsuperoxid zu reinigen und sie im Auge zu behalten. Zwei Tage später fiel der ganze nunmehr weißlichgraue Tumor ab und hinterließ eine kreisrunde offene Wunde, die jedoch schnell verheilte. Was am Ende übrigblieb, war eine kreisrunde leichte Hautdelle, von einem Tumor keine Spur mehr. Der Blutwurz hatte ihn säuberlicher entfernt, als es mit einem Skalpell jemals möglich gewesen wäre. Später wuchsen wieder Haare über die Stelle, so daß sie völlig verdeckt war. Ich hätte mir kein besseres Ergebnis wünschen können, zumal der Hund bei der ganzen Prozedur keinerlei Anzeichen von Unwohlsein hatte erkennen lassen.

Soviel zu meinem Tierversuch. Jetzt war ich bereit, das Mittel auch am Menschen auszuprobieren. Wenig später kam mein Freund John Fago zu Besuch, der mir ein Mal auf seiner Brust zeigte, das ihm Sorgen machte. John, ein Fotograf, hatte vor einigen Jahren durch Knochenkrebs ein Bein verloren. Vor der Operation war er ein leidenschaftlicher Skiabfahrtsläufer gewesen, jetzt war er ein begeisterter und sehr geschickter einbeiniger Skiläufer. Statistisch gesehen hatte John die besten Chancen, von seinem Krebs geheilt zu werden, und er tat alles, um diese Chancen durch seinen persönlichen Lebensstil noch zu erhöhen. Aber es war nur zu verständlich, daß jede Hautwucherung und jedes Mal ihn nervös machte. Auf seiner Brust hatte sich nun dieses Pigmentmal entwikkelt, das sich zusehends vergrößerte. Als ich John von der Blutwurzkur meines Hundes erzählte, zögerte er nicht einen Augenblick und sagte: »Laß es uns ausprobieren.«

Anders als mein Hund hatte John kein Fell, so daß der Prozeß leichter zu beobachten war. Am zweiten Tag nach dem Auftragen der Salbe entzündete sich die Haut um das Mal herum, offensichtlich eine Immunreaktion, und John sagte, es schmerze auch ziemlich. Am dritten Tag wurde das Mal blaß und begann zu schwellen. Am vierten Tag fiel es ab und hinterließ eine kreisrunde Wunde, die schnell verheilte. Später bat ich John, seine Erfahrung vor einer Gruppe von Medizinstudenten zu beschreiben. Er tat dies – mit dem Ergebnis, daß ich etliche Anfragen mit der Bitte um eine nichtchirurgische Entfernung von Pigmentmalen erhielt. Im Laufe der Jahre habe ich einer ganzen Reihe von Medizinstudenten Blutwurzsalbe mit den entsprechenden Anwendungshinweisen gegeben: mit durchwegs befriedigenden Ergebnissen. Der letzte Fall einer erfolgreichen Blutwurzbehandlung war eine junge Frau, bei der sich am Halsansatz im Nacken ein großes Pigmentmal gebildet hatte. Ein Dermatologe wollte es entfernen; als er ihr aber erklärte, wie groß der Schnitt sein würde, schreckte sie vor der Operation zurück, nicht zuletzt deshalb, weil sie wußte, wie schwierig und langwierig gerade an dieser Stelle der Heilungsprozeß sein würde. Sie fragte mich, ob ich irgendeine Alternative wisse. Blutwurz löste ihr Problem! »Am dritten Tag sah es verdammt furchterregend aus«, sagte sie mir später. »Aber Sie hatten mir den Verlauf ja erklärt, und so versuchte ich, mir erst einmal keine Sorgen zu machen. Das Mal ist jetzt ganz verschwunden, und ich finde, besser und sauberer, als der Dermatologe es je hätte machen können. Einfach erstaunlich!«

Diese Fälle sind beispielhaft für eine Entdeckung, die einzig dem Umstand zu verdanken war, daß ein Zeugnis ernst genommen wurde. Ich wünschte mir, sie könnten die wissenschaftliche Forschung dazu bewegen, den Mechanismus, wonach Blutwurz das Abstoßen anomalen Gewebes stimulieren kann, und weitergehende Anwendungsmöglichkeiten für die Behandlung von Hautwucherungen – über Pigmentmale hinaus – zu untersuchen.

Besonders schwierig ist es, mit Ärzten über Zeugnisse von pflanzlichen Heilmitteln zu sprechen: zum einen, weil ihnen eine heilpflanzenkundliche Ausbildung fehlt, zum anderen, weil es dabei um ein äußerst kontroverses Thema geht und manche medizinische Autoritäten die Verwendung von Pflanzen in der Medizin nicht nur vor dem Hintergrund rein anekdotischer Beweise, wie sie sagen, als unwissenschaftlich, sondern sogar als gefährlich betrachten. Diese Position zeugt von Unkenntnis der Sachlage. Schließlich sind nicht nur viele der heute verbreiteten pharmazeutischen Medikamente pflanzlichen Ursprungs, man ist auch bemüht, die traditionellen pflanzlichen Mittel mit modernen wissenschaftlichen Methoden zu untersuchen. Fest steht, daß pflanzliche Arzneien unbedenklicher sind als pharmazeutische Medikamente, allein schon weil ihre aktiven Bestandteile mit reaktionsträgen Stoffen verdünnt und durch sekundäre Komponenten modifiziert werden. Richtig ist andererseits auch, daß die Hersteller pflanzlicher Produkte aus werbetaktischen Gründen, um sich gegenüber der Konkurrenz auf einem fast unkontrollierten Markt zu behaupten, ihren Mitteln oft Qualitäten nachsagen, die der Wirklichkeit nicht standhalten.

Nehmen wir *Ginkgo biloba*. Hierzu sind Dutzende wissenschaftlicher Artikel in guten und renommierten Fachzeitschriften erschienen, in denen – gestützt auf Tierversuche und Testreihen mit Menschen – über die chemische Zusammensetzung, die chemischen Eigenschaften sowie über die pharmakologischen Wirkungen und Anwendungsmöglichkeiten berichtet wurde. Allerdings handelt es sich dabei um Fachzeitschriften, die nicht unbedingt von der Ärzteschaft gelesen werden. (Ich kenne zum Beispiel keinen Arzt, der etwa *Planta Medica* liest: eine deutsche Fachzeitschrift und eine der besten!) Wer sich mit der umfangreichen Fachliteratur über Ginkgo beschäftigt, findet experimentell abgesicherte Beweise, daß Ginkgo die Blutzirkulation im ganzen Körper und insbesondere im Kopf fördert. Ginkgo ist nachweislich ein wirksames und nichttoxisches Mittel für die Behandlung von Hörproblemen und Gleichgewichtsstörungen, welche auf eine verminderte Blutzirkulation im Ohr zurückzuführen sind; ebenso für die Behandlung von Gedächtnisschwäche und geistigen Funktionsstörungen, deren Ursachen in einer mangelnden Blutversorgung des Gehirns liegen.[1] Ganz im Gegensatz zu den pharmazeutischen Mitteln, die üblicherweise bei der Behandlung dieser Beschwerden verabreicht werden, ist Ginkgo nicht toxisch.

Was über die Wirkungen des Ginkgoextraktes bekannt ist, stimmt zum Teil mit den positiven Wirkungen überein, die im zitierten Brief der Frau aus Chicago beschrieben wurden – wohlgemerkt, zum Teil, da die von ihr erwähnten Wirkungen über das hinausgehen, was Ginkgo erklärtermaßen zugute gehalten werden kann. Zudem verwendete die Frau eine niedrige Dosierung. Die als wirksam geltende Dosierung liegt demgegenüber bei etwa dreimal täglich zwei Kapseln. Und selbst bei dieser Dosierung wird den Patienten zur Geduld geraten; die nutzbringenden Effekte von Ginkgo machen sich in der Regel erst nach sechs bis acht Wochen ununterbrochener Einnahme bemerkbar. Also selbst wenn wir den Berichten der Frau Glauben schenken, bleibt die Frage der genauen Unterscheidung zwischen Ursache und Wirkung. Konkret: Waren diese positiven Veränderungen tatsächlich auf Ginkgo zurückzuführen?

Diese Frage berührt ein heikles Thema, das noch mehr Ärzte veranlaßt, solche Zeugnisse in den Papierkorb zu werfen. Es ist hinlänglich bekannt, daß allein der Glaube an eine Medizin zu positiven Ergebnissen führen kann, selbst wenn das Mittel als solches wirkungslos ist. Die Rede ist vom sogenannten Placeboeffekt, den die meisten Ärzte nicht lieben, da er die Ergebnisse ihrer Experimente verwischt und aus Sicht des biomedizinischen Modells völlig unwissenschaftlich ist. Für mich dagegen ist die Placeboreaktion das klassische Beispiel einer durch die Psyche ausgelösten Heilung; sie ist alles andere als ein Ärgernis, sondern potentiell der beste therapeutische Verbündete, den Ärzte bei ihren Bemühungen im Kampf gegen eine Krankheit finden können. Die Kunst der Medizin besteht aus meiner Sicht sowohl in der richtigen Wahl der Behandlungen als auch darin, diese Behandlungen den Patienten so zu präsentieren, daß ihre Wirksamkeit durch die Aktivierung der Placeboreaktion erhöht wird. Und der beste Weg dazu ist, daß man als Arzt Behandlungsmethoden nutzt, an die man selbst glaubt, da der Glaube des Arztes an das, was er tut, ein Katalysator für den Glauben des Patienten sein kann.

Leider ist diese positive Einstellung zum Placeboeffekt heute nicht sehr verbreitet. Die meisten Ärzte möchten mit Placebos nichts zu tun haben und bevorzugen statt dessen »reale« Behandlungen, die über nachweisbare biochemische Mechanismen greifen. Und sie haben eine Vorliebe für Behandlungen, die sehr spezifische Effekte erzielen (»Zauberkugeln«, die gezielt schießen). Wenn ein Mittel bei allzu vielen verschiedenen Beschwerden Wirkung zeigt, verlieren die meisten Ärzte ihr Interesse daran, da mangelnde Spezifität aus ihrer Sicht gleichbedeutend mit einem Mangel eines grundlegenden Mechanismus ist. Mit anderen Worten: Das Medikament könnte ja – bloß das nicht! – nur ein Placebo sein.

Dieser Denkansatz ist – das sollte nicht unerwähnt bleiben – eine Schrulle der westlichen Medizin. In der traditionellen chinesischen Medizin werden Medikamente, die im übrigen weitestgehend pflanzlicher Natur sind, nach drei Kategorien klassifiziert: höherer, mittlerer und minderer Qualität. Minderer Qualität sind jene Mittel, die ob ihrer spezifischen Effekte bei spezifischen Beschwerden eingesetzt werden: die »Zauberkugeln«, mit denen man gezielt schießen kann und die in der westlichen Medizin das höchste therapeutische Ideal darstellen. Mittel mittlerer Qualität haben eine breiter gefächerte Wirkung, da sie allgemein die Körperfunktionen stärken. Und in die Kategorie der Mittel höherer Qualität fallen Tonika und Allheilmittel, die bei allen Krankheiten und Beschwerden wirken. Ein Beispiel hierfür ist Ginseng; sein lateinischer Name *»Panax«* geht auf die gleiche Wurzel wie *»panacea«* zurück, was »alles heilend« heißt. Nach chinesischem Verständnis haben also jene Mittel höhere Qualität, welche die Abwehrkräfte des Körpers stimulieren und ihn damit widerstandsfähiger gegenüber Angriffen jedweder Art machen. Diese Mittel sind nicht toxisch; sie sind keine Waffen gegen spezifische Krankheiten, sondern von ihrem Wirkungspotential her Allheilmittel, da sie die Widerstandskräfte insgesamt erhöhen.

Diese kurze Beleuchtung medizinischer Grundsatzfragen und die Darstellung der Unterschiede zwischen der westlichen und östlichen Medizin dürften die vielschichtigen Gründe verdeutlichen, warum die meisten wissenschaftlich orientierten Ärzte bei uns Zeugnisse wie das zuvor zitierte im allgemeinen ablehnen oder ignorieren. Kurz: Sie mißtrauen solchen Geschichten in der Regel, versuchen aber andererseits auch nicht, sie zu verifizieren, wohinter vielleicht nichts weiter als die Angst steht, jemand könnte sie reinlegen wollen; sie sind auch nicht bereit, sich auf Behandlungsmethoden einzulassen (oder dies auch nur zu erwägen), die außerhalb ihres eigenen Erfahrungsgebietes liegen, wie etwa Behandlungen mit pflanzlichen Mitteln; und sowieso lehnen sie es ab, angesichts solcher »Anekdoten« über einen möglichen Zusammenhang von Ursache und Wirkung überhaupt nur nachzudenken, aus Angst, jene positiven Wirkungen könnten sich, selbst wenn sie sich bewahrheiten, am Ende als »nichts weiter« denn Placeboeffekte entpuppen.

Im Laufe der Jahre, seit ich schreibe und öffentlich Vorträge halte, haben mich Hunderte solcher Zeugnisse erreicht. Dazu kommen unzählige Geschichten, die mir mündlich zugetragen wurden. Besonderer Beliebtheit erfreuen sich in diesen Berichten Heilpflanzen (bekannte und unbekannte), spezifische Nahrungsmittel und Ernährungsrichtlinien, Vitamine und Nährstoffergänzungen, Medikamente (rezeptpflichtige und freiverkäufliche), Drogen (legale und illegale), Akupunktur, Yoga, Biofeedback, Homöopathie, Chiropraktik, Chirurgie, Beten, Massage, Psychotherapie, sportliche Betätigung, Fasten und vieles andere mehr. Ich sammle dieses Material und nehme es ernst. In seiner Gesamtheit verdeutlicht es: *Heilung ist möglich!* Mehr noch: Sie ist bei allen möglichen Krankheiten möglich, selbst bei sehr schwerwiegenden und langwierigen.

Genau wie meine Kollegen stelle auch ich die simplen Ursache-

und-Wirkung-Interpretationen, die solche Berichte enthalten, in Frage und begegne den jeweils angepriesenen Produkten und Praktikern mit Vorbehalt; aber im Gegensatz zu den meisten verwerfe ich sie nicht kategorisch. Solche Berichte sind wichtige Beweisstücke. *Sie sind ein Zeugnis für das menschliche Heilungspotential.* Denn der Körper verfügt erwiesenermaßen und unbestreitbar über die Fähigkeit, sich selbst zu heilen. Und indem sie genau das ignorieren, verschließen sich viele Ärzte einer wichtigen Quelle, aus der sie ihren Gesundheits- und Heilungsoptimismus nähren könnten.

Die Gesichter der Heilung: Al

Von den Personen, die ich zu ihrer persönlichen Heilungsgeschichte interviewte, ist Alan Kapuler einer der ungewöhnlichsten und dankbarsten Fälle. Bezeichnend für den Molekularbiologen, der sich zu einem New-Age-Gärtner wandelte, ist, daß ihm sowohl ein herausragender Intellekt und ein umfassendes Wissen über die Lebensprozesse als auch eine große Sensitivität für die natürliche Welt eigen sind, mit der er sich tief verbunden fühlt. Al ist Mitbegründer und Direktor von Peace Seeds in Corvallis, Oregon – ein Familienunternehmen, das sich auf die Konservierung, Verbreitung und den Vertrieb von gentechnisch nicht manipuliertem Saatgut aus biologisch-dynamischem Anbau und von anderen seltenen Blumen- und Gemüsearten spezialisiert hat. Außerdem ist er Forschungsdirektor von Seeds of Change, einem staatlichen organisch-dynamischen Saatgutunternehmen. Al arbeitet hart, er liebt seine Pflanzen, sammelt und packt Tausende von Saatgutpäckchen per Hand und ist ein engagierter Anhänger des Prinzips der Gewaltfreiheit.

Als Neunzehnjähriger machte Al Kapuler 1962 an der Yale University seinen Abschluß in Biologie mit *summa cum laude*. Er dachte daran, Medizin zu studieren, und erinnert sich, daß er bei seinem Zulassungsgespräch an der New York University gefragt wurde, warum er Arzt werden wolle. »Ich möchte Krebs heilen«, antwortete er. Sechs Jahre lang beschäftigte sich Al Kapuler an der Rockefeller University mit dem Fachgebiet Krebs und machte abschließend seinen Doktor in Biowissenschaften. Bei seinen Forschungen widmete er sich vor allem der Entwicklung neuer Chemotherapeutika und der Erforschung ihres Wirkungspotentials auf die DNA.

Schon bald nach Abschluß seines Studiums verabschiedete Al sich von dem »ganzen materialistischen System«, wie er es heute nennt. Er zog aufs Land, wurde weitestgehend Vegetarier und entdeckte seine Liebe für die Landwirtschaft. Er lebt seither bewußt einfach und arbeitet »mit der Erde«. 1987 ließ er sich mit seiner Frau und seinen kleinen Kindern in Corvallis, Oregon, nieder und gründete die Peace Seeds als wirtschaftliches Unternehmen, um davon zu leben. »Ich habe damals wie besessen gearbeitet«, erinnert er sich. »Ich habe fünfundzwanzigtausend Päckchen Samen abgepackt, dazu Hunderte von Saatgutpflanzen gezüchtet und saubergehalten, versucht, für mich das Problem der ›richtigen Lebensweise‹ zu lösen, und das alles nur mit Hilfe einer Teilzeitkraft. Ich hatte jede Menge Streß.«

Angesichts seines biomedizinischen Werdegangs sollte man meinen, Al wäre alarmiert gewesen, als bei ihm im Juni 1989 Lymphknotenschwellungen an der Leiste auftraten. Aber die Knoten schmerzten nicht, und Al dachte, sie würden von selbst wieder verschwinden. Dem war nicht so. Nach einer Weile versuchte er es – ohne bei seiner anstrengenden Arbeit kürzerzutreten – mit kalten und warmen Kompressen – ohne Erfolg. »Ich hatte keine Ahnung, worum es sich dabei handelte«, sagt er. Die Knoten traten beidseitig auf und hatten jeweils die Größe eines Fünfmarkstückes. Schließlich wandte er sich hilfesuchend an einen befreundeten Arzt, den er seit seinem Studium kannte. Der empfahl eine Computertomographie des ganzen Körpers. Dabei wurden fünfundzwanzig bis dreißig anomale Knoten vom Hals bis zur Leiste festgestellt; zwei wurden als Gewebeprobe entnommen und zur Diagnose eingeschickt. Das Ergebnis: ein Lymphom, das heißt Lymphknotenvergrößerungen, die sich bei Al teils als gutartig, teils als bösartig erwiesen – und letzteres bedeutete Lymphknotenkrebs. »Sie sagten, ich hätte noch eine Lebenserwartung von sieben Jahren und vielleicht noch zwei bis drei Jahre, ehe es schlimm würde, und ich müßte mit einer Chemotherapie beginnen«, erinnert sich Al.

Alans Schwiegermutter, eine Anhängerin der Vollwerternährung, schickte ihm ein Buch über Krebsheilung durch makrobiotische Diät. Er las es zusammen mit anderen Büchern über diätetische Ansätze zur Krebsbekämpfung. Die Bücher über Makrobiotik sagten ihm am meisten zu. »Im Vergleich zu anderen enthielten sie weniger Pseudowissenschaftliches«, findet Al. »Sie gingen einfach von der These aus, daß bestimmte Eßgewohnheiten Krebs verursachen, und zeigten auf, was dagegen zu tun war. Ich hatte geglaubt, wir ernährten uns schon sehr gesund, Tatsache war aber, daß wir in Form von Honig und Fruchtsäften sehr viel Zucker konsumierten. Außerdem rauchte ich und trank Kaffee – zwei Tassen Cappuccino mit Honig am Tag. Aus makrobiotischer Sicht war das alles ganz entsetzlich. Mir wurde klar, daß ich alles, was ungesund war, fortan ausklammern mußte.« Im November 1989 begann er mit einer strengen makrobiotischen Diät: brauner Reis, Misosuppe, Bohnen, gekochtes Gemüse sowie Seetang und aus Algen hergestellte Produkte – eine, wie Al meint, »strenge östliche Klosterdiät«. Erlaubt waren weder Früchte noch Salate, weder Öl noch Brot, noch Nährstoffergänzungen und natürlich weder Fleisch noch Milchprodukte, weder Zucker noch Alkohol.

»Haben Sie jemals erwogen, eine Chemotherapie zu machen?« frage ich ihn.

»Wollen Sie mich auf den Arm nehmen? Ich bin Molekularbiologe«, entgegnet Al. »Ich weiß, was mit diesem Zeug bei Leuten angerichtet wird. Warum sollte ich mich selbst vergiften? In dem Zusammenhang fiel mir dann übrigens auch ein, daß ich bei jenem Zulassungsgespräch zum Medizinstudium vor Jahren erklärt hatte, daß ich Krebs heilen wollte. Und ich sagte mir jetzt: ›Verdammt, jetzt habe ich die Chance dazu!‹

Inzwischen habe ich braunen Reis und Gemüse durchaus lieben gelernt, und nach dem Diätprogramm konnte ich davon so viel essen, wie ich wollte. Wichtig war, das Essen richtig und gut zu kauen. Ich kam mit der Diät ausgesprochen gut zurecht und bin seither Makrobiotiker, wobei ich mich, je nachdem, wie es mir gesundheitlich geht, mehr oder weniger strikt daran halte.«

In den ersten elf Monaten, in denen er sich an den Diätplan hielt, konnte er keine Veränderung an den Lymphknoten feststellen; es kamen zwar keine neuen hinzu, aber sein Zustand besserte sich auch nicht. In dieser Zeit fuhr er regelmäßig zu einem Onkologen in Eugene, Oregon, der alle zwei Monate Blutuntersuchungen zur Kontrolle des Lymphozytenspiegels durchführte. Die Werte schwankten, und der Onkologe drängte auf eine Chemotherapie. »Er sagte mir, er würde extra ›niedrig dosieren‹«, fährt Al fort. »Aber wenn ich mich in seiner Praxis umsah, dann aßen alle ständig irgendwelche Süßigkeiten. Bei der Anmeldung stand eine Schale mit Süßigkeiten für die Patienten. Aber auch die Arzthelferinnen und Krankenschwestern langten ständig zu. Und daneben konnte man dann sehen, wie die Patienten in den Raum für die chemotherapeutischen Behandlungen gingen. ›Nein‹, sagte ich ihm, ›lassen Sie's gut sein; die Diät wird mich schon wieder auf Vordermann bringen.‹«

Im September 1990, um seinen achtundvierzigsten Geburtstag herum, hatte Al den Eindruck, daß die Knoten in der Leiste schrumpften. Tatsächlich, bis Ende Oktober waren sie verschwunden, vollständig, und alles war wieder normal. Auch seine Blutwerte normalisierten sich wieder, zum Erstaunen des Onkologen. »Und ein weiterer bekannter Onkologe sagte mir«, erinnert sich Al, »ich sei der einzige ihm bekannte Patient mit einer bestätigten Krebsdiagnose, bei dem es allein aufgrund einer Diättherapie zu einer vollständigen Remission gekommen sei.«

Bis Anfang 1993 waren keine Anzeichen irgendwelcher krankhafter Abweichungen im Lymphgefäßsystem mehr feststellbar. Dann kam jedoch eine Zeit, in der Al beruflich wieder außergewöhnlich starkem Streß ausgesetzt war. Seine Gewinne waren drastisch gesunken, und um das Manko wettzumachen, versuchte er nun, mit einer anderen Organisation zusammenzuarbeiten. Er hatte das Gefühl, beruflich an einem Scheideweg zu stehen, und wußte nicht genau, in welche Richtung es künftig weitergehen sollte. Infolge dieses Stresses lockerte er seine strenge Diät und begann auch wieder, Süßigkeiten zu essen. Wenig später bildete sich auf der rechten Seite im Mund eine Zahnfleischentzündung, der bald eine Entzündung im linken Ohr folgte. Durch Ableitung der Infektion im Ohr über die Lymphbahnen schwollen die Lymphknoten rechts am Hals an, jedoch nicht allzu stark, so daß die Vermutung nahelag, es handle sich dabei eher um eine Reaktion auf die Infektion als um einen malignen Prozeß; doch die Lymphknotenvergrößerung blieb, auch nachdem die Infektion längst abgeklungen war. Sechs anomale Knoten hatten sich am Hals gebildet. Außerdem entwickelte sich an drei Fingern der rechten Hand ein Ausschlag, der immer wieder auftrat und zyklisch verlief; es begann mit einem Juckreiz, dann bildeten sich nässende Pusteln, die schließlich verkrusteten und verschwanden. Problematisch dabei war, daß Al mit den Händen in der Erde arbeitete; er mußte also etwas unternehmen.

»In den vorhergehenden Jahren, als es mir rundherum gutging«, sagt Al, »hatte ich meine Diät etwas gelockert. So beschloß ich, mich wieder streng daran zu halten. Außerdem sah ich mir einen Dokumentarfilm an, den ein Freund von mir über die Hoxsey-Krebstherapie gemacht hatte; und ein weiterer Freund, ein Akupunkteur, erzählte mir, er habe bei einem Patienten miterlebt, wie er mit dieser Methode geheilt wurde. Ich beschloß, nach Mexiko zu fahren, zu einer Klinik in Tijuana, die diese Therapie anbietet.«

Grundlage der Hoxsey-Therapie ist neben einer bestimmten Diät ein Tonikum, ein aus sieben Heilkräutern und Kaliumjodid zusammengesetztes Präparat. Die Diät, bei der unter anderem Schweinefleisch, Tomaten und Essig verboten sind, war weniger streng und kannte nicht so viele Tabus wie Als makrobiotische Diät. Vor allem sagte das pflanzliche Tonikum Al allein schon von der Grundidee her zu, zumal einige der im Hoxsey-Tonikum verwendeten Pflanzen erklärtermaßen über Antikrebseigenschaften verfügten.

»Im Frühjahr 1993 fuhr ich nach Tijuana, und ich muß sagen, ich habe in der Klinik dort eine bessere medizinische Behandlung erlebt als jemals irgendwo in diesem Land«, erinnert sich Al. »Die Betreuung war ausgesprochen human und sehr fürsorglich. Dazu muß man wissen, daß mein Vater selbst Arzt war und daß ich ja schon jede Menge konventioneller Behandlungen hinter mir hatte. Als Kind hatte ich Polio – bei der Epidemie 1949 – und konnte sechs Monate nicht zur Schule gehen. Dann litt ich unter chronischen Mandelentzündungen und mußte jahrelang immer wieder Antibiotika nehmen. Diese Art der Medizin war mir also durchaus sehr vertraut, und im Unterschied dazu gefielen mir die ausnehmende Freundlichkeit und Geduld der Ärzte in Tijuana einfach wesentlich besser. Im übrigen waren sie von meiner makrobiotischen Diät so beeindruckt, daß sie mir sagten, ich würde damit wohl sehr schnell auf die pflanzliche Therapie ansprechen.«

Al kehrte mit einem reichlichen Vorrat an Hoxsey-Tonikum im Gepäck nach Hause zurück und nahm nach jeder Mahlzeit etwas davon. Innerhalb von zwei Monaten hatten sich die Knoten am Hals zurückgebildet, und danach hatte Al keine Probleme mehr. »Ich denke sogar, daß es mir heute gesundheitlich bessergeht als vor fünf Jahren«, sagt er. »Ich habe heute eine unglaubliche Energie.« Das kann ich nur bestätigen. Er scheint in jeder Hinsicht bei ausgezeichneter Gesundheit zu sein.

»Was haben Sie aus alldem gelernt?« frage ich ihn.

»Oh, sehr viel... sehr viel«, sagt er. »Zunächst einmal war der Krebs ein großes Geschenk, er gehört wirklich zu den besten Dingen, die mir je widerfahren sind. Denn dadurch weiß ich heute viel mehr darüber, wie der Körper funktioniert. So habe ich zum Beispiel inzwischen ein sehr feines Gespür dafür entwickelt, welche Wirkungen die einzelnen Nahrungsmittel auf meinen Organismus haben. Wenn ich etwas Falsches esse, merke ich das innerhalb von einer halben Stunde daran, wie ich mich fühle. Außerdem habe ich etwas sehr Interessantes über die Heilung von Krebs entdeckt: Diese Heilung vollzieht sich nicht in einem Schritt, dahinter steht vielmehr ein Prozeß. Und ich bin überzeugt, daß es bei mir einen Zusammenhang zwischen dem Ausschlag an meinen Fingern und den Knoten am Hals gab. Da mußte irgend etwas raus, als wollte die Krankheit ihr Gesicht nach außen zeigen. Kein Schulmediziner würde diesen Zusammenhang sehen, aber für mich besteht daran kein Zweifel. Heute ist nichts auf meiner Haut, sie ist absolut rein.

Aber vor allem habe ich gelernt, daß man sein eigener Arzt ist, daß man sich selbst heilen muß. Das Kunststück dabei ist, das eigene Ego beiseite zu schieben, von seinen vorgefaßten Gedanken abzurücken und es einfach dem Körper zu überlassen, sich selbst zu heilen. Und er weiß, wie er das kann.«

– 4 –

Pessimismus in der Medizin

Es fällt mir schwer, über die Fehler und Schwächen meines eigenen Berufsstandes zu schreiben, aber es geht dabei um Fehler und Schwächen, die negative Konsequenzen für uns alle haben. Ein wichtiger Aspekt in diesem Zusammenhang ist, einfach ausgedrückt, daß zu viele Ärzte zutiefst pessimistisch hinsichtlich der Genesungsmöglichkeiten ihrer Patienten sind und ihnen samt ihren Angehörigen diesen Pessimismus auch vermitteln. Wie viele Patienten kamen schon zu mir, denen von Ärzten auf diese oder jene Weise gesagt worden war, sie würden nicht mehr gesund werden, sie müßten lernen, mit ihrem Problem zu leben, oder sich sogar mit dem Sterben auseinanderzusetzen, da die Medizin ihnen keine weitere Hilfe zu bieten habe!

Aus allen Teilen der USA und teilweise auch aus dem Ausland kommen Patienten zu mir: Meist sind sie Flüchtlinge vor der konventionellen Medizin. Etwa zehn Prozent von ihnen haben keine unmittelbaren gesundheitlichen Probleme und kommen nur zur präventiven Beratung. Ich wünschte, es wären mehr, die zu mir kommen, ehe sie krank werden; denn zur Vorbeugung von Herzkrankheiten, Krebs, Schlaganfällen und anderen Krankheiten könnte ich ihnen manchen Rat geben oder wie man das Heilungssystem des Körpers schützen und fördern kann. Oft geht es um Ernährung, körperliche Bewegung und Ruhe, um Methoden der Streßbewältigung sowie die intelligente Verwendung von Vitaminen, Nährstoffergänzungen, Heilpflanzen und Praktiken, die sich das Wechselspiel von Psyche und Körper zunutze machen.

Die restlichen neunzig Prozent meiner Patienten kommen etwa zur Hälfte wegen der üblichen Beschwerden: Allergien, Kopfschmerzen, Schlaflosigkeit, Ängsten und Nervosität, Nebenhöhlenentzündungen, Arthritis, Rückenschmerzen und ähnlichem. Diesen Patienten biete ich konkrete Alternativen zur Schulmedizin. Dank meiner ausgedehnten Reisen und Studien vieler verschiedener therapeutischer Systeme kann ich auf eine lange Liste von Methoden und Mitteln zurückgreifen, die in meinen Augen unbedenklicher, wirksamer und erst recht billiger sind als die Arzneien und chirurgischen Eingriffe, welche die Schulmediziner hauptsächlich anzubieten haben. »Therapeutischer Overkill« ist der treffendste Ausdruck für die konventionellen Methoden, auf die im Umgang mit gewöhnlichen, alltäglichen Beschwerden zurückgegriffen wird. Hier werden im Regelfall schwere Geschütze aufgefahren, die eigentlich nur jeweils das allerletzte Mittel sein sollten, wenn die einfacheren und unbedenklicheren Methoden versagt haben. Das Problem ist, daß Ärzten in ihrer Ausbildung nicht beigebracht wird, einfache Methoden zu nutzen, die sich das körpereigene Heilungspotential dienlich machen.

Die letzte Gruppe von Patienten kommt wegen schwerwiegender Krankheiten zu mir, bei denen die Aussichten auf Heilung begrenzt sind. Dazu zählen Krebskranke und Patienten mit chronischen Degenerationskrankheiten. Viele sagen mir, ich sei ihre letzte Hoffnung, weil sie alle anderen Möglichkeiten medizinischer Hilfe bereits ausgeschöpft hätten. Ich verstehe mich in diesen Fällen als Berater und versuche, den Patienten Entscheidungshilfe zu geben, inwieweit eine selektive Nutzung der konventionellen Medizin ratsam ist und im einzelnen mit alternativen Ansätzen kombiniert werden kann. So entschließen sich zum Beispiel viele Krebspatienten zu einer Operation, einer Chemotherapie oder Strahlentherapie; sie möchten aber auch wissen, was sie darüber hinaus vorbeugend gegen ein Wiederauftreten der Symptome tun können. Ihre Onkologen sagen ihnen in der Regel, daß sie über die Behandlung hinaus nichts weiter tun können. Die Patienten wissen es besser. Vor allem möchten sie erfahren, wie sie mittels Ernährung, mit Nährstoffergänzungen und über psychisch wirkende Mechanismen die körpereigenen Abwehrkräfte mobilisieren können. Meine Aufgabe ist es, ihnen diese Informationen zu geben.

Ob relativ gesund oder relativ krank – bezeichnend für meine Patienten ist, daß sie hoch motiviert sind, selbst die Verantwortung für ihre Gesundheit zu übernehmen. Für mich ist es ein Vergnügen, mit motivierten Patienten zu arbeiten. Bezeichnend ist ebenso, daß sie überdurchschnittlich intelligent und gebildet sind – zwei Eigenschaften, die im Rahmen der in den USA und anderen Ländern durchgeführten Untersuchungen generell bei Personen festgestellt wurden, die zu alternativen Praktikern gehen.[1] Und nicht zuletzt haben viele meiner Patienten physisch, psychisch oder finanziell unter der konventionellen Medizin gelitten. Die Klagen, die ich am häufigsten höre, sind unter anderem:

- »Die Ärzte nehmen sich nicht die Zeit, zuzuhören oder Fragen zu beantworten.«
- »Alles, was sie machen, ist, Medikamente zu verschreiben. Aber ich möchte nicht noch mehr Medikamente nehmen.«
- »Sie haben mir gesagt, sie könnten nichts mehr für mich tun.«
- »Sie sagten mir, es würde jetzt nur noch schlimmer werden.«
- »Sie erzählten mir, ich müßte einfach damit leben.«
- »Sie sagten, in sechs Monaten sei ich tot.«

Besonders verhängnisvoll sind die letzten vier Äußerungen, da sie einen tiefgreifenden Pessimismus gegenüber dem menschlichen Heilungspotential widerspiegeln. Diese Haltung, die im Extremfall eine Form von medizinischer Verhexung darstellt, ist in meinen Augen unverantwortlich. Anthropologen und Psychologen haben medizinische Verhexungen in schamanistischen Kulturen untersucht, wonach ein Schamane oder Hexenmeister jemanden mit einem Fluch belegt (in der Regel auf Geheiß des persönlichen Feindes des Opfers), mit der Konsequenz, daß der Geächtete sich von der Gesellschaft, seinen Freunden und seiner Familie zurückzieht, aufhört zu essen und geschwächt wird. In der medizinischen Literatur finden wir Berichte, nach denen chronische Krankheiten und/oder Tod die Folge solcher Verhexungen waren; als Vermutung über die dahinterstehenden physiologischen Mechanismen, die dafür verantwortlich sein könnten, werden zum Beispiel Störungen des autonomen Nervensystems angeführt. Der sogenannte Voodoo-Tod ist der extremste Fall einer negativen Placeboreaktion.[2] Dieses Phänomen des Verhexens ist in exotischen Kulturen natürlich leicht nachzuweisen,[3] wobei wir in der Regel allerdings nur allzugern übersehen, daß in unserer eigenen Kultur, in unseren Krankenhäusern, Kliniken und Arztpraxen im Alltag etwas sehr Ähnliches passiert.

Vor zwei Jahren kam ein Mann, Mitte Dreißig, zu mir, um eine zweite Meinung zu seiner Krankheit einzuholen. Nachdem die Schübe von Durchfall und Unterleibsschmerzen sich über Monate hinweg verschlimmert hatten, schickte sein Hausarzt ihn zu einem Magen-Darm-Spezialisten, der *Colitis ulcerosa* diagnostizierte, dem Patienten ein herkömmliches suppressives Medikament verabreichte, ihm aber keinerlei Informationen über die Notwendigkeit der Änderung seines Lebensstils gab. Dem Mann machten die Nebenwirkungen des Medikaments zu schaffen, und außerdem hatte er das Gefühl, daß es nicht wirklich half. Zudem vermutete er, daß seine Beschwerden streßbedingt waren. Er sprach seinen Magen-Darm-Spezialisten darauf an und fragte wiederholt nach anderen Behandlungsmöglichkeiten – vergeblich. »Wissen Sie, was dieser Arzt mir bei meinem letzten Besuch sagte?« empörte er sich. »Er sagte: ›Hören Sie, ich habe Ihnen nichts anderes zu bieten, und abgesehen davon müssen Sie damit rechnen, daß Sie letzten Endes Darmkrebs bekommen.‹«

Statistisch betrachtet ist bei Personen mit *Colitis ulcerosa* die Wahrscheinlichkeit größer als bei anderen, daß sie Darmkrebs entwickeln. Das ist wohl damit zu erklären, daß die chronische Entzündung und die damit verbundene Zerstörung der Darmschleimhaut zu einer vermehrten Zellteilung führen; und vermehrte Zellteilung bedeutet zwangsläufig ein erhöhtes Risiko maligner Transformationen. Gleichwohl ist die Wahrscheinlichkeit gering, daß jemand mit *Colitis ulcerosa* auch Darmkrebs entwickelt, wenn die Krankheit kontrolliert werden kann und, wie im vorliegenden Fall, nicht allzu gravierend ist. Hinzu kommt, daß selbst bei schwerwiegenden Fällen von *Colitis ulcerosa* mittels Veränderungen des Lebensstils und der persönlichen Einstellung beachtliche Verbesserungen erzielt werden können. Ich erinnere mich an eine Frau, Mitte Vierzig, die jahrelang an einer schweren *Colitis ulcerosa* litt, mit dem hochdosierten Prednison und den anderen suppressiven Medikamenten, die ihr verabreicht wurden, überhaupt nicht zurechtkam und der gesagt wurde, eine Operation zur Entfernung des gesamten Dickdarms sei die einzige Behandlungsmöglichkeit. Sie setzte sich auf eigene Faust auf eine makrobiotische Diät, und prompt verschwand die Krankheit. Und sie war nicht wiederaufgetreten, als sie fünfzehn Jahre später wegen eines anderen Leidens, das damit nichts zu tun hatte, zu mir kam.

Doch welche Folgen hatten jene apokalyptischen Worte des Magen-Darm-Spezialisten für meinen Patienten? »Ich konnte drei Nächte nicht schlafen«, sagte er. »Alles, was ich denken konnte, war nur immer wieder: ›Ich werde Darmkrebs bekommen.‹ Und diese Vorstellung verfolgt mich offen gestanden immer noch.« Ich erstellte ihm einen Ernährungsplan und verwies ihn außerdem an einen Hypnotherapeuten, der ihm helfen sollte, jene medizinische Verhexung loszuwerden, und der ihm zeigen sollte, wie er Geist und Psyche zur Verbesserung seines Zustandes nutzen konnte. Nur zu gerne hätte ich ihn mit jener Frau zusammengebracht, deren *Colitis ulcerosa* verschwunden war. Das war die zweite Meinung, die er wirklich gebraucht hätte.

Ebenso lehrreich ist folgende Geschichte. Vor fünf Jahren kam ein Mann aus Kanada, dreiundfünfzig Jahre alt, zu mir. Das heißt, genaugenommen kam seine Frau zu mir. Er blieb im Auto vor dem Haus sitzen, weil er, wie seine Frau sagte, einen Horror vor Ärzten hatte und nicht bereit war, noch zu einem weiteren zu gehen. Sie erzählte mir seine Krankengeschichte; dann ging ich hinaus zu ihm und konnte ihn überreden, mit hereinzukommen. Er hatte seit mehreren Jahren Beschwerden beim Wasserlassen, dies aber ignoriert. Als er schließlich zu einem Urologen ging, stellte sich heraus, daß er Prostatakrebs hatte, der über die Drüse hinaus bereits auf die Beckenknochen übergegriffen hatte – mit denkbar schlechter ärztlicher Prognose, was seine Aussichten auf Heilung anging. Er wandte sich an eine Universitätsklinik, wo die einzige ihm angebotene Therapie in der Gabe weiblicher Hormone bestand, um einem weiteren Wachstum des Tumors entgegenzuwirken.

Der Mann war nur noch ein Angstbündel. Die einzige Hoffnung, an die er sich klammerte, waren seine Visualisierungen: Zwei Stunden täglich stellte er sich mit äußerster Konzentration bildlich vor, wie seine Immunzellen die Krebszellen auffraßen. Er hatte sich jedoch in keiner Hinsicht bemüht, seinen Lebensstil zu ändern und damit seine Gesundheit und sein Immunsystem vielleicht insgesamt zu verbessern; er rauchte zum Beispiel weiterhin zwei Päckchen Zigaretten am Tag. Als ich ihn nach dem Rauchen fragte, sagte er: »Vor zwei Monaten war ich in der Universitätsklinik, in der Praxis des Chefurologen. Er erklärte mir die Hormontherapie und meinte, es sei zwecklos, darüber hinaus noch irgend etwas anderes zu versuchen. Ich fragte ihn: ›Soll ich aufhören zu rauchen?‹ Und er sagte: ›Warum sollen Sie sich an diesem Punkt damit auch noch quälen?‹«

Würde ich jenen Urologen darauf ansprechen – unterstellt einmal, er erinnerte sich überhaupt noch daran –, so würde er wahrscheinlich sagen, er habe dem Patienten einen Gefallen tun und ihm eine weitere Tortur ersparen wollen. Was der Patient jedoch heraushörte, war: »Sie werden bald sterben.« So hatte ein Hoherpriester der Apparatemedizin nichts anderes als einen schamanistischen Fluch gesprochen, denn die Ärzte in unserer heutigen Kultur verfügen über die gleiche Macht, die in anderen Kulturen auf die Schamanen und Priester projiziert wird. Seine Worte waren die Quelle der panischen Ängste, von denen mein Patient geschüttelt wurde, Ängste, die ihn lähmten, die verhinderten, daß er konstruktive Anstrengungen um seines Überlebens willen unternahm. Zwar sind die Aussichten bei fortgeschrittenem Prostatakrebs schlecht. Aber der Gesundheitszustand dieses Patienten war insgesamt nach wie vor relativ gut, und es gibt jede Menge Beispiele, wonach Personen mit metastasierendem Prostatakrebs sich noch Jahre danach einer entsprechend guten Gesundheit erfreuen. Warum also dieses »Todesurteil«?

Zwischen der Verhexung in diesem Fall und dem vorigen Fall des

Patienten mit *Colitis ulcerosa* gibt es allerdings einen bemerkenswerten Unterschied. In diesem Fall äußerte der Urologe nur unbedacht seinen Pessimismus, ohne jede Absicht, den Patienten damit zu belasten. Bei dem Magen-Darm-Spezialisten jedoch, der dem Mann mit *Colitis ulcerosa* Darmkrebs vorhersagte, ist wohl davon auszugehen, daß er über den Patienten verärgert war, der seine Behandlung in Frage stellte und wiederholt nach Auskünften verlangte, die er ihm nicht geben konnte. Nach meiner Erfahrung ist die gedankenlose medizinische Verhexung weitaus verbreiteter als die absichtliche, was aber nicht heißt, daß jene harmloser ist.

Manche Geschichten, die ich höre, sind so ungeheuerlich, daß ich nur noch darüber lachen kann. Und wenn es mir gelingt, daß meine Patienten auch darüber lachen können, dann dürfte damit der Bann des Fluches gebrochen sein. Eines Tages im Februar kam eine Frau aus Helsinki, Ende Vierzig, zu mir. Sie hatte Multiple Sklerose im Frühstadium, die zugleich die Ursache einer Muskelschwäche in einem Bein war. Was mich mehr alarmierte, war ihre psychische Verfassung. Sie war depressiv und erzählte völlig ausdruckslos ihre Geschichte, als sei sie jemand anderem widerfahren. Es bedurfte nicht viel, um sie aufzumuntern und dafür zu sorgen, daß sie sich besser fühlte; die Reise von Helsinki nach Tucson in einem Monat wie Februar war in diesem Sinne allein schon ein Segen. Da sie eine Weile bleiben konnte, brachte ich sie mit verschiedenen Therapeuten zusammen, die auf unterschiedliche Weise – mit Körperarbeit, psychischen Methoden und im Rahmen von Lebensstilveränderungen – mit ihr arbeiteten. Nach einem Monat hatte sich ihre Gemütsverfassung bereits wesentlich aufgehellt, sie hatte eine optimistischere Sicht der Dinge gewonnen.

»Sie glauben nicht, was diese Ärzte in Finnland mir angetan haben«, sagte sie. »Zunächst einmal brauchten sie sehr lange – viele Untersuchungen wurden durchgeführt, bis die Diagnose feststand. Dann nahm der Chefneurologe mich schließlich mit in sein Büro, um mir zu eröffnen, daß ich Multiple Sklerose hatte. Das durfte sich dann erst einmal bei mir setzen, bis er nach einer Weile den Raum verließ und mit einem Rollstuhl zurückkam. Er forderte mich auf, darin Platz zu nehmen. Ich fragte ihn: ›Warum soll ich mich in Ihren

Rollstuhl setzen?‹ Worauf er antwortete, ich müßte mir einen Rollstuhl kaufen und mich jeden Tag eine Stunde hineinsetzen, um zu ›üben‹ für den Tag, an dem ich völlig gelähmt sein würde. Können Sie sich das vorstellen?« Sie erzählte diese Geschichte mit einem herzhaften, gesunden Lachen, in das ich nur ebenso herzhaft einfallen konnte. Rollstuhl fahren üben – also wirklich!

Ich könnte endlos Geschichten solcher medizinischen Verhexungen erzählen, absichtlicher und unabsichtlicher, lustige und – überwiegend – traurige Geschichten. Sie alle verweisen auf die Notwendigkeit, daß Ärzte in ihrer Wortwahl gegenüber Patienten extrem vorsichtig sein müssen; dies zu lernen sollte Teil der regulären medizinischen Ausbildung sein. In diesem Zusammenhang geht es noch um ein weitreichenderes Problem, nämlich, daß den Ärzten die Macht bewußter gemacht werden muß, die ihre Patienten auf sie projizieren, und daß ihnen ebenso die Möglichkeiten bewußter gemacht werden müssen, die sie haben, um diese Macht wiederum so zu reflektieren, daß die Gesundheit ihrer Patienten im positiven statt im negativen Sinn beeinflußt und eine spontane Heilung stimuliert statt behindert wird. Wir haben unseren Ärzten, wie gesagt, die Rolle zugewiesen, die in den traditionelleren Kulturen den Schamanen und Priestern zukam; das Problem ist jedoch, daß unsere Ärzte nur mangelhaft dafür ausgebildet werden, dieser Rolle auch gerecht zu werden. Die guten Schamanen, denen ich auf meinen Reisen begegnete, waren phantastische Psychotherapeuten, die sowohl intuitiv als auch von ihrer Ausbildung her wußten, wie sie den in sie gesetzten Glauben im Dienst der Heilung an ihre Patienten weiter- und damit zurückgeben konnten.

In einigen seltenen Fällen kann eine medizinische Verhexung einen Ausnahmepatienten natürlich auch motivieren, dem Arzt mit seiner Genesung beweisen zu wollen, daß er unrecht hatte. Ich erinnere mich an eine alte Frau, die einen Gebärmutterkrebs überlebt hatte; Jahre später erzählte sie mir mit einem zahnlosen Grinsen: »Dieser Arzt sagte mir, ich hätte nicht einmal mehr ein Jahr zu leben, aber er ist inzwischen tot, und ich bin hier!« Leider ist dies die Ausnahme. Gewöhnlich ist der Effekt einer medizinischen Verhexung Verzweiflung, und ich kann mir nicht vorstellen, wie Verzweiflung irgendwelche positiven Wirkungen auf das menschliche Heilungssystem haben sollte. Es ist nicht ratsam, bei einem Arzt in Behandlung zu bleiben, der glaubt, Ihr Zustand könnte sich nicht verbessern.

Dennoch erscheint es höchst seltsam, daß ausgerechnet die Praktiker der sogenannten heilenden Kunst so wenig Glauben an das Prinzip der Heilung haben sollen. Wo liegen die Wurzeln dieses Pessimismus? Eine liegt nach meinem Dafürhalten in der einseitigen Ausrichtung der medizinischen Ausbildung, die sich fast ausschließlich auf Krankheiten und deren Behandlung statt auf Gesundheit und Gesundbleiben konzentriert. Der vorklinische Teil des medizinischen Curriculums ist überfrachtet mit detaillierten Informationen über Krankheitsprozesse. Das Wort »Heilung« fällt hier, wenn überhaupt, nur selten und der Begriff »Heilungssystem« schon gar nicht. Wie ich im nächsten Kapitel noch ausführen werde, kennen wir bereits einige der Mechanismen der Heilung, aber ohne das Konzept eines Heilungssystems fehlt uns die Handhabe, dieses Wissen zu nützlichen Konstrukten zusammenzusetzen.

Ausgehend von dem biomedizinischen Modell, das die Grundlage der konventionellen medizinischen Theorie und Praxis ist, ist es sehr schwierig, den angehenden Ärzten eine Vorstellung vom Heilungssystem zu vermitteln. Nach der materialistischen Ausrichtung dieses Modells steht die Form statt die Funktion im Vordergrund. Das Heilungssystem ist jedoch ein funktionales System und kein Gefüge von Strukturen, das etwa wie das Verdauungs- oder Kreislaufsystem fein säuberlich bildlich dargestellt werden kann. Auch hier ist die östliche Medizin der westlichen wieder voraus. In der traditionellen chinesischen Medizin steht seit jeher die Funktion statt die Struktur im Vordergrund. Folglich erkannte man viel früher, daß der menschliche Organismus über Abwehrfunktionen verfügt, die stimuliert werden können, ehe dann auch westliche Ärzte feststellten, daß jene »funktionslosen« Organe des Körpers – Mandeln, Polypen, Thymusdrüse und Blinddarm – Bestandteile des Immunsystems sind.

Schlimmer ist noch, daß das biomedizinische Modell die Bedeutung des Geistes und der Psyche nicht ernst nimmt oder völlig außer acht läßt und bei gesundheitlichen Veränderungen und Krankheiten statt dessen nur nach rein physischen Ursachen sucht. Nach meinen Erfahrungen und Beobachtungen von Heilungen wage ich jedoch zu behaupten, daß die wahren Ursachen oft auf der psychischen und geistigen Ebene zu suchen sind. Aber ungeachtet des wachsenden öffentlichen Interesses am Wechselspiel zwischen Psyche und Körper ist das Interesse von Ärzten daran nach wie vor gering.

Es ist aber nicht nur die Lehre, die unter dem verengten Medizinbegriff leidet, sondern auch die Forschung. Die Forschung produziert die Informationen, die ins medizinische Curriculum einfließen; ohne Forschung gäbe es nur »anekdotisches Material«. Daß die Krankheit in der medizinischen Forschung im Vordergrund steht, ist offensichtlich. Wir brauchen uns nur die staatlichen Gesundheitsinstitutionen anzuschauen, die in Wirklichkeit staatliche Krankheitsinstitutionen sind.

Es gibt kaum Forschungen und Untersuchungen, die sich mit dem Aspekt der Heilung beschäftigen; was bisher geleistet wurde, ist viel zuwenig. Eine gewisse Beachtung haben die Forscher einem bemerkenswerten Phänomen geschenkt, der Spontanremission, aber Remission und Heilung sind keine Synonyme. Das Wort »Remission« impliziert eine vorübergehende Behebung eines Krankheitsprozesses, der sehr gut wiederauftreten kann. Außerdem wird Remission sehr stark mit Krebs assoziiert, und Krebs ist in meinen Augen ein Sonderfall. Wenn wir nur oder fast ausschließlich nach Fällen von Spontanremissionen bei Krebs suchen, erhalten wir ein verzerrtes Bild vom Heilungssystem, ein Bild, das mitnichten das ganze Spektrum und Potential des Heilungssystems zeigt.

Die erste umfassende wissenschaftliche Untersuchung über die in der medizinischen Literatur aufgeführten Fälle von Spontanremissionen wurde 1993 mit einer umfangreichen kommentierten Bibliographie mit Hunderten von Quellennachweisen veröffentlicht.[4] In vierundsiebzig Prozent dieser Fallberichte geht es um Krebs, und die Autoren merken an: »Die Sichtung der Literatur über Remissionen zeigt, daß sich, wenn auch nicht alle, so aber doch fast alle Unterlagen auf Remissionen von Krebs beziehen.«[5] Die erste – und einzige – Weltkonferenz über Spontanheilungen fand 1974 an der Johns Hopkins University School of Medicine statt. Und auch dabei ging es ausschließlich um Krebs.

Heilung ist ein erforschbares Phänomen. Seit Jahren bitte ich meine Kollegen und Kolleginnen, als Beispiele von Heilungen die volkstümlichen Heilmethoden bei Warzen zu untersuchen. Warzenheilungen sind ein ebenso geläufiges wie im Ergebnis dramatisches Ereignis, bei dem das allein durch den Glauben aktivierte Heilungssystem den Körper so präzise und effektiv von virusinfiziertem Gewebe befreit, daß die bei Warzen üblichen konventionellen Behandlungsmethoden im Vergleich dazu plump und barbarisch erscheinen. Dennoch belustigt dieses Thema Medizinwissenschaftler eher, als daß sie es als Feld für ernsthafte Forschungen sehen.[6]

Wenn Medizinstudenten ihr vorklinisches Studium beenden und dann im Praktikum in Krankenhäusern arbeiten, wird ihre bereits einseitige Ausbildung durch die hier vermittelten Erfahrungen mit Krankheiten noch um ein übriges verstärkt. Im dritten oder vierten Jahr ihres Studiums tauchen sie förmlich mit den Assistenzärzten und allen, die dazugehören, in die Welt der Krankenhausmedizin ein. Die Patienten, die sie hier sehen, sind nicht repräsentativ für das gesamte Spektrum von Krankheiten. Sie repräsentieren vielmehr einen sehr beschränkten Kreis, die Schwerkranken – eine Gruppe, bei der die Heilungsreaktion im Vergleich zur allgemeinen Bevölkerung seltener aktiviert wird. Und wenn man vornehmlich Personen in lebensbedrohlichen Krisen und mit chronischen Krankheiten im Endstadium behandelt, ist es ganz natürlich, daß man eine pessimistische Einstellung zur Frage der Heilungschancen bekommt.

Diese Faktoren der medizinischen Ausbildung – die einseitige Schwerpunktsetzung auf Krankheiten statt auf Gesundheit, der verengte Medizinbegriff, die Forschungsdefizite und die höchst einschlägigen Erfahrungen mit Krankheiten im denkbar negativsten Sinne – erklären den Pessimismus in der Medizin zur Genüge. Aber dahinter stehen auch noch Motive, die nie diskutiert und selten bedacht werden: Warum wird jemand Arzt?

Wenn ich Studenten frage, warum sie sich für das Medizinstudium entschieden haben, bekomme ich in der Regel zu hören, daß sie anderen helfen, Prestige und Macht genießen und berufliche und finanzielle Sicherheit haben möchten. Aber ich glaube, es gibt noch einen anderen Grund, der vielen weniger bewußt ist. Die Medizin nährt in der Praxis die Illusion der Kontrolle über Leben und Tod. Sie bietet so einen Weg, mit den Lebens- und Todesängsten umzugehen. Aber jedesmal, wenn sich der Zustand eines Patienten nicht bessert, und erst recht, wenn er stirbt, werden Ärzte mit dem Scheitern ihrer vermeintlichen Kontrolle konfrontiert. Deshalb stellt die Vorhersage des negativen Ausgangs vielleicht auch einen psychologischen Selbstschutz dar: Wird der Patient gesund, kann der Arzt angenehm überrascht sein und sich die Genesung zugute halten; verschlechtert sich sein Zustand oder er stirbt sogar, so hat der Arzt ja genau das vorhergesehen und damit, vermeintlich, immer noch die Kontrolle. Dies ist freilich weder eine Entschuldigung, noch mindert es die negativen Folgen für die Patienten. Tatsache ist, daß wir in einem Universum voller Ungewißheiten leben und weder Macht noch die Kontrolle über Leben und Tod haben. Was wir jedoch haben, ist die Fähigkeit, zu verstehen, wie der menschliche Organismus sich selbst heilen kann – Grund genug für Ärzte wie für Patienten, um optimistisch zu sein.

Die Gesichter der Heilung: John

Das einzige, was John Luja von seiner Krankheit zurückbehalten hat, ist ein Juckreiz am rechten Unterschenkel auf einer Länge von rund fünf Zentimetern. Aber John glaubt, daß dieser Juckreiz vielleicht nicht einmal etwas mit seinem früheren Leiden zu tun hat. Er ist heute fünfundsiebzig und betreibt ein Landschaftsplanungsbüro außerhalb von St. Louis. Er sagt, er gehe in der Regel nicht zu Ärzten und habe sich seit jeher vor allem auf Hausmittel verlassen, was vielleicht damit zusammenhängt, daß er in Litauen aufgewachsen ist, wo der einzelne im Vergleich zu uns in Gesundheitsfragen wesentlich selbständiger ist und sich mehr auf sich selbst verläßt.

1980 traten bei John an beiden Schienbeinen Hautrötungen, verbunden mit einem Juckreiz, auf. Nach vier Wochen waren diese Hautstellen »irgendwie gelb und sahen wie abgestorben aus«. Er ging zu einem Arzt, der Sklerodermie vermutete. Um sicherzugehen, nahm er eine Hautbiopsie vor, die seinen Verdacht bestätigte. Vorsichtshalber schickte er John nochmals zu einem Spezialisten, der eine weitere Biopsie vornahm und im Ergebnis die Diagnose bestätigte. »Sie sagten mir, es gebe eigentlich keine Behandlung dafür«, erinnert sich John. »Sie sagten, sie könnten mir nur eine Kortisonsalbe zur Eindämmung des Juckreizes geben, und darüber hinaus sollte ich Kortisonpillen nehmen, die mir einen gewissen Schutz böten, daß die Krankheit nicht auf innere Organe übergreift.«

Die Kortisonsalbe wirkte sofort, so daß sich die Haut an den Beinen besserte. »Dann, nach zwei Wochen, wirkte sie mit einemmal nicht mehr, sie verschlimmerte sogar alles«, sagt John. »Womöglich war ich allergisch dagegen. Ich fand dann eine Kortisonlotion, die besser zu sein schien.« Zudem nahm er Prednisonpillen. Jetzt fing die Haut an, sich zu verhärten, und auf dem Rücken, an den Armen und auf der Brust bildeten sich neue Krankheitsbereiche. »Der Arzt sagte mir, die Sklerodermie komme möglicherweise von innen und ich müßte damit rechnen, daran zu sterben.«

Als Johns Tochter und sein Schwiegersohn Mike, die damals in Arizona lebten, diese Hiobsbotschaft hörten, beschlossen sie, in die Gegend von St. Louis zurückzuziehen, um in seiner Nähe zu sein. Mike sagt, Johns Haut habe damals fast nur noch »wie Plastik ausgesehen und sich auch so angefühlt, glatt wie die Haut eines Mannequins. Die Ärzte hatten ihm gesagt, er leide an einer tödlichen Krankheit, und wir haben das einfach akzeptiert.«

Aber John fand sich mit dieser ärztlichen Prognose nicht ab. Er glaubte kaum an die Wirksamkeit des Prednisons und setzte es nach sechs Wochen ab. Statt dessen beschloß er, sich eingehend über seine Krankheit zu informieren und selbst zu recherchieren. »Für mich war das, was ich hatte, so etwas wie Arthritis«, sagt er, »denn mir war aufgefallen, daß es sich verschlimmerte, bevor es anfing zu regnen. Etwa drei oder vier Tage ehe der Regen einsetzte, war das Jucken kaum noch auszuhalten. Und außerdem dachte ich, daß es etwas mit den Nerven zu tun haben müßte, da ich im Geschäft jede Menge Probleme hatte und damals in der Aufbauphase sehr nervös und angespannt war. Und irgendwie kam mir die Idee, es könnte auch etwas mit einem Kalziumüberschuß zu tun haben.«

So machte er sich auf die Suche nach Fachliteratur, um sich über die Verwendung von Hausmitteln zur Behandlung von Arthritis und Kalziumüberschuß zu informieren. Er beschloß, es mit Essig und Zitronen zu versuchen: die kranken Hautpartien mit Essig zu spülen und frische Zitronen zu essen. »Ich habe sie einfach gegessen, so wie sie waren«, sagt er. »Was ich noch ausprobierte, war Aloe-vera-Saft. Ich habe ihn mir im Reformhaus gekauft und angefangen, jeden Tag davon zu trinken. Es dauerte nicht lange, und das Jucken war verschwunden. Die Kortisonlotion habe ich überhaupt nicht mehr verwendet.

Aber irgendwie stimmte auch innerlich etwas nicht. Und ich hatte das Gefühl, ich müßte meinem Körper mit einer hohen Dosis Vitamin E einen Stoß geben; die Idee hatte ich aus einem Buch. So nahm ich zwei Wochen lang 5000 Einheiten Vitamin E am Tag.« Das war wahrlich eine hohe Dosis: Die empfohlene tägliche Einnahme von Vitamin E liegt bei 30 I.E. (Internationale Einheiten) und eine Megadosis, wie sie von Anhängern der Antioxidationstherapie empfohlen wird, bei 800 I.E. bis 1000 I.E. am Tag. »Aber ich glaube, dadurch ist wirklich etwas in Gang gekommen«, sagt John.

Sechs Monate hatte er sich mit der Krankheit herumgeschlagen. Nur zwei Monate nachdem er mit seinen Hausmitteln angefangen hatte, war der Punkt erreicht, an dem sich die Krankheit nicht weiter ausbreitete und die verhärtete Haut allmählich wieder weicher wurde. »Der Arzt war überrascht, als er die Veränderung sah«, erzählt John. »Er sagte: ›Ich weiß zwar nicht, was Sie dagegen tun, aber was es auch ist, machen Sie weiter damit!‹ Nach sechs Monaten merkte ich, daß die Krankheitsmerkmale an den Armen und auf der Brust langsam verschwanden. Und nach zwei Jahren war alles weg, und es ist nie wieder etwas zurückgekommen.«

Ich frage John, was er gegen seine Nervosität, die ja auch ein Faktor seiner Krankheit war, unternommen habe. »Ich habe einfach kürzergetreten«, sagt er. »Wann immer die Nerven bei einer Krankheit mit im Spiel sind, muß man sein Leben ändern, man muß sein Denken ändern.«

Mike ist der Überzeugung, daß die Einstellung seines Schwiegervaters eine Menge mit dem positiven Ausgang zu tun hatte. »Ich glaube, es hängt mit seiner Erziehung zusammen«, sagt er nachdenklich. »Er wuchs in einer Umgebung auf, in der Hausmittel mehr geschätzt wurden als professionelle Behandlungen. Er hat sich von dem Pessimismus seines Arztes nie anstecken lassen. Und er glaubte wirklich an seinen Aloe-vera-Saft. Er hatte immer einen Vorrat von mehreren Litern bei sich und trank das Zeug gläserweise.«

»Ich bin heute bei ganz guter Gesundheit«, sagt John Luja. »Ich nehme immer noch Essig, wenn es irgendwo juckt, und esse von Zeit zu Zeit immer noch Zitronen. Und ich versuche, um Ärzte einen großen Bogen zu machen.«

– 5 –

Das Heilungssystem

Auch wenn das Heilungssystem aus dem Blickwinkel der klinischen Medizin unsichtbar oder nur schwer zu erkennen ist, ist seine Existenz aus einer anderen Perspektive dennoch offenkundig. Allein aus evolutionärer Notwendigkeit heraus ist klar, daß Organismen über Selbstreparaturmechanismen verfügen müssen, um schädigenden Kräften und damit Krankheiten entgegenzuwirken. In der Menschheitsgeschichte gab es über weite Strecken keine Ärzte, weder konventionelle noch alternative, noch sonstige. So impliziert allein schon das Überleben als Spezies das Vorhandensein eines Heilungssystems.

Ziel dieses Buches ist, mehr Menschen davon zu überzeugen, daß sie sich auf das körpereigene Potential zur Erhaltung der Gesundheit und Bewältigung von Krankheiten verlassen sollten. Gleichwohl weiß ich, daß es nicht leicht sein wird, Ihnen ein Bild dieses Systems zu vermitteln. Mangels konsequenter Forschungen sind uns nur wenige Einzelheiten über die Komponenten und Mechanismen des Heilungssystems bekannt. Hinzu kommt, daß der menschliche Organismus extrem kompliziert und seine Fähigkeit der Selbstreparatur eine der komplexesten Funktionen ist. Des weiteren scheinen die Interaktionen zwischen Körper, Geist und Psyche bei Heilungen eine wichtige Rolle zu spielen, aber uns fehlt ein Modell, das Geist und Psyche in die biologische Realität integriert.

Es gibt eine alte Weisheit, die ich in diesem Zusammenhang erhellend finde: »Wie oben, so unten; wie unten, so oben.« Dies heißt nichts anderes, als daß ein auf irgendeiner Ebene festgestelltes

Wahrheitsmuster sich auf jeder Ebene der Realität als wahr erweist. Und das bedeutet: Wenn wir die Funktion des Heilungssystems auf irgendeiner biologischen Ebene erkennen können, dürfen wir auch Rückschlüsse über die Natur seiner Funktionen auf anderen Ebenen ziehen.

Ich möchte beschreiben, was wir bereits über die Selbstreparaturmechanismen an einigen Schlüsselpunkten des menschlichen Organismus wissen, und mit der molekularen Ebene der DNA beginnen, jenem Makromolekül, welches das Leben bestimmt. Die DNA hat bei allen Organismen, vom Menschen bis zu den Viren, die gleiche Form – ein Riesenmolekül mit der Struktur einer Doppelhelix, bestehend aus zwei sich umeinander drehenden Polynukleotidketten, die durch »Sprossen« miteinander verbunden sind. Diese »Sprossen« werden zwischen komplementären Basenpaaren (Nukleotiden) gebildet, wobei die spezifische Basenfolge ausschlaggebend für den Unterschied zwischen der DNA eines Organismus und der eines anderen ist. Nur vier verschiedene Nukleotide kommen in der DNA vor; sie sind die »Buchstaben« des genetischen Codes, aus denen sich die »Worte« der Informationen zusammensetzen, die den Aufbau und die Zusammensetzung allen Lebens bestimmen. Nach dem zentralen Dogma der modernen Molekularbiologie *repliziert* sich die DNA selbst, um ihre genetischen Informationen von einer Zelle zur anderen und von einer Generation zur nächsten weiterzugeben. Und die DNA *transkribiert* ihre Informationen in ein anderes Makromolekül, die RNA, die den Zellkern verlassen kann; diese Informationen werden später von der RNA beim Aufbau spezifischer Proteine *übersetzt*, jener Proteine, die die Struktur und Funktion der Organismen bestimmen. Diese drei Prozesse – Replikation, Transkription und Translation der genetischen Informationen – stellen die elementarsten Prozesse des Lebens dar. Diese Prozesse sind erstaunlich kompliziert und mit vielen Risiken behaftet, da an so vielen Punkten etwas schieflaufen kann.

Um nur ein Beispiel zu nennen: Voraussetzung dafür, daß die DNA sich replizieren oder transkribieren kann, ist, daß die lange Doppelhelix entwunden und getrennt wird, so daß jeder Strang als Matrix dienen und einen neuen komplementären Strang bilden kann. Während dieses Prozesses ist die DNA anfällig für Schädigungen durch bestimmte Energieformen (ionisierende Strahlung und ultraviolette Strahlung) und bestimmte Substanzen (chemische Mutagene). Des weiteren können bei der Zusammensetzung der neuen Stränge Fehler auftreten, etwa in Form einer falschen Anordnung der Nukleotide. Eine Schädigung der DNA kann verheerende Folgen für den Organismus haben, so daß sich während des Evolutionsprozesses hochkomplizierte Mechanismen zur Reparatur dieses Moleküls entwickelt haben, um selbst auf der Ebene einfachster Lebensformen eine möglichst fehlerfreie Weitergabe der genetischen Informationen von einer Generation zur nächsten zu gewährleisten.

Alle diese Mechanismen der Replikation, Transkription und Translation werden durch eine bestimmte Gruppe von Proteinen, die Enzyme, gesteuert. Diese Enzymmoleküle, deren Herstellung weitestgehend über den genetischen Code spezifiziert wird, überwachen die chemischen Reaktionen, die den genetischen Code in biologische Realität umsetzen. Enzyme sind also in einem gewissen Sinne die »Hände«, die die Anweisungen der DNA ausführen. Erst 1965 gelang es Wissenschaftlern erstmals, mittels einer bestimmten Technik, der Röntgenkristallographie, die dreidimensionale Struktur eines Enzyms (im Eiweiß eines Hühnereis) nachzuweisen, aber seither ist unser Wissen über Enzyme rapide gewachsen. Und je mehr wir über sie wissen, um so wundersamer erscheinen sie.

Enzyme katalysieren die chemischen Reaktionen des Lebens – das heißt, sie beschleunigen den Umsatz chemischer Reaktionen bis hin zu einem Fließgleichgewicht, ohne jedoch innerhalb dieses Prozesses selbst verändert zu werden. Enzyme sind notwendig, da diese Reaktionen von sich aus nicht schnell genug ablaufen würden, um Leben zu ermöglichen. Chemiker können träge Reaktionen dadurch beschleunigen, daß sie mit hohen Temperaturen und Druck ein extrem säure- oder laugenhaltiges Milieu (pH) schaffen. Ebenso können sie Reaktionen durch chemische Katalysatoren beschleunigen, aber auch diese arbeiten meistens am besten unter physikalischen Bedingungen, die völlig anders sind als in den Zellen, die unter relativ niedrigen Temperaturen, unter atmosphärischem

Druck und unter nahezu neutraler pH stehen. Im Gegensatz dazu können Enzyme die Reaktionen in den Zellen auch unter den Normbedingungen des Lebens katalysieren, und das mit weitaus größerer Effizienz als jede anorganische Substanz. Sie können als hochkomplexe und hocheffiziente Molekularmechanismen angesehen werden.

Wie funktionieren Enzyme? Damit sind wir bei ihrer dreidimensionalen Konfiguration, die den Enzymen die Fähigkeit gibt, sich sehr spezifisch an andere Moleküle – Substrate – anzubinden und deren Reaktionsneigung zu beschleunigen. Diese Anbindung erfolgt an einer bestimmten Stelle des Enzyms, die sowohl geometrisch als auch elektronisch komplementär zu einem Teil des Substrates ist. Die Spezifität ist so hoch, daß viele Enzyme sich nur an ein Substrat und nicht an irgendein anderes Molekül anbinden, nicht einmal an ein sehr eng verwandtes. Nach der Anbindung an ein Enzym kann ein Substrat mit einem weiteren Reaktionsteilnehmer zusammengebracht oder in eine neue Konfiguration gezwungen werden, die bestimmte chemische Ketten so überfordert, daß sie entweder zerfallen oder sich im Zuge einer weiteren Reaktion neu bilden. Enzyme haben verschiedene Mechanismen, mit denen sie die chemischen Verbindungen von Substraten verändern können. Praktisch gesehen operieren sie als hervorragende Mechanismen, die die Substratmoleküle verändern: sie auseinanderschneiden, zusammensetzen, bestimmte Teile entfernen, andere wieder hinzufügen, und all das mit einer erstaunlichen Präzision und Geschwindigkeit.[1]

Eine sehr interessante Gruppe von Enzymen bindet sich selbst an die DNA an, um Schritt für Schritt die Replikation der genetischen Information zu dirigieren und sicherzustellen, daß sie fehlerfrei ist. Dazu gehören zum Beispiel die sogenannten Endonukleasen, die die DNA an spezifischen Sequenzen spalten, während Exonukleasen die Enden einzelner Stränge abschneiden können. (Die Namen von Enzymen enden immer auf »-ase«.) Die DNA-Gyrase katalysiert das »reißverschlußähnliche Öffnen« und Entwinden der Doppelhelix, damit die Transkription beginnen kann. Und eine bestimmte Familie von Enzymen, die DNA-Polymerasen, dirigieren sodann die Zusammensetzung der neuen Stränge.[2]

Die erste DNA-Polymerase, die identifiziert wurde, war Polymerase I, die in *Escherichia-coli*-Bakterien entdeckt wurde, die weitestgehend in der genetischen Forschung verwendet werden. Ursprünglich gingen die Wissenschaftler davon aus, daß dieses Enzym allein die Replikation steuere, aber dreizehn Jahre nach seiner Entdeckung wurde dann ein mutierter Bakterienstamm entdeckt, der beinahe keine Polymerase I besaß. Obwohl er sich mit normaler Geschwindigkeit reproduzierte, was auf die Existenz einer weiteren Enzymform schließen ließ, zeigte sich bei diesem Stamm eine außergewöhnliche Anfälligkeit für Schädigungen durch UV-Strahlung und chemische Mutagene. Und das war ein erster Hinweis darauf, daß Polymerase I über die Steuerung der Replikation hinaus auch eine zentrale Rolle bei der Reparatur geschädigter DNA spielt.

Wenn ich an einem sonnigen Frühlingstag vergesse, meinen Hut aufzusetzen, wenn ich von meiner Praxis zu meinem Wagen gehe, bekommt meine Glatze eine gewisse Dosis von UV-Strahlen ab. Im Sommer, wenn die Sonne hoch am Himmel steht, haben die UV-Strahlen mehr Energie, und sie sind zahlreicher. Innerhalb nur weniger Minuten würden viele von ihnen in die lebenden Zellen unter der Epidermis meiner Kopfhaut eindringen und einige davon den Zellkern treffen, dabei auch die DNA, und einige davon wiederum vielleicht neuralgische Punkte des DNA-Moleküls, und zwar während des Replikations- oder Transkriptionsprozesses, so daß ein Nukleotid möglicherweise in einer Form geändert würde, daß es sich auf anomale Weise an seinen Nachbarn anbindet. Das Ergebnis dieser Veränderung wäre ein Knick in einem Strang der Doppelhelix, mit anderen Worten, ein genetischer Fehler. Wenn wir bedenken, daß von den durchschnittlich dreihundert Billionen Zellen im Körper in jeder Sekunde einige Zehnmillionen sterben und wieder ersetzt werden, bekommen wir eine Vorstellung von der Zahl der Zellen, die selbst durch eine sehr kurze Exposition gegenüber Agenzien, die chemisch die DNA verändern können, Risiken ausgesetzt werden.

Was passiert nun im Kern einer Hautzelle, deren DNA in der beschriebenen Form durch UV-Strahlung geschädigt wurde? Sehr wahrscheinlich würde eine Endonuklease unverzüglich den Defekt erkennen und den betreffenden Strang an der geschädigten Seite einschneiden. Eine Exonuklease würde dann das geschädigte Ende abschneiden, Polymerase I sodann die entstandene Lücke mit unbeschädigten Nukleotiden füllen und eine DNA-Ligase die geschnittenen Enden schließlich wieder miteinander verbinden. Dabei handelt es sich um eine sehr komplizierte molekulare Version des Schneide-und-Klebe-Vorgangs. (Aber so effizient und effektiv diese Form des Heilens auch sein mag, sie ist kein Ersatz für einen Hut als Schutz vor der Sonne!)

Sofern Polymerase I während der Replikation irrtümlich das falsche Nukleotid in einen wachsenden Strang einbaut, kann das Enzym den Fehler erkennen, ausmerzen und die korrekte Sequenz wieder herstellen. Polymerase I liest also de facto ihre eigene Arbeit Korrektur und beseitigt die Fehler bei der Synthese der neuen DNA-Kopien.

Diesen Prozeß gibt es in vielen Variationen, wobei viele verschiedene Enzyme zur Wiederherstellung der DNA zur Verfügung stehen.[3] Von einigen sind uns Einzelheiten bekannt, bei anderen liegen sie noch im dunkeln. Ein sehr ausgeklügeltes System, die SOS-Reaktion, wurde bei *Escherichia coli* entdeckt. Agenzien, die die DNA schädigen, lösen bei diesen Bakterien einen Komplex von Veränderungen aus, wodurch die Zellteilung gestoppt und ihre Fähigkeit zur Reparatur der geschädigten DNA erhöht wird, was wahrscheinlich mit einer Erhöhung der Produktion von Reparaturenzymen zu erklären ist.

Hier haben wir es also mit grundlegenden Aktivitäten des Heilungssystems zu tun, die auf der Ebene der Makromoleküle, an der Schnittstelle zwischen lebender und nichtlebender Substanz, feststellbar sind. Auf dieser Ebene gibt es noch kein Immunsystem und ebensowenig Nerven, die die Botschaften vom Gehirn weiterleiten. Hier sind wir noch weit unterhalb der Welt der Organe. Selbst ohne mehr über die Einzelheiten der Selbstreparatur der DNA zu wissen, lassen sich einige Schlußfolgerungen ziehen:

- Heilung ist eine dem Leben innewohnende Fähigkeit. Die DNA verfügt von sich aus über alle Informationen, die notwendig sind für die Herstellung von Enzymen, die dafür sorgen, daß sie sich selbst reparieren kann.

- Das Heilungssystem arbeitet kontinuierlich und ist ständig einsatzbereit.
- Das Heilungssystem hat diagnostische Fähigkeiten; es kann Schädigungen erkennen.
- Das Heilungssystem kann geschädigte Strukturen entfernen und sie durch normale Strukturen ersetzen.
- Die Funktion des Heilungssystems besteht nicht nur darin, die Auswirkungen einer schweren Schädigung zu neutralisieren (wie im Fall der SOS-Reaktion bei *Escherichia coli*), es steuert darüber hinaus auch die ganz gewöhnlichen, fortlaufend vorzunehmenden Korrekturen zur Erhaltung der normalen Struktur und Funktion (wie im Falle des Korrekturlesens und Redigierens der DNA-Polymerase I).
- Die Heilung erfolgt spontan; dies entspricht einer natürlichen Neigung aufgrund der inneren Natur der DNA. Das heißt, daß bei einer Schädigung (wie etwa bei einem durch falsche Anbindung entstandenen Knick infolge eines »Treffers« durch UV-Strahlung) der Reparaturprozeß automatisch in Gang gesetzt wird.

Den gleichen Charakteristika begegnen wir auch auf der Ebene der größeren Zusammenhänge der biologischen Ordnung beim Menschen. Auch hier gilt: »Wie oben, so unten; wie unten, so oben.«

Als nächstes wollen wir uns der einzelnen Zelle zuwenden, insbesondere der Membran, die die Zelle umschließt, der Plasmahaut (Ektoplasma), die die Grenze und Schnittstelle zur extrazellulären Umwelt darstellt. Die DNA ist jetzt weit unter uns, in einem fernen Kern, und wir befinden uns in einer Welt der Interaktionen zwischen größeren Oberflächen.

In meinem Biologieunterricht vor fünfunddreißig Jahren an der High-School wurden Plasmamembranen für die passiven »Container« gehalten, die lediglich die Zellinhalte zusammenhalten. Zu meiner Collegezeit waren die Plasmamembranen dann bereits interessanter: ihre spezifische, geschichtete Struktur, aus Lipiden (Fetten) und Proteinen zusammengesetzt, die Proteine in eine flexible, flüssige Lipiddoppelschicht eingebettet. Bis zu meinem Medizinstudium hatten die Wissenschaftler dann die dynamische, aktive Natur der Plasmamembran entdeckt. Innerhalb der Plasmamembran findet ein Transport von Substanzen von außerhalb der Zelle nach innen statt, mit Hilfe von Rezeptoren auf der äußeren Oberfläche, die aus spezifischen Proteinstrukturen zur Bindung von bestimmten Hormonen und Nährstoffen bestehen. Darüber hinaus wurde entdeckt, daß die Plasmamembran an weitverzweigte Systeme winziger Kanäle innerhalb der Zellen angebunden ist und daß sie den Zellen hilft, erwünschte Substanzen aufzunehmen und unerwünschte abzugeben. Ständig werden innerhalb der Zelle neue Plasmamembranen synthetisiert und alte Plasmamembranen absorbiert.

Einer der dynamischsten Aspekte der biologischen Plasmamembran ist die Endozytose – die Ausknospung der Plasmamembran oder bläschenförmigen Einstülpung in die Zelle, so daß sie einen Hohlraum bildet, der als Vesikel bezeichnet wird. In jüngerer Zeit konnten die Forscher einige Einzelheiten in Zusammenhang mit der Endozytose klären und damit – zumindest für mich – einen weiteren Aspekt des Heilungssystems aufzeigen.

Das am besten untersuchte Beispiel ist die Endozytose in Zusammenhang mit den Rezeptoren für LDL (low density lipoproteins, also Lipoproteine mit einem niedrigen spezifischen Gewicht), ein Trägermolekül, das Cholesterin aus dem Blut zu den Zellen transportiert. An LDL angebundenes Cholesterin wird als »schlechtes« Cholesterin bezeichnet, da es dazu neigt, sich in den Arterienwänden abzulagern, und Arteriosklerose sowie Herzkranzgefäßerkrankungen verursacht. Ein hoher LDL-Cholesterinspiegel des Bluts ist ein Risikofaktor für Herzinfarkt; allerdings sind viele Zellen mit Rezeptoren zur Bindung von LDL ausgestattet, um es aus dem Kreislauf zu entfernen.

Wenn ein LDL-Molekül einen LDL-Rezeptor auf der äußeren Oberfläche einer Zellmembran anbindet, wandert der Rezeptor zu einer weiteren speziellen Struktur auf der Membran, einer mit einer speziellen Proteinschicht ausgekleideten Vertiefung. In dieser Vertiefung wird der mit einem Substrat beladene Rezeptor endozytiert und als Vesikel in die Zelle aufgenommen, das dann mit ähnlichen Vesikeln fusioniert. Die in den fusionierten Vesikeln enthaltenen Substanzen werden sodann abgegeben und in verschiedene Richtungen geschickt. Sobald das LDL-Cholesterin in den Zellen ist, kann es unseren Arterien keinen Schaden mehr zufügen; die Zellen brauchen sogar einen gewissen Cholesteringehalt für ihren Stoffwechsel und können sich überschüssigen Cholesterins entledigen. Bei dem Abgabeprozeß wird der LDL-Rezeptor wieder auf die Oberfläche der Membran zurückgeführt, während das LDL (sowie überschüssiges Cholesterin) zwecks Entsorgung zu einer Struktur, den sogenannten Lysosomen, geschickt wird. Diese Lysosomen enthalten starke Enzyme, die große Moleküle zerlegen können, die leicht zu entsorgen sind.

Auf der äußeren Oberfläche der Plasmamembran ist der zurückgeschickte LDL-Rezeptor sodann bereit, weiteres LDL anzubinden und die nächste Reise durch das Zellinnere anzutreten. Aus Untersuchungen ist bekannt, daß dieses Recycling der LDL-Rezeptoren in einem zehn- bis zwanzigminütigen Takt erfolgt. Da ihre Lebensdauer bei zehn bis dreißig Stunden liegt, können sie viele Reisen in die Zelle und wieder heraus unternehmen und viele LDL-Moleküle transportieren. An irgendeinem Punkt haben sie dann jedoch ausgedient. Sobald die Struktur und Funktion des LDL-Rezeptors sich verschlechtern, wird er zur Vernichtung in die Lysosomen aufgenommen und durch einen neu synthetisierten Rezeptor ersetzt.[4]

In dem Maße, wie die Forscher immer mehr Einzelheiten und Feinheiten der Endozytose klären, kristallisiert sich ein geradezu faszinierendes Bild der Plasmamembran heraus, wonach die Membran an vielen Punkten an der Zelloberfläche ständig in die Zelle hineingesaugt (»invaginiert«, wie es in der Fachsprache heißt), gecheckt, abgegeben und wieder zurück an die Oberfläche geschickt wird – ein Prozeß, in den auch inbegriffen ist, daß defekte Membranstrukturen erkannt und durch Lysosomen eliminiert werden.

So können wir auch hier wieder, genau wie auf der Ebene der DNA, die Operationen eines inhärenten spontanen Heilungssystems erkennen, das ständig aktiv und in der Lage ist, defekte

Strukturen und Funktionen auszumachen (zu diagnostizieren), sie zu entfernen und zu ersetzen (zu behandeln). Auf dieser zellulären Ebene können wir außerdem die Fähigkeit zur Regeneration der Struktur erkennen, so daß eine fortlaufende »Instandhaltung« gewährleistet wird. Diese Heilung auf der Ebene der Membran ist besonders wichtig, da die Zelloberflächen zum einen sehr vielen Angriffen ausgesetzt sind und zum anderen über die Interaktion der Rezeptoren mit anderweitig produzierten Molekülen der Kommunikation zwischen den Zellen dienen.

Wir wollen uns nun einer höheren Ebene der biologischen Ordnung zuwenden. Zellverbände bilden Gewebe, Gewebe bilden Organe, Organe bilden Systeme. Auf der Ebene des Gewebes wird die Heilung zwar komplexer, sie erfolgt jedoch nach den gleichen allgemeinen Prinzipien. Der Prozeß der Wundheilung ist ebenso bekannt wie gut erforscht; dennoch können viele die weitreichendere Bedeutung dieses Prozesses nicht erkennen. Angenommen, Sie schneiden sich mit einem Messer in den Finger. Was Sie unmittelbar beschäftigt, sind die Schmerzen und das Bluten. Der Schmerz läßt schnell nach – was dem entspricht, wie Sie die Aktivität der peripheren Nerven wahrnehmen, die Ihrem Gehirn die Verletzung melden. Sofern bei Ihnen keine Gerinnungsstörung vorliegt, hört auch das Bluten mit der Bildung eines Blutklumpens bald auf, der sich zu einer schützenden Kruste verhärtet. Und wenn Sie darauf achten, werden Sie bemerken, wie innerhalb von vierundzwanzig Stunden nach dem Schnitt an den Wundrändern eine Entzündung auftritt: mit einer leichten, aber klar feststellbaren Empfindlichkeit, Rötung, Schwellung und Wärme. Dabei handelt es sich um eine Immunreaktion, die durch die Wanderung der weißen Blutkörperchen zu der Region ausgelöst wird, die gegen das Eindringen von Bakterien zu verteidigen und von toten und sterbenden Zellen zu reinigen ist.

Die erste »Armee« von Immunzellen, die in die Region eindringt, bilden neutrophile Leukozyten, die am häufigsten vorkommenden weißen Blutkörperchen, die die »Infanterie« der körpereigenen Abwehrkräfte darstellen. Ihnen folgen alsbald die Makrophagen (»Freßzellen«), die abgestorbenes Gewebe in großen Mengen aufnehmen und verdauen können. Und parallel zu dieser Immunreaktion setzt an den normalen Oberflächenzellen (den Epithelzellen) an den Wundrändern eine Zellproliferation ein. So wachsen von den Rändern her Ausläufer dieser Zellen unter dem Blutklumpen heran, um in der Mitte zu fusionieren und so eine dünne, aber durchgehende Schicht zu bilden, die schließlich die neue Haut sein wird. Mit einer sodann einsetzenden stärkeren Zellproliferation wird als nächstes weiches rosafarbenes und gefäßreiches Gewebe, das sogenannte Granulationsgewebe, gebildet, das schließlich die Wundfläche verschließen wird. Unter dem Mikroskop zeigt sich, daß dieses Granulationsgewebe neben neu einsprießenden Blutgefäßen voller Fibroblasten ist, junger Bindegewebszellen, die die Proteine synthetisieren, die unserem Körper architektonische Integrität geben. Die neuen Blutgefäße tauchen zunächst als Keime oder Sprossen an bereits vorhandenen Gefäßen an den äußeren Rändern der Schnittwunde auf. Am Schluß weichen die Immunzellen dann wieder zurück, die neue Haut entwickelt und verdickt sich, so daß die Kruste überflüssig und Ihr Finger so gut wie neu sein wird, sofern die Wunde nicht außergewöhnlich tief war.

Die Forschungen über die Mechanismen der einzelnen Schritte, in denen die Wundheilung verläuft, haben außerdem gezeigt, welche wichtige Rolle die chemischen Regulatoren, die sogenannten Wachstumsfaktoren, spielen. Wachstumsfaktoren sind sehr kleine, von den Zellen produzierte oder im Blut vorhandene Proteine (Polypeptide), die das Zellwachstum stimulieren oder hemmen. Eine Familie von Polypeptiden, die sogenannten Fibroblasten-Wachstumsfaktoren (FGF, fibroblast growth factor), stimuliert nicht nur Fibroblasten, sondern induziert auch die Bildung neuer Blutgefäße. Der Epidermis-Wachstumsfaktor (EGF) stimuliert die Zellteilung durch Anbindung an einen bestimmten Rezeptor auf der Zellmembran; angebunden an seinen Rezeptor, stimuliert er die Synthese sowohl der DNA als auch der RNA im Zellkern. Der Transformations-Wachstumsfaktor *alpha* (TGF*a*) bindet sich an den gleichen EGF-Rezeptor an und stimuliert das Zellwachstum, aber sein *beta*-Pendant, TGF*β*, hat einen gegenteiligen Effekt, es hemmt das Wachstum der meisten Zelltypen.[5]

Entscheidend für die Gesundheit und Heilung ist das Gleichgewicht zwischen diesen entgegengesetzten Faktoren, da jeder einseitige Druck auf die Zellen mit verheerenden Folgen verbunden wäre. Ohne Antagonismus könnten EGF und FGF ein ungehemmtes Zellwachstum und damit vielleicht sogar eine Entartung zu Krebs hervorrufen. (Die unkontrollierte Proliferation von neuen Blutgefäßen ist beispielsweise ein typisches Merkmal schnell wachsender maligner Tumore.) Ebenso würde eine einseitige Hemmung jede Heilung verhindern, so daß Wunden unverheilt und damit anfällig für Infektionen oder weitere Schädigungen blieben.

Jenseits der Ebenen der DNA und der Plasmamembran können wir also auch auf dieser komplizierteren Ebene der biologischen Ordnung erkennen, daß *das Heilungssystem von der koordinierten Interaktion stimulierender und hemmender Faktoren abhängt, die Einfluß auf das Zellwachstum und die Zellproliferation nehmen.* Dieses Gleichgewicht scheint im übrigen essentiell für gesundes Gewebe im allgemeinen zu sein und nicht nur für den Heilungsprozeß im Falle von Schädigungen. Das heißt: Das Heilungssystem ist auch hier wiederum über seine speziellen Funktionen zur Bewältigung von Verletzungen und Krankheiten hinaus für die kontinuierliche Erhaltung der Gesundheit verantwortlich.

Ein weiteres gut untersuchtes Beispiel für die Heilung auf der Ebene von Geweben ist der Heilungsprozeß bei einem einfachen Knochenbruch. Hier erfolgt die Heilung so perfekt, daß am Ende nicht einmal mehr ein Radiologe sagen kann, wo der Knochenbruch war. Die ersten Schritte der Heilung verlaufen hier ähnlich wie im zuvor beschriebenen Fall. Zunächst füllt und umgibt ein Hämatom den Frakturspalt, versiegelt ihn und liefert damit zugleich ein lockeres Gerüst, auf dem Fibroblasten und neue Blutgefäße wachsen können. Dieses Hämatom entwickelt sich sodann zu einer Gewebemasse, dem sogenannten weichen Kallus. Soweit die Parallele – ab diesem Punkt verläuft der Heilungsprozeß nun anders als bei einer oberflächlichen Wunde. Im weichen Kallus zeigt sich am Ende der ersten Woche bereits die erste neue Knorpel- und Knochenbildung, aus der schließlich ein großer spindelförmiger Ersatzknochen heranwächst, der als wirksame Schienung fungiert.

Zwei bis drei Wochen nach der Verletzung hat er seine optimale Größe erreicht und wird mit fortschreitendem Knochenaufbau stärker.

Auch bei der Knochenbildung sind antagonistische Kräfte im Spiel, Wachstumsfaktoren sowie spezielle Zellen, die sogenannten Osteoblasten und Osteoklasten. Erstere bauen den Knochen auf, und letztere bauen die Knochensubstanz ab, wobei die phasenhafte Aktivität beider durch die Einwirkung von muskulären Zug- und Druckkräften sowie Gewichtsbelastungen diktiert wird. Sofern die Bruchstelle bei Beginn des Heilungsprozesses nicht zu sehr verschoben war, verläuft die Heilung oft perfekt.[6]

Wissenschaftler konnten inzwischen auch die genaueren Einzelheiten der Knochenheilung auf der zellulären Ebene klären. So konnte Robert O. Becker, Orthopäde, Chirurg und Wissenschaftler, nach jahrelangen Forschungen beweisen, daß winzige elektrische Signale, die beim Bruch eines Knochens entstehen, an den Bruchenden eine *Entdifferenzierung* von Zellen bewirken – das heißt, daß reife Zellen sich wieder in Vorläuferzellen mit einem hohen Wachstums- und Regenerationspotential zurückverwandeln. So gewinnen diese Vorläuferzellen eine Fähigkeit zurück, die reife Zellen verloren haben; sie ähneln den embryonalen Zellen und sind imstande, sich wiederum in all die Zelltypen zu differenzieren, die zum Aufbau eines neuen Knochens benötigt werden. Beckers Arbeit führte zur Entwicklung verschiedener elektrischer und elektromagnetischer Geräte, die inzwischen weithin bei komplizierten Brüchen und Knocheninfektionen zur Stimulation der Heilung eingesetzt werden. Seine Arbeit veranlaßte ihn auch, über die Knochenheilung hinaus andere Formen der Heilung zu untersuchen, wie etwa die spektakuläre Fähigkeit der Salamander, verlorene Gliedmaßen zu regenerieren.

Im Ergebnis seiner ausgedehnten Untersuchungen gelangte Bekker zu dem Schluß, daß sich die Regeneration von Gliedmaßen bei Salamandern grundsätzlich nicht von der Knochenheilung beim Menschen unterscheidet. Auch sie hängt von winzigen elektrischen Steuersignalen ab, die die Entdifferenzierung und sodann die Redifferenzierung der Zellen bewirken, die zum Aufbau neuer Gliedmaßen erforderlich sind. Und theoretisch müßte der Mensch, so Bekkers Fazit, die gleiche Fähigkeit haben. Das heißt: Alle notwendigen Voraussetzungen und Mechanismen sind da, das Problem besteht nur darin, zu entdecken, wie die einzelnen Prozesse aktiviert werden können.[7]

Die Regeneration verlorener oder geschädigter Strukturen, die, wie wir gesehen haben, bisher auf jeder Ebene zu den Fähigkeiten des Heilungssystems gehört, ist bei manchen Geweben eine alltägliche Erscheinung, insbesondere bei Deckgewebe, das permanenten Reizungen ausgesetzt ist. Ständig stößt der Körper zum Beispiel die äußeren Hautschichten ab und bildet von den unteren Hautschichten her neue Haut. Ebenso wird im Zuge einer geradezu spektakulären regenerativen Großleistung die gesamte Schleimhaut des Magen-Darm-Traktes fortlaufend abgestoßen und erneuert.

Noch beeindruckender ist die Fähigkeit der Leber – das größte Organ im Körper und eines der aktivsten –, was die Regeneration von verlorenem Gewebe angeht. So kann ein Großteil der Leber – bis zu achtzig Prozent – entfernt werden, und solange keine Gewebeanomalien vorliegen, sorgt der verbliebene Rest dafür, daß die verlorene Substanz innerhalb von Stunden regeneriert, ersetzt wird. Und ähnlich können die Struktur und Funktion auch nach einer partiellen Zerstörung von Leberzellen infolge einer viralen Hepatitis oder chemischer Gifte wiederhergestellt werden.[8]

Andere Körperorgane können sich demgegenüber offensichtlich nicht regenerieren. Ein Herzmuskel, der infolge unterbrochener Blutzufuhr bei einem Herzinfarkt verlorenging, wird nicht durch einen neuen Muskel ersetzt. Hier erfolgt die Heilung nur in der Form, daß das ursprüngliche Muskelgewebe durch eine bindegewebige Narbe ersetzt wird. Das gleiche gilt für die Neuronen im Gehirn. Die Herzmuskelzellen und Nervenzellen sind in ihrer Funktion so spezialisiert und so differenziert, daß sie offenbar die Fähigkeit zu neuem Wachstum verloren haben.[9] Aber vielleicht gibt es selbst in diesen vitalen Zellen Schaltmechanismen, die nur entdeckt zu werden brauchen, um im Zellkern die entsprechenden DNA-Sequenzen in Gang zu setzen. Das heißt: Wenn sich die Wissenschaft mit den elektrischen und chemischen Mechanismen des Heilungssystems zur Regulierung des Zellwachstums und der Zelldifferenzierung befaßte, wäre es durchaus denkbar, daß Ärzte eines Tages sogar die Regeneration von geschädigtem Herz- und Nervengewebe initiieren könnten, und das wäre dann wahrlich eine neue Ära einer heilungsorientierten Medizin.

Auf der Ebene der Organsysteme, etwa des Kreislauf-, Verdauungs- und Immunsystems, begegnen wir nicht minder starken und beeindruckenden Selbstheilungsmechanismen; sie sind nur diffuser und mysteriöser. Zur Zeit meines Medizinstudiums galt, daß Arteriosklerose irreversibel ist. Demnach konnte sich – so stand es in den Lehrbüchern – der Zustand der Kranzarterien und anderen Arterien nicht mehr verbessern, sondern nur noch verschlimmern, wenn sie denn erst einmal durch Cholesterinablagerungen, Entzündungen und Verkalkung verhärtet und verengt waren – eine pessimistische Sicht, die sich allerdings nicht auf experimentelle Beweise stützte, da noch von niemandem ein Versuch zur Rückbildung von Arteriosklerose unternommen worden war.

Als Redakteur einer Collegezeitung interviewte ich bei einer Gelegenheit einen Gewässerexperten, lange bevor Ökologie und Umweltfragen in Mode gekommen waren. Was er sagte, beeindruckte mich sehr, weil es so überzeugend klang und mit meinen eigenen Erfahrungen übereinstimmte. Er sagte, Flüsse seien angesichts der vielen verschiedenen Mechanismen, über die sie verfügten, um sich gesund zu erhalten, wie lebende Organismen. Bei eingeleiteten Schadstoffen schafft ein Fluß es, sofern ein gewisser Punkt nicht überschritten wird, sich wieder selbst zu entgiften und gesund zu bleiben. Ein ebenso starkes Reinigungs- und keimtötendes Mittel wie die ultraviolette Strahlung der Sonne sind hier zum Beispiel Wirbelbewegungen oder turbulente Strömungen, die das Wasser mit Sauerstoff vermischen. Ebenso können viele Pflanzen, wie Algen und auch größere Pflanzen, die in den Flüssen wachsen, das Wasser von Schadstoffen befreien. Sofern aber ständig Dreck eingeleitet wird, ist irgendwann der kritische Punkt erreicht, an dem die natürlichen Reinigungsmechanismen überfordert sind und versagen, so daß Pflanzen und wichtige Mikroorganismen absterben und sich die Strömung verändert – kurz: Der Fluß wird krank.

Für meinen Artikel schrieb ich alles mit, was dieser Experte mir erzählte. Doch dann sagte er etwas, was mich derart fesselte, daß ich ihm nur noch zuhören konnte und völlig vergaß, mir Notizen zu machen. Er erklärte: Selbst bei einem vermeintlich hoffnungslos verschmutzten Fluß ist nicht jede Hoffnung verloren. Besinnt man sich und hört man mit der Schadstoffeinleitung auf, so geht die Schadstoffbelastung schließlich bis zu dem Punkt zurück, an dem die natürlichen Heilungsmechanismen wieder aktiviert werden. Der Sauerstoffgehalt nimmt zu, das Sonnenlicht dringt in tiefere Schichten ein, die wichtigen Organismen kehren zurück – und der Fluß reinigt sich selbst wieder.

Warum sollte das bei unseren Gefäßsystemen nicht genauso möglich sein? Tatsache und inzwischen eindeutig belegt ist, daß Arteriosklerose reversibel *ist*, wenn man aufhört, dem Körper die Substanzen zuzuführen, die sie verursachen (vor allem gesättigte Fettsäuren), wenn man es unterläßt, das Heilungssystem durch psychische Mechanismen (zum Beispiel durch Wut und emotionale Isolation) zu blockieren.[10] Wir wissen zwar noch nicht, welche Mechanismen das System hier im einzelnen nutzt; was wir aber wissen und bei Patienten beobachten können, die sich zur Senkung des Cholesterinspiegels im Blut an bestimmte Diätvorschriften halten und lernen, anders mit Streß und ihren Emotionen umzugehen, ist, daß die arteriosklerotischen Plaques in den Herzkranzgefäßen zurückgebildet und die Gefäße damit entsprechend besser durchblutet werden. Bekannt ist auch, daß der Körper sehr schnell auf diese Veränderungen des Lebensstils anspricht. So kann bei manchen Patienten bereits nach nur einem Monat – mittels hochkomplizierter Untersuchungen der Herzdurchblutung (etwa mittels Szintigraphie, einer nuklearmedizinischen Untersuchungsmethode, bei der Thalliumchlorid eine besondere Rolle spielt) – eine verbesserte Durchblutung der Koronararterien nachgewiesen werden.

Ähnlich schnelle und dramatische Reaktionen habe ich im übrigen bei Patienten mit den verschiedensten Krankheiten erlebt, nachdem sie ihren Lebensstil geändert und sich von Gewohnheiten verabschiedet hatten, die ihre Krankheit förderten. Ich bin kein Medizinforscher, ich bin Medizinpraktiker. Die Ansätze und Ziele von Forschern und Praktikern sind völlig verschieden. Als Praktiker geht es mir vor allem darum, daß gesunde Menschen gesund bleiben und kranke Menschen wieder gesund werden; das heißt, daß ich mich nicht mit gleicher Intensität mit der Frage beschäftigen kann, warum Menschen wieder gesund werden. Aber die Tatsache, daß wir einen Mechanismus noch nicht entdeckt haben, heißt ja nicht, daß es ihn nicht gibt. Nach meiner Überzeugung werden sich auch auf der komplexen Ebene der biologischen Ordnung Heilungsmechanismen zeigen, sobald die Forscher sich um entsprechende Untersuchungen bemühen.

Diesen Exkurs über das Heilungssystem möchte ich jedoch nicht beschließen, ohne wenigstens kurz auf sein Wirksamwerden auf der psychischen Ebene einzugehen. Da wir so wenig über die Psyche wissen und unsere Wissenschaft so schlecht für diesen Ansatz gerüstet ist, fehlt uns jedoch die Möglichkeit, die hier wirkenden Mechanismen zu erkennen. Dennoch können wir den Prozeß der Heilung von psychischen Verletzungen etwa am Beispiel der Trauer beobachten. Die Trauer über einen Verlust ist eine allgemeine Erfahrung, die von ihrer Qualität her immer gleich ist, ob es um den Verlust eines Haustieres, des Arbeitsplatzes, eines Partners oder eines Kindes geht. Jeder Verlust ist an alle Verluste gekoppelt; jeder Tod erinnert uns an unseren eigenen Tod. Dennoch sind die Formen der Trauer von Person zu Person sehr verschieden und hängen auch von der Art und der symbolischen Bedeutung jedes einzelnen Verlustes ab. Trauer ist eine Form von Arbeit, die uns abverlangt wird, ein Prozeß, bei dem es darum geht, den Verlust zu akzeptieren und ein neues Gleichgewicht unter veränderten Umständen zu finden. Die Trauer ist eine abgewandelte Form der Heilung, eine Operation des Heilungssystems.

Therapeuten und Beratern zufolge, die mit Trauernden arbeiten, verläuft der Trauerprozeß in verschiedenen Phasen, die in einer bestimmten Reihenfolge auftreten können, aber nicht müssen; vielleicht wäre es besser, von Facetten der Trauer statt von Phasen zu sprechen. Eine, oft die erste, ist durch Schock und Leugnen gekennzeichnet (»Nein, das kann nicht wahr sein!«). Leugnen ist ein natürliches Betäubungsmittel, das zwar einen schlechten Ruf hat (und auf Dauer natürlich ungesund ist), aber als vorübergehender Mechanismus sehr nützlich sein kann, da es ein Mindestmaß an Weiterfunktionieren ermöglicht, während das volle Ausmaß der Trauer überwältigend wäre. Abgelöst wird diese Zeit des Leugnens oft von einer Phase der Wut und des Zorns (»Wie konnte mir das passieren?!«), einer Phase, die mich auf der physischen Ebene an die Entzündungsreaktion bei der Wundheilung erinnert, die eintritt, sobald der anfängliche Schmerz abgeklungen und die Blutung zum Stillstand gekommen ist. Diese Phase der Wut weicht dann vielfach einer Phase des Wunschdenkens (»Wenn ich doch nur eine bessere Mutter – Ehefrau, Tochter, ein besserer Vater, Ehemann, Sohn, Mensch – gewesen wäre, dann wäre das nicht passiert!«), auf die sodann eine Phase der Depression folgt (»Ich kann nicht mehr!«). Diese Depression mag nach außen hin wie eine Depression im klinischen Sinne, wie eine Krankheit erscheinen, in Wirklichkeit handelt es sich hierbei jedoch um eine fortgeschrittene Phase des Trauerprozesses, die faktisch die unbewußte Annahme des Verlustes und das Loslassen von Phantasien darstellt, wonach alles wieder gut wird und ungeschehen gemacht werden kann. Sobald der Punkt erreicht ist, an dem die Annahme des Verlustes bewußt erfolgt, kann die Trauer enden, der Verlust wird assimiliert (und in manchen Fällen sogar als Geschenk wahrgenommen, das eine neue Lebensphase eröffnet) und das emotionale Wohlbefinden wiederhergestellt. Wichtig ist, daß Therapeuten die Rahmenbedingungen der emotionalen Heilung verstehen, so daß sie ihren Klienten durch den Trauerprozeß hindurchhelfen, sie zu einem angemessenen Ausdruck von Emotionen ermutigen und damit die Weiterentwicklung des Prozesses bis zum Abschluß erleichtern können.

Ein Streitpunkt wäre die Frage, welchen Stellenwert die psychische Heilung im Rahmen des hier behandelten Themas einnimmt. Ist sie höher oder niedriger anzusetzen als die Heilung auf der physischen Ebene? Sind Geist und Psyche der höchste Ausdruck der in der DNA verschlüsselten genetischen Informationen, oder sind sie die Manifestation eines Bewußtseinsfeldes, dem körperliche Strukturen bis hin zur DNA unterliegen? Auch hier gilt: »Wie oben, so unten; wie unten, so oben.« Es macht keinen Unterschied. Denn: Wo immer wir im menschlichen Organismus – von der DNA bis zur Psyche – suchen, begegnen wir Heilungsprozessen.

Eine weitere Frage wäre: Gibt es Grenzen zu dem, was das Heilungssystem leisten kann? In der Literatur finden wir einige Fallbeispiele komplexer Heilungen, die auf ein Reparatur- und Regenerationspotential hinweisen, das den Rahmen der normalen Erfahrungen erheblich sprengt. Ich möchte in diesem Zusammenhang nur eine der zahlreichen Wunderheilungen in Lourdes anführen, über die 1974 ein Artikel im *Canadian Medical Association Journal* berichtete. Der Autor schrieb:

> »Um eine Heilung als Wunder einordnen zu können, müssen fünf Kriterien erfüllt sein. Erstens: Es muß erwiesen sein, daß eine Krankheit vorlag und eine entsprechende Diagnose gestellt wurde. Zweitens: Es ist nachzuweisen, daß die Aussichten auf Genesung, ob mit oder ohne Behandlung, gleich Null waren. Drittens ist nachzuweisen, daß die Krankheit schwerwiegend und unheilbar war. Viertens ist nachzuweisen, daß die Heilung ohne Rekonvaleszenz, im wahrsten Sinne des Wortes spontan erfolgte, und fünftens, daß die Heilung von Dauer war. Diese Kriterien sind von der zuständigen medizinischen Behörde in Lourdes, der Kirche sowie der zuständigen Diözese zu erfüllen, in der der ›Wundergeheilte‹ lebt.
>
> Jeder Fall wird drei verschiedenen Gremien von Ärzten zur Überprüfung vorgelegt. Seit 1947 waren es nur 75 Fälle, die die erste Hürde nahmen und vom ersten Gremium anerkannt wurden. Davon wurden 52 in zweiter Instanz und schließlich nur 27 als wissenschaftlich nicht zu erklären in dritter Instanz anerkannt. Nachdem die Ärztegremien ihr Urteil zur Frage der Wunderheilung gefällt haben, hat als nächstes die Kirche darüber zu befinden, ob diese wissenschaftlich nicht zu erklärenden Heilungen das Ergebnis göttlicher Einwirkung sind. Zuletzt wird der Fall dann an die zuständige Diözese verwiesen, wo der zuständige Bischof eine Kommission zur Untersuchung des Falles einberuft. Diese Kommissionen sind in ihren Beurteilungen oft strenger als

die in Lourdes ansässigen medizinischen Gremien. Denn von den 27 zuvor genannten Fällen wurden von den zuständigen Diözesen nur 17 als Wunder anerkannt.«[11]

Die Geschichte von Vittorio Micheli, geboren am 6. Februar 1940, ist einer dieser siebzehn Fälle von Wunderheilungen jüngeren Datums:

»Vittorio Micheli wurde im November 1961 zum italienischen Militär eingezogen, per Musterung für tauglich und damit für körperlich gesund befunden, obwohl er im März desselben Jahres unter Schmerzen gelitten hatte. Im April 1962 mußte er dann wegen Schmerzen im Bereich des linken Sitzbeines und der Hüfte das Militärkrankenhaus in Verona aufsuchen. (Das Sitzbein ist der Knochen des Beckengürtels, auf dem beim Sitzen das Hauptgewicht lastet.) Nach umfangreichen klinischen Untersuchungen mit Röntgenaufnahmen und Biopsien wurde ein Sarkom (primärer Knochenkrebs) im linken Beckenbereich diagnostiziert.
Bis Juni hatte sich sein Zustand bereits deutlich verschlechtert und im August den Punkt erreicht, daß nach Röntgenaufnahmen in den Unterlagen des Militärkrankenhauses ›die fast völlige Zerstörung des linken Beckenknochens‹ vermerkt wurde. Micheli wurde von der Hüfte bis zu den Fußspitzen eingegipst, so daß er noch stehen und sich bewegen konnte. Die noch im gleichen Monat begonnene Strahlenbehandlung wurde bereits nach drei Tagen wieder abgebrochen, da man zu der Meinung gelangt war, daß in diesem Fall mit Bestrahlungen nichts auszurichten sei. Statt dessen wurde die Behandlung auf eine Chemotherapie umgestellt, die aber nach zwei Monaten, nachdem sich keine Besserung gezeigt hatte, ebenfalls wieder abgebrochen wurde. Im November zeigten die Röntgenaufnahmen eine Luxation des Oberschenkelkopfes, und bis Januar hatte der Oberschenkelknochen jede Verbindung zum Becken verloren.
Im darauffolgenden Mai beschloß Micheli, nach Lourdes zu fahren. Sein Gipsverband wurde gegen einen stärkeren ausgetauscht, und nach neuerlich vorgenommenen Untersuchungen

wies nunmehr auch die linke Hüfte Deformationen auf. Der Patient hatte die Kontrolle über sein linkes Bein völlig verloren. Er litt ständig unter starken Schmerzen und mußte Schmerzmittel nehmen. Er konnte nicht mehr stehen. Er litt auch unter Appetitverlust und hatte Verdauungsprobleme.
In Lourdes wurde Micheli samt seinem Gipsverband in die Heilbäder eingetaucht. Sofort stellte sich bei ihm ein Hungergefühl ein, das typisch für die Lourdes-Heilungen ist. Seine Schmerzen verschwanden, und er sagte später im Rahmen umfangreicher Untersuchungen, er habe das Gefühl gehabt, daß sein linkes Bein sich wieder mit dem Becken verbindet. Er fühlte sich gut.
Aber er sprang nicht geradewegs aus dem Bad heraus und rannte zur Grotte. Er steckte immer noch in seinem Gipsverband. Micheli war zwar überzeugt, geheilt worden zu sein, die Militärärzte jedoch nicht. Er mußte seinen Gipsverband weiterhin tragen. Aber innerhalb eines Monats konnte Micheli wieder herumlaufen, mit seinem Gips. Im August zeigten die Röntgenaufnahmen, daß das Sarkom sich zurückgebildet hatte und der Beckenknochen dabei war, sich zu regenerieren. Sein Zustand verbesserte sich kontinuierlich weiter, und heute (1974) ist zwar eine gewisse Distorsion (Beckenverkrümmung) erkennbar, aber das Sarkom ist verschwunden. Micheli arbeitet in einer Fabrik, wo er acht bis zehn Stunden an seinem Arbeitsplatz steht. Sein linkes Hüft- und Beingelenk ist den amtlichen Unterlagen zufolge ›ganz normal‹.«[12]

Wenn eine solche Heilung bei einem Menschen eintreten kann, dann kann sie nach meiner Überzeugung bei jedem eintreten. Die dazu notwendigen Schaltsysteme und Mechanismen sind vorhanden. Die Herausforderung ist nur, zu entdecken, wie die richtigen Schalter zur Aktivierung des Prozesses betätigt werden können.

Die Gesichter der Heilung: Oliver

Oliver Walston aus Pemberville in Ohio erfreut sich mit seinen sechsundachtzig Jahren noch immer guter Gesundheit. Er hinkt beim Gehen, ein Relikt einer rheumatoiden Arthritis, die ihn lange plagte, aber es ist schon zweiundzwanzig Jahre her, daß seine Arthritis aktiv war, und heute hat er keine Schmerzen mehr. Als ehemaliger Farmer und Geschäftsmann, Direktor einer Versicherungsgesellschaft, Polizist und Präsident der örtlichen Schulbehörde lebt Oliver heute im Ruhestand. Er sagt, bis dato habe sich noch nie ein Arzt für die Umstände interessiert, wie er seine Arthritis los wurde.

Oliver war Mitte Dreißig, als er zum ersten Mal Beschwerden mit seinen Gelenken hatte. »Als erstes merkte ich es in den Füßen«, sagt er. »Dann schwollen die Knie an und fingen furchtbar an zu schmerzen, und wenig später ging es mit den Fingern, den Ellbogen, Schultern, dem Nacken und Rückgrat ebenso. Im Winter konnte ich in den Geschäften keine Fingerhandschuhe finden, die groß genug für meine geschwollenen Hände waren, so daß ich mit Fäustlingen vorliebnehmen mußte. Ich mußte jetzt auch Schuhe tragen, die zwei Nummern größer waren als vorher.«

Oliver probierte alle möglichen Medikamente aus, rezeptpflichtige wie freiverkäufliche, aber keines konnte ihm nennenswert auf Dauer helfen. Er versuchte es auch mit Wärmeanwendungen und verschiedenen Einreibemitteln – ohne Erfolg. Er war inzwischen vierundsechzig, hatte sich zwangsläufig in sein Schicksal gefügt und versuchte, die Schmerzen mit zwölf Aspirintabletten am Tag auszuhalten, sechs besonders starken und sechs von normaler Stärke, als sich folgendes ereignete.

»An jenem besagten Tag hatte meine Frau meine Pyjamas gewaschen und auf der Leine zum Trocknen aufgehängt«, erinnert sich Oliver. »Wenn sie trocken waren, wurden sie gefaltet und aufs Bett gelegt. Ich ging um zehn Uhr abends zu Bett und zog einen Pyjama an. Gegen halb zwei mußte ich aufstehen, um zur Toilette zu gehen, und fühlte plötzlich einen stechenden Schmerz in der linken Kniebeuge. Ich schlug fest drauf, schüttelte das Hosenbein, und heraus fiel eine Honigbiene. Zwei Tage später war die Stelle, an der die Biene mich gestochen hatte, noch immer geschwollen und schmerzte, gleichzeitig hatte aber die Arthritisschwellung an dem Knie nachgelassen. Am nächsten Tag hörte der Stich allmählich auf zu schmerzen, und da die Schmerzen und Schwellungen in allen Gelenken zurückgegangen waren, setzte ich auch die extrastarken Aspirintabletten und zwei Wochen später alle Medikamente ab. Innerhalb von fünf oder sechs Wochen waren an allen Gelenken die Schwellungen und Entzündungen verschwunden. Und mir paßte auch meine alte Schuhgröße wieder. Seither wurde ich nie mehr von Arthritis geplagt.«

Ich frage Oliver Walston, was seiner Meinung nach geschehen war. »Ich weiß es nicht«, antwortet er. »Mutter Natur vollbringt manchmal wundervolle Dinge. Ich möchte nun niemanden, der an Arthritis leidet, ermuntern, nach draußen zu gehen und sich von Bienen stechen zu lassen. Möglich, daß es manchen helfen würde, aber anderen könnte es vielleicht auch zusätzlich schaden.«

Tatsache ist, daß die Bienenstichtherapie im Zusammenhang mit rheumatoider Arthritis sowie anderen Entzündungen und Autoimmunstörungen eine lange Geschichte hat. Selbst manche Ärzte praktizieren sie, für gewöhnlich unter dem Namen »Apitherapie« oder »Bienengifttherapie«. Bei Bienengift handelt es sich um eine Mischung sehr starker bioaktiver Substanzen, von denen einige bemerkenswerte entzündungshemmende Effekte haben. So sind zum Beispiel die beiden Substanzen Adolapin und Mellitin wirksamer als herkömmliche Steroide. Und eine weitere Substanz, das Apamin, das derzeit in Frankreich untersucht wird, erweist sich als vielversprechend im Kampf gegen die Multiple Sklerose, bei der die Autoimmunkomponente ebenfalls eine herausragende Rolle spielt. Für subkutane Injektionen steht gereinigtes Bienengift zur Verfügung, aber viele Apitherapeuten ziehen es vor, mit lebenden Honigbienen zu arbeiten und sie mit einer Pinzette an die Stelle zu halten, wo sie stechen sollen. Sie sagen, selbst bei vielen Stichen sei das Risiko sehr gering. Diese Anwendungen sind bei der Bienenstichtherapie in bestimmten Abständen mehrfach zu wiederholen.

Aber Oliver Walston hat sich ja in Wirklichkeit keiner Apitherapie unterzogen. Er bekam einen einzigen Stich ab, der allerdings die Dynamik eines langwierigen Autoimmunleidens veränderte und eine vollständige und dauerhafte Heilung in Gang setzte. Seine Gelenke, in denen der Knorpel weitgehend zerstört worden war, sind in ihrer Beweglichkeit nach wie vor etwas eingeschränkt, aber in den letzten zwei Jahrzehnten sind keine akuten Entzündungen mehr aufgetreten.

»Hat sich denn keiner der Ärzte, die Sie im Laufe der Jahre konsultierten, nach der Ursache Ihrer Heilung erkundigt?« frage ich ihn.

»Nein«, ist seine bündige Antwort. »Ich denke, manche bedauerten es eher, daß ich jetzt nicht mehr kam, um mir all die Medikamente verschreiben zu lassen.«

— 6 —

Die Rolle von Geist und Psyche bei der Heilung

»Ich werde dagegen kämpfen!«

Wie oft habe ich diesen Satz von Patienten gehört, mit dem sie ihre Entschlossenheit bekunden, einer lebensbedrohlichen Krankheit zu trotzen. Dahinter steht eine Haltung, die ebenso durch den Volksmund wie durch gesellschaftliche Normen unterstützt wird. Die Symbolik und die Vorstellung von einer Art Kriegsführung sind uns bei unserer Haltung gegenüber Krankheiten nur allzu vertraut. Wir führen Kriege gegen Krebs und Drogenmißbrauch. Wir erwarten von den Medizinwissenschaftlern, daß sie neue Waffen gegen Keime und Bazillen und andere Krankheitserreger entwickeln. Und Ärzte sprechen vom »therapeutischen Arsenal«, wenn es um die verfügbaren Arzneimittel geht. Kein Wunder also, daß der einzelne Patient in die Rolle des Kriegers schlüpft, um gesund zu werden.

Im Laufe der Jahre – seit ich Männer und Frauen, die geheilt wurden, nach ihren Erfahrungen befrage – hat sich gleichwohl bei mir das Gefühl durchgesetzt, daß diese Antihaltung, dieses Dagegenkämpfen vielleicht doch nicht der beste Weg ist, um zum gewünschten Ergebnis zu kommen. Es gibt zwar keine bestimmte Einstellung, von der sich mit Sicherheit sagen ließe, daß sie mit der Aktivierung des Heilungssystems korreliert, aber bei allen meinen Interviews kristallisierte sich eher ein gegenläufiger Trend heraus: Annahme der Krankheit statt Kampf. Die Annahme der Krankheit ist oft Teil einer weitergehenden Selbstannahme und repräsentiert einen bedeutsamen mentalen Wandel, der eine Veränderung der Persönlichkeit und damit die Heilung der Krankheit auslösen kann.

Es fällt mir schwer, angesichts der gewaltigen Kluft, die hinsichtlich der Wechselwirkungen zwischen Körper, Geist und Psyche zwischen der wissenschaftlichen Sicht und der allgemeinen Einstellung in der Bevölkerung besteht, mit Medizinern über diese Frage zu sprechen. Erst kürzlich erhielt ich einen Brief von einer Frau, die sich einen Vortrag von mir über die Zukunft der Medizin angehört hatte. Sie schreibt:

> »Ich bin Medizintechnikerin und, nachdem ich eine Reihe von Jahren im Krankenhausbetrieb gearbeitet habe, desillusioniert vom traditionellen medizinischen Modell. Ich kann mich des Eindrucks nicht erwehren, daß die Medizin, so wie sie heute praktiziert wird, absolut eindimensional ist. Zwischenzeitlich wurde mein Interesse für psychosomatische Aspekte der Heilung geweckt, und ich bin bemüht, möglichst alles über dieses Wechselspiel zu lernen. Meine Vorstellungen von der ›wahren Gesundheit‹ habe ich seither vertieft, so daß Psyche, Körper und Geist einbezogen sind. Ich bin der festen Überzeugung, daß wir als Gesellschaft in bezug auf unser wahres Heilungspotential einen gewaltigen Sprung machen werden, sobald dieses Psyche-Körper-Geist-Komplement von allen akzeptiert und verstanden wird.«

Die Verfasserin dieses Briefes spricht – stellvertretend für viele – von einer ganzheitlichen Medizin. Es gibt inzwischen eine starke Nachfrage nach Büchern, Zeitschriftenartikeln und Fernsehsendungen zu diesem Thema, in denen vielfach Ärzte und Wissenschaftler zu Wort kommen, die sich beherzt bemühen, die breite Öffentlichkeit über die Rolle von Geist und Psyche bei Gesundheit und Krankheiten aufzuklären. Was die Öffentlichkeit dabei nicht weiß, ist, daß diese sichtbaren Anstrengungen keineswegs repräsentativ für die Medizin und Wissenschaft sind. In Wahrheit sind es nur relativ wenige, die im medizinischen Establishment das Thema »Ganzheitsmedizin« ernst nehmen, und die renommiertesten Forscher, die die Prioritäten setzen und Einfluß auf die Verteilung der Forschungsgelder nehmen, strafen jene Kollegen mit Verachtung, die sich damit beschäftigen. Und was dann an Forschungen geleistet wird, läßt qualitativ oft zu wünschen übrig. Eine ganzheitliche Medizin, die Psyche und Geist gebührend einschließt, wird – abgesehen von gelegentlich angebotenen Sonderkursen – an den Hochschulen und Universitäten nicht gelehrt. Unterdessen frohlocken die Verfechter des biomedizinischen Modells über die in ihren Augen unmittelbar bevorstehende Eroberung der letzten Bastion: des menschlichen Bewußtseins. Denn im wissenschaftlichen Establishment setzt sich zunehmend der Konsens durch, wonach die Psyche lediglich das Produkt der gehirnspezifischen Schaltungen und Biochemie ist, die sehr bald bis ins letzte Detail geklärt sein dürften. Aus dieser Perspektive, wonach die Psyche stets Wirkung statt Ursache ist, steht kaum zu erwarten, daß die Wissenschaftler auf die Idee kommen, den möglichen Einfluß der Psyche auf den Körper zu untersuchen.

Als Mitglied einer medizinischen Fakultät sehe ich eher eine Rückentwicklung, einen Trend, der von einigen fortschrittlichen Ansätzen in der jüngeren Vergangenheit wieder wegführt, und im Ergebnis eine wachsende Kluft zwischen der professionellen Sicht und den Erwartungen der Öffentlichkeit. In meiner Studentenzeit, Ende der sechziger Jahre, wurden in der Medizinerzunft vier Krankheiten als psychosomatisch anerkannt: Bronchialasthma, rheumatoide Arthritis, Magengeschwüre und *Colitis ulcerosa*. Heute sind ganze zwei davon übriggeblieben, Asthma und rheumatoide Arthritis, wobei die Forscher nicht müde werden, selbst deren psychosomatischen Charakter in Frage zu stellen.

Vor neun Jahren hatte ich mit einem außergewöhnlich schwierigen Fall zu tun. Zu mir kam ein Patient, Anfang Fünfzig, der Manager in einem Großhandelsunternehmen war. Abgesehen von leicht erhöhtem Blutdruck, der keine Medikation erforderlich machte, war es ihm gesundheitlich gutgegangen – bis er aufgehört hatte zu rauchen. Er hatte praktisch seit seinem zwanzigsten Lebensjahr geraucht, zwei Päckchen Zigaretten am Tag, aber seine Familie hatte ihn zunehmend unter Druck gesetzt aufzuhören, was er dann schließlich auch tat. »Es war nicht so schwer«, sagte er mir. »Ich brachte einfach den Willen auf und litt eigentlich nur die ersten drei Tage.« Aber zwei Monate nachdem er aufgehört hatte, entwikkelte er »aus heiterem Himmel« eine *Colitis ulcerosa*, obwohl er nie irgendwelche Verdauungsprobleme gehabt hatte. Er ging zu einem Magen-Darm-Spezialisten, der ihm Medikamente verschrieb, ihn anwies, keine Milch zu trinken, und ihn darüber hinaus seinem weiteren Schicksal überließ. Die Medikamente konnten den Krämpfen und dem Durchfall nicht abhelfen und hatten unangenehme Nebenwirkungen. So beschloß er nach einem Monat, seiner Intuition zu folgen, die ihm sagte, wenn er wieder anfinge zu rauchen, würde seine Colitis verschwinden. Dies war tatsächlich auch der Fall – auf Anhieb sogar. Als er zu mir kam, hatte er dieses »Spielchen« bereits dreimal wiederholt: Jedesmal, wenn er mit dem Rauchen aufgehört hatte, war die Colitis schneller wiederaufgetreten und hatte sich als zählebiger erwiesen, wenn er mit dem Rauchen wieder anfing. Inzwischen plagte ihn die Angst, er könne sich zu einem abhängigen Raucher mit *Colitis ulcerosa* entwickeln.

Als ich diesen Fall an der University of Arizona einer Gruppe von Medizinstudenten im dritten und vierten Semester vortrug, stellte ich entsetzt fest, daß sie nichts über den psychosomatischen Charakter von *Colitis ulcerosa* wußten. Sie hatten viel über die zellulären und biochemischen Anomalien dieser Krankheit gelernt, aber nichts über die Rolle der Psyche bei der Entstehung und möglichen Remission der Krankheit. Wenig später erschien ein Artikel im *New England Journal of Medicine*, worin erstmals über ein vermehrtes Auftreten von *Colitis ulcerosa* bei ehemaligen Rauchern – im Gegensatz zu aktiven Rauchern – berichtet wurde. Nach einer ausführlichen Abhandlung über die Pathophysiologie der Krankheit und Pharmakologie von Nikotin erklärten die Autoren, sie könnten keinen Mechanismus finden, um diese Korrelation zu erklären.[1]

Wenn man demgegenüber von der Prämisse ausgeht, daß *Colitis ulcerosa* psychosomatisch bedingt ist, bedarf es keiner großen Intelligenz, um zu schlußfolgern, daß Rauchen ein effektives Streßventil ist und daß Streß sich anderweitige Kanäle sucht, wenn dieses Ventil gesperrt wird. Warum das dann bei manchen der Darm ist, bei anderen ein zwanghaftes Eßverhalten oder Nägelbeißen, dürfte eine Frage der individuellen Anfälligkeit sein. Mein Rat an jenen Patienten war, so lange nicht wieder mit dem Rauchen aufzuhören, bis er entsprechende Techniken zur Bewältigung seines Stresses beherrschte. Ich schickte ihn zu einem Biofeedback-Therapeuten und zu einem Hypnotherapeuten und gab ihm darüber hinaus eine Reihe von Ratschlägen zur Verbesserung seines Lebensstils. (Er war starker Kaffeetrinker, und Kaffee reizt bekanntlich den Darm; außerdem war seine Ernährungsweise dem Verdauungssystem nicht besonders förderlich.)

So hatte ich also damals erfahren, daß *Colitis ulcerosa* nicht mehr zu den klassischen psychosomatischen Krankheiten zählte. Informiert war ich dagegen über den erfolgreichen Versuch, Magengeschwüre aus dieser Kategorie zu streichen. Heute ist es in Mode gekommen, Magengeschwüre als eine Infektionskrankheit zu betrachten, die durch die Aktivität eines Bakteriums, *Helicobacter pylori*, ausgelöst wird. Die Entdeckung, daß dieses Bakterium chronische Reizungen der Magenschleimhaut und des Zwölffingerdarms auslösen kann, verleitete viele Ärzte zu der Schlußfolgerung, daß Magengeschwüre nicht streßbedingt und folglich ausschließlich mit Antibiotika zu behandeln seien.[2] Ich bezweifle nicht, daß *Helicobacter pylori* ein Faktor bei Gastritis und Magengeschwüren (und mit an Sicherheit grenzender Wahrscheinlichkeit bei Magenkrebs) ist; dies schließt einen Einfluß der Psyche jedoch nicht aus. Fest steht, daß die meisten der mit *Helicobacter pylori* infizierten Personen weder Magengeschwüre noch andere Symptome entwikkeln und daß andere, die nicht damit infiziert sind, trotzdem Magengeschwüre haben. Wäre es nicht denkbar, daß Streß die Chemie des Magens in einer Weise verändert, die es dem Bakterium erst ermöglicht, sich derart aggressiv und invasiv zu verhalten? Nach all meinen Erfahrungen mit Infektionen behaupte ich, daß die Präsenz eines Bakteriums nicht alles erklärt. Es sind die Schwankungen in den Abwehrkräften des Wirtes, die entscheidend für das Verhalten von Mikroorganismen sind und dafür, ob sie mit ihrem Wirt in Eintracht leben oder ihm schaden.

Ich erinnere mich in diesem Zusammenhang an einen Radiobericht, in dem von einem dramatischen Anstieg streßbedingter Störungen bei Kindern in den Kriegsgebieten Bosniens die Rede war. Zwei Krankheiten, denen die Ärzte dort vermehrt begegnen, sind Bluthochdruck und Magengeschwüre, die beide in dieser Altersgruppe normalerweise selten vorkommen. Und dem Bericht zufolge hängen die bosnischen Ärzte offenkundig noch der altmodischen Vorstellung an, wonach Magengeschwüre eine streßbedingte Krankheit sind.

Die von mir beklagte Gleichgültigkeit gegenüber den Interaktionen von Psyche und Körper ist zum Teil ein spezifisch US-amerikanisches Kuriosum. In anderen Ländern hat die psychosomatische Medizin einen höheren (wenn auch nach wie vor marginalen) Stellenwert, und die Forscher sind eher bemüht, die Liste der streßbedingten Krankheiten zu erweitern, statt sie zu verkürzen. In Japan werden mehr als zwanzig Krankheitsbilder als psychosomatisch bedingt anerkannt, darunter – was ich sehr begrüße – auch »ein Ungleichgewicht des autonomen Nervensystems«, eine Störung, die ich oft diagnostiziere, die es aber offiziell in den USA nicht gibt. Ich diagnostiziere sie, indem ich nach einer sorgfältigen Anamnese einfach die Hände des Patienten fühle. Kalte Hände (in warmen Räumen) sind das Ergebnis einer Mangeldurchblutung, ausgelöst durch eine Überaktivität des sympathischen Nervensystems, die zur Verengung der Arteriolen in den Extremitäten führt. Bei Personen mit chronisch kalten Händen liegen oft auch Verdauungs- und andere Körperfunktionsstörungen vor, deren Wurzeln in inneren Spannungen zu suchen sind; ein anhaltendes Ungleichgewicht des autonomen Nervensystems kann zu ernsthaften Problemen führen. Dies läßt sich am besten mit dem psychosomatischen Ansatz behandeln und nicht per Rezept mit Medikamenten zur Unterdrückung der Symptome.

Mit Erstaunen las ich unlängst einen Bericht eines deutschen Kollegen, der in einer psychosomatischen Klinik arbeitet. Darin schildert er die Erfolge seiner Einrichtung bei der Behandlung von Ohrenklingen (Tinnitus), einem verbreiteten und vielfach kräftezehrenden Symptom. In der US-amerikanischen Medizin gibt es keine speziellen Methoden zur Behandlung von Tinnitus, sie weiß nichts über die Ursachen und hat, was die Beseitigung der Symptome angeht, wenig Erfolg. Nach Auffassung meines deutschen Kollegen ist Tinnitus auf chronische Muskelverspannungen im Kopf und im Nacken zurückzuführen, die oft das Ergebnis einer schlechten Haltung und streßbedingt sind. Er verordnet Yoga und Entspannungsübungen, ergänzt durch Körperarbeit, und sagt, daß es ihm auf diese Weise oft gelingt, die Patienten von den Symptomen zu befreien.

Da ich kein Forscher bin, möchte ich nicht unnütz über mögliche Mechanismen spekulieren, um die Rolle der Psyche bei der Heilung zu erklären. Nach meinem Dafürhalten eröffnet sich hier ein weites Feld, nicht nur auf der Ebene des autonomen Nervensystems, sondern auch innerhalb der vielfältigen Interaktionen zwischen Rezeptoren und Neuropeptiden, die wir unterschiedlich klassifizieren – als Neurotransmitter, Hormone und Wachstumsregulatoren. Nach Meinung von Candace Pert, die zu den Pionieren in der Erforschung der molekularen Regulationsmechanismen gehört, ist davon auszugehen, daß jede dieser Substanzen mit einer bestimmten Stimmung verbunden ist und damit neben der Vermittlung von Signalen zur Aufrechterhaltung von Körperfunktionen auch Einfluß auf das Verhalten nehmen kann. Pert weist zum Beispiel darauf hin, daß eine große Anzahl von Rezeptoren für Neurotransmitter insbesondere im Darm und im Gehirn zu finden ist, also in Körperregionen, die mit Emotionen zu tun haben.[3] Dies gilt zum Beispiel für Endorphinrezeptoren, die sowohl Einfluß auf die Darmfunktion nehmen als auch Euphorie erzeugen und maßgebend für die Schmerztoleranz sind. Vor diesem Hintergrund kommt denn unseren sogenannten Bauchgefühlen erklärtermaßen eine tiefe biochemische Bedeutung zu. Vielleicht sind also auch unsere Därme ein Sitz von Emotionen. Fest steht zumindest, daß das, was in unseren Därmen passiert, einen tiefgreifenden Einfluß auf die Gehirnzentren haben kann – und umgekehrt.

Da Zellen des Immunsystems Rezeptoren für viele dieser Peptide haben, ist davon auszugehen, daß unsere Abwehrkräfte auch ein Teil dieses Gefüges sind, welches das Nervensystem und das endokrine System umfaßt. Dies wiederum läßt den Schluß auf Mechanismen zu, die erklären, inwieweit die Resistenz des Wirtes gegenüber Infektionen von dessen psychischer Verfassung abhängt und entsprechenden Schwankungen unterliegt. »Fest steht«, schreibt Pert, »daß die konzeptuelle Teilung zwischen den Wissenschaften der Immunologie, Endokrinologie und Psychologie/Neurowissenschaft ein historisches Artefakt darstellt; denn durch die Kommunikation von Neuropeptiden mit ihren Rezeptoren ist eine Verbindung zwischen der zellulären Abwehr des Körpers und Reparaturmechanismen, Drüsen und dem Gehirn hergestellt.«[4] Kurz: Die Mechanismen sind da, sie müssen nur entdeckt werden; und Voraussetzung dafür wäre, daß die Forscher nach ihnen suchen. Aber in der Zwischenzeit sollten die Praktiker nicht durch die mangelnde Forschung in ihrer Arbeit behindert werden.

Lassen Sie mich auf einige Erfahrungen eingehen, die mich in meinem langjährigen Glauben an das Zusammenwirken von Psyche und Körper bestärkt haben und Grund dafür sind, daß ich mich intensiver mit dem mentalen und emotionalen Leben von Patienten beschäftige, die aufgrund körperlicher Leiden zu mir kommen.

Im August 1991, als meine Frau Sabine im siebten Monat mit ihrem vierten Kind (meinem ersten) schwanger war, leitete ich in British Columbia einen Workshop über Gesundheit und Heilung. Unter den Teilnehmern war eine Freundin und Kollegin, Marilyn Ream, eine praktische Ärztin aus Spokane, Washington, die in einer Frauengesundheitsklinik arbeitet. Marilyn machte eine Ausbildung in interaktiver geleiteter Imaginationstherapie, die zu meinen Lieblingsansätzen im Rahmen des hier dargelegten Konzeptes gehört. Ich bat Marilyn, die Methode in der Gruppe zu demonstrieren; sie machte das gern und fragte Sabine, ob sie bereit sei, sich freiwillig als Versuchsperson in der Gruppe zur Verfügung zu stellen. Sabine stimmte zu.

Meine Frau hatte reichlich Erfahrung mit Rückenproblemen während ihrer Schwangerschaften. Etwa um den siebten Monat verschoben sich für gewöhnlich zwei Wirbel im Kreuzbereich, und sie hatte sich daran gewöhnt, dann einmal in der Woche zum Chiropraktiker zu gehen. Hier nun waren wir seit Wochen unterwegs, und sie hatte niemanden, der ihr eben mal schnell helfen konnte, so daß sie mit ständigen Schmerzen lebte. Marilyn fragte sie nun, ob sie bei der Sitzung an ihrem Rücken arbeiten wolle. Sabine verneinte, da sie der Ansicht war, das sei ein mechanisches Problem, das eine mechanische Lösung erfordere. Sie wollte statt dessen lieber im Rahmen der Geburtsvorbereitung arbeiten. Sie wünschte sich, daß das Baby pünktlich käme, da ich eine Woche nach dem errechneten Geburtstermin ins Ausland reisen mußte; und sie wünschte sich eine schnelle Geburt, da die vorhergehenden langwierig und schwierig gewesen waren.

Marilyn bat Sabine, sich auf den Boden zu legen, die Kleidung zu lockern und einige Male tief durchzuatmen. Die interaktive geleitete Imagination nutzt Formen der Hypnotherapie, um einen Zustand leichter Trance herbeizuführen und eine Offenheit für das Unbewußte zu schaffen; im Vergleich zur herkömmlichen Hypnotherapie überläßt sie jedoch mehr den Patienten und ermutigt sie, ihre eigenen Strategien zur Bewältigung von Krankheiten zu entwickeln. Zugrunde liegt die Annahme, daß das Unbewußte die Natur der Krankheitsprozesse versteht und weiß, wie sie zu lösen sind, eine Annahme, die mit der diagnostischen Fähigkeit des Heilungssystems übereinstimmt. Das Problem ist, diese Informationen dem wachen Bewußtsein zugänglich zu machen und den Patienten zu motivieren, sich in seinem Handeln danach zu richten. Marilyn bat Sabine zunächst, sich an einem vertrauten Ort vorzustellen, an dem sie sich absolut sicher fühle, und diesen zu beschreiben. Sabine beschrieb einen Ort in den Canyons im Süden Utahs. Marilyn hielt sie dazu an, sich auch auf Details zu konzentrieren und zu versuchen, Geräusche zu hören, Gerüche wahrzunehmen und den Ort zu sehen. Sabine tat dies und war rasch sehr entspannt.

Dann bat Marilyn sie, ihre Aufmerksamkeit auf ihren Uterus und das Baby darin zu lenken. Sabine hatte bald eine Verbindung mit dem Kind hergestellt. Marilyn geleitete sie nun durch einen Dialog mit dem Kind, bei dem Sabine das Baby bat (ein Mädchen, wie wir zu diesem Zeitpunkt schon wußten), pünktlich zu kommen (es sagte zu, das zu tun) und mitzuhelfen, daß die Geburt schnell und problemlos verlaufe. Bei diesem Dialog gab Sabine das an Worten wieder, was sie von dem Baby als Antwort auf ihre Fragen »hörte«. Nach einer Weile hatte Sabine das Gefühl, die Arbeit sei erledigt, und Marilyn bat sie, wieder an ihren Ort im Süden Utahs zurückzukehren.

»Wie fühlst du dich?« fragte Marilyn.

»Großartig. Voller Frieden.«

»Gibt es noch etwas anderes, woran du arbeiten möchtest? Wie wär's mit deinem Rücken?«

»Hm. Okay.«

»Gut. Dann konzentriere dich auf den Teil deines Rückens, der schmerzt, und erzähle mir, was du dort findest.«

Sabine stöhnte leicht.

»Was ist es?« fragte Marilyn.

»Es ist ... es ist alles schwarz.«

»Geh in das Schwarze hinein, und schau, ob es dir irgend etwas zu sagen hat«, sagte Marilyn.

»Es sagt, es sei richtig wütend«, antwortete Sabine sichtlich überrascht. »Es ist wütend auf *mich*.«

Sabine war auf die heftige Wut ihres Rückens auf sie überhaupt nicht vorbereitet. Unter Marilyns Anleitung fing sie vorsichtig ein Gespräch mit ihm an und stellte fest, daß er wütend auf sie war, weil sie wütend auf ihn war und sich nicht um ihn kümmerte.

»Frag ihn, was er möchte«, wies Marilyn sie an.

»Er sagt mir, er möchte, daß ich ihn mit warmen Handtüchern einwickle.«

»Willst du das tun?«

»Ja, ich habe ihm bisher kalte Umschläge gemacht. Ich dachte, kalt sei besser für ihn.«

»Sag ihm, du wirst ihn in warme Handtücher einwickeln, und frag ihn, ob er aufhören wird zu schmerzen.«

»Ich habe ihn gefragt. Er sagt, er wird aufhören.«

»Wie fühlst du dich jetzt?« fragte Marilyn.

»Besser«, antwortete Sabine. Sie bewegte sich auf dem Boden hin und her. »Eindeutig besser. Das ist das erste Mal seit Wochen, daß es überhaupt irgendwie besser ist.«

»Ist alles weg?«

»Nein.«

»Frag ihn, ob nicht alles weggehen kann.«

»Er sagt, es kann alles weggehen.«

»Dann bitte ihn, das zu tun.«

»Okay. Hab' ich gemacht. Und ich glaube, er hat dafür gesorgt.«

»Und wie fühlst du dich jetzt?«

»Mein Gott, ich glaube, es ist alles weg.«

»Es ist weg?«

Sabine bewegte sich hin und her. »Ja, es ist wirklich weg.«

Als Sabine zum normalen Bewußtsein zurückkehrte, war der Schmerz noch immer weg. Er blieb in der Nacht und auch am nächsten Tag aus. (Dennoch hielt Sabine ihr Versprechen, ihren Rücken mit warmen Handtüchern einzuwickeln.) Ja, der Schmerz kam während der ganzen restlichen Schwangerschaft nicht wieder, obwohl Sabine nicht ein einziges Mal die Hilfe eines Chiropraktikers in Anspruch nahm. Sie hatte noch nie erlebt, daß sie in den letzten zwei Monaten einer Schwangerschaft frei von Rückenschmerzen war.

Was bei der Geburt passierte, werde ich Ihnen gleich erzählen. Vorab jedoch erst noch, daß ich auch, und zwar unmittelbar danach, eine interessante Erfahrung mit dieser Technik machte. Auf dem Rückweg von British Columbia nach Hause legten wir einen Zwischenstopp ein, um einen Freund in Olympia, Washington, zu besuchen. Bei dem gab es eine Badewanne... Nun tue ich mich im allgemeinen etwas schwer mit Badewannen, in manche steige ich, in andere lieber nicht. Bei dieser hatte ich durchaus meine Zweifel, aber die Verlockung war zu groß, und so gönnte ich mir ein warmes Bad. Zwei Tage später hatte ich eine Hautinfektion. Die sogenannte Badewannen-Follikulitis ist inzwischen eine anerkannte Krankheit: eine bakterielle Infektion der Haarfollikel, welche durch begeißelte Stäbchenbakterien, Pseudomonas, hervorgerufen wird, die äußerst zählebig gegenüber jeder Behandlung sind. In meinem Fall äußerte sie sich in Form von schmerzenden roten Pusteln am linken Unterschenkel und Knie. Auf der ganzen Rückfahrt konnte ich mich nicht richtig darum kümmern, abgesehen davon, daß ich jeweils morgens und abends warme Kompressen auf die infizierten Stellen legte, versuchte, die Pusteln auszudrücken, und sie mit Wasserstoffsuperoxid betupfte. Die Pusteln schienen vereitert zu sein, es kam aber nichts heraus. Wenig später bildeten sich weitere Pusteln am Oberschenkel und am linken Arm. Als der Ausschlag sich weiter nach oben ausbreitete, wurde ich nervös. Eine Woche darauf, als wir zu Hause ankamen, hatte ich die Pusteln auch im Gesicht und fühlte mich allgemein unwohl. Ich trug mich gerade mit dem Gedanken, am nächsten Tag zu einem Arzt zu gehen, als Sabine, noch immer voller Begeisterung über ihren schmerzfreien Rücken, meinte: »Warum rufst du nicht Marilyn an und machst mit ihr über Telefon eine geleitete Imaginationssitzung?«

»Ach, komm«, sagte ich, »das ist eine bakterielle Infektion.« Sabine sah mich irgendwie wissend an. »Mein Rücken war ein mechanisches Problem«, erinnerte sie mich.

Mehr Sabine zuliebe als meinetwegen rief ich Marilyn an. Sie meinte, sie habe noch nie telefonisch gearbeitet, wollte es aber versuchen. Ich begab mich also auf eine Couch, machte es mir, mit dem Telefonhörer ans linke Ohr geklemmt, bequem und ließ mich unter Marilyns Anleitung an einen wundervollen Ort in der Wildnis der Gila in New Mexico versetzen. Nachdem ich eingestimmt war, bat mich Marilyn, ich solle mich auf den Ausschlag konzentrieren, der mich am meisten plage. Ich wählte den im Gesicht.

»Versetz dich dorthin«, wies Marilyn mich an, »und erzähle mir, was du siehst.« Was ich da sah, war eine Masse wirbelnder, eingesperrter wütender roter Energie.

»Horche hinein, ob sie dir irgend etwas zu sagen hat«, fuhr Marilyn fort. Ich konzentrierte mich auf die Stelle und »horchte«. Und sofort drangen Worte in meinen Kopf.

»Sie sagt, sie kann meinen Körper nicht verlassen, sie kann nicht raus«, sagte ich aufgeregt. »Ich wollte es, aber sie kann nicht. Der einzige Weg für sie ist, daß sie nach innen geht und dort absorbiert wird.«

»Wenn das so ist, was solltest du dann tun?« fragte Marilyn.

Mein Bewußtsein lieferte die Antwort. »Nun, ich denke, ich sollte aufhören, diese Dinger auszudrücken. Sie mit Kompressen einzuweichen, das ist in Ordnung, aber ich sollte mir mehr Ruhe gönnen.«

»Hat sie dir noch etwas anderes zu sagen?«

»Sonst kommt nichts mehr bei mir an, außer dem Gedanken, daß ich scharfe Peperoni zur Anregung meines Kreislaufs essen sollte.«

»Dann laß uns wieder an jenen Ort in der Wildnis zurückkehren, an dem du anfangs warst.«

Als ich aufgelegt hatte, sagte Sabine, sie könne bereits eine Veränderung der Pusteln sehen. »Sie sehen nicht mehr so dunkelrot aus«, meinte sie. Ich konnte keinen Unterschied erkennen, aber ich ging entspannt und voller Vertrauen zu Bett, daß mein Körper sich selbst um sich kümmern konnte. Am nächsten Morgen, ohne daß ich Peperoni gegessen oder sonst irgend etwas gemacht hatte, konnte ich sehen, daß die Pusteln sich zurückzubilden begannen. Und innerhalb von vierundzwanzig Stunden waren zu meiner großen Freude alle infizierten Stellen auf dem Wege der Besserung.

Wenn ein Ansatz wie die interaktive geleitete Imagination Rükkenschmerzen heilen kann, die durch verrenkte Wirbelkörper ausgelöst werden, und eine bakterielle Hautinfektion, warum sollte er dann nicht alles zum Besseren wenden können? Diese Erfahrungen brachten mich zu der Überzeugung, daß kein körperliches Leiden sich der Einflußnahme durch den Geist entzieht, wobei natürlich nicht unerwähnt bleiben sollte, daß solche Techniken im Vergleich zu anderen Ansätzen ausgesprochen zeit- und kosteneffektiv sind, während die Möglichkeit, daß sie schaden, denkbar unwahrscheinlich ist.

Drei Wochen vor dem errechneten Geburtstermin bat ich einen Freund und Kollegen, Dr. Steve Gurgevich, der Hypnotherapie praktiziert, eine Sitzung mit Sabine zu machen; dahinter stand wieder der Wunsch, daß die Geburt möglichst pünktlich, schnell und ohne Komplikationen erfolgen sollte. Das Baby befand sich zu diesem Zeitpunkt in einer Steißlage, wie gerade eine Vorsorgeuntersuchung gezeigt hatte, und wir waren etwas beunruhigt. Sabines letztes Baby war eine Steißgeburt und deshalb sehr langwierig und schmerzhaft gewesen. Steve machte an einem Spätnachmittag eine einstündige Sitzung mit ihr. Er ermutigte Sabine, mit dem Baby zu sprechen und es zu bitten, sich vor der Einleitung der Geburt zu drehen und somit zu einer schnellen Geburt beizutragen. Als er

Sabine aus ihrer Traumwelt zurückholte, machte sie einen äußerst entspannten Eindruck. Nachdem Steve wieder weggefahren war, gingen Sabine und ich in die Küche, um etwas zum Essen zu machen. Plötzlich umfaßte sie ihren Bauch und beugte sich vornüber.

»Was ist?« fragte ich.

»Ich glaube, das Baby dreht sich«, sagte sie erstaunt.

Der Zufall wollte es, daß an jenem Abend unsere Hebamme zum Essen kommen wollte. Sie untersuchte Sabine und bestätigte, daß das Baby jetzt in einer normalen Geburtslage war; das hieß, es hatte sich innerhalb von zwanzig Minuten gedreht, nachdem es darum gebeten worden war. Und es kam pünktlich, am 4. Oktober, zur Welt. Die Wehen dauerten nur zwei Stunden und sechs Minuten, was dann doch insgesamt reichlich knapp war, weil wir auf diesen schnellen Ablauf nicht vorbereitet waren und alles Hals über Kopf ging. Ich brauche wohl nicht eigens zu sagen, daß Sabine und ich ausgesprochene Anhänger von Ansätzen geworden sind, die sich des Einflusses des Geistes und der Psyche auf den Körper bedienen. Und wenn wir hören, wie Ärzte und Forscher die Rolle der Psyche bei Gesundheit und Heilung abtun und darüber lästern, lächeln wir uns nur wissend an.

Wenn ich bei einem neuen Patienten die Krankengeschichte aufzunehmen habe, stelle ich viele Fragen. Ich frage nach dem Lebensstil, nach Beziehungen, Hobbys, Entspannungsgewohnheiten, Eßgewohnheiten, sexuellen Gewohnheiten, spirituellen Interessen und nach der körperlichen Bewegung. Bei der formalen Anamnese werden alle diese Fragen unter dem Abschnitt »soziale Geschichte« zusammengefaßt, der von vielen Praktikern vernachlässigt wird, weil sie ihn für unwichtig halten. Wenn ein Medizinstudent sich zum erstenmal mit einem Patienten hinsetzt, um die Krankengeschichte aufzunehmen, dauert das Ganze über eine Stunde. Die Studenten halten sich an die vorgeschriebene Form, sie stellen all die Fragen, die ihnen vorgegeben sind und routinemäßig zu einer Anamnese dazugehören, und notieren akribisch genau die langen Antworten. Aber im dritten Jahr ihres Studiums lernen sie dann unter dem Druck des Krankenhausbetriebes, daß sie den Vorgang beschleunigen müssen, um ihre Arbeit zu schaffen. Im Laufe des

Praktikums werden die Anamnesen einer durchrationalisierten Einheitsform angepaßt, die so aussieht, daß ein Großteil der Fragen einfach weggelassen wird. Und die soziale Geschichte entfällt dabei leider als erstes, da die Fragen nach Symptomen, nach zurückliegenden gesundheitlichen Problemen und gegenwärtig eingenommenen Medikamenten bei den Ärzten eine höhere Priorität haben. Ich sage, leider, weil nach meiner Erfahrung die soziale Geschichte meistens Hinweise auf den Ursprung der vorliegenden Beschwerden gibt und ebenso Ansätze für die Behandlung liefert.

Nach meiner Überzeugung ist Streß bei vielen Krankheiten, mit denen Patienten zu Ärzten kommen, die Hauptursache oder ein verschlimmernder Faktor. Angenommen, ein Patient klagt über häufige Kopfschmerzen und bei den Untersuchungen kann rein körperlich nichts festgestellt werden, auch die Blutwerte sind normal. Wenn ich feststellen will, ob die Kopfschmerzen streßbedingt sind, reicht in der Regel eine ganz einfache Frage, nämlich: »Was ist mit den Kopfschmerzen, wenn Sie im Urlaub sind?« Symptome, die im Urlaub verschwinden, sind in der Regel auf streßintensive Belastungen im Arbeitsalltag oder Privatleben des Patienten zurückzuführen. Um herauszufinden, wo das Problem genau liegt – ob im Beruf, in der Ehe, bei den Kindern, in mangelnden Beziehungen oder auf einer anderen Ebene –, muß man dann schon etwas weiter bohren.

Da ich die sozialen Geschichten sehr ausführlich aufnehme und auf der Grundlage eines Gesundheits- und Heilungsmodells arbeite, das von der Interaktion zwischen Psyche und Körper ausgeht, bin ich mir des Zusammenhangs zwischen mentalen bzw. emotionalen Vorgängen und den Heilungsreaktionen sehr bewußt. Dieser Zusammenhang ist wichtig, da er zugleich Wege aufzeigt, wie der einzelne dafür sorgen kann, daß sein Heilungssystem intakt ist und bei Bedarf funktioniert, und wie er, statt die Heilung zu hemmen, seine Psyche zur Förderung der Heilung nutzen kann. (Im zweiten Teil dieses Buches werde ich noch auf weitere Einzelheiten zu diesem Punkt eingehen.)

Zunächst aber will ich noch einige verbreitete Vorbehalte gegenüber diesem Modell ansprechen. Etwa: Heilungen treten manchmal auch ohne irgendwelche tiefgreifende Veränderungen in der Psyche oder in der Einstellung ein. Oder: Manche Schurken werden von schweren Krankheiten geheilt, während ein Heiliger unter bitteren Todesqualen stirbt. Oder: Auf der Ebene der DNA-Reparatur, die durch Enzyme erfolgt, ist der Einfluß der Psyche auf den Heilungsprozeß eher irrelevant, und genauso irrelevant kann er auch auf anderen Ebenen sein. Dazu möchte ich sagen, daß für mich die Rolle der Psyche bei der Heilung gewiß ist, sichtbar in den Korrelationen zwischen den Heilungsreaktionen und den mentalen bzw. emotionalen Veränderungen.

Nicht selten tritt eine Heilung unmittelbar nach der Lösung einer unerträglichen Situation ein – zum Beispiel nach Beendigung einer nicht funktionierenden Ehe, nach der Kündigung eines miserablen Jobs oder nachdem man mit einem Familienmitglied Frieden geschlossen hat, mit dem man sich zerstritten hatte. Ein Kollege schrieb mir, den dramatischsten Fall einer Heilung habe er bei einem »Bankpräsidenten mit chronischem Bluthochdruck« erlebt, »dessen Blutdruck sich nach nur einem Tag normalisierte, nachdem seine Frau die Scheidung eingereicht hatte. Er fiel auf 120/80 und blieb in diesem Bereich.«

Des weiteren gibt es eine Korrelation zwischen plötzlichem Verliebtsein und dem Verschwinden einer schweren Krankheit. Ebendiese Korrelation habe ich bereits in Zusammenhang mit Autoimmunkrankheiten – insbesondere bei rheumatoider Arthritis und Lupus – und ebenso bei chronischen Skelettmuskulaturschmerzen sowie bei chronischer Müdigkeit beobachtet. Ich wünschte, ich könnte dazu beitragen, daß Patienten sich öfter verlieben. Wenn ich wüßte, wie, wäre ich ein sehr erfolgreicher Praktiker.

Ebenso habe ich erlebt, wie Heilungen durch Wutausbrüche herbeigeführt werden. New-Age-Therapeuten, die ihre Klienten lehren, sich von allen negativen Emotionen zu befreien, mögen das nicht gerne hören, aber Tatsachen sind nun einmal Tatsachen. Ein Beispiel ist ein Patient, mit dem ich sehr lange arbeitete. Der Mann, Mitte Dreißig, litt an einer chronischen Autoimmunkrankheit, die seine Blutplättchen und roten Blutkörperchen angriff. Nachdem er seinen Lebensstil völlig umgestellt und verschiedene Body-Mind-

Therapien, einschließlich Visualisierung, gemacht hatte, konnte er die Steroide und andere suppressive Medikamente absetzen, die er seit Jahren nahm. Daß ihm seine Wut auf Ärzte und Krankenhäuser bewußt geworden war und er sie rausgelassen hatte, war ein Teil des Genesungsprozesses. Schließlich hatte sich seine Gesundheit so weit verbessert, daß er sich einen langjährigen Wunsch erfüllen und eine Abenteuerreise durch Australien und Neuseeland unternehmen konnte. Eines Tages erhielt ich einen Notanruf von dort. Mein Patient war von einem Pferd abgeworfen worden und hatte sich zwei Wirbel gebrochen (die noch infolge der langfristigen Steroideinnahme geschwächt waren); der Schock hatte eine Autoimmunreaktion ausgelöst, die sich in Form der Vernichtung von Blutkörperchen äußerte, und er wurde umgehend per Flugzeug in ein Krankenhaus nach Arizona gebracht.

Trotz des Unfalls und der Reaktivierung des Krankheitsprozesses sah er besser aus, als ich ihn je gesehen hatte, und er sagte, es sei ihm ein Jahr lang gesundheitlich so gut wie noch nie gegangen. Bei der Einweisung ins Krankenhaus sagte ich ihm, er solle sich durch das Mißgeschick nicht entmutigen lassen, Rückschläge seien zu erwarten gewesen. Das Ziel sei, dafür zu sorgen, daß die Rückschläge immer seltener aufträten, und sich von ihnen zunehmend schneller und unter weniger medizinischem Aufwand zu erholen.

Dem Patienten wurden zunächst Steroide verabreicht, aber seine Blutwerte fielen auf einen so niedrigen Spiegel, daß die behandelnden Krankenhausärzte Transfusionen vornehmen wollten. Er lehnte das ab, und ich unterstützte ihn dabei. Vorher hatte er es geschafft, seine schlechten Blutwerte durch die Arbeit an seinen Emotionen und durch Visualisieren zu verbessern, indem er sich bildlich vorstellte, wie seine weißen Blutkörperchen seine Plättchen und roten Blutkörperchen vor Immunangriffen schützten. Die Ärzte waren jedoch hartnäckig und setzten ihn immer mehr unter Druck, seine Einwilligung zur Transfusion zu geben – bis er eines Nachts schließlich, als er schlaflos in seinem Krankenzimmer lag, merkte, wie ein gewaltiger Zorn über seine mißliche Lage und seine neuerliche Abhängigkeit von der Krankenhausmedizin in ihm aufstieg. Er spürte diesen Zorn sowohl körperlich als auch in Form einer emotionalen Wallung gegenüber den Ärzten und dem gesamten Pflegepersonal. Innerhalb weniger Stunden stiegen seine Blutplättchenwerte und ebenso die Werte seiner roten Blutkörperchen, so daß die Transfusionen selbst aus Ärztesicht überflüssig wurden. Wenige Tage später konnte er aus dem Krankenhaus entlassen werden und diesmal seine Steroide schneller als bei allen früheren Schüben absetzen. Für mich steht ohne jeden Zweifel fest, daß konzentrierte Wutausbrüche mitunter das Heilungssystem aktivieren können, ungeachtet dessen, was die New-Age-Therapeuten sagen.

Der Glaube an die heilende Kraft eines Menschen, eines Ortes oder eines Objektes kann ebenfalls ein Schlüssel zum Erfolg sein. Damit sind wir bei den Placeboreaktionen und Wundern. Wir sind anscheinend nicht in der Lage, heilende Reaktionen mit unserem Willen herbeizuführen, da unser Wille sich nicht direkt mit dem autonomen Nervensystem und anderen Kontrollmechanismen des Heilungssystems verbündet. Dieses Hindernis können wir jedoch umgehen, wenn wir den Glauben an eine Heilung auf etwas Äußeres projizieren. An früherer Stelle habe ich bereits gesagt, daß Ärzte, wenn sie diesen Prozeß verstünden und besser ausgebildet wären, um mit solchen Projektionen zu arbeiten, ihrer Rolle als Schamanen oder Priester sehr viel eher gerecht würden und Kranken wesentlich mehr helfen könnten, wieder gesund zu werden.

Die häufigste Korrelation zwischen Psyche und Heilung, die ich bei Personen mit chronischen Krankheiten beobachte, ist die vollständige Annahme der eigenen Lebensumstände, einschließlich der Krankheit. Diese neugewonnene Einstellung erlaubt ihnen nämlich eine tiefe innere Entspannung, sie fühlen sich nicht mehr gezwungen, dem Leben in ständiger Abwehrhaltung gegenüberzustehen. Oft ist diese neugewonnene Einstellung mit einem spirituellen Erwachen sowie Ergebenheit und Überantwortung an eine höhere Macht verbunden.

Am Beispiel eines Mannes möchte ich den Zusammenhang kurz verdeutlichen. Mein japanischer Freund Shin-ichiro Terayama, geschäftsführender Direktor der Japanischen Gesellschaft für Ganzheitliche Medizin, ist ein Krebsüberlebender. Von seiner Ausbildung her ist Shin ein gestandener Arzt und Managementberater. Inzwischen achtundfünfzig und bei glänzender Gesundheit (nebenbei ein hervorragender Cellist), engagiert er sich international für die ganzheitliche Medizin und in der Krankenberatung, insbesondere in der Beratung von Krebskranken. Wenn wir uns vor zehn Jahren begegnet wären, ehe bei ihm Krebs diagnostiziert wurde, hätte ich ihn wahrscheinlich nicht leiden können: Auf Fotos aus jener Zeit wirkt er verkniffen und unsympathisch, da war nichts von dem warmherzigen, geistig wachen Mann, den ich heute kenne.

Damals war er ein Workaholic, vierundzwanzig Stunden am Tag abrufbereit. Er schlief wenig, trank zwischen zehn und zwanzig Tassen Kaffee am Tag, stand auf Beefsteaks und Süßigkeiten und hatte in seinem Leben keine Zeit für die Musik. Im Herbst 1983 bekam er Fieber, das einen Monat anhielt, und er konnte weder stehen noch gehen, aber alle medizinischen Tests ergaben normale Werte. In dieser Zeit hatte er, wie er sagt, volles Vertrauen in Ärzte und Krankenhäuser. Wenige Monate später hatte er dreimal Blut im Urin und wurde sehr müde. Ein Freund, der als Laie östliche Medizin und Makrobiotik praktizierte, sagte ihm, nachdem er ihn nur angeschaut und die Meridiane kontrolliert hatte, mit seinen Nieren sei etwas nicht in Ordnung. Er empfahl eine radikale Umstellung in der Ernährung, aber Shin zeigte kein Interesse – schließlich sagten ihm die Ärzte noch immer, daß bei ihm alles in Ordnung sei.

Anfang Herbst 1984 nahm Shins Müdigkeit derart zu, daß er nicht mehr arbeiten konnte. Er hatte nur noch das Bedürfnis, sich auszuruhen. Als er sich weiteren Untersuchungen unterzog, wurde im Bauch eine Gewebsvermehrung festgestellt; bei der anschließend vorgenommenen Sonographie stellte sich heraus, daß seine rechte Niere um dreißig Prozent vergrößert war. Aber noch immer unternahm er nichts. Im November 1984 ging er schließlich auf Druck seiner Frau, selbst Ärztin, ins Krankenhaus. Bei den Röntgenuntersuchungen wurde ein Tumor diagnostiziert, und die Ärzte drängten ihn, seine Einwilligung zur Operation, zur Entfernung der Niere zu geben. Shin fragte, ob der Tumor gutartig oder bösartig sei – ein »Zwischending« war die Antwort. Tatsächlich war es ein Nierenkarzinom – Nierenkrebs –, dessen Metastasen bereits auf die Lungen übergegriffen hatten.

In Japan ist es immer noch die Regel, daß die Krebsdiagnose den Patienten vorenthalten wird, um sie nicht unnötig zu belasten; dies führt unweigerlich zu Ausflüchten und Lügen seitens der Ärzte. Nach der Operation sagte ihm sein Arzt, er wolle ihm als »vorbeugende Maßnahme« noch ein paar Spritzen geben. In Wirklichkeit wurde er mit Cisplatin, einem starken Chemotherapeutikum, behandelt, was Shin nicht wußte. Er merkte aber, daß er sich nach den Spritzen jedesmal erbrechen mußte, daß sein Bart weiß wurde und sie die Ursache seines Haarausfalls waren, so daß er sich schließlich weigerte, sich alle vorgesehenen Spritzen geben zu lassen. Als nächstes verordnete sein Arzt »Bestrahlungen« der Nierenregion, die, wie er sagte, wie »künstliche Sonnenstrahlen« seien. Nachdem Shin die ersten bekommen hatte, wurde er sehr müde, verlor seinen Appetit und mußte den ganzen Tag im Bett bleiben. Eines Nachts hatte er einen erschütternden Traum, in dem er seiner eigenen Beerdigung beiwohnte. Er gab ihm erstmals das Gefühl, sehr krank zu sein, daß er sterben könnte und daß man ihm hinsichtlich der wahren Natur seiner Krankheit etwas vorgemacht hatte. Er entwikkelte zudem ein ungewöhnliches Symptom, einen hypersensiblen Geruchssinn.

»Ich lag im Krankenhaus auf der zweiten Etage«, erzählte er, »aber ich konnte das Essen riechen, das auf der vierten Etage zubereitet wurde. Ich konnte den Körpergeruch der Krankenschwestern wahrnehmen. Ich lag mit sechs Patienten in einem Zimmer, und der Geruch wurde einfach unerträglich. Ich mußte von ihnen weg, sie erinnerten mich alle an den Tod.« Shin wartete, bis alles dunkel war, stieg aus seinem Bett und brachte sich unbemerkt, seiner Nase folgend, in Sicherheit. Der einzige Ort, den er geruchsmäßig ertragen konnte, war das Dach des Krankenhauses, wo er seine Lungen mit frischer Luft auftankte. Unterdessen hatte eine Krankenschwester sein leeres Bett entdeckt und Alarm geschlagen. Als ein Suchtrupp ihn auf dem Dach fand, dachten alle sofort, er wolle Selbstmord begehen, was eine schlechte Publicity für das Krankenhaus abgegeben hätte. Schließlich kamen fünf Krankenschwestern, bemächtigten sich seiner und trugen ihn in sein Zimmer zurück. Am nächsten Morgen schimpfte sein Arzt mit ihm:

»Sie haben ja letzte Nacht ganz schön für Aufregung gesorgt. Wenn Sie hierbleiben wollen, müssen Sie sich an die Regeln halten, sonst können Sie nach Hause gehen.« Das war Musik in Shins Ohren. Prompt ließ er sich aus dem Krankenhaus entlassen und begab sich nach Hause. Dann konsultierte er seinen Makrobiotikfreund, der ihn drängte, endlich eine strenge Diät mit braunem Reis zu beginnen. »Und das konnte ich mir einfach nicht vorstellen«, sagte Shin.

Als Shin am nächsten Tag aufwachte, staunte er, daß das Leben ihn noch immer hatte. Der Morgen erschien ihm unglaublich schön, und er spürte den unbändigen Wunsch, den Sonnenaufgang zu beobachten. Er ging aufs Dach seines Apartmenthauses im achten Stock hinauf, von wo aus er die Skyline Tokios überblicken konnte. Er rezitierte buddhistische Mantras und Gedichte, legte die Hände zum Gebet zusammen und wartete auf die Sonne. Als sie aufging, spürte er, wie ein Strahl in seine Brust eindrang und Energie seinen Körper durchflutete. »Ich hatte das Gefühl, daß irgend etwas Wundervolles geschah, und fing an zu weinen«, sagte er. »Ich war einfach so glücklich, am Leben zu sein. Ich sah die Sonne als Gott. Als ich wieder nach unten in meine Wohnung kam, sah ich, wie alle Familienmitglieder von einer Aura umgeben waren. Und jede war für mich Gott.«

In den nächsten Wochen hielt sich Shin an die strenge Diät und wiederholte auch täglich das ihm lieb und wichtig gewordene Ritual, vom Dach seines Hauses aus den Sonnenaufgang zu beobachten. Sein Zustand wechselte. Seine Ärzte warnten ihn vor der makrobiotischen Diät und versuchten, ihn davon abzubringen; sie drängten ihn, mehr Fleisch und Fisch zu essen, und versuchten auch, ihn zu einer oralen Chemotherapie zu bewegen. Shin weigerte sich jedoch. Statt dessen ließ er sich in einer neuen Heilklinik aufnehmen, die ein Freund in den Japanischen Alpen eröffnet hatte, mit warmen Sprudelbädern und einer hervorragenden Vollwerternährung. Er ruhte viel, unternahm täglich Spaziergänge in den Wäldern und Bergen und begann wieder, Cello zu spielen, was er seit Jahren nicht mehr gemacht hatte.

»Die saubere Luft und das Wasser stärkten mich ungemein«, erzählte er, »und mir wurde die natürliche Heilkraft bewußt, die in mir und um mich herum war. Und allmählich wurde mir auch bewußt, daß mein ganzer Krebs ›hausgemacht‹ war – durch mein eigenes Verhalten. Darauf wurde mir klar, daß ich meinen Krebs lieben mußte und ihn nicht wie einen Feind bekämpfen durfte. Er war ein Teil von mir, und ich mußte mein ganzes Selbst lieben.«

Shin Terayama ist heute nicht nur ein Krebsüberlebender. Er ist ein gewandelter Mensch, der weder so aussieht noch so handelt, noch so denkt wie sein altes Selbst. Ich hatte das Vergnügen, mit ihm in den Bergen Japans und Amerikas Fahrrad zu fahren, mit ihm in warmen Sprudelbädern zu sitzen, seinen Konzerten und Vorträgen beizuwohnen und ihm zuzuhören, wie er Dutzende von Krebspatienten beriet, die gerade ihre Diagnose erhalten hatten. »Sie müssen Ihren Krebs lieben«, sagte er seinen Klienten. »Ihr Krebs ist ein Geschenk. Er ist der Weg zu Ihrer Verwandlung und einem neuen Leben.«

Viele Ärzte mögen bestreiten, daß Shin ein Fall von Spontanheilung ist. Schließlich hat er sich drei Standardbehandlungen gegen Krebs unterzogen: Operation, Chemotherapie und Strahlentherapie – auch wenn er die beiden letztgenannten frühzeitig abbrach. Das Nierenkarzinom hat etwas Faszinierendes: Bei Nierenkrebs mit Lungenmetastasen liegt die fünfjährige Überlebensrate bei nur fünf Prozent, und dennoch gehört er zu den Krebsarten, die am stärksten mit Spontanremissionen verbunden sind. Das Beeindruckendste an Shins Geschichte ist für mich seine geistig-seelische Verwandlung, die durch den auf dem Dach in Tokio in seine Brust eindringenden Sonnenstrahl symbolisiert wird, zusammengefaßt in seiner Feststellung, ihm wurde klar, »daß ich meinen Krebs lieben mußte und ihn nicht wie einen Feind bekämpfen durfte«. Das ist wahre Selbstannahme.

Die meisten Menschen gehen nicht mit dieser Haltung des Annehmens durchs Leben. Sie leben vielmehr in einem Zustand ständiger Konfrontation und versuchen mit ihrem *Willen*, Ereignisse zu beeinflussen und Situationen zu kontrollieren. Nach Laotse, dem alten chinesischen Philosophen, steht diese Haltung in direktem Gegensatz zum Weg des Lebens (dem Tao), und diejenigen, die sich ihrer befleißigen, sind, so Laotse, zum Scheitern verurteilt:

»Mutig sein beim Wagen bedeutet Tod;
Mutig sein beim Nicht-Wagen bedeutet Leben.
Der Weg ist ewig ohne Tun;
Aber nichts, das ungetan bliebe.
Nichts auf Erden ist so weich und schwach
Wie das Wasser.
Dennoch, im Angriff auf das Feste und Starke
Wird es durch nichts besiegt.«[5]

Annahme, Hingabe, Überantwortung – wie immer man es auch nennen will –, dahinter steht ein geistiger Wandel, der der wichtigste Schlüssel zur Heilung sein kann.

Die Gesichter der Heilung: Mari Jean

1978 wurde bei der damals achtunddreißigjährigen Mari Jean Ferguson Bluthochdruck diagnostiziert. Nach einer schwierigen Schwangerschaft mit Herzrhythmusstörungen und schlimmem allergischen Asthma hatte sie gerade ihr erstes Kind geboren. Die Ärzte wollten ihr für alle drei Symptome Medikamente geben, was sie jedoch ablehnte.

»Mein damaliger Schwiegervater war Pharmakologe und arbeitete für ein Pharmaunternehmen«, erzählt sie. »Ich nahm nie irgendwelche Medikamente, ohne mich vorher mit ihm zu beraten und mich abzusichern. In diesem Fall sagte er mir, die Medikamente, die ich nehmen sollte, seien echte ›Hämmer‹, und riet mir ab. Er meinte, ich solle ein Jahr warten und sehen, was passiert. Ich ließ mich weiter gegen die Allergie spritzen, was ich schon seit geraumer Zeit machte. Die Fachärzte für Allergien hatten seit meiner Jugend an mir viel Geld verdient, und die Allergie war noch immer mein größtes gesundheitliches Problem. Mit Streßmanagementtechniken, Atemübungen und Gewichtskontrolle gelang es mir, meinen Blutdruck sieben Jahre ohne Medikamente im oberen Grenzwertbereich zu halten.«

Mari Jean benötigte die Streßmanagementtechniken dringend. Es ging um ihre Karriere, da die Verhandlungen über die Verlängerung ihres Lehrauftrages als Professorin an einer renommierten Universität im Mittelwesten anstanden. Daß sie mit achtunddreißig ein Kind bekam, stieß bei dem zuständigen Ausschuß auf Mißbehagen, und die Verlängerung wurde schließlich abgelehnt. Außerdem war ihre Ehe gescheitert. Nach der Geburt ihrer Tochter war ihr Mann gewalttätig geworden, hatte sie mißhandelt und war nicht bereit, die Verantwortung für das Kind zu übernehmen, da es nicht seins sei.

Es war Mari Jeans zweite Ehe. Ihre erste endete mit Scheidung, nachdem ihr Mann angefangen hatte zu trinken und wiederholt in psychiatrische Kliniken eingewiesen worden war. Das war in Berkeley in Kalifornien, wo Mari Jean auch Ende der sechziger Jahre ihren Doktor in Soziologie gemacht hatte. Sie hatte einen langen Weg hinter sich, bis sie zu Hause im nördlichen Alberta ausgezogen war, wo sie, wie sie sagt, »eine Menge Zeit verschwendet hatte, gegen meine Familie zu rebellieren. Auf der High-School habe ich viel geschwänzt, ich ging dann aufs Business College, heiratete früh und machte immer nur alles falsch. Mein Bruder war der Held in der Familie und wurde ständig gefeiert.« 1970 starb ihr Vater im Alter von sechzig Jahren an Krebs und ließ ihre Mutter völlig desolat zurück.

Als Mari Jean 1981 ihren Job an der Universität verlor, begann sie mit einer Schulung zur Familientherapeutin und machte selbst zwei Jahre lang eine Therapie. »Dabei wurde mir erst bewußt, wie gestört meine Familie gewesen war«, sagt sie, »und ich fing an zu wachsen, was aber ironischerweise meiner zweiten Ehe nur noch mehr Probleme brachte, da mein Mann in seiner Entwicklung stehengeblieben war. Dann reichte er aus heiterem Himmel die Scheidung ein, nahm das ganze Geld mit und lehnte jede Unterhaltsleistung für das Kind ab.«

Ein weiterer harter Schlag traf Mari Jean 1984, als ihr Bruder plötzlich infolge einer Myokarditis, einer entzündlichen Erkrankung des Herzmuskels, starb. Ihre Mutter, deren Herz im wahrsten Sinne des Wortes gebrochen war, erlitt mehrere Schlaganfälle, so daß Mari Jean oft nach Alberta reisen mußte, um sich um sie zu kümmern, bis sie schließlich 1986 starb. Mari Jeans Blutdruck stieg stetig, bis sie schließlich nicht mehr ohne Medikamente auskam. Die ersten nahm sie unmittelbar vor dem Tod ihrer Mutter. Mari Jean war übergewichtig, Raucherin und inzwischen klinisch depressiv geworden. Sie nahm eine Zeitlang Antidepressiva und fing wieder eine Psychotherapie an. 1989 zog sie nach Pittsburgh, um ein neues Leben anzufangen, nachdem sie als Außerordentliche Professorin der Soziologie an einem kleinen College einen Lehrauftrag erhalten hatte.

»Ich war für diese Stelle absolut überqualifiziert«, sagt sie, »und ich wußte, ich paßte nicht dahin, aber ich beschloß, den Mund zu halten und es zu versuchen.« Nunmehr kam sie in die ärztliche Obhut von Dr. Amy Stine, die mit einer Kombination von zwei Medikamenten gegen Mari Jeans Bluthochdruck anging. »Trotz bester Absichten war ich doch wieder in Schwierigkeiten geraten«, erinnert sich Mari Jean. »Der Leiter meines Fachbereichs stand mit mir auf Kriegsfuß und wollte mich loswerden, als ich mit meiner Vertragsverlängerung vorstellig wurde, und ich mußte mir einen Anwalt nehmen.«

Im Oktober 1993 suchte Mari Jean Dr. Stine wegen einer Kontrolluntersuchung auf. Die Ärztin war überrascht, daß der Blutdruck ihrer Patientin auf 90/60 gefallen war. »Sie nehmen zu viele Medikamente«, sagte sie ihr und setzte eines der Mittel ab. Als Mari Jean Dr. Stine wiederum Anfang 1994 aufsuchte, lagen ihre Blutdruckwerte immer noch bei 90/60. »Was machen Sie denn?« fragte die Ärztin, jedoch ohne Nachdruck. Mari Jean verwunderte das nicht. »Wissen Sie, ich habe im Laufe der Jahre gelernt, daß die meisten Ärzte nicht an mir interessiert sind«, sagt sie mir während unseres Gesprächs. Darauf setzte Dr. Stine die ganze Medikation ab.

Bei ihrem nächsten Besuch lag Mari Jeans Blutdruck immer noch bei 90/60, einem ungewöhnlich niedrigen Wert. Diesmal hakte Dr. Stine nach. »Sie haben nicht abgenommen. Sie haben ihre Ernährung nicht umgestellt. Sie haben nicht aufgehört zu rauchen. Sie bewegen sich körperlich nicht mehr als früher. Sie haben nichts von all dem gemacht, was man tun sollte, um von hohem Blutdruck herunterzukommen. Was haben Sie also gemacht?«

»Möchten Sie das wirklich wissen?« fragte Mari Jean. »Ich erzähle es Ihnen kurz. Ich habe festgestellt, daß ich immer wieder die gleichen Muster, wie schon mein ganzes Leben, wiederhole, mich immer wieder über Gott stelle und immer wieder sage: ›*Ich* werde dies machen, *ich* werde das machen.‹ Und letzten Herbst sagte ich zum erstenmal in meinem Leben: ›Laß einfach los, laß geschehen, was geschieht.‹ Und das war's.«

Dr. Stine sagte, so ein Fall sei ihr noch nie untergekommen. Mari Jean Fergusons Blutdruck blieb unter dem Normalwert und stabil. »Ich kann es kaum glauben«, sagt sie, »daß allein meine Psyche das geschafft hat.«

– 7 –

Das Tao der Heilung

Wenn der Körper sich so gut heilen kann, warum wird der Mensch dann krank?

Das Heilungssystem ist immer da, immer in Betrieb, immer bereit einzugreifen, um das Gleichgewicht wiederherzustellen, wenn es verlorenging, aber irgendwann kann einmal der Punkt kommen, an dem es mit der anstehenden Aufgabe überfordert ist. Nehmen wir das Beispiel einer Schädigung der DNA durch ultraviolette Strahlung. Wenn nur ein Strang der Doppelhelix geschädigt wird, wird dieser in der Regel durch Enzyme repariert. Bei dieser Reparatur nutzt Polymerase I den intakten Strang als Matrize, um die geschädigten Nukleotide zu ersetzen. Was aber, wenn beide Stränge verletzt werden? Sofern zwei UV-Strahlen beide Stränge an der gleichen Stelle treffen, geht diese Schädigung über die Reparaturkapazität von Polymerase I hinaus, mit der Konsequenz, daß diese Veränderung als fester Bestandteil mitrepliziert wird – eine Mutation, die sich in der Regel verheerend auswirkt.

Oder nehmen wir ein anderes Beispiel, das LDL-Cholesterin und die Fähigkeit des Körpers, es mit Hilfe der LDL-Rezeptoren auf der Oberfläche der Zellmembran aus dem Blut zu entfernen. Solange die Cholesterinabgabe durch die Leber unter einem bestimmten Wert bleibt, bleibt auch der LDL-Cholesterinspiegel des Blutes innerhalb unbedenklicher Grenzen; sofern sich jedoch jemand mit Vorliebe von deftigen Cheeseburgern ernährt, ist die Cholesterinproduktion wahrscheinlich so hoch, daß das System überfordert wird und das LDL-Cholesterin im Blut so weit steigt, daß die

Arterien geschädigt werden. Ein weiterer Punkt ist, daß manche Menschen nicht genügend LDL-Rezeptoren haben. Bei einer hinlänglich untersuchten erblich bedingten Cholesterinstoffwechselstörung wurde nachgewiesen, daß hier LDL-Rezeptoren fehlen und das Serumcholesterin trotz aller diätetischen Bemühungen auf einem gefährlich hohen Niveau bleibt. Die Folge ist, daß die entsprechenden Personen ohne medikamentöse Behandlung zur Senkung des Cholesterinspiegels bereits in sehr jungen Jahren Herz- und Kreislaufbeschwerden entwickeln.

In anderen Fällen kann die Tätigkeit des Heilungssystems durch Komplikationen behindert oder erschwert werden. So kann eine Wunde zum Beispiel nicht vollständig heilen, wenn ein Fremdkörper darin bleibt oder wenn sie sich entzündet. Ebenso kann dem Heilungssystem aufgrund mangelhafter Ernährung, eines eingeschränkten Stoffwechsels oder einer Schwächung infolge einer chronischen Krankheit die notwendige Energie zur Heilung von Wunden oder Knochenbrüchen fehlen.

Vor einigen Jahren kam eine junge Frau zu mir, die über Müdigkeit und Konzentrationsschwierigkeiten klagte. Nachdem die Ärzte bei ihr nichts hatten feststellen können, rannte sie von einem alternativen Praktiker zum anderen, wobei ebensowenig herauskam. Sie probierte verschiedene homöopathische Mittel aus, aber ohne daß sich ihre Beschwerden besserten. Unter anderem folgte sie dem Rat eines Heilpraktikers und verzichtete gänzlich auf Zucker. Auch Akupunkteure und Kräuterheilkundige hatten mit ihren Bemühungen keinen Erfolg. Sie hatte ein kleines Vermögen für eine Psychotherapie ausgegeben, ohne einen Anhaltspunkt zu finden, daß ihr Mangel an Energie psychisch bedingt sein könnte. Als sie zu mir kam, wirkte sie schlapp, matt, depressiv und brach immer wieder in Tränen aus, als sie mir von ihren Symptomen und vergeblichen Bemühungen erzählte. Zu diesen Symptomen gehörten auch Verdauungs- und Menstruationsbeschwerden sowie eine merkliche Verschlechterung ihrer Heilungsfähigkeit. Ein Jahr vor ihrem Besuch bei mir hatte sie sich bei einem Autounfall ein Bein gebrochen. Trotz ordnungsgemäßer Behandlung war der Knochenbruch nicht verheilt – eine »schlechte Frakturheilung«, wie es bei den Medizinern offiziell heißt. Sie zeigte mir ihren rechten großen Zeh, der schwarz und blau verfärbt war. »So ist er seit vier Monaten, seit ich damit irgendwo angestoßen bin«, sagte sie. »Und ich habe überhaupt festgestellt, daß Schnittwunden und blaue Flecken einfach nicht mehr so heilen wie früher.«

Bei dieser Frau lag, wie sich herausstellte, eine schwerwiegende Hypothyreose vor, eine Unterfunktion der Schilddrüse, die die Ärzte nicht erkannt hatten, da alle Schilddrüsenfunktionstests normal ausgefallen waren. Diese Funktionstests sind nicht immer zuverlässig, insbesondere bei jungen Frauen nicht. Meine Vermutung war, daß das Schilddrüsenhormon bei dieser Patientin durch Autoantikörper gebunden und damit neutralisiert wurde, ehe es wirksam werden konnte, so daß der Stoffwechsel erheblich verlangsamt war, obwohl nach Bluttests die Schilddrüsenfunktionen intakt waren. Das heißt: Ihrem Heilungssystem fehlte Stoffwechselenergie, um seine Aufgaben erfüllen zu können. Mit der Einnahme von Schilddrüsenhormonpräparaten normalisierte sich ihr Stoffwechsel schrittweise ebenso wie ihre Heilungsfähigkeit.

Die Frage »Warum werden wir krank?« läßt sich also, kurz gesagt, damit beantworten, daß das Heilungssystem in seiner Fähigkeit, Gleichgewichte wiederherzustellen, aufgrund anderer, zusätzlich wirkender Ungleichgewichte überfordert sein kann. Eine ausführlichere Antwort müßte zwangsläufig auch auf die Frage eingehen, warum jene Kräfte existieren, die Ungleichgewichte schaffen – und damit würden wir ein weites philosophisches Feld betreten. Nach meiner Überzeugung sind Gesundheit und Krankheit ein sich ergänzendes Gegensatzpaar, wobei wir das eine nicht ohne das andere haben können, ebensowenig wie es Gut und Böse für sich genommen ohne das jeweils andere geben kann. Die Herausforderung ist, die Krankheit als Chance zum Wandel zu nutzen.

Bedeutet Heilung in jedem Fall, daß eine Krankheit auf der physischen Ebene völlig verschwindet?

Nein. Das Wort »heilen« heißt »ganz werden«. Man kann ein inneres Gefühl von Ganzheit, Vollkommenheit, Gleichgewicht und Frieden haben, selbst wenn der Körper physisch nicht ganz in

Ordnung ist. Ich kenne Personen mit fehlenden Gliedmaßen, die ganzheitlicher wirken als manche, die ihre Arme und Beine haben. (Ein Beispiel hierfür ist auch die Kranken- und Heilungsgeschichte von Jan, die Sie im folgenden finden.) Natürlich ist die Wiederherstellung körperlicher Ganzheit ein erstrebenswertes und vom Heilungssystem, wenn möglich, stets angestrebtes Ziel; aber Heilung kann auch auf anderen Wegen erfolgen, wenn eine Krankheit sich physisch unwiderruflich manifestiert hat, und dazu gehören auch die Anpassung an strukturelle oder funktionale Verluste und deren Kompensierung.

Kann man geheilt sterben?

Warum nicht? Tod und Heilung sind keine Gegensätze. Als geheilte Person sterben hieße, daß man das eigene Leben als ganzheitlich und vollendet betrachten und den Verfall des Körpers akzeptieren kann. Insbesondere aus buddhistischen Traditionen gibt es zahlreiche zuverlässige Berichte – auch jüngeren Datums – über die letzten Tage von Weisen, die die Möglichkeit der Heilung bis in den Tod verdeutlichen. Sie haben wenig gemeinsam mit dem, was heute in den modernen Krankenhäusern geschieht, wo Ärzte den Exitus oft als Todfeind betrachten, der mit allen Waffen der modernen Apparatemedizin zu bekämpfen ist. Auf diesem Schlachtfeld haben Patienten für gewöhnlich keine Chance zu einer abschließenden Heilung; typisch für unsere Kultur ist ebenso, daß man nicht so ohne weiteres Zugang zu praktischen Informationen findet, wie man das Leben zur Vorbereitung auf den Tod nutzen kann. In anderen Kulturen und zu anderen Zeiten war die »Kunst des Sterbens« demgegenüber ein beliebtes Thema von Büchern und Abhandlungen. Und ich würde mich freuen, wenn es wiederbelebt würde.[1]

Welcher Zusammenhang besteht zwischen Behandlung und Heilung? Muß man sich behandeln lassen, wenn man geheilt werden möchte?

Angenommen, ich ziehe mir eine bakterielle Lungenentzündung zu, eine schwere, möglicherweise lebensbedrohliche Lungenentzündung. Ich gehe ins Krankenhaus, mir werden intravenös Antibiotika verabreicht, ich genese, werde entlassen und bin geheilt. Was hat die Heilung herbeigeführt? Die meisten, Ärzte wie auch Patienten, würden sagen, es war die Behandlung. Aber ich möchte, daß Sie das Ganze auch aus einem anderen Blickwinkel betrachten. Antibiotika reduzieren die Zahl der eindringenden Bakterien bis zu einem Punkt, an dem das Immunsystem die Arbeit übernehmen und zu Ende führen kann. Herbeigeführt wird die Heilung also in Wirklichkeit von dem Immunsystem, auch wenn es zunächst vielleicht aufgrund der bloßen Überzahl der Bakterien und etwaiger toxischer Produkte überfordert sein mag, die Infektion zu beenden. Und das Immunsystem ist natürlich ein integraler Bestandteil des Heilungssystems.

Ich behaupte, daß das Heilungssystem letztlich die Ursache aller Heilungen ist, ob mit oder ohne Behandlung. Wenn Behandlungen wirken, dann deshalb, weil sie innere Heilungsmechanismen in Gang setzen. Eine Behandlung – einschließlich Medikamente und Operationen – kann die Heilung erleichtern und Hindernisse beseitigen, die ihr im Weg stehen, aber Behandlung ist nicht das gleiche wie Heilung. Eine Behandlung kommt von außen; die Heilung kommt von innen. Nichtsdestoweniger könnte es fatal sein, auf Heilung zu spekulieren und einfach abzuwarten und eine Behandlung abzulehnen.

In diesem Zusammenhang fällt mir die Geschichte eines tiefreligiösen Mannes ein, der bei einer Überschwemmung ums Leben kam. Als das Wasser um sein Haus herum steigt, sucht er Zuflucht im Gebet, im Vertrauen, der Herr werde ihn retten. Schließlich ist er gezwungen, aufs Dach seines Hauses zu steigen, aber er betet weiter. Zwei Männer in einem Ruderboot kommen vorbei und bieten ihm an, ihn mitzunehmen. Aber er lehnt ab und sagt: »Der Herr wird mich retten.« Später, als das Wasser ihm bis zu den Knien steht, kommt ein Motorboot vorbei, und wieder wird ihm Hilfe angeboten. »Nein, danke«, sagt der Mann. »Ich vertraue darauf, daß der Herr mich rettet.« Schließlich kommt ein Rettungshubschrauber angeflogen und läßt eine Strickleiter zu ihm herab. Obwohl ihm das Wasser jetzt bis zum Hals steht, winkt der Mann ab.

»Der Herr wird mich retten«, ruft er den Katastrophenhelfern zu. Wenige Minuten später schließt sich das Wasser über seinem Kopf, und nach kurzem Kampf ertrinkt er. Dann findet er sich im Himmel vor seinem Herrn stehend wieder. »Warum hast du mich nicht gerettet, Herr?« fragt er. »Ich habe in meinem Glauben an dich nie gezweifelt. Wie konntest du mich fallenlassen?« »Dich fallenlassen?« donnert der Herr. »Ich habe dir ein Ruderboot geschickt. Ich habe dir ein Motorboot geschickt. Und dann habe ich dir einen Hubschrauber geschickt. Worauf hast du gewartet?«

Wie weiß man, wann eine Behandlung angezeigt ist?

Entscheidend ist, daß man weiß, was die Medizin erreichen kann und was nicht, welche Krankheiten auf konventionelle Behandlungsmethoden ansprechen und welche nicht. Im Zweifel kann es manchmal besser sein, sich auf das Heilungssystem statt auf die Medizin zu verlassen. Nehmen wir als Beispiel Infektionskrankheiten. Der größte medizinische Fortschritt des 20. Jahrhunderts war die Verringerung von Infektionskrankheiten durch eine verbesserte öffentliche Hygiene, durch Immunisierung und Antibiotika. Zu Beginn dieses Jahrhunderts waren Infektionen größtenteils noch tödlich verlaufende Krankheiten, sie rafften Kinder und junge Erwachsene dahin. Im letzten Abschnitt dieses Jahrhunderts sind dann chronische Degenerationskrankheiten – vor allem bei älteren Menschen – an die Stelle von Infektionskrankheiten als die am häufigsten von Ärzten zu behandelnden getreten. Als Ergebnis dieses Wandels werden Infektionskrankheiten oder zumindest bakterielle Infektionen in unserer Gesellschaft kaum noch ernst genommen, in der Annahme, daß Antibiotika, die »Wundermittel«, uns absoluten Schutz bieten.

Diese Sicht wird von Experten auf diesem Gebiet, die sich mit der wachsenden Resistenz von Organismen – selbst gegenüber den stärksten Medikamenten – konfrontiert sehen, im übrigen nicht geteilt. Krankheiten wie Tuberkulose, die man schon besiegt glaubte, flammen wieder auf. Und Organismen, die man für resistenzunfähig hielt, wie etwa die Gonorrhöeerreger, sind heute resistent. Schlimmer noch: Die Geschwindigkeit der Resistenzentwicklung nimmt ebenso zu wie die Geschwindigkeit der Übertragung. Inzwischen ist der Punkt erreicht, an dem ein neues Antibiotikum im Zweifel nur noch wenige Monate wirkt, bis Bakterien es wiederum geschafft haben, das Mittel zu neutralisieren. Und wir wissen inzwischen auch, sobald resistente Stämme erst einmal in Chicago aufgetreten sind, tauchen sie innerhalb weniger Wochen auch in Peking auf. Die harte Tatsache ist, daß wir den Rüstungswettlauf mit den Bakterien verlieren.

Diese alarmierenden Entwicklungen werfen eine wichtige Frage auf: Sollen wir besser auf Waffen gegen äußere Krankheitserreger oder auf innere Ressourcen setzen, die unsere Anfälligkeit reduzieren können? Die Erfahrungen mit Antibiotika und Bakterien legen den Schluß nahe, daß das ausschließliche Vertrauen auf Waffen – wie effektiv sie anfangs auch erscheinen mögen – das Problem am Ende nur verschärft. Denn im Ergebnis entwickeln sich Bakterien mit zunehmend größerer Virulenz – und damit zu gefährlicheren Gegnern. Wenn wir uns statt dessen auf die Verbesserung der Widerstandskraft des Wirtes konzentrieren, bleiben die Bakterien, wie sie sind – und wir sind geschützt. Folglich dürfte es klüger sein, sich auf das Heilungssystem statt auf Medikamente und Ärzte zu verlassen.

Liegt ein individueller Fehler vor, wenn sich der Gesundheitszustand nicht bessert?

Ich fand es seit jeher interessant, Patienten die Frage zu stellen, warum sie ihres Erachtens krank geworden sind. Als Medizinstudent stellte ich diese Frage einer Reihe älterer Frauen mit Brustkrebs, Frauen aus der Generation meiner Großmutter. Bezeichnend war, daß alle bei ihrer Antwort eine Verbindung zu zurückliegenden Verletzungen herstellten: »Vor zwanzig Jahren fiel ich gegen einen Tisch und quetschte mir böse die Brust.« Oder: »Als ich Anfang Vierzig war, hatte ich einen Unfall, bei dem ich mir eine Brustverletzung zuzog.« Wenn ich heute Patientinnen die gleiche Frage stelle, werden frühere Verletzungen nicht mehr erwähnt. Statt dessen höre ich Dinge wie: »Ich habe in all den Jahren eine Wut gegen meinen Mann aufgestaut.« Oder: »Ich habe die

Trauer, die ich empfand, nie rausgelassen.« Oder: »Meine Gefühle waren mir fremd.« Zweifellos eine auffällige Veränderung, aber was steckt dahinter?

Unsere kulturell bedingte Faszination von den Wechselwirkungen zwischen Psyche und Körper, die Verbreitung von Selbsthilfebüchern sowie New-Age-Philosophien haben das persönliche Verantwortungsgefühl für Krankheiten gefördert. Wir machen uns krank durch bestimmte psychische Verhaftungen, heißt es, dadurch, daß wir es nicht schaffen, negative Emotionen rauszulassen, dadurch, daß wir kein spirituelles Leben führen. Diejenigen, die solche Ideen propagieren, tun dies in bester Absicht. Sie möchten, daß wir mehr Verantwortung für unser Wohlbefinden übernehmen und erkennen, daß wir unser psychisches Potential zur Förderung der Heilungsprozesse nutzen können – alles gut und erstrebenswert. Aber ein ungewolltes Ergebnis ihrer Botschaft ist auch, daß damit eine Menge Schuldgefühle erzeugt werden, nach dem Motto: »Ich habe mir den Krebs selbst zugefügt.« Oder: »Wenn sich mein Zustand nicht bessert, muß ich ein schlechter Mensch sein.« Schuldgefühle wegen Krankheiten sind destruktiv und denkbar ungeeignet, dem Heilungssystem zu helfen.

Die einst gängige Vorstellung, Brustkrebs sei das Ergebnis einer alten Verletzung, ist wissenschaftlich unhaltbar. Möglicherweise sind aber die neuen Erklärungsversuche, bei denen nun von aufgestauten Gefühlen die Rede ist, genauso falsch. Meiner Meinung nach ist Brustkrebs das Ergebnis komplexer genetischer und umweltspezifischer Faktoren; der Lebensstil – Ernährung, Alkoholkonsum – und die Gefährdung durch Östrogene, die brustkrebsfördernd wirken können, spielen eine größere Rolle als Emotionen. Keine Frage für mich ist, daß Trauer und Depressionen die Immunität schwächen und damit bösartigen Zellen die Chance geben, sich zu Tumoren auszuwachsen. Ich lehne jedoch die Vorstellung ab, wonach Krebs infolge unterdrückter Wut und anderer Emotionen »selbstgemacht« ist, ganz zu schweigen von jener, daß die individuelle körperliche Heilungsunfähigkeit etwas über die psychische oder geistige Verfassung eines Menschen aussagt. Dr. Larry Dossey, einer der wenigen Ärzte, die sich mit dem Zusammenhang zwischen Beten und Heilen beschäftigten, hat eine beeindruckende Liste von Heiligen, östlichen wie westlichen, zusammengestellt, die an Krebs starben; es sind so viele, daß es fast den Anschein hat, als wäre Krebs ein »Berufsrisiko« der Heiligen.[2] Diesen Punkt sollten Sie sich vergegenwärtigen, wenn Sie versucht sind, zu glauben, Heilung hänge von Erleuchtung und der Transzendierung negativer Emotionen ab.

Sind Spontanremissionen bei Krebs das beste Beispiel für die Aktivität des Heilungssystems?

Da Krebs eine gefürchtete und zumeist unheilbare Krankheit ist und Spontanremissionen ebenso seltene wie spektakuläre Ereignisse darstellen, ziehen sie die Aufmerksamkeit auf sich und verkaufen sich gut in den Medien. Aus meiner Sicht sind sie nicht die besten Beispiele für Heilungen. Krebs ist ein Sonderfall, der sich von anderen Krankheiten unterscheidet (siehe Seite 371 ff.); derartige Fälle von Spontanremissionen bei Krebs lenken uns von den weniger spektakulären, aber wesentlich wichtigeren Leistungen des Heilungssystems ab, denn sie repräsentieren außergewöhnliche Aktivitäten des Heilungssystems. Die regulären Aktivitäten dieses Systems sind jedoch bemerkenswerter.

Der Zen-Buddhismus hält dazu an, im Gewöhnlichen das Außergewöhnliche zu erfahren, die eingeschliffenen Wahrnehmungsmuster abzulegen und das Wunderbare in der alltäglichen Erfahrung zu sehen. Anfänger der Meditation gehen oft davon aus, Ziel des Meditierens sei die Erlangung außergewöhnlicher Bewußtseinszustände: außerkörperliche Erfahrungen; Visionen; himmlische Chöre, die mit dem Ohr der Seele gehört werden; psychischer Kraftzuwachs und ähnliches. Nach den Lehren der Zenmeister sind solche Erfahrungen für die spirituelle Entwicklung demgegenüber irrelevant und nicht sonderlich zu beachten, sofern sie denn auftreten. Wichtiger ist es in ihren Augen, sich auf die gewöhnlichsten Aspekte des Lebens zu konzentrieren, etwa auf die Atmung, das Steigen und Fallen des Atmens.

Wir nehmen die normalen Tätigkeiten des körpereigenen Heilungssystems kaum wahr, geschweige denn, daß wir sie würdigen.

Dabei ist es genaugenommen angesichts all der potentiell schädlichen Substanzen und Krankheitserreger, denen wir ausgesetzt sind, und all der Veränderungen, die sich ständig in uns und um uns herum vollziehen, erstaunlich, daß wir überhaupt überleben. Wir brauchen uns nur vor Augen zu halten, was alles passieren kann: Durch ein Dauerbombardement mit Strahlen kann die DNA geschädigt werden; unter den Millionen Zellteilungen in jeder Sekunde könnte es ohne weiteres bei einer zu einem genetischen Unfall kommen; da sind die zahllosen Reizstoffe und Toxine, die auf allen möglichen Wegen in unseren Körper eindringen können; die Agenzien und Mechanismen, die unsere Gewebe schädigen; die zusätzlichen Belastungen des normalen Alterungsprozesses; die unzähligen Viren, Bakterien und anderen potentiellen Krankheitserreger, denen wir ausgesetzt sind; die psychischen Belastungen, die an unseren Nerven zehren und das Gleichgewicht von Körper und Seele bedrohen. Angesichts all dieser Faktoren grenzt es an ein Wunder, wenn wir ohne einen nennenswerten Vorfall von einem Tag auf den nächsten über die Runden kommen.

Jeder Tag, an dem wir uns relativ guter Gesundheit erfreuen, bezeugt die Tätigkeit des Heilungssystems. Was seinen unschätzbaren Wert ausmacht, ist nicht seine Fähigkeit, Remissionen von Krankheiten herbeizuführen, sondern daß es über alle Wechselfälle des alltäglichen Lebens hinweg für die Erhaltung unserer Gesundheit sorgt. Und das ist in der Tat Anlaß, das Außergewöhnliche im Gewöhnlichen zu würdigen.

Kann man die Aktivität des Heilungssystems zum Schutz der Gesundheit formen?

Ja. Und wie, das ist das Thema des zweiten Teils dieses Buches.

Die Gesichter der Heilung: Jan

Jan Barnett leidet an einer Vergrößerung der Milz; ihre Milz ist so stark vergrößert, daß sie Schwierigkeiten beim Kleiderkauf hat. »Ich sehe aus«, sagt sie lachend, »als wäre ich im fünften Monat schwanger.« Abgesehen davon und ungeachtet ihrer gelegentlichen Kurzatmigkeit bei Anstrengungen (ein Symptom der Anämie) führt sie ein normales, sogar überdurchschnittlich gutes Leben, da sie, wie sie sagt, rundum glücklich und zufrieden ist. »Wenn ich heute sterben würde, hätte ich nichts zu bedauern«, meint sie. »Es war ein rundes, wundervolles Leben, und ich habe ein tiefes Gefühl inneren Friedens in mir.«

Sie war vierzig, als sie vor zehn Jahren zu einer allgemeinen Kontrolluntersuchung zum Arzt ging. Der Arzt tastete bei der Untersuchung eine Vergrößerung der Milz und empfahl, da auch die entsprechenden Blutuntersuchungen schlechte Werte ergaben, eine Splenektomie, die operative Entfernung der Milz, eine einst gängige Operation, da die Milz als entbehrliches Organ betrachtet wurde. Er schickte Jan zu einem Chirurgen, der aber glücklicherweise auf einem aktuelleren Wissensstand war und der Patientin erklärte: »Das machen wir nicht mehr, zumindest so lange nicht, bis wir den Grund für die Vergrößerung gefunden haben.« Er überwies Jan an einen Hämatologen.

Wie sich herausstellte, hatte Jan Barnett eine seltene und ätiologisch weitestgehend ungeklärte Krankheit, eine sogenannte Osteomyelofibrose bzw. eine ätiologisch ungeklärte myeloische Metaplasie; die Entfernung der Milz hätte Jans sicheren Tod bedeutet.

»Myeloische Metaplasie« heißt, daß ein knochenmarksähnliches Gewebe an einer Stelle wächst, wo es nicht wachsen sollte – in diesem Fall in der Milz. Und »ätiologisch ungeklärt« bedeutet nichts anderes, als daß man die Ursache nicht kennt (mit anderen Worten: »Wir haben keine Ahnung, warum Sie das haben, und ebensowenig, was wir dagegen tun können«). Das Grundproblem ist, daß hier funktionstüchtiges Knochenmark durch Fibroblasten ersetzt wird, die das Bindegewebe herstellen, ein lebensbedrohlicher Prozeß, auf den die Milz in der Weise reagiert, daß sie nun die Aufgabe der Blutkörperchenherstellung übernimmt; die Vergrößerung der Milz stellt also eine Kompensationsreaktion – oder heilende Reaktion – dar, und eine Splenektomie wäre mit fatalen Folgen verbunden.

Die Prognose bei Osteomyelofibrose ist ungewiß. Die meisten, bei denen diese Krankheit auftritt, sind älter als Jan, in der Regel über sechzig oder siebzig Jahre; und viele, die in diesem Alter die Krankheit entwickeln, sterben nicht daran, sondern an anderen Krankheiten. Bei manchen entwickelt sich diese Knochenmarkskrankheit zu Leukämie. »Sie sagten mir, diese Krankheit sei in meinem Alter selten und die durchschnittliche Lebenserwartung liege bei zehn Jahren«, erinnert sich Jan. »Sie gaben mir aber auch andere Statistiken, die etwas positiver waren, nach denen bei etwa fünfundzwanzig Prozent der Betroffenen keine weiteren Probleme aufgetreten waren. Und ich fand das gar nicht mal so schlecht. Warum sollte ich nicht unter diesen fünfundzwanzig Prozent sein?« Ihr wurde eine Behandlung weder angeboten noch empfohlen. »Dafür war ich letzten Endes dankbar«, sagt Jan. »Denn da es keine Medikamente gab und auch keine Operation, die mir hätte helfen können, war ich wirklich auf mich gestellt.« Das einzige, was man ihr nahelegte, waren regelmäßige Blutuntersuchungen, um zu kontrollieren, ob die Krankheit weiter fortschritt.

Nach der Diagnose stellte Jan innerhalb weniger Monate in einigen Bereichen ihr Leben um. »Ich habe mich schon immer gesund ernährt, so daß in diesem Bereich nur wenig zu ändern war«, erzählt sie. »Aber ich habe damals mit einem Fitneßprogramm begonnen, das zu einem wichtigen Bestandteil meines Lebens wurde. Angefangen habe ich mit Schwimmen, heute gehe ich spazieren, in forschem Tempo. Dieses Programm hatte über die erwarteten Wirkungen hinaus einen überraschenden positiven Nebeneffekt. Ich fand so die Zeit, psychologisch an mir zu arbeiten und über mein Innenleben nachzudenken.«

Die bemerkenswertesten Veränderungen vollzogen sich denn auch, wie Jan sagt, in psychischer Hinsicht. »Vor allem erlaubte ich mir, mich einmal um mich selbst zu kümmern«, erklärt sie. »Ich beschloß, mich nie mehr dafür zu entschuldigen, wenn ich etwas für mich tat oder tun wollte. Außerdem brach ich eine Krankenpflegeschulung ab, die mir nicht behagte, und begann ein Studium mit dem Ziel, das Diplom in Erfahrungspädagogik zu machen. Bei meinen eigenen Erfahrungen hielt ich mich daran, mit der Diagnose und möglichst nach Maßgabe der holistischen Gesundheitsphilosophie zu leben. Des weiteren achtete ich darauf, daß ich immer ausreichend Ruhe und Schlaf fand. Vor allem begann ich, mich mit dem Chaos in meinem Innern auseinanderzusetzen.

Ich wuchs in einer entsetzlich gestörten Familie auf. Als ich neun war, wurde meine Mutter psychisch krank, manisch-depressiv, und mein Stiefvater war Alkoholiker. Ich erinnere mich noch, wie ich in der Mayo-Klinik bei einem Arzt war, um eine zweite Meinung zu meiner Osteomyelofibrose einzuholen. Er fragte mich, ob ich jemals irgendwelchen Giften ausgesetzt gewesen sei, die erklären könnten, warum ich diese ungewöhnliche Krankheit bekam, und ich mußte lachen, weil ich plötzlich an die ganze Vergiftung der Gefühle in unserem Familienleben denken mußte. Am meisten beschäftigte mich meine Mutter. Ich wollte sie überhaupt nicht mehr sehen. Allein das Wort ›Mutter‹ zu sagen oder zu denken löste schon einen Sturm in mir aus. Es brauchte allerdings noch eine ganze Zeit, bis ich erkannte, daß die ›Heilung‹ von meinen negativen Gefühlen gegenüber meiner Mutter der Schlüssel zur Ganzheit sein würde.

Etwa fünf Monate nach der Diagnose kam ich zu der Einsicht, daß es nur einen Weg gab, die Beziehung zu meiner Mutter zu ändern, und der war, sie mit anderen Augen zu sehen. Ich kann mich noch genau an den Augenblick erinnern, als mir das klar wurde. Es war wie eine Wiedergeburt, der Beginn meines Lebens als jemand, dem es gutgeht. Sie können sich nicht vorstellen, wie anders das Leben sein kann, wenn es ›entgiftet‹ ist. Seither lebe ich innerlich im Frieden statt im Chaos, und über meine körperliche Verfassung mache ich mir eigentlich keine Sorgen. Meine Familie hat mich unglaublich unterstützt; wir sind alle dadurch gewachsen. Wir sind uns bewußt, wie kostbar jeder Tag ist und daß wir uns mit den Problemen, die auftauchen, auseinandersetzen müssen. Wir haben unsere Probleme, aber wir arbeiten daran.«

Jan arbeitet heute in der Trauerberatung einer Sterbeklinik in Mankato, Minnesota. Ihre Blutwerte sind seit zehn Jahren bemerkenswert stabil. Die Hämatologen, zu denen sie wegen ihrer Untersuchungen geht, äußern sich in der Regel nicht dazu, aber unlängst ließ sich doch einer zu der Bemerkung hinreißen, sie »mache sich erstaunlich gut«. Nur bei körperlicher Anstrengung, wenn sie zum Beispiel viele Treppen steigt, kommt sie außer Atem. »Im übrigen ist das Feedback interessant, das ich von meiner Familie bekomme«, sagt sie. »Sie sagen mir, ich sei heute einfach anders, und ich strahle in ihren Augen einen tiefen inneren Frieden aus.«

Die Gesichter der Heilung: Ethan

Im Sommer 1981 hatte Ethan Nadelmann erstmals Probleme mit seinem Rücken. Er war damals vierundzwanzig Jahre alt. Scheinbar aus dem Nichts, ohne jeden erkennbaren Grund traten mit einemmal so starke Schmerzen im unteren Rückenbereich auf, daß Ethan, bis dahin körperlich fit und ein leidenschaftlicher Basketballspieler, kaum noch gehen konnte und praktisch von heute auf morgen behindert war. Nach zehn Tagen ließen die Schmerzen dann allmählich nach, um schließlich auf genauso rätselhafte Weiser wieder zu verschwinden, wie sie gekommen waren.

Ethan ist ein international anerkannter Experte auf dem Gebiet der Medikamenten- und Drogenpolitik. Als die Rückenschmerzen 1981 erstmals auftraten, lernte er gerade für seine Examina an der Harvard University, um in Politikwissenschaft seinen Doktor zu machen; außerdem wollte er im Herbst an der Harvard Law School mit einem Jurastudium beginnen. Zwei Jahre später, als er in seinem Studium großem Streß ausgesetzt war – er war jetzt im zweiten Jahr an der Law School und im dritten an der Graduate School –, traten ein weiteres Mal Rückenschmerzen auf, die diesmal allerdings, wie er dachte, durch sein Training mit Gewichten ausgelöst worden waren. Die Schmerzen gingen bis ins rechte Bein und waren so stark, daß Ethan einen Orthopäden aufsuchen mußte. Bei einer Computertomographie wurde ein Bandscheibenvorfall im Bereich der Lendenwirbelsäule festgestellt. Der Arzt verordnete ihm Indometacin, ein starkes entzündungshemmendes Mittel. Doch die Schmerzen hielten monatelang an. Schließlich empfahl der Orthopäde, die Meinung eines zweiten Facharztes einzuholen; dieser erklärte Ethan: »Wenn sich Ihr Zustand nicht innerhalb eines Monats bessert, müssen Sie operiert werden.« Sein Zustand besserte sich innerhalb eines Monats, so daß er auch das Indometacin absetzen konnte. Aber er war jetzt verunsichert. »Ich hatte mit einemmal Angst, Basketball zu spielen«, erinnert sich Ethan. »Ich wagte nicht mehr, an der Gewichtmaschine die Gewichte über den Kopf hochzustemmen, und ich wurde allgemein vorsichtiger.«

In den Folgejahren machte ihm sein Rücken kaum noch zu schaffen. »Nach einem Basketballspiel oder wenn ich mit schweren Gewichten gearbeitet hatte, kam es zwar immer wieder mal zu leichten Beschwerden, die in der Regel einige Tage, maximal eine Woche vorhielten, aber damit hatte es sich«, sagt er. Er heiratete 1986 und wurde zwei Jahre später Vater. In dieser Zeit begegnete ich ihm zum erstenmal; er hatte einen Lehrauftrag an der Princeton University und führte ein rühriges, stressiges Akademikerleben.

Als Ethan im Juni 1991 von einer Europareise zurückkam, quälte ihn sein Rücken zwar nur »ein wenig«, aber die Schmerzen waren ständig da und verstärkten sich im Laufe des Sommers. Ende August, nach einem Basketballspiel, wurden sie »wirklich schlimm und ließen auch nicht mehr nach«. Eine Woche später, Anfang September, verschlechterte sich sein Zustand derart, daß er Hilfe bei mehreren Massagetherapeuten suchte – darunter auch eine Shiatsu-Praktikerin. Sie sagte ihm, nach ihren Behandlungen werde es ihm erst einmal nicht gutgehen – und so war es auch. Einige Tage später wachte er ungewöhnlich früh mit einer inneren Unruhe auf. Er machte einen Spaziergang, und als er wieder zu Hause war, fing er wenig später an zu frösteln und bekam 39°C Fieber. Am nächsten Morgen waren Fieber und Rückenschmerzen verschwunden, statt dessen setzten nun Ischiasbeschwerden ein, so daß er erneut seine Massagetherapeuten aufsuchte.

Just in dieser Zeit hatte er eine wichtige dreitägige Konferenz einer Arbeitsgruppe, der auch ich angehörte, zur Reform der Medikamenten- und Drogenpolitik zu leiten. Es war mitleiderregend, Ethan mit diesen Schmerzen zu sehen. Am zweiten Tag sagte er mir, er sei mit starken Schmerzen in der rechten Wade aufgewacht. Sie verschlimmerten sich zusehends. »Ich wache mitten in der Nacht, vor Schmerzen in Tränen aufgelöst, auf«, sagte er. Einige Tage später suchte er in seiner Not das örtliche Krankenhaus auf, wo man ihm eine Demerolspritze gab, die ihm eine Nacht lang half.

Die Massagetherapie konnte ihm jeweils nur noch vorübergehend Linderung verschaffen, so daß er sich wiederum hilfesuchend an seinen Orthopäden wandte, um Röntgenuntersuchungen und eine Magnetresonanztomographie (MRT) über sich ergehen zu lassen. Inzwischen konnte er nicht mehr aufrecht stehen. Die Magnetresonanztomographie zeigte zwei rupturierte, »in viele Fragmente zertrümmerte« Zwischenwirbelscheiben. Der Orthopäde legte ihm eine sofortige Operation nahe und verschrieb ihm Narkotika und Valium zur oralen Einnahme.

Ethan rief mich ratsuchend an, aber er hatte solche Schmerzen und war von den hochdosierten Narkotika und dem Valium so benommen, daß es schwer war, ein Gespräch mit ihm zu führen. An einige Gespräche aus dieser Zeit kann er sich, wie er sagt, überhaupt nicht mehr erinnern. Ich riet ihm, ehe er die Einwilligung zur Operation gab, einen zweiten Arzt zu konsultieren. Und ich empfahl ihm ein Buch, *Healing Back Pain*[3], von Dr. John Sarno, einem New Yorker Arzt, zur Lektüre. Sarno führt die meisten Rückenschmerzen auf psychische Ursachen zurück und spricht in diesem Zusammenhang von dem Tension-Myositis-Syndrom (TMS), ein Begriff, der laut Sarno ein Symptom bezeichnet, wonach die Psyche in die normale Nervenfunktion und den Blutfluß zu den Muskeln eingreift. Aber selbst durch seinen medikamenteninduzierten Nebel hindurch machte Ethan mir klar, daß er nichts davon hören wollte, sein Leiden sei vielleicht psychosomatischer Natur.

Kurze Zeit später rief Ethan mich wieder an, um mich über die Diagnose des zweiten hinzugezogenen Arztes zu informieren. Sie war identisch mit der ersten, und das hieß sofortige Operation zur Entfernung der zertrümmerten Scheibe, um den Druck von den Nerven zu nehmen. Ich fand es wieder sehr schwierig, mit ihm zu sprechen. Er sagte, er halte es vor Schmerzen nicht mehr aus und überlege, ob er sich in den nächsten Tagen operieren lassen solle. Ich sagte ihm, er solle versuchen, noch durchzuhalten, und die

Operation aufschieben, um zu sehen, ob sich nicht mit Akupunktur oder Hypnotherapie etwas ausrichten lasse; vor allem solle er sich um einen Termin bei Dr. Sarno bemühen.

Ich hatte guten Grund, ihm Dr. Sarnos Buch zu empfehlen, denn mir waren schon eine Reihe von Patienten begegnet, die alle nur denkbaren Behandlungen für Rückenschmerzen ausprobiert hatten, dann zu Dr. Sarno gegangen und geheilt worden waren. Dazu bedurfte es nichts weiter, als sein Buch zu lesen, sich einen persönlichen Termin geben zu lassen und an seinen abendlichen Vortragsveranstaltungen teilzunehmen, bei denen er erklärte, wie die Psyche Rückenschmerzen verursacht. Das klang zu gut, um wahr zu sein; aber ich erinnerte mich in diesem Zusammenhang an einen persönlichen Fall mit unerträglichen Rückenschmerzen – Schmerzen, die eindeutig psychisch bedingt waren, ausgelöst durch die Trauer über den gleichzeitigen Verlust zweier enger Beziehungen –, und diese Schmerzen waren nach drei Wochen plötzlich wieder verschwunden und nie wieder aufgetreten. Des weiteren hatte ich in zwei Fällen erlebt, daß chronische Rückenschmerzen bei zwei Männern urplötzlich verschwanden, nachdem beide sich verliebt hatten.

Noch etwas kam hinzu. Ich hatte gerade an einer interessanten Fachkonferenz der North American Academy of Musculoskeletal Pain teilgenommen, die mich zu einem Vortrag über die Bedeutung des Schmerzes eingeladen hatte. Vor allem hatte mich der Vortrag meines Folgeredners fasziniert, der die Diskrepanz zwischen der subjektiven Erfahrung von Rückenschmerzen und den objektiven Maßstäben betreffs der Dysfunktionen der Skelettmuskulatur veranschaulichte, wie sie etwa durch Röntgenuntersuchungen oder die Magnetresonanztomographie gesetzt werden. Er zeigte Röntgen- und MRT-Aufnahmen von Patienten, die so entsetzlich aussahen, daß man sich nicht vorstellen konnte, wie diese Personen überhaupt stehen oder gehen konnten, die aber dennoch schmerzfrei und in ihrer Beweglichkeit nicht eingeschränkt waren. Umgekehrt waren in anderen Fällen Personen von Schmerzen wie gelähmt, ohne daß an ihrem Rückgrat irgendwelche Anomalien festgestellt werden konnten. Für mich paßten diese Befunde zu Dr. Sarnos Theorie.[4]

Außerdem wußte ich, daß Ethan unter außergewöhnlichem Streß

stand. Nicht nur beruflich war er stark belastet, auch seine Ehe stand auf der Kippe, und zudem war seine kleine Tochter in einem sehr schwierigen Alter. Er brachte sozusagen die klassischen Voraussetzungen für TMS mit.

Ethan suchte weder einen Hypnotherapeuten noch einen Akupunkteur auf, aber er las Dr. Sarnos Buch. Es sprach ihn aus mehreren Gründen an: »Als erstes erkannte ich, daß ich jede Menge Streß hatte«, sagt er. »Zweitens war der Umstand, daß der Schmerz plötzlich vom unteren Rückenbereich aufs Bein übergesprungen war, schon seltsam. Drittens fiel mir meine Erfahrung aus dem Jahr 1983 ein, als ein Orthopäde mir gesagt hatte, mein Zustand werde sich entweder innerhalb eines Monats bessern oder ich müßte operiert werden, und er hatte sich gebessert. Alles in allem waren Dr. Sarnos Analysen und Argumente einfach zu zwingend.«

Unterdessen drängte der Orthopäde, gestützt auf seine MRT-Aufnahmen, die einen arg lädierten Wirbel zeigten, auf eine Operation. Ethan war von den Schmerzen völlig erschöpft und durch Opiate und Valium eingenebelt. Dennoch lehnte er die Operation vorerst ab. »Ich ging noch zu einem anderen Arzt, der mir Kortison spritzte, was allerdings nur kurzweilig etwas half«, sagt er. »Manchmal konnte ich mir auch mit warmen Bädern etwas Linderung verschaffen, aber meistens war der Schmerz im Unterschenkel nicht auszuhalten.« Er las in Dr. Sarnos Buch, daß ein Bandscheibenvorfall als solcher nicht schmerzhaft ist. Er kann zwar eine Muskelschwäche und andere Symptome von Nervenstörungen hervorrufen, aber keine Schmerzen; der Schmerz ist das TMS, das psychisch bedingt ist, auch wenn es sich vielleicht im Bereich einer mechanischen Verletzung äußert. Ethan vereinbarte einen Termin mit Dr. Sarno und fuhr unter widrigsten Umständen nach New York.

»Sarno war an der MRT-Aufnahme nicht sonderlich interessiert«, sagt Ethan, »nur an den Ergebnissen der Elektromyographie zur Untersuchung der Muskelaktionspotentiale im Bein, die keine Nervenstörungen zeigten. Er untersuchte mich kurz und sagte, das sei ein klarer Fall von TMS und ich solle umgehend die Schmerzkiller absetzen, weil ich sie nicht brauchte. Für ihn war es keine Frage, daß ich wieder gesund würde und auch wieder Basketball spielen könnte. Ich brauchte nichts weiter zu tun, als seine Diagnose zu akzeptieren. Seine Vortragsveranstaltung fand zufällig am gleichen Abend statt, und so ging ich hin. Anwesend waren vielleicht vierzig Personen, die meisten aus der oberen Mittelschicht. Viele erzählten von ihren Genesungen. Ein Mann berichtete, wie seine Rückenschmerzen in einen Finger übergesprungen waren. Jedenfalls saß ich dort, hörte mir alles an, und meine Schmerzen ließen nach. Anschließend war ich bei einem Freund zum Essen eingeladen. Und, was soll ich sagen, bis dahin waren die Schmerzen ganz weg.

Sarno hatte mir von jeder körperlichen Behandlung abgeraten. Nach seiner Meinung verstärkte jede Intervention am Rücken nur die Fehlannahme, daß der Schmerz ursächlich auch dort zu suchen sei. Ihm war vielmehr wichtig, daß man sich damit beschäftigte, welche psychischen Schmerzen dem Körper zugefügt wurden. Nun, ich war noch nicht ganz soweit, daß ich bereit gewesen wäre, auf jeden physischen Ansatz zu verzichten; so nahm ich am nächsten Morgen denn auch den Termin wahr, den ich mit einem Osteopathen vereinbart hatte. Er gab Sarno zum Teil recht, meinte aber, ich müßte trotzdem auch auf der physischen Ebene etwas tun. An jenem Tag kehrte der Schmerz nur leicht wieder zurück. In der darauffolgenden Nacht träumte ich, wie Sarno sich mit dem Osteopathen über die Frage einer physischen Therapie stritt. Als ich aufwachte, hatte der Schmerz wiederum nachgelassen, und ich beschloß, auf jede körperliche Behandlung zu verzichten. Als ich Sarnos Rat folgend dann auch die Schmerzkiller absetzte, hatte ich leichte Entzugserscheinungen.«

Zunächst trat der Schmerz sodann nach einem neuen Muster auf. »Er rüttelte mich früh morgens aus dem Schlaf«, sagt Ethan, »klang dann allmählich ab und machte sich im weiteren Verlauf des Tages nicht mehr bemerkbar. Nach sechs Wochen war er schließlich ganz verschwunden.« Ethan ignorierte nun auch nicht länger den Zustand seiner Ehe, zog selbst eine Scheidung in Betracht und setzte sich eine Frist, in der er es noch einmal versuchen wollte.

Einen Monat später konnte Ethan wieder problemlos mit Gewichten arbeiten und Basketball spielen. Nach einem weiteren

Monat schaffte er einen »wichtigen persönlichen Durchbruch«; er fühlte sich vitaler und fitter denn je. Ein Jahr später trennten er und seine Frau sich, und er war froh, daß es so endlich zu einer Lösung gekommen war. »Den Anstoß dazu hatten die Schmerzen und meine Heilungserfahrungen gegeben«, sagt er.

Ethans Bruder, ein Arzt, akzeptiert dessen Interpretation der Ereignisse hingegen nicht. »Er meint, das hätte ich alles der Kortisonspritze zu verdanken«, erklärt Ethan. »Aber nach allem, was ich gelesen habe, hält die Wirkung bestenfalls drei bis sechs Monate vor, und ich bin jetzt, abgesehen von gelegentlichen Muskelschmerzen, die mit meinem Sport zu tun haben, schon seit fast drei Jahren schmerzfrei. Einmal hatte ich eine Zeitlang Schmerzen an der Seite, und ich machte mir Sorgen wegen eines Geschwürs. Dann sagte ich mir, daß meine Seele nur einen anderen physischen Ausgang für Schmerzen suche, und sofort waren die Schmerzen weg. Ich habe seither viele Menschen kennengelernt, die bei den unterschiedlichsten Beschwerden ähnlichen Erfolg mit Sarnos Methode hatten. Sarno ist eine Mischung aus Wissenschaftler und Glaubensheiler. Seine Sachargumente haben mir eingeleuchtet, einfach zwingend. Außerdem glaubte ich nicht sonderlich an eine chirurgische Lösung, nachdem ich bei zu vielen miterlebt hatte, wie die Schmerzen wenige Jahre nach der Rückenoperation wiederkehrten.«

Ich frage Ethan, was er anderen raten würde, die an Rückenschmerzen leiden. »Ich würde sagen: ›Lesen Sie Sarnos Buch, und sehen Sie, ob das, was er sagt, auch für Sie zutreffend klingt‹«, antwortet er. »Aber solange sie nicht alle anderen Mittel und Möglichkeiten ausprobiert haben oder ihnen, wie mir, das Messer droht, fällt es den meisten offenbar schwer, Dr. Sarnos Theorie zu akzeptieren.«

Die Gesichter der Heilung: Eva

»Vierzehn Jahre sind es jetzt«, sagt Eva Forrester stolz zu vielen Kundinnen, die ratsuchend zu ihr kommen. »Vierzehn Jahre. Schauen Sie mich an! Und wenn ich es schaffe, dann schaffen Sie es auch.« Eva arbeitet im größten Reformhaus in Tucson, Arizona. Sie hatte vor vierzehn Jahren Brustkrebs, ist heute geheilt und versucht, andere mit ihrem Beispiel zur Überwindung lebensbedrohlicher Krankheiten anzuspornen.

1979 bemerkte Eva Forrester einen Knoten in ihrer Brust. Sie war damals fünfzig Jahre alt. Nach der Röntgenuntersuchung gab es keinen Grund zur Beunruhigung, zumal der Arzt davon ausging, daß der Knoten gutartig sei. Als es dann einem zweiten hinzugezogenen Arzt jedoch nicht gelang, den Knoten zu punktieren, wurde eine Biopsie durchgeführt. »Noch ehe die Schwester mir irgend etwas über das Ergebnis gesagt hatte«, erinnert sich Eva, »wußte ich, daß es Krebs war. Sie wollten eine Mastektomie, eine Amputation der Brust, vornehmen. Ich weigerte mich. Ich war in Panik. Ich sagte ihnen, ich wolle warten, auch wenn ich nicht wußte, worauf ich hoffen sollte. Mein Arzt, ein Osteopath und Chirurg, sagte: ›Wir müssen etwas unternehmen.‹ Aber ich beschloß trotz aller Sympathie für ihn, mich zunächst mit meiner Familie in Mexiko zu beraten.«

Eva ist Mexiko-Amerikanerin, geboren in Chihuahua, Kind einer mexikanischen Mutter und eines libanesischen Vaters. »Mein Vater war Oralchirurg, und mein Vetter ist Arzt, ich habe also einen medizinischen Hintergrund und komme aus einer echten Großfamilie, worüber ich ausgesprochen glücklich bin. Als ich ihnen die Neuigkeit erzählte, waren alle entsetzt. Aber ich bin Christin, ich glaube an Gott, und ich habe mich mit allen anderen Religionen beschäftigt. Ich glaube daran, daß das, was geschehen soll, auch geschieht. So willigte ich schließlich in die Operation ein.« 1980 unterzog sie sich einer modifizierten radikalen Mastektomie. Der Tumor war groß und hatte bereits auf lokale Lymphknoten übergegriffen, so daß Eva weiterhin sehr gefährdet war. Sie wurde zu einem Onkologen am University Medical Center geschickt, der auf eine Chemotherapie drängte.

»Aber darauf konnte ich mich einfach nicht einlassen«, sagt Eva. »Irgend etwas in mir sagte nein. Und es war wirklich ein Trauerspiel, wie sie mich behandelten. Als erstes schickten sie eine Ärztin, die versuchen sollte, mich zu überreden. Als das nichts fruchtete, sagten sie: ›Sie werden in kürzester Zeit wieder hier sein, und dann müssen wir höhere Dosen einsetzen.‹ Ich blieb dennoch bei meinem entschiedenen Nein. Mein Hausarzt erklärte sich schließlich bereit, meine Wünsche zu respektieren, und das hieß: keine Chemo- und keine Strahlentherapie.«

Statt dessen setzte Eva mit Hilfe eines Chiropraktikers bzw. Naturheilpraktikers auf eine natürliche Heilung. »Ich nutzte alle Heilpflanzen, denen krebshemmende Eigenschaften nachgesagt wurden«, erinnert sie sich, »aber ich wußte, daß ich faktisch mein ganzes Sein ändern mußte, und damit bin ich wohl noch immer beschäftigt. Ich habe mein Denken verändert und versucht, das Bessere in anderen zu sehen, ich habe versucht, Christus und auch der indianischen Lebensweise näherzukommen. Sie wissen, ich habe Azteken-Blut in mir. Ich habe mich bemüht, all das zu einer positiven Erfahrung zu machen, und hatte damit in vielerlei Hinsicht Erfolg. Heute kann ich zum Beispiel wesentlich besser als früher mit Menschen umgehen.«

Sieben Jahre nach der Operation mußte Eva mit ihrer Scheidung fertig werden. Ihre Ehe hatte seit der Entdeckung des Knotens unter Spannungen gelitten; die Mastektomie hatte ihr den Rest gegeben. »Mein Mann konnte mich einfach nicht mehr als ganzen Menschen sehen«, sagt sie. »Manche Männer kommen darüber einfach nicht hinweg. Aber ich wuchs auch durch diese Erfahrung. Und ich danke dem Großen Geist ohne jede Verbitterung für meinen Weg. Ich bin meinen drei Kindern sehr nahe, die jetzt alle über vierzig sind, und auch der übrigen Großfamilie sehr verbunden.«

Ich frage Eva, ob sie noch weiterhin Ärzte in Anspruch nahm und sich untersuchen ließ. »Ich habe einige Untersuchungen machen lassen, aber alles innerhalb bestimmter Grenzen«, sagt sie. »Ich lasse mich nicht gerne röntgen, und so habe ich versucht, das zu umgehen. Die ersten Blutuntersuchungen waren schon noch beängstigend, was mich veranlaßte, nur noch härter an mir zu arbeiten und dennoch bei den rein natürlichen Behandlungsmethoden zu bleiben. Heute ist alles bestens.

Dennoch habe ich immer wieder einmal schwere Tage – Sie wissen, wie das ist. Aber wenn ich dann in den Laden gehe, schickt der Große Geist mir jemanden, der sagt: ›Eva, was Sie mir gegeben haben, wirkt‹, und damit ist es dann auch schon wieder gut. Es gibt viele junge Frauen, die mit dem gleichen Problem ins Geschäft kommen. Sie haben so entsetzliche Angst. Und ich kenne viele, die gestorben sind. Alle diese Schicksale berühren mich persönlich sehr. Jedes einzelne.«

Es gehört zu den Fakten des Lebens im Amerika der neunziger Jahre, daß die Angestellten in Bioläden und Reformhäusern längst den Platz von Apothekern eingenommen haben, insofern als daß sie heute vielen Kranken praktische Ratschläge geben, insbesondere wenn es um ernsthafte Beschwerden geht, die auf herkömmliche Behandlungen schlecht ansprechen. Dieser Wandel ist ein weiteres Zeichen für die weitverbreitete Abneigung gegenüber der Schulmedizin. Ich habe Eva Forrester oft zugeschaut, wie sie diese Rolle hinter der Ladentheke des New Life Health Center spielt. Sie sondiert vor Regalen mit Vitaminen und Nährstoffergänzungen, sie geht auf ihre Kunden und Kundinnen offen, unbefangen ein. Sie erklärt geduldig die Grundprinzipien natürlicher Heilmethoden, die dem Körper helfen, seine eigenen Ressourcen zu mobilisieren. Und manchmal beugt sie sich vertraulich zu einer Kundin vor und sagt: »Schauen Sie mich an! Vierzehn Jahre! Und wenn ich es schaffe, dann schaffen Sie es auch!«

»Ich komme aus einer Kultur, in der Heiler geschätzt werden«, sagt sie. »Dort weiß jeder, wie er Männer und Frauen findet, die über dieses Wissen verfügen: die Curanderos und Curanderas. Und das ist der Weg, den ich jetzt gehe. Ich möchte eine sehr gute Curandera werden.«

Teil II

Das Heilungssystem optimieren

– 8 –

Das Heilungssystem optimal fördern: Ein allgemeiner Überblick

Woran würden Sie merken, daß Ihr Heilungssystem optimal funktioniert? Sehr wahrscheinlich würden Sie es überhaupt nicht merken, da wir unserer Gesundheit, wenn alles in Ordnung ist, in der Regel kaum Beachtung schenken. Merken könnten wir es allerdings, wenn wir uns schnell von einer Krankheit erholen und Verletzungen problemlos verheilen. Der gewöhnliche Streß im Alltag wäre vielleicht ärgerlich, er würde sich aber weder negativ auf unsere Verdauung noch auf unseren Blutdruck niederschlagen. Unser Schlaf wäre erholsam und Sex ein Genuß. Und der Alterungsprozeß unseres Körpers verliefe so langsam, daß wir unsere Tätigkeiten entsprechend anpassen und etwas zurückschrauben und ohne allzu große Probleme unser Leben unter Ausschöpfung der ganz normalen Lebenserwartung leben könnten. Wir würden uns in den mittleren Jahren weder Herzkrankheiten noch Krebs zuziehen, wären in späteren Jahren nicht durch Arthritis behindert und würden auch geistig infolge frühzeitiger Senilität nicht nachlassen.

Dieses Szenario ist realistisch, und ich denke, es lohnt sich, etwas dafür zu tun. Der Körper möchte gesund sein, da Gesundheit ein effizientes Funktionieren aller seiner Systeme garantiert. Am besten läßt sich dies am Beispiel eines Autos veranschaulichen. Wenn alle Teile so funktionieren, wie sie funktionieren sollen, läuft der Motor ruhig und gibt nur ein »zufriedenes« Brummen von sich, das wir kaum wahrnehmen. Ein Motor, der dagegen sonderbare Geräusche von sich gibt, der stottert oder schwarzen Qualm ausstößt, arbeitet nicht effizient. Da die Effizenz sich aus dem Verhältnis zwischen

Arbeitsleistung und Energieaufwand ergibt, arbeitet die »kranke« Maschine härter und leistet doch weniger. Ähnlich muß ein gesunder Mensch im Vergleich zu einem kranken weniger Energie aufwenden. Und genau wie der Autofahrer das Geräusch eines gut funktionierenden Motors nicht beachtet, nehmen viele Menschen ihre gute Gesundheit nicht wahr, bis sie zusammenbrechen. Das heißt umgekehrt auch, daß ein Programm zur Steigerung der Effizienz des Heilungssystems nicht unbedingt zu unmittelbar merklichen Veränderungen führt. Es stellt aber nichtsdestotrotz eine langfristige Investition in die Zukunft des Körpers dar. Wenn Sie allerdings auf der Jagd nach grenzenloser Energie, ewigem Glück, einem alterslosen Körper oder Unsterblichkeit sind, dann sollten Sie woanders suchen. Ich beschränke mich hier ausschließlich auf den Rahmen realer Möglichkeiten, der den Erkenntnissen der Medizinwissenschaft entspricht.

Einleitend zu dem Komplex möchte ich zunächst die Hindernisse aufzeigen, die sich der Heilung entgegenstellen. Denn wenn Sie die Faktoren kennen, die die Heilung behindern, dann wissen Sie auch, welche präventiven oder korrigierenden Maßnahmen Sie ergreifen können.

Mangelnde Energie

Heilung erfordert Energie. Energie wird durch den Stoffwechsel geliefert, jenen Prozeß, bei dem kalorische Energie aus Nahrungsmitteln in chemische Energie umgewandelt wird, die der Körper für seine vielfältigen Funktionen nutzen kann. Menschen, die hungern oder sich falsch ernähren, haben wenig Aussicht auf Spontanheilungen. Aber selbst bei Personen, die genügend essen, kann der Stoffwechsel aus irgendeinem Grund gestört sein, so daß sie trotz ihrer Kalorienzufuhr an einem Energiemangel leiden, der eine Heilung behindert.

Erinnern Sie sich an die Geschichte jener jungen Frau (im vorhergehenden Kapitel), die mit chronischer Müdigkeit zu mir kam und deren Beinbruch nicht hatte heilen wollen? Sie war im Laufe der

Jahre von mehreren Ärzten als jemand abgetan worden, der ständig über irgend etwas klagte; aber für mich waren die schlechte Frakturheilung und die bleibende Prellung an ihrem großen Zeh ein Zeichen, daß hier ein physisches Problem vorlag, wobei ich angesichts ihrer Krankengeschichte und der anderen Symptome auf eine Hypothyreose, eine Unterfunktion der Schilddrüse, schloß, obwohl die Schilddrüsenfunktionstests normal ausgefallen waren. Die Patientin kam von weit her, so daß es schwierig für mich war, einen Arzt für sie zu finden, der bereit war, es mit einer Schilddrüsenhormonsubstitution zu versuchen. Zu Beginn der Behandlung waren keine Veränderungen feststellbar. Aber nach zehn Wochen klangen die Symptome allmählich ab. Ihre Depression verschwand, ihr Energiehaushalt stieg, und ihre Menstruations- und Verdauungsbeschwerden besserten sich in dem Maße, wie ihr Stoffwechsel sich wieder normalisierte.

Eine Unterfunktion der Schilddrüse ist ein anschauliches Beispiel für die Abhängigkeit des Heilungssystems von einer ausreichenden Energiezufuhr über den Stoffwechsel. Häufigere Gründe für eine mangelnde Energiezufuhr aus dem Stoffwechsel sind jedoch schlechte Ernährung, Verdauungsstörungen und eine unzulängliche Atmung, drei Faktoren, die im Rahmen Ihrer Kontrollmöglichkeiten liegen.

Eine angemessene Ernährung bedeutet, daß nicht nur genügend Kalorien, sondern auch all die Nährstoffe zugeführt werden, die für einen effizienten Stoffwechsel notwendig sind: eine ausgewogene und keine einseitige Ernährung, die Krankheiten fördert. Im nächsten Kapitel werde ich auf den ernährungswissenschaftlichen Forschungsstand eingehen und aufzeigen, wie Sie Ihre Ernährung im Sinne der Förderung Ihres Heilungspotentials umstellen können.

Der Begriff »Verdauungsstörungen« deckt ein weites Spektrum von Beschwerden ab, von Reflux-Ösophagitis, dem Aufstoßen von Magensäften, über eine Vielzahl von Magen- und Darmstörungen bis zu Hämorrhoiden. Aber bei den meisten Verdauungsproblemen ist, solange nichts anderes erwiesen ist, davon auszugehen, daß sie streßbedingt sind. Denn die Psyche hat unbegrenzte Möglichkeiten, in die normalen Vorgänge des Magen-Darm-Systems einzugreifen, indem sie das Gleichgewicht des autonomen Nervensystems stört, das die entsprechenden Funktionen reguliert. Ich werde Ihnen sagen, wie Sie Streß neutralisieren und zu einem harmonischen Funktionieren des autonomen Nervensystems beitragen können, um diese Probleme zu vermeiden.

Wenn ich sage, daß eine unzulängliche Atmung die Ursache für einen Mangel an metabolischer Energie sein kann, so habe ich dabei ein extremes Beispiel vor Augen. Ich kenne einen Mann, Ende Vierzig, der an einem Emphysem sowie zeit seines Lebens an Bronchitis und Asthma leidet. Trotz eines gesunden Appetits ist er nur noch Haut und Knochen, da er keine Stoffwechselenergie speichern kann: Er ist einfach außerstande, genügend Sauerstoff aufzunehmen, um durch die Verbrennung von Nährstoffen Energie zu erzeugen. Aber auch jenseits einer chronischen Lungenkrankheit kann eine mangelhafte Atmung den Stoffwechsel beeinträchtigen und damit den Energiehaushalt für das Heilungssystem einschränken. Eine mangelhafte Atmung ist korrigierbar, und ich werde Ihnen aufzeigen, wie Sie Ihre Atemtechnik entsprechend ändern können.

Schließlich sollte nicht unerwähnt bleiben, daß ein Mangel an Energie auch das Ergebnis eines übermäßigen Energieaufwands infolge von Überarbeitung, Überanstrengung, fehlendem Schlaf sowie einer suchtartigen Einnahme oder Zufuhr von Stimulanzien sein kann. Auch diese Defizite sind natürlich korrigierbar.

Kreislaufprobleme

Das Heilungssystem hängt von der Blutzirkulation ab, deren Aufgabe es ist, Energie und Substanzen zu funktionsgestörten oder verletzten Regionen zu bringen. Anschauliche Beispiele, wie der Heilungsprozeß durch Durchblutungsstörungen behindert werden kann, liefern Diabetespatienten, die bedingt durch den veränderten Stoffwechsel vorzeitig und schneller fortschreitend Arteriosklerose entwickeln. Diabetiker sollten sich tunlichst nicht in den Fuß schneiden, sich keine Wunde reißen, da selbst eine kleine Hautverletzung sich zu einem großen, nicht heilen wollenden Geschwür entwickeln kann. Denn aufgrund der unzureichenden Durchblutung kann der Körper das betreffende Gewebe nicht mit genügend Nährstoffen und Sauerstoff versorgen und das Abwehrsystem auf Touren bringen.

Indem Sie sich gesund ernähren, auf Rauchen verzichten und sich ausreichend körperlich bewegen, können Sie Ihr Kreislaufsystem unterstützen; weitere konkrete Ratschläge hierzu finden Sie in den nachfolgenden Kapiteln.

Eingeschränkte Atmung

Daß eine eingeschränkte Atmung durch ihren hemmenden Effekt auf den Stoffwechsel die Effizienz des Heilungssystems beeinträchtigen kann, habe ich bereits erwähnt; die negativen Konsequenzen sind jedoch noch weitreichender. Die Tätigkeiten des Gehirns und des Nervensystems hängen ebenso wie die des Herz- und Kreislaufsystems sowie die aller anderen Organe von einem ordnungsgemäßen Austausch von Sauerstoff und Kohlendioxyd ab. Die Atmung ist vielleicht sogar die wichtigste Funktion des Körpers, da sie Einfluß auf alle anderen hat. Eine eingeschränkte Atmung kann das Ergebnis zurückliegender Traumata, physischer wie psychischer, sein. Den meisten von uns ist nie beigebracht worden, wie man richtig atmet und das Atmen zur Harmonisierung von Psyche und Körper nutzen kann. In Kapitel 13 werde ich deshalb näher auf diesen Punkt eingehen.

Geschwächte Abwehrkräfte

Spontanheilungen sind bei einer geschwächten Abwehr unwahrscheinlich. Die Abwehr obliegt dem Immunsystem, dessen Hauptaufgabe darin besteht, zwischen Körpereigenem und Körperfremdem zu unterscheiden und in letzterem Fall aktiv zu werden. Das Beispiel AIDS zeigt, welche Probleme für das Heilungssystem entstehen, wenn das Immunsystem gelähmt ist. Bei einer weniger gravierenden Immunschwäche tritt die Beeinträchtigung des Heilungssystems in der Regel weniger offensichtlich zutage.

Es sind im wesentlichen drei Kategorien von Faktoren, die das Immunsystem schwächen: anhaltende oder sehr starke Infektionen; toxische Schädigungen durch bestimmte Stoffe und Energien; ungesunde psychische Verfassung. Durch angemessene Ernährung, körperliche Bewegung, eine vernünftige Verwendung von Vitaminen, Mineralstoffen, Heilpflanzen und mit Techniken, die der Förderung der Immunität dienen, können Sie sich vor all diesen Einflüssen schützen. Weitere Informationen hierzu finden Sie in den nachfolgenden Kapiteln.

Toxine

Toxische Überbelastungen gehören zu den häufigsten Ursachen eingeschränkter Heilungsreaktionen. Aber das ist ein höchst kompliziertes, emotional belastetes und politisch äußerst brisantes Thema. Wir nehmen Giftstoffe mit der Nahrung auf, die wir essen; mit dem Wasser, das wir trinken; mit der Luft, die wir atmen; und ebenso mit den Medikamenten und Drogen, die wir konsumieren. Neben den stofflichen Giften bereiten zunehmend toxische Formen von Energie Sorgen, wobei die elektromagnetische Umweltbelastung, bekannt unter dem Schlagwort »Elektrosmog«, vielleicht die signifikanteste Form darstellt, die der Mensch in diesem Jahrhundert hervorgebracht hat; sie ist, da unsichtbar und nicht wahrnehmbar, besonders gefährlich.

Toxine – egal, ob wir es mit energetischen oder stofflichen zu tun haben – können die DNA schädigen, die alle Informationen enthält, die für Spontanheilungen notwendig sind; sie können die biologischen Kontrollmechanismen unterbrechen, von denen das Heilungssystem abhängt; sie können die Abwehrkräfte schwächen und die Entwicklung von Krebs und anderen Krankheiten fördern, deren Auftreten bereits ein Zeichen für das Versagen des Heilungssystems ist. Toxische Belastungen können die Hauptursache von Allergien, Autoimmunkrankheiten und einer Vielzahl von Degenerationskrankheiten – wie Alzheimer-Krankheit und Amyotrophische Lateralsklerose (ALS) – sein, deren Genese heute noch unklar erscheint.

Bemerkenswert ist die Trägheit, mit der Mediziner und die wissenschaftliche Forschungsgemeinde ein Interesse für diese Thematik entwickeln; in meinen Augen droht hier eine der größten Gefahren für die Gesundheit und das allgemeine Wohlergehen in der heutigen Welt. Aus der Presse sind Ihnen vielleicht Berichte über das vermehrte Auftreten von Leukämiefällen in unmittelbarer Nähe von Hochspannungsleitungen bekannt oder auch über das gehäufte Vorkommen von Lymphknotenschwellungen bei Landwirten, die mit Agrarchemikalien arbeiten, oder über die weltweite Zunahme von Asthma und Bronchitis infolge zunehmender Luftverschmutzung. Unlängst verfolgte ich die Zeitungsmeldungen über ein rätselhaft gehäuftes Auftreten von Lupusfällen in Nogales, einer Stadt an der Grenze Arizonas, unweit meines Wohnortes in der Nähe von Tucson. Systemischer *Lupus erythematodes* ist eine potentiell schwere Autoimmunkrankheit; bisher gibt es keine Erkenntnisse darüber, daß sie ansteckend oder auf umweltbedingte Ursachen zurückzuführen ist. Um so erstaunlicher war das clusterartige Auftreten in Nogales, wo die Zahl der registrierten Fälle um ein vielfaches über dem US-weiten Landesdurchschnitt lag. 1994 deckten Reporter dann auf, daß ein großer Ranchbetrieb auf der mexikanischen Seite der Grenze Pestizide in Flüsse entsorgt und großflächig mit Pestiziden belasteten Mist verbrannt hatte, weil man es sich, wie es hieß, nicht leisten konnte, eine ordentliche Entsorgungseinrichtung zu bauen.[1] Bisher wurde offiziell kein ursächlicher Zusammenhang hergestellt, dennoch sage ich, daß es ihn gibt.

Wenn Sie die Wahrscheinlichkeit spontaner Heilungen erhöhen möchten, *müssen* Sie lernen, sich vor Schädigungen durch Gifte zu schützen. Das heißt, Sie müssen lernen, wie man den Grad der Gefährdung durch Schadstoffquellen einschränken, den Körper vor den Folgewirkungen der Umweltverschmutzung schützen und ihm helfen kann, die aufgenommenen Gifte wieder loszuwerden.

Alter

Wir gehen im allgemeinen davon aus, daß das Alter ein Hindernis für die Heilung darstellt, daß die Heilung sich bei alten Menschen nicht so reibungslos vollzieht wie bei jungen und daß alte Menschen generell über weniger Abwehrkräfte verfügen. Diese Annahmen werden de facto zwar kaum durch wissenschaftliche Forschungsergebnisse gestützt, Beobachtungen lassen jedoch vermuten, daß sie zutreffend sind. Es ist beeindruckend, zu beobachten, wie schnell Kinder nach einfachen Operationen genesen. Das heißt jedoch nicht, daß Spontanheilungen bei alten Menschen ausgeschlossen sind, sondern nur, daß der Heilungsprozeß vielfach etwas länger dauert. Außerdem ist es durchaus möglich, das Heilungssystem vor den Auswirkungen des Alterns zu schützen und generell die Abwehrkräfte und Vitalität zu fördern.

Die traditionelle chinesische Medizin kennt eine Reihe natürlicher Substanzen, die in diesem Sinne als Tonika wirken. Diese Mittel scheinen wirksam und frei von schädlichen Nebenwirkungen zu sein; inzwischen sind sie zum Teil auch in unseren Breitengraden erhältlich. Ich habe mich mit der Literatur über diese Substanzen beschäftigt, einige von ihnen selbst und andere bei Patienten ausprobiert und werde Ihnen zu deren Verwendung einige Ratschläge geben. Sie können den Ablauf der Lebensuhr nicht stoppen und die damit verbundenen Veränderungen nicht aufhalten, aber Sie können entsprechend Ihrem Alter Ihren Lebensstil und Ihre Aktivitäten ändern und sollten in diesem Zusammenhang wissen, daß es Hilfsmöglichkeiten zur Aufrechterhaltung der Wirksamkeit Ihres Heilungssystems gibt.

Psychische Hindernisse

Nachdem Sie Teil I dieses Buches und die darin vorgestellten Fallgeschichten gelesen haben, dürften Sie meine feste Überzeugung teilen, daß die Psyche im positiven wie im negativen Sinne Heilungsprozesse stark beeinflußt; Spontanheilungen können durch psychische Abläufe ausgelöst werden, und ebenso können sie durch negative Muster behindert werden. Ich habe bereits erwähnt, daß die Psyche das Immunsystem unterdrücken und das Gleichgewicht des autonomen Nervensystems stören und damit Verdauungs-, Kreislauf- und andere innere Funktionsstörungen hervorrufen kann. Wichtig ist zu wissen, wie Sie die Psyche im Sinne der Heilung nutzen können.

Spirituelle Probleme

Auf meinen Reisen durch die ganze Welt bin ich vielen Heilern begegnet, in deren Augen die Hauptursachen von Gesundheit und Krankheit nicht physischer, sondern spiritueller Natur sind. Sie richten ihre Aufmerksamkeit auf eine unsichtbare Welt, von der angenommen wird, daß sie jenseits der Welt unserer sinnlichen Wahrnehmungen existiert. Auf dieser Ebene suchen sie nach den Ursachen von Krankheiten und nach Wegen, sie zu heilen.

Manche von ihnen glauben an karmabedingte Krankheitsursachen (die auf Handlungen in der Vergangenheit bzw. in einem früheren Leben zurückzuführen sind), andere an die Fähigkeit verstorbener Vorfahren, das Leben und die Gesundheit zu beeinflussen, wieder andere glauben an Besessenheit von Geistern und noch andere an die Möglichkeit, Schamanen könnten durch Verwünschungen die Psyche tangieren.

Mit Wissenschaftlern kann man über diese unsichtbare Welt nicht sprechen, da der wissenschaftliche Materialismus einzig nach den physischen Ursachen physischer Vorgänge sucht. Ich habe inzwischen gelernt, der Versuchung zu widerstehen, mit Ärzten (zumindest mit den meisten) über die Möglichkeit einer nichtphysischen Verursachung von physischen Vorgängen zu diskutieren, aber ich spreche mit manchen Patienten darüber und denke sehr viel darüber nach. Dieser Teil des Buches wäre also unvollständig, wenn ich nicht zumindest in Teilbereichen auf die spirituelle Dimension des Heilens einginge und Ihnen auch auf dieser Ebene einige hilfreiche Informationen und Ratschläge gäbe.

Meine Liste der Hindernisse für Spontanheilungen ist somit komplett; alle Themen sind angeschnitten, auf die ich jetzt im einzelnen eingehen möchte. Beginnen will ich mit der Ernährung. Es folgen dann Ratschläge, wie Sie sich gezielt vor Schadstoffbelastungen aus unserer Umwelt schützen und mit Hilfe von pflanzlichen Mitteln Ihr körpereigenes Heilungssystem unterstützen können.

— 9 —

Gesunde Ernährung

Bei einem Workshop über natürliche Gesundheit, den ich kürzlich veranstaltete, trug ein Mann ein T-Shirt mit dem Aufdruck: »Iß richtig, treibe Sport, stirb dennoch.« Dieser Spruch hat etwas Wahres. Wir werden alle sterben, und unsere Lebensdauer mag genetisch vorprogrammiert sein. Nichtsdestotrotz kann unsere Entscheidung, wie wir leben, im Zusammenwirken mit den genetischen Faktoren eine Rolle spielen und nicht zuletzt mit zunehmendem Alter maßgebend für die Qualität unseres Lebens sein. Nach meiner Überzeugung ist der Lebensstil ein wesentlicher Faktor hinsichtlich des Risikos, sich die üblichen Krankheiten zuzuziehen; zudem wirkt er sich sicher auf unsere Heilungsfähigkeit aus. Unter den Wahlmöglichkeiten, die wir haben, ist die Entscheidung, wie wir uns ernähren, besonders wichtig, zumal dies ein Bereich ist, der großenteils unserer Kontrolle unterliegt. Freilich herrscht, wie Sie wissen, alles andere als Einvernehmen darüber, was unter einer gesunden Ernährung zu verstehen ist.

Ich habe zu viele Menschen kennengelernt, die mit einer denkbar »schlechten« Ernährung ein hohes Alter erreichten, um zu glauben, daß die Frage der Ernährung der einzige oder auch nur der ausschlaggebende Faktor für eine gute Gesundheit ist. Es gibt aber eine Fülle von Büchern über Ernährung und Gesundheit, von denen nicht wenige sich widersprechen. Selbst zu den sogenannten großen Fragen wie etwa zu den gesundheitlichen Risiken von Nahrungsfett herrschen erhebliche Meinungsverschiedenheiten unter den Experten. Während für manche Ärzte eine fettarme Diät der Schlüssel zu

Gesundheit und Langlebigkeit ist, sind andere der Auffassung, mit einem eingeschränkten Fettkonsum könne die Lebenserwartung allenfalls um einige Wochen verlängert werden.[1] Ähnliche Meinungsverschiedenheiten bestimmen die Diskussion über die Vorzüge einer vegetarischen Ernährung. Im Rahmen vieler Untersuchungen wurde festgestellt, daß Vegetarier seltener von Herzkrankheiten und Krebs betroffen sind; aber über die Gründe, warum das so ist, streiten sich die Ärzte, wobei dann manche anführen, Vegetarier lebten allgemein gesundheitsbewußter und seien mehr auf sich und ihr Wohlergehen bedacht, während andere tierische Nahrungsmittel generell für schädlich halten und wieder andere den Standpunkt vertreten, wenn Nichtvegetarier ebensoviel Fett (also weniger) und Ballaststoffe (also mehr) wie Vegetarier äßen, gäbe es keine Unterschiede mehr.

Ich möchte aus Zeit- und Platzgründen nicht weiter auf diese Streitpunkte eingehen und vor allem nicht noch mehr zu Ihrer Verwirrung beitragen. Ich will mich statt dessen auf einige einfache, praktische Vorschläge zur Umstellung auf eine Ernährungsweise beschränken, die nach meiner Überzeugung zur Förderung unseres Heilungspotentials beiträgt. Einiges wird Ihnen bekannt sein, aber Essentials können nicht oft genug wiederholt werden. Denn zur allgemeinen Verwirrung trägt unter anderem bei, daß auch der Ernährungsbereich von Moden diktiert wird. Modeerscheinungen interessieren mich nicht. Ich möchte mich auf jene entscheidenden Punkte konzentrieren, in denen sich auf der Grundlage von Studien über Ernährung und Gesundheit ein Konsens herausgebildet hat. Dies betrifft die Gesamtkalorien, Fette, Proteinquellen, Obst und Gemüse, Ballaststoffe.

Gesamtkalorien

Im Rahmen eines Tierversuchs kam eine wissenschaftliche Untersuchung zu dem erstaunlichen Ergebnis, daß Tiere länger lebten und weitaus seltener krank wurden, wenn sie etwas weniger zu fressen bekamen, als es nach der »empfohlenen täglichen Kalorienzufuhr«

angezeigt gewesen wäre[2] – ein Ergebnis, das von großer praktischer Bedeutung sein kann. Bei Laborratten und -mäusen konnten die gesundheitlichen Vorzüge der »Unterernährung« und die damit verbundenen positiven Auswirkungen auf die Lebenserwartung klar nachgewiesen werden, was beim Menschen bisher allerdings noch nicht gelang, obwohl alles dafür spricht, daß sie hier ebenso zum Tragen kommen. Diese Erkenntnisse sind deswegen überraschend, weil wir eine »weniger als optimale« Nahrungszufuhr mit Wachstumsstörungen und schlechter Gesundheit in Verbindung bringen, und der gesunde Menschenverstand sagt uns, daß es uns bessergeht, wenn wir wohlernährt sind. Der springende Punkt ist jedoch, daß die meisten von uns überernährt sind und zuviel des Guten uns schaden kann.

Wenn wir alle zwangsweise in regelmäßigen Abständen mit festbemessenen Portionen gleichen Essens versorgt würden, dann wäre mit Sicherheit niemand von uns übergewichtig, und viele würden, so vermute ich, länger leben und häufiger spontane Heilungen erfahren, als es heute der Fall ist. Glücklicher- oder unglücklicherweise leben wir jedoch in einer Welt, in der wir durch die Fülle und das breitgefächerte Angebot von Nahrungsmitteln ständigen Verlockungen ausgesetzt sind, und viele von uns essen nicht, um körperlichen Hunger zu stillen, sondern um Ängste und Depressionen zu beschwichtigen, um Langeweile zu vertreiben, um eine innere Leere zu füllen oder weil Essen ihnen als Ersatz für emotionale Nahrung dient. Die meisten von uns werden sich nicht freiwillig auf ein »Unterernährungsprogramm« einlassen. Und so frage ich mich, ob es nicht andere Wege gibt, sich die wissenschaftlichen Erkenntnisse zunutze zu machen.

Dazu fallen mir zwei Möglichkeiten ein. Die erste ist, unsere Ernährung auf eine geringere Gesamtkalorienmenge umzustellen, ohne eine nennenswerte Reduzierung der Eßmenge oder den Verzicht auf Dinge, die wir gerne essen. Die zweite ist, die Kalorienzufuhr zu beschränken, indem wir entweder regelmäßig, etwa einen Tag in der Woche, fasten oder uns an eine bestimmte Diät mit einer begrenzten Kalorienzahl halten. Ich habe beide Methoden ausprobiert und halte beide für nützlich.

Der einfachste Weg, Kalorien zu reduzieren, ist, bei allen Gerichten den Fettanteil zu verringern. Fett hat pro Gramm fast doppelt so viele Kalorien wie Proteine und Kohlenhydrate und ist somit der Hauptkalorienlieferant in unserer Nahrung. Es ist erstaunlich leicht, den Fettanteil um die Hälfte, zu drei Vierteln oder noch mehr in den Gerichten zu reduzieren, die Sie zu Hause zubereiten; eine wesentliche Hilfe sind dabei Kochbücher über die Zubereitung speziell fettarmer Gerichte und natürlich auch die fettarmen und fettfreien Alternativen zu herkömmlichen Produkten wie Chips, Mayonnaise und Saucen. Sicher trägt Fett zum Geschmack und damit zum Genuß des Essens bei, und darauf möchten die wenigsten verzichten. Freilich ist es nicht erstrebenswert, diese Light-Produkte dann in so großen Mengen zu verzehren, daß Sie am Ende mehr Kalorien als vorher zu sich nehmen. Ich kenne zum Beispiel Leute, die früher gelegentlich ein Eis aßen und in ihrer Light-Euphorie heute nun jeden Tag einen Riesenbecher fettfreies Joghurteis vertilgen. Damit erhöhen sie wahrscheinlich ihre Kalorienaufnahme, statt sie zu senken; diese und ähnliche Umstellungen in der Ernährung dürften auch erklären, warum die Fettleibigkeit in den USA, trotz insgesamt sinkenden Fettanteils in der Ernährung, weiterhin zunimmt. Kurz: Man kann die Kalorienmenge reduzieren und dennoch reichlich seine Lieblingsspeisen verzehren, indem man einfach weniger Fett verwendet. Das wäre eine Möglichkeit, sich die gesundheitlich positiven Effekte der »Unterernährung« zunutze zu machen.

Verschiedentlich habe ich auch ausprobiert, einen Tag in der Woche zu fasten, für gewöhnlich montags. An diesen Fasttagen nehme ich nichts außer Wasser oder Kräutertees, teilweise mit etwas Zitrone, zu mir; ich halte das für eine sinnvolle Übung, sowohl was den Körper als auch was die Psyche betrifft. Sie gibt mir ein Gefühl von Gesundheit. Sollten Sie sehr schlank und kälteempfindlich sein, empfehle ich Ihnen diese Art zu fasten jedoch nicht. Statt dessen könnten Sie vielleicht versuchen, an einem Tag in der Woche nur Fruchtsäfte oder klare Flüssigkeiten zu trinken. Damit gönnen Sie Ihrem Verdauungssystem nicht nur etwas Ruhe. Sie reduzieren damit auch die Gesamtkalorienzufuhr und profitieren so von den positiven Effekten der »Unterernährung«, ohne generell auf den Genuß des Essens verzichten zu müssen. Zudem hat diese Übung noch eine Reihe sekundärer Vorteile, etwa daß Sie nach einem Fasttag Ihr Essen wesentlich mehr zu schätzen wissen und auch wesentlich bewußter essen.

Achten Sie auf weitere wissenschaftliche Berichte über die gesundheitlichen Vorzüge der »Unterernährung«. Wenn sich die zuvor genannten Erkenntnisse bestätigen und auch auf den Menschen übertragbar erscheinen, wird es sich lohnen, wenn Sie zur Förderung Ihres Heilungspotentials Ihre Kalorienzufuhr einschränken.

Fette

Dem Thema »Fett« räume ich breiteren Raum ein als jedem anderen Aspekt der Ernährung, da sich aus den vorliegenden Forschungsergebnissen über die Auswirkungen von Fetten auf den Körper Konsequenzen ergeben, die aus meiner Sicht von vitaler Bedeutung sind. Ein übermäßiger Verzehr von »falschen« Fetten kann schwerwiegende Folgen für Ihre Heilungsfähigkeit nach sich ziehen und vielleicht der größte Ernährungsfehler sein, den Sie machen können.

Bei Fetten handelt es sich um Gemische aus Fettsäuren, um Ketten mit einer bestimmten Säuregruppe an einem Ende, an die Kohlenstoff- und Wasserstoffatome angebunden sind. Fettsäuren können nach zwei Kriterien klassifiziert werden: nach der Länge der Ketten und danach, ob alle verfügbaren Kohlenstoffverbindungen der Molekularkette mit Wasserstoffatomen besetzt, also gesättigt sind. Bei ungesättigten Fettsäuren haben wir es mit einer (mono) oder mehreren (poly) Doppel- oder Dreifachverbindung(en) zwischen den nebeneinanderliegenden Kohlenstoffatomen in der Kette zu tun. Durch die ungesättigten Punkte werden die Konfiguration des Moleküls und seine physikalische und chemische Beschaffenheit verändert.

Fette, die im wesentlichen aus gesättigten Fettsäuren bestehen, bleiben bei Zimmertemperatur fest, und je höher der Anteil der gesättigten Fettsäuren, desto höher liegt der Schmelzpunkt. Tierische Fette haben einen hohen Anteil an gesättigten Fettsäuren, wie auch zwei pflanzliche Fette: Kokos- und Palmfett. Im Gegensatz dazu bleiben die mehrfach ungesättigten pflanzlichen Öle auch bei kälteren Temperaturen flüssig. Je niedriger der Temperaturpunkt liegt, an dem sie fest werden, desto größer ist der Anteil an ungesättigten Fettsäuren. Mais-, Soja-, Sesam-, Sonnenblumen- und Safloröle enthalten zum Beispiel mehrfach ungesättigte Fettsäuren. In der Mitte liegen die pflanzlichen Öle, die im wesentlichen aus einfach ungesättigten Fettsäuren bestehen, mit nur einer Doppel- oder Dreifachverbindung in der Kette der Kohlenstoffatome. Hierzu gehören Oliven-, Canola-, Erdnuß- und Avocadoöle.

Ernährungsbewußte Schulmediziner geben uns derzeit zwei allgemeine Empfehlungen zu Nahrungsfetten. Sie raten uns, die Gesamtfettmenge, die wir zu uns nehmen, sowie die Menge an gesättigten Fettsäuren in unserer Nahrung zu reduzieren. Dies trifft jedoch die Sache nur zur Hälfte.

Die Beweise für die mit gesättigten Fettsäuren verbundenen gesundheitlichen Risiken sind überwältigend. Ein hoher Anteil an gesättigten Fettsäuren bewirkt bei den meisten Menschen, daß die Leber mehr LDL-Cholesterin (»schlechtes« Cholesterin) produziert, als der Organismus aus dem Blut entfernen kann. Das Ergebnis sind Schädigungen der Arterienwände (Arteriosklerose), Herz- und Kreislaufbeschwerden, geringere Lebenserwartung, Behinderungen infolge koronarer Herzkrankheiten und nicht zuletzt eine infolge mangelnder Blutzirkulation eingeschränkte Heilungsfähigkeit.

Die Beweise für die gesundheitlichen Risiken von Fett insgesamt bzw. der Gesamtfettmenge sind weitaus weniger zwingend. Nach dem derzeit ebenso gängigen wie beliebten Vorurteil gegenüber Fetten möchten viele glauben, daß eine sehr fettarme Ernährung dafür sorgt, daß wir länger leben, daß sie Krebs vorbeugt und unsere Immunität stärkt; was aber fehlt, sind harte Fakten, die solche Vorstellungen belegen. Fest steht, daß eine sehr fettarme Diät – bei der der Fettanteil nur etwa zehn Prozent der Gesamtkalorienmenge ausmacht – für Personen mit Herzkranzgefäßkrankheiten außerordentlich förderlich ist; aber sie ist nicht nur schwer einzuhalten, fraglich ist auch, ob sie für den Rest von uns viel tun kann. Ich halte es für erstrebenswert, das Fett in unserer Ernährung angemessen zu reduzieren – sagen wir, auf einen Anteil von zwanzig oder dreißig Prozent an der Gesamtkalorienmenge –, aber noch für wesentlich wichtiger, auf eine Reduzierung der gesättigten Fettsäuren und anderer ungesunder Fette zu achten, auf die ich sogleich noch im einzelnen eingehen werde.

Die wichtigsten natürlichen Quellen gesättigter Fettsäuren sind Rind-, Schweine-, Lammfleisch, ungehäutetes Huhn, Ente, Vollmilch und Vollmilchprodukte (insbesondere Käse, Butter und Sahne) sowie Produkte, die mit tropischen Fetten (Palm- und Kokosfett) verarbeitet werden. Von all diesen stellt Rinderfett möglicherweise die größte Gefahr für die Gesundheit dar. Des weiteren gibt es noch die unnatürlichen Quellen gesättigter Fettsäuren: Margarine, gehärtete Pflanzenfette sowie alle mit teilhydrierten Ölen verarbeiteten Produkte. Bei diesen Produkten werden die flüssigen pflanzlichen Öle künstlich mit Wasserstoff gesättigt, um ihre Konsistenz so zu verändern, daß sie bei Zimmertemperatur fest oder halbfest sind. Dabei spielt es dann keine Rolle mehr, wie gut die hierbei verwendeten Öle ursprünglich sind; was dabei herauskommt, sind gesättigte Fettsäuren, die unsere Herzkranzgefäße gefährden.

Der einfachste – und sicher ein empfehlenswerter – Weg, möglichst auf gesättigte Fettsäuren zu verzichten, ist natürlich, den Verzehr von tierischen Produkten, insbesondere von Fleisch und Vollmilchprodukten, einzuschränken. Darüber hinaus sollten aber vor allem Quellen tropischer Fette und künstlich gehärteter Öle ausgeschlossen werden, die noch aus einem weiteren Grund gefährlich sind.

Es ist noch nicht lange her, daß uns ärztlicherseits empfohlen wurde, gesättigte Fettsäuren wie Butter durch mehrfach ungesättigte pflanzliche Öle wie Mais- und Safloröl zu ersetzen, in der Annahme, diese Öle reduzierten den Cholesterinspiegel und kämen dem Herz und den Arterien zugute. Vor diesem Hintergrund avancierte Margarine, deren einziger Vorzug zu Beginn dieses Jahrhunderts der niedrige Preis war, im öffentlichen Bewußtsein vom vormals billigen Ersatz für Butter zu einer gesunden Alternative. Der Verkauf von Safloröl boomte, dem pflanzlichen Öl mit dem höchsten Anteil an ungesättigten Fettsäuren überhaupt. Ich hoffe, diese Ära ist inzwischen vorbei. Mehrfach ungesättigte Fettsäuren schaden uns aber auch noch in anderer Hinsicht. Sie sind aufgrund der ungesättigten Punkte innerhalb der Fettsäurenketten chemisch instabil, da diese leicht mit Sauerstoff reagieren und sich im Zuge dieses Oxidationsprozesses zu toxischen Verbindungen entwikkeln, die die DNA und die Zellmembrane schädigen sowie Krebs, Entzündungen und degenerative Gewebeveränderungen fördern können. Ich empfehle nachdrücklich, alle mehrfach ungesättigten Fettsäuren aus Ihrem Speiseplan zu streichen.

Hinzu kommt, daß ungesättigte Fettsäuren, wenn sie erhitzt oder mit chemischen Lösungs- und Bleichmitteln behandelt werden, dazu neigen, sich von einer natürlichen gebogenen Form (der sogenannten *Cis*-Konfiguration) zu einer unnatürlichen zusammenhängenden Form (der sogenannten *Trans*-Konfiguration) zu deformieren. Diese sogenannten *Trans*-Fettsäuren oder TFS können extrem toxisch sein, auch wenn sich die Medizinforscher offensichtlich vorerst schwertun, diese Gefahr zu erkennen. Selbst heute, da sie allmählich einräumen, daß Margarine für das Herz schädlicher sein kann als Butter, konzentrieren sie sich noch immer ausschließlich auf den Anteil an gesättigten Fettsäuren in Margarine statt auf die darin reichlich enthaltenen *Trans*-Fettsäuren. Wir wissen, daß der Körper aus *Cis*-Fettsäuren die Zellmembrane herstellt und sie auch als synthetische Kanäle für Hormone nutzt. Wir wissen nicht, was er mit den *Trans*-Fettsäuren macht; sofern er versucht, sie in gleicher Weise zu nutzen, könnten defekte Membrane und Hormone das Ergebnis sein. Ich bin überzeugt, daß *Trans*-Fettsäuren den regulären Körpermechanismus schädigen und das Heilungssystem erheblich in Mitleidenschaft ziehen. Es genügt, sich in diesem Zusammenhang vor Augen zu halten, daß diese *Trans*-Fettsäuren in der Natur nicht vorkommen, sondern nur in Fetten, die künstlich chemisch und physikalisch behandelt wurden. Manche Forscher sprechen von den »lustigen Fetten«, aber ich sehe nicht, was im

Hinblick darauf, was sie uns antun können, daran lustig sein soll. Die mit diesen Fettsäuren verbundenen Gefahren können Sie umgehen, wenn Sie auf Margarine sowie gehärtete Pflanzenfette und alle damit hergestellten Produkte ganz verzichten, auf alle Produkte, die in irgendeiner Form als »gehärtet« gekennzeichnet oder als pflanzliche Fette oder Öle mit mehrfach ungesättigten Fettsäuren (Mais-, Soja-, Sesam-, Sonnenblumen-, Safloröl) ausgewiesen sind, da diese mittels Erhitzung und Lösungsmitteln extrahiert wurden, die die Bildung von *Trans*-Fettsäuren fördern. (Ich weigere mich, Cottonöl auch nur als Nahrungsmittel zu betrachten. Es hat hohe Anteile von gesättigten Fettsäuren, kann darüber hinaus natürliche Toxine enthalten und ist vielfach mit Pestizidrückständen belastet.)

Was *können* wir dann essen? Pflanzliche Öle mit vornehmlich einfach ungesättigten Fettsäuren – Oliven-, Canola-, Erdnuß- und Avocadoöl – setzen uns nicht dem mit gesättigten Fettsäuren verbundenen Risiko von Herzkranzgefäßerkrankungen und ebensowenig dem mit mehrfach ungesättigten Fettsäuren verbundenen Krebsrisiko aus. Zwischen den einzelnen Ölen in dieser Kategorie gibt es allerdings große Unterschiede, und es ist wichtig, die jeweiligen Vor- und Nachteile zu kennen.

Olivenöl scheint das beste und unbedenklichste von allen Nahrungsfetten zu sein. Offensichtlich kann der Körper die darin reichlich enthaltene Fettsäure, die Ölsäure, leichter als alle anderen Fettsäuren verarbeiten. Bekannt ist: Wenn herkömmlicherweise verwendete Öle mit gesättigten Fettsäuren durch Olivenöl ersetzt werden, führt dies zu einer Reduzierung des LDL-Cholesteringehaltes, des »schlechten« Cholesterins, im Blut. (Wenn sie demgegenüber durch Öle mit mehrfach ungesättigten Fettsäuren ersetzt werden, führt dies zusätzlich auch zu einer Verringerung des »guten« Cholesterins.) Olivenöl ist sehr schmackhaft und wird seit Tausenden von Jahren als Nahrungsfett verwendet. Am hochwertigsten ist ein extra virgin (aus erster Pressung) Olivenöl, das unter leichtem Druck kaltgepreßt statt mittels Erhitzung oder Lösungsmitteln gewonnen wird; extra virgin Olivenöl ist fast in jedem Supermarkt zu einem erschwinglichen Preis erhältlich.

Olivenbäume werden sehr alt; sie sind schön und inspirieren oft zu einer gewissen Ehrfurcht in den Kulturen ein, in denen sie kultiviert werden; außerdem wachsen und gedeihen sie auch ohne den massiven Einsatz von Pestiziden und Agrarchemikalien ausgezeichnet. Zudem wurde festgestellt, daß in Kulturkreisen, in denen Olivenöl das Hauptspeisefett darstellt, gemessen an der Gesamtmenge des Fettkonsums vergleichsweise weniger Herz- und Gefäßkrankheiten auftreten und der Prozentsatz von Degenerationskrankheiten und Krebs niedriger ist als in vielen anderen Populationen. Olivenöl ist ein herausragender Bestandteil des mediterranen Speiseplans, dem die wissenschaftliche Forschung in den letzten Jahren sehr viel Aufmerksamkeit schenkte. In den Mittelmeerländern ißt man sehr viel Obst und Gemüse, erhebliche Mengen Fisch und in Maßen tierische Produkte, aber bei der Analyse all dieser Faktoren konnte zwischen Olivenöl und einer besseren Gesundheit der unmittelbarste Zusammenhang nachgewiesen werden.[3]

Aufgrund meiner eigenen Forschungen bin auch ich dahin gekommen, Olivenöl als Hauptfett in meiner Ernährung zu bevorzugen; ich verwende es bei der Zubereitung fast aller Speisen, denen Fett beizugeben ist, sowie bei allen Salatsaucen und gelegentlich auch als Dip zu Brot (obwohl ich Brot in der Regel ohne Aufstrich esse). Sofern Sie den Olivenölgeschmack nicht mögen, können Sie auch Light-Olivenöle kaufen, die den typischen Geruch und Geschmack nicht haben; obwohl diese Light-Varianten bei manchen Gerichten zweckdienlich sein können, etwa bei kurzgebratenen orientalischen oder überbackenen Gerichten, bleibt die Einschränkung, daß sie wahrscheinlich weniger gesund sind, da sie verarbeitet wurden. Selbst wenn die einzige Umstellung, die Sie in Ihrer Ernährung vornehmen, darin besteht, daß Sie Butter und Margarine durch Olivenöl ersetzen, haben Sie damit bereits einen gewaltigen Schritt zur Verbesserung Ihrer Gesundheit und Heilungsfähigkeit getan.

Canolaöl (bei dem Namen handelt es sich um eine Zusammensetzung von »Canadian oil«) ist eine moderne Variante eines aus Rübsamen gewonnenen traditionellen Speiseöls in Indien und Südchina. Raps gehört zur Familie der Senfarten, und Rapssamen enthalten ein Öl mit einem sehr geringen Anteil an gesättigten Fettsäuren und einem hohen Anteil an einfach ungesättigten Fettsäuren. Sie enthalten auch eine toxische Fettsäure, die Erucasäure. Dank moderner Züchtungen ist es jedoch gelungen, den Erucasäuregehalt von Rübsamenöl (oder Rapsöl) zu reduzieren und die Pflanze auch in anderer Hinsicht zu verbessern. Aber trotz seiner derzeitigen Beliebtheit – Canolaöl hat den bisherigen Favoriten der Naturkost, das Safloröl, inzwischen verdrängt – kann ich mich weniger dafür begeistern als für das Olivenöl. Zu Canolaöl liegen uns keine epidemiologischen Vergleichsdaten vor wie zu Olivenöl, die belegen, daß Bevölkerungen, die es verwenden, gesünder sind als andere, und ihm damit eine gesundheitsfördernde Wirkung bescheinigen. Hinzu kommt, daß das in den Supermärkten erhältliche Canolaöl in einer fettsäurendeformierenden Form extrahiert wird und daß im Rapsanbau Pestizide eingesetzt werden, mit denen das Öl belastet sein dürfte. Natürlich können Sie in Reformhäusern oder Bioläden auch kaltgepreßtes Canolaöl aus biologisch-organischem Anbau zu einem wesentlich höheren Preis kaufen, und nur solches verwende ich. Für bestimmte Rezepte, bei denen ich Wert auf ein absolut geschmacksneutrales Öl lege, habe ich stets eine Flasche davon im Kühlschrank, aber es braucht sich nur sehr langsam auf. Insgesamt schätze ich Canolaöl weit weniger als Olivenöl.

Erdnußöl, einst die bevorzugte Wahl chinesischer Köche, hat im Vergleich zu Olivenöl einen wesentlich höheren prozentualen Anteil an mehrfach ungesättigten Fettsäuren, und es kann von natürlichen und unnatürlichen Toxinen belastet sein. Ich sehe keinen Grund, es zu verwenden. Avocadoöl, nur in Bioläden und Reformhäusern erhältlich, ist zu teuer und enthält nichts, was es für die Küche empfehlen würde. Avocados bereichern den Speiseplan, sollten jedoch angesichts ihres hohen Fettgehaltes nur in Maßen verzehrt werden. Wenn Sie nicht davon ablassen können, Ihr Brot mit Fett zu bestreichen, versuchen Sie es statt dessen einmal mit einer kleinen zerdrückten reifen Avocado; auf diese Weise ersetzen Sie eine hochgesättigte Fettsäure durch eine einfach ungesättigte.

(In meinem Kühlschrank gibt es noch drei weitere Öle, die ich quasi als Gewürze in kleinen Mengen verwende: geröstetes – dunkles – Sesamöl, Walnußöl und Haselnußöl. Diese Öle enthalten mehrfach ungesättigte Fettsäuren; sie müssen kalt aufbewahrt und dürfen nicht bei Speisen verwendet werden, die auf hohe Temperaturen erhitzt werden. Sie sind hoch aromatisch und geschmacksintensiv, und ich verwende sie vorzugsweise bei Suppen, Salatsaucen und Marinaden; in kleinen Mengen sind sie delikat und nicht ungesund.)

Ehe ich das Thema »Fette« abschließe, möchte ich noch eine weitere Gruppe erwähnen, der gesundheits- und heilungsfördernde Eigenschaften nachgesagt werden. Das sind die Omega-3-Fettsäuren, die in Fisch und einigen Pflanzen vorkommen. Bei diesen Omega-3-Fettsäuren handelt es sich um hochungesättigte Fettsäuren mit besonderen Qualitäten. Nach dem derzeitigen Kenntnisstand wirken sie offenbar entzündungshemmend, schützen vor Blutgerinnungsanomalien und möglicherweise vor Krebs und degenerativen Veränderungen in Zellen und Geweben. Sehr viele Untersuchungen legen den Schluß nahe, daß eine optimale Ernährung Quellen dieser so selten vorkommenden Verbindungen mit einschließen sollte.[4] Um sie zu nutzen, haben Sie folgende Möglichkeiten:

Sie können Fisch essen, der Omega-3-Fettsäuren enthält, vor allem ölhaltigen Fisch aus kalten nördlichen Gewässern: Sardinen, Hering, Makrelen, (See-)Barsch, Lachs und in eingeschränkter Form Thunfisch (Albacore). (Im folgenden werde ich noch ausführlicher auf das Thema »Fisch« eingehen.) Alternativ können Sie auch Fischölkapseln als Nährstoffergänzungen, die Omega-3-Fettsäuren enthalten, nehmen. Geringe Mengen sind in Canola- und Sojaöl enthalten, reiche Quellen sind zwei weniger bekannte pflanzliche Öle aus Flachs (eine Leinpflanze) und Hanf: Die Samen dieser Pflanzen enthalten in hohen Konzentrationen Omega-3-Fettsäuren. Leinsamen, geschrotete Leinsamen und Leinöl sind in Bioläden und Reformhäusern erhältlich. Auch Hanföl wird inzwischen in manchen Läden angeboten. Und schließlich ist Portulak, eine Wildpflanze, eine Omega-3-Fettsäurenquelle. Im Mittelmeerraum wird Portulak als Gemüsepflanze in Suppen verwendet, sie läßt sich auch problemlos im eigenen Garten anbauen und erweist sich in der Regel als ein beständiges Gewächs.

Ich empfehle, wohlgemerkt, nicht die Einnahme von Fischölkapseln. Sie können zum einen mit Toxinen belastet sein und sind zum anderen im Zweifel nicht so ergiebig wie richtiger Fisch. Ich selbst esse mit Vorliebe zwei- bis dreimal in der Woche Lachs, Sardinen oder Hering. Makrelen sind schwerer erhältlich, Barsch ist oft mit Quecksilber belastet, und Thunfisch (Albacore) ist keine hinreichend ergiebige Quelle. Wenn Sie keinen Fisch mögen, sind Sie am besten mit Hanf- oder Leinöl beraten, da Portulak oft schwer erhältlich ist. Hanföl ist grünlich und pikant, es läßt sich gut in Salatsaucen mit Olivenöl mischen. Leinöl ist süß und pikant, solange es frisch ist; der Nachteil ist jedoch, daß es schnell schlecht wird und oft unangenehm nach Ölfarbe schmeckt, bis es schließlich auf den Tisch kommt. (Leinöl wird im übrigen tatsächlich als Grundlage bei Ölfarben verwendet.) Wenn Sie ein gut schmeckendes Fischöl finden, sollten Sie es unbedingt verwenden. Alternativ empfehle ich Ihnen die Verwendung von geschroteten Leinsamen. Am besten kaufen Sie ganze Leinsamen, die recht billig sind, bewahren sie im Kühlschrank auf und mahlen sich jeweils einen Vorrat für einige Tage oder eine Woche. Sofern Sie keine Getreidemühle haben, tut es auch eine Kaffeemühle. Die geschroteten Leinsamen können Sie über Müslis und Salate streuen oder es beim Backen von Brot und Kuchen zugeben. Mit einem Eßlöffel Hanf- oder Leinöl am Tag oder zwei Eßlöffeln geschrotete Leinsamen erhalten Sie eine gute Portion der kostbaren Omega-3-Fettsäuren.

Zusammenfassend lauten meine Ernährungsempfehlungen zu Fetten also:

- *Reduzieren Sie die Gesamtfettmenge* – durch Verzicht auf eingehend gebratene Speisen, durch mäßigen Verzehr von Chips, Nüssen, Avocados, Butter, Käse und anderen fettreichen Produkten und indem Sie lernen, die Rezepte Ihrer Lieblingsgerichte so abzuwandeln, daß sie weniger Fett enthalten. Achten Sie bei den Produkten, die Sie kaufen, auf den ausgewiesenen Fettgehalt, und versuchen Sie, Ihren Fettkonsum im Rahmen von zwanzig bis dreißig Prozent der Gesamtkalorienmenge zu halten, die Sie zu sich nehmen.
- *Achten Sie besonders darauf, den Anteil an gesättigten Fettsäu-*

ren in Ihrer Ernährung zu reduzieren – durch einen erheblich eingeschränkten Verzehr von Fleisch, ungehäutetem Huhn, Vollmilch und Vollmilchprodukten, Butter, Margarine, Salatdressings und allen Produkten, die mit tropischen Fetten oder Ölen sowie mit teilhydrierten Ölen hergestellt sind.

- *Streichen Sie pflanzliche Öle mit mehrfach ungesättigten Fettsäuren von Ihrem Speiseplan* – indem Sie auf Saflor-, Mais-, Soja-, Erdnuß-, Sonnenblumen- und Cottonöl sowie auf alle daraus hergestellten Produkte verzichten.
- *Lernen Sie, als Fett vornehmlich Olivenöl zu verwenden* – und zwar vorzugsweise ein aromatisches extra virgin Olivenöl.
- *Lernen Sie, die Quellen der gefährlichen* Trans-*Fettsäuren zu erkennen und zu meiden* – Margarine, gehärtete Pflanzenfette sowie alle Produkte, die mit teilhydrierten Ölen irgendwelcher Art hergestellt sind.
- *Erhöhen Sie den Verzehr von Omega-3-Fettsäuren* – durch regelmäßigen Verzehr von entsprechendem Fisch sowie Hanf- oder Leinöl oder geschrotete Leinsamen.

Proteinquellen

Wir brauchen Eiweiß für die Bildung von neuem Gewebe, für die Regeneration von geschädigtem Gewebe und für unser Wachstum. Proteine sind komplizierte Moleküle, die sich aus einer Vielzahl von Aminosäuren zusammensetzen; einige dieser Aminosäuren, die sogenannten essentiellen, kann der Körper nicht selbst herstellen, sie müssen ihm über die Nahrung zugeführt werden. Proteinmangel führt zu Wachstumshemmung und zu einer starken Beeinträchtigung der Heilungsfähigkeit; in unserer Gesellschaft gibt es jedoch praktisch keinen Proteinmangel. Im Gegenteil: Die meisten von uns nehmen mit der Nahrung zuviel Eiweiß auf; dies kann nicht weniger negative Folgen für die Gesundheit zeitigen. Ein weiteres Problem ist, daß viele von uns ihr Protein aus fragwürdigen Quellen beziehen.

Die meisten decken ihren Proteinbedarf aus tierischen Produkten: Fleisch, Geflügel, Fisch, Milch und Milchprodukten. Pflanzliche Proteine sind Bohnen, Körner und einige Nüsse. Der große Unterschied zwischen tierischen und pflanzlichen Quellen ist, daß letztere weniger ergiebig sind. Das in Bohnen enthaltene Eiweiß ist zum Beispiel durch die gleichzeitigen hohen Anteile von Stärke und unverdaulichen Ballaststoffen weniger konzentriert, so daß wir bei pflanzlichen Proteinquellen größere Mengen essen müssen, um genausoviel Eiweiß wie aus tierischen Produkten zu beziehen.

Wenn wir mehr Protein zu uns nehmen, als der Körper für die Bildung und Regenerierung von Gewebe braucht, wird das überschüssige Protein als Energiequelle, als Brennstoff genutzt. Aber Protein ist kein idealer Brennstoff für den Körper. Angesichts der Größe und Komplexität der Eiweißmoleküle muß der Körper mehr als bei Kohlenhydraten und Fetten arbeiten, um sie für die Verdauung aufzuspalten und beim Stoffwechsel ihre Energie freizusetzen; der Verdauungsapparat liefert dabei im Verhältnis weniger Energie, die unserem Heilungssystem zur Verfügung steht.

Aber es gibt noch ein weiteres Problem im Zusammenhang mit Proteinen als Brennstoff: Sie verbrennen nicht sauber. Kohlenhydrate und Fette, die sich ausschließlich aus Kohlenstoff, Wasserstoff und Sauerstoff zusammensetzen, verbrennen zu Kohlendioxyd und Wasser. Proteine enthalten jedoch Stickstoff, und beim Stoffwechsel bleiben hochtoxische Stickstoffrückstände zurück, die ausgeschieden werden müssen. Die Last der Entsorgung fällt der Leber zu, die diese Rückstände in Harnstoff, eine einfache, aber gleichwohl sehr giftige Verbindung, umzuwandeln hat. Und den Nieren obliegt es, diesen Harnstoff auszuscheiden. Wenn Leber und Nieren nun fortwährend damit beschäftigt sind, heißt das natürlich, daß diese Organe nur noch einen reduzierten Beitrag zum körpereigenen Heilungssystem leisten können. Hinzu kommt, daß die beim Eiweißstoffwechsel abfallenden Stickstoffrückstände das Immunsystem belasten und das Risiko von Allergien und Autoimmunkrankheiten erhöhen können, die als solche bereits ein Zeichen für die Schwächung der körpereigenen Abwehrkräfte sind. Aus all diesen Gründen ist es besser, nicht zuviel Protein zu sich zu nehmen. Ihr Körper braucht ausreichend Proteine, um wachsen und sich regenerieren zu können, aber nicht so viele, daß sie zu einer nennenswerten metabolischen Energiequelle werden.

Wieviel Protein ist zuviel? Bemerkenswert geringe Mengen genügen, um den Mindestbedarf eines Erwachsenen zu decken – etwa sechzig Gramm eines eiweißhaltigen Nahrungsmittels durchschnittlich am Tag. Mit rund einhundertzwanzig Gramm eines eiweißhaltigen Nahrungsmittels ist Ihr Bedarf also reichlich gedeckt, etwa mit einer proteinhaltigen Hauptmahlzeit mit Fleisch, Huhn, Fisch, Eiern oder Tofu am Tag. Folglich sollten Sie bei den übrigen Mahlzeiten auf Kohlenhydrate und Gemüse achten: kurzgedünstetes Gemüse mit Reis zum Beispiel oder Pasta und Gemüse oder Salat und Brot. Wenn Sie Ihre Eiweißaufnahme einschränken, setzen Sie Energie frei, Sie entlasten Ihr Verdauungssystem und ersparen insbesondere Ihrer Leber und Ihren Nieren zusätzliche Arbeit, und Sie schützen Ihr Immunsystem vor möglichen Reizungen.

Abgesehen von diesen allgemeinen Überlegungen zu Proteinen und der Frage, wie wir den Proteinkonsum einschränken können, sehe ich hier noch einen weiteren wichtigen Punkt: die Vor- und Nachteile der üblichen Quellen von Nahrungsprotein. Denn die Entscheidung, welche Art von Protein Sie aufnehmen, kann langfristig großen Einfluß auf Ihre Gesundheit und Heilungsfähigkeit haben.

Ein Problem, wenn wir bei unserer Ernährung auf eiweißreiche tierische Produkte setzen, ist, daß wir damit ziemlich am Ende der Nahrungskette stehen – alles andere als ideal. Die Nahrungskette repräsentiert das Muster der Abhängigkeit der höheren Organismen von niederen Organismen zur Deckung des eigenen Energiebedarfs. Pflanzen beziehen über Umwandlungsprozesse ihre Energie von der Sonne. Pflanzenfresser beziehen ebendiese Energie, indem sie die Pflanzen verzehren. Fleischfresser müssen sich schon einer entfernteren Quelle bedienen und das Fleisch der Pflanzenfresser verzehren, um an diese Energie heranzukommen. Je größer der Organismus und je mehr jemand ein Fleischfresser ist, desto entfernter ist sein Platz in der Nahrungskette. Am Ende der Nahrungskette zu stehen hat jedoch die Konsequenz, auch wesentlich höhere

Giftdosen aufzunehmen, da sich die Umweltgifte anhäufen und fortschreitend konzentrieren. So finden wir im Fett domestizierter Tiere oft hohe Konzentrationen von Giften, weit weniger dagegen zum Beispiel in Getreide. Hinzu kommt noch das Problem der Zuchtmethoden, deren wir uns für die Erzeugung unserer tierischen Eiweißquellen bedienen, die dabei mit weiteren schädlichen Substanzen belastet werden.

Nachfolgend finden Sie einen kurzen Überblick über die Hauptquellen von Nahrungsproteinen.

FLEISCH ist aus mehreren Gründen keine sinnvolle Quelle von Nahrungsproteinen. Denn es stellt eine Hauptquelle von gesättigten Fettsäuren sowie eine hochkonzentrierte Eiweißquelle dar. Es steht am Ende der Nahrungskette, so daß es von Umweltgiften stark belastet ist. Sofern Fleisch nicht aus biologisch-dynamischer Zucht stammt, ist es außerdem mit etlichen weiteren Toxinen belastet: mit Rückständen von Wachstumshormonen, Antibiotika und anderen Chemikalien, die in den landwirtschaftlichen Großbetrieben bei der Massentierhaltung eingesetzt werden. Weißes Fleisch ist nicht gesünder als rotes Fleisch, außer daß Kalbfleisch weniger Fett als Rindfleisch hat und Schweinefett (Schmalz) im Vergleich zum Rinderfett weniger gefährlich für das menschliche Herzkranzgefäßsystem zu sein scheint. Außerdem können über den Verzehr von nicht ausreichend gekochtem oder gebratenem Fleisch Krankheitserreger, Viren und Bakterien, auf den Menschen übertragen werden.

HUHN hat einen großen Vorteil gegenüber Fleisch: Das Fett befindet sich nicht im Muskelgewebe, sondern außerhalb und kann zusammen mit der Haut entfernt werden. Im übrigen ist der Verzehr von Hühnerfleisch jedoch mit den gleichen toxischen Gefahren wie der Verzehr von Rind-, Lamm- und Schweinefleisch und vielleicht sogar mit der Aufnahme von noch mehr zusätzlichen Hormonen verbunden. Außerdem ist Huhn oft mit gefährlichen Bakterien, insbesondere mit Salmonellen, belastet, die bei ungenügendem Kochen oder Braten Krankheiten hervorrufen können.

FISCH erscheint zunehmend als eine sehr gesunde Proteinquelle.

Ich spreche hier von geschupptem Fisch, nicht von Schaltieren. Völker mit hohem Fischverzehr zeichnen sich nachweislich durch eine hohe Lebenserwartung und durch einen geringen Prozentsatz an Krankheiten aus. Warum Fisch so gut für uns ist, bleibt umstritten. Möglicherweise haben die Omega-3-Fettsäuren einen Anteil daran, aber sie kommen nur bei manchen Fischarten vor; ein einziger Faktor reicht als Erklärung sicher nicht aus. Die Frage ist: Sind Fischesser gesünder, weil sie Fisch essen oder aufgrund dessen, was sie nicht essen? Die meisten von ihnen essen zum Beispiel wesentlich weniger Fleisch. Allerdings wird heute auch zu Recht vor dem Verzehr von Fisch gewarnt, da durch die Verseuchung von Flüssen und Meeren ein Großteil mit Giften belastet ist, vor allem größere und fleischfressende Fische, Raubfische und Fische, die in küstennahen Gewässern leben. Ich rate deshalb vom Verzehr von Schwertfisch, Fächerfischen (wie Barsch oder Hecht) und Haifisch ab. Weltweit setzt sich zunehmend die Züchtung von Fischen, insbesondere von Lachsen, Forellen und Welsen, auf Fischfarmen durch. Allerdings sind diese wohl nicht so nahrhaft wie ihre freilebenden Artgenossen (so weist der auf Farmen gezüchtete Lachs zum Beispiel geringere Mengen von Omega-3-Fettsäuren auf) und außerdem mit Rückständen von Medikamenten belastet, die in der Massenaufzucht zur Eindämmung von Krankheiten eingesetzt werden. Dessenungeachtet ist Fisch eine gute Proteinquelle.

SCHALTIERE sind wesentlich weniger empfehlenswert, da bei ihnen die Wahrscheinlichkeit der Belastung mit Giften größer ist. Sie leben in Küstennähe und sind aufgrund ihrer Ernährungsweise hohen Giftkonzentrationen ausgesetzt. Über den Verzehr roher Schaltiere können im übrigen leicht Krankheiten übertragen werden.

MILCHPRODUKTE enthalten in der Regel hohe Anteile von gesättigten Fettsäuren, sofern sie nicht aus Magermilch oder fettarmer Milch hergestellt wurden. Viele Menschen können den Milchzucker (Laktose) nicht verdauen, und es dürften noch mehr sein, bei denen das in der Milch enthaltene Eiweiß zu Reizungen des Immunsystems führt (was vor allem bei Kuhmilch ein Problem ist; Ziegenmilch scheint das Immunsystem nicht annähernd so stark zu belasten). Sofern Sie allergiegefährdet, anfällig für Autoimmunkrankheiten, Nebenhöhlenentzündungen, Bronchitis, Asthma, Ekzeme oder Magen-Darm-Beschwerden sind, sollten Sie einmal mindestens zwei Monate lang ganz auf Milch verzichten, um zu prüfen, ob eine Besserung eintritt, was oft der Fall sein wird. Im übrigen sind Molkereiprodukte eine weitere Quelle von Umweltgiften und Wachstumshormonen.

EIER, zumindest das Ei*weiß*, sind eine gute Quelle von hochwertigem Protein, aber das Eigelb enthält Fett und Cholesterin. Deshalb sollten Sie seinen Verzehr einschränken. Die im Handel erhältlichen Eier kommen oft aus Legebatterien, sind mit schädlichen Medikamenten- und Hormonrückständen belastet und vielleicht sogar mit Salmonellen verseucht. Sie sollten rohe, ungekochte Eier meiden und nur noch Eier von Freilandhühnern kaufen, die artgerecht, ohne Zufütterung von Medikamenten und Hormonen, gehalten werden.

KÖRNER und *BOHNEN* enthalten neben dem Protein Kohlenhydrate und Ballaststoffe, so daß Sie mehr davon essen können, ehe der Punkt eines Eiweißüberschusses erreicht ist. Da sie aber oft mit den verschiedensten Agrarchemikalien behandelt werden, sollten Sie Produkte aus biologisch-dynamischem Anbau wählen.

NÜSSE und *SAMEN* wie Mandeln und Sonnenblumenkerne sind Quellen pflanzlicher Proteine, die wegen ihres hohen Fettgehalts (vor allem mehrfach ungesättigte Fettsäuren) einen mäßigen Verzehr ratsam erscheinen lassen.

SOJABOHNEN enthalten neben den erheblichen Anteilen von mehrfach ungesättigten Fettsäuren wesentlich mehr Protein als andere Bohnenarten. Das Sojaprotein kann isoliert und in erstaunlich viele Formen umgewandelt werden, wozu auch Imitationen tierischer Produkte gehören, die in Reformhäusern, Bioläden und orientalischen Geschäften zu finden sind. So werden heute die verschiedensten Tofuprodukte angeboten, immer bessere Burger, Wiener und Frühstücksfleischsorten, einschließlich einiger ausgezeichneter fettfreier oder -armer Sorten. Sojaprodukte haben anscheinend, wie sich zunehmend herauszukristallisieren scheint, äußerst positive Wirkungen auf die Gesundheit. Sie enthalten eine

Gruppe von Chemikalien, die sogenannten Phytoöstrogene, die Männern möglicherweise einen erheblichen Schutz vor Prostatakrebs und Frauen einen nicht minder nennenswerten Schutz vor östrogenbedingten Krankheiten bieten, einschließlich Brustkrebs, Endometriose, fibrozystischer Brusterkrankungen sowie Gebärmuttergeschwülste und Menopausenbeschwerden. Daß Japanerinnen seltener darunter leiden, könnte auf ihren hohen Konsum von Sojaprodukten, insbesondere Tofu, zurückzuführen sein. Zwei der bekanntesten Soja-Phytoöstrogene – Genistein und Daidzein – werden derzeit wissenschaftlich auf die ihnen nachgesagte Eigenschaft untersucht, mäßigend auf hormonelle Ungleichgewichte beim Menschen einzuwirken.[5]

Nach diesem Überblick über die wichtigsten Quellen von Nahrungsproteinen möchte ich meine Empfehlungen zur Umstellung auf eine gesundheitsfördernde Ernährung kurz wie folgt zusammenfassen:

- *Essen Sie weniger Proteine.* Lernen Sie, Proteinquellen in Ihrem Speiseplan zu erkennen und entsprechend zu reduzieren. Achten Sie bei Ihren Mahlzeiten darauf, daß keine Riesenportionen hochkonzentriert proteinhaltiger Produkte auf den Tisch kommen.
- *Beginnen Sie, tierisches Protein aus Fleisch durch Fisch- und Sojaprotein zu ersetzen.* Damit reduzieren Sie den Grad Ihrer Gefährdung durch schädliche Substanzen und Giftstoffe, die in Fleisch, Geflügel und Milch enthalten sind, und Sie nutzen zugleich die gesundheitsfördernden Eigenschaften von Fisch und Sojabohnen.

Obst und Gemüse

Unsere Mütter hatten recht, als sie uns anhielten, Gemüse zu essen. Gemüse und Obst scheinen einen erheblichen Schutz gegenüber Krebs, Herzkrankheiten und allgemeinen Beschwerden zu bieten und darüber hinaus immunitäts- und heilungsfördernde Wirkung zu haben. Abgesehen davon sind reife Früchte und hochwertiges Gemüse ein ausgesprochener Genuß. Der ist freilich vielen verdorben worden, da die industriell betriebene Landwirtschaft bei der Sorten- und Zuchtwahl vor allem auf haltbare, lagerungsfähige Produkte, die lange Transportwege überstehen, statt auf guten Geschmack setzt oder weil Obst und Gemüse geerntet werden, ehe sie reif und genießbar sind. Andere üben Zurückhaltung, weil sie nicht wissen, wie Gemüse zuzubereiten ist, und richtig angerichtetes Gemüse nie gekostet haben. Dabei sind frisches Obst und Gemüse allemal gesünder als aus der Konservendose, tiefgefroren oder getrocknet.

Parallel zur Forschung, die immer neue gesundheitsfördernde Eigenschaften und Bestandteile von Obst und Gemüse herausfindet, setzt sich auf dem Markt die Tendenz durch, diese Bestandteile zu isolieren und in Form von Nährstoffergänzungen anzubieten. Ich weiß nicht, ob das eine gute Idee ist. So wird zum Beispiel Beta-Karotin, die wasserlösliche Vorstufe von Vitamin A (das heißt, daß der Körper Vitamin A daraus macht), heute von Millionen Menschen in Kapselform eingenommen, die von der oxidationshemmenden und damit möglicherweise krebsvorbeugenden Wirkung von Beta-Karotin gehört haben. Wissenschaftlichen Erkenntnissen zufolge *hat* Beta-Karotin tatsächlich eine krebsvorbeugende Wirkung, wenn wir es mit der Nahrung aufnehmen; die Erkenntnisse über seine Wirksamkeit als separate Nährstoffergänzung sind jedoch weitaus weniger gesichert. Beta-Karotin gehört zur Großfamilie der Karotine, jener gelben und orangefarbenen Pigmente, die in vielen Früchten (Pfirsichen, Melonen, Mangos) und Gemüsesorten (Süßkartoffeln, Kürbissen, Tomaten, dunkelgrünem Blattgemüse) zu finden sind. Andere Karotine wie Alpha-Karotin und Lycopin (in Tomaten) haben möglicherweise jedoch einen noch entscheidenderen Anteil an der krebsvorbeugenden Wirkung dieser Nahrungsmittel oder wirken zumindest mit dem Beta-Karotin zusammen. Bis eine gemischte Karotinergänzung auf dem Markt ist, sind Personen, die wenig Obst und Gemüse essen, vielleicht gut beraten, wenn sie Beta-Karotinergänzungen nehmen, aber noch ratsamer wäre es, den Verzehr von karotinhaltigen Nahrungsmitteln zu erhöhen.

Bezeichnend für die westliche Wissenschaft und Medizin ist ihre Vorliebe für den Reduktionismus – die Annahme, daß die Eigenschaften eines Ganzen auf die Wirkungen einzelner Komponenten reduziert werden können. Das heißt: Wenn wir in der Natur eine Pflanze mit interessanten biologischen Eigenschaften finden, möchten wir die »aktive Substanz« dieser Pflanze identifizieren und isolieren, um sie in Reinform unseren Patienten geben zu können. Praktiker der traditionellen chinesischen Medizin denken völlig anders. Sie haben zwar nichts gegen eine wissenschaftliche Analyse von Heilpflanzen, glauben aber nicht an den Nutzen isolierter Bestandteile. Aus ihrer Sicht sind die positiven Effekte der Heilkräutermedizin vielmehr das Ergebnis des Zusammenwirkens aller Komponenten einer Pflanze bzw. aller Pflanzen, die bei einer Behandlung angewendet werden (was bei einem Rezept oft ein Dutzend oder mehr sind).

Unlängst haben Wissenschaftler eine Komponente in Brokkoli entdeckt, Sulforaphan, der möglicherweise zum Teil die starke krebsvorbeugende Wirkung dieser Gemüsepflanze zuzuschreiben ist. Soll man nun Brokkoli essen oder darauf warten, daß Sulforaphankapseln auf den Markt kommen? Natürlich Brokkoli essen. Denn die einzelnen Teile sind nicht identisch mit dem Ganzen. Wenn Sie glauben, Sie mögen Brokkoli nicht, probieren Sie einmal andere Zubereitungsmöglichkeiten aus, zum Beispiel folgende.

Von einem großen Kopf Brokkoli das Ende abtrennen, den Hauptstrunk herausschneiden, dann die faserige Schicht abschälen und den Strunk in mundgerechte Stücke schneiden. Den Kopf in mundgerechte Stücke zerteilen und die kleinen Strünke etwas schälen, damit sie zarter werden. Den Brokkoli waschen und zusammen mit ¼ Tasse kaltem Wasser, 1 Eßlöffel extra virgin Olivenöl, 1 Prise Salz und mehreren zerkleinerten oder zerdrückten Knoblauchzehen in einen Topf geben. Fest zugedeckt zum Kochen bringen und garen lassen, bis der Brokkoli leuchtend grün, zart und knackig ist – nicht länger als 5 Minuten. Den Deckel abnehmen und die restliche Flüssigkeit fast ganz verkochen lassen. Sofort servieren. Gut dazu schmeckt gekochte Pasta (Penne oder Rigatoni), mit rotem Pfeffer und Parmesankäse gewürzt – oder einfach so essen. Brokkoli ist nicht nur ein Genuß für den Gaumen, sondern auch für die Augen – und fettarm, reich an Vitaminen und Mineralstoffen und natürlich Sulforaphan!

Sofern Sie eine exotischere Zubereitung ausprobieren möchten, versuchen Sie es mit einem abgewandelten chinesischen Gericht mit einer Sauce aus schwarzen Bohnen, welches ohne das in vielen chinesischen Restaurants verwendete Fett (oft Cottonöl) zubereitet wird.

Den Brokkoli wie im vorigen Rezept vorbereiten und mit folgenden Zutaten in einen Topf geben: 2 Eßlöffel gesalzene schwarze Bohnen (in chinesischen Spezialitätengeschäften erhältlich), vorher in kaltem Wasser abwaschen und abtropfen lassen; 2 große Knoblauchzehen, zerdrückt; 2 Teelöffel fein zerkleinerte frische Ingwerwurzel; 1 Eßlöffel dunkles Sesamöl; 2 Eßlöffel Sojasauce; 2 Teelöffel Zucker; 1 Teelöffel roter Pfeffer; 2 Eßlöffel zerkleinerte Schalotten; ¼ Tasse trockener Sherry. Bei geschlossenem Deckel zum Kochen bringen und wie im vorigen Rezept garen lassen, bis der Brokkoli zart und knackig ist. Den Deckel abnehmen, damit die meiste Flüssigkeit verdampfen kann; vor dem Servieren (zusammen mit Reis, wenn Sie möchten) den Brokkoli gut in der Sauce aus schwarzen Bohnen wenden.

Vorsicht ist natürlich bei den im Supermarkt angebotenen Produkten geboten: Sie können mit Schadstoffen belastet sein und sind im Zweifel weniger ein Produkt der Natur als der Agrarindustrie. Aber auf dieses Thema werde ich im nächsten Kapitel noch näher eingehen und aufzeigen, wie Sie sich davor schützen können. Wichtig ist, möglichst Produkte zu finden, die frei von Chemikalien sind, und zu wissen, bei welchen am ehesten davon auszugehen ist, daß sie belastet sind.

Ballaststoffe

Als Ballaststoffe werden die für uns unverdaulichen Bestandteile von Pflanzen bezeichnet, bestehend aus Kohlenhydraten, die chemisch zu komplex für unser Verdauungssystem sind, um sie aufzuspalten. Eine Ernährung, die ausreichend Ballaststoffe enthält, fördert die gesunde Verdauung, da die reguläre Darmtätigkeit unterstützt und das biochemische Milieu im Dickdarm begünstigt wird. Einige Ballaststoffe entlasten das Herzkranzgefäßsystem, da sie den Körper bei der Ausscheidung von Cholesterin unterstützen. Bekannt ist, daß in Populationen, die sich ausgesprochen ballaststoffarm ernähren, ein hoher Prozentsatz an Darmkrebserkrankungen zu verzeichnen ist – und umgekehrt. Das heißt: Wenn Sie nicht genügend Ballaststoffe verzehren, kann Ihr Verdauungssystem nicht optimal funktionieren, was in mancher Hinsicht eine Beeinträchtigung Ihrer Heilungsfähigkeit nach sich ziehen kann.

Die Hauptnahrungsquellen von Ballaststoffen sind Obst, Gemüse und Körner bzw. Vollkornprodukte. Nichtlösliche Ballaststoffe wie in Weizenkleie sind ein wichtiger Darmregulator, lösliche wie in Haferkleie unterstützen die Cholesterinausscheidung. Manche Menschen nehmen Ballaststoffe als Verdauungshilfe in Form von Ergänzungen, von Kleie oder Psylliumsamenschalenpulver zu sich. Ich glaube, sinnvoller ist es, mehr Obst und Gemüse, Körner und Vollkornprodukte (etwa Vollkornbrote) zu essen, die darüber hinaus gesundheitsfördernde Wirkung haben.

Meine Vorschläge für eine gesunde und heilungsfördernde Ernährung möchte ich wie folgt zusammenfassen:

- *Versuchen Sie, weniger Kalorien zu essen*, indem Sie fettreiche Nahrungsmittel meiden und die Rezepte Ihrer Lieblingsgerichte entsprechend abwandeln. Versuchen Sie auch, in bestimmten Abständen Fasttage oder eine strenge Diät zu halten.
- *Reduzieren Sie deutlich den Anteil gesättigter Fettsäuren in Ihrer Ernährung*, indem Sie weniger Produkte tierischen Ursprungs essen und auf Produkte verzichten, die Palm- oder Kokosfett, Margarine, gehärtete Pflanzenfette oder teilhydrierte Öle enthalten.

- *Verwenden Sie keine pflanzlichen Öle mit mehrfach ungesättigten Fettsäuren, sondern nur hochwertiges Olivenöl.*
- *Lernen Sie, die Quellen von* Trans-*Fettsäuren zu erkennen und zu meiden* (Margarine, feste Salatdressings, teilhydrierte Öle und die üblichen Handelsmarken von Pflanzenölen).
- *Erhöhen Sie die Aufnahme von Omega-3-Fettsäuren*, indem Sie mehr von den entsprechenden Fischsorten essen oder Ihren Speiseplan mit Hanföl oder Flachsprodukten ergänzen.
- *Essen Sie weniger Protein jedweder Art.*
- *Versuchen Sie, proteinhaltige Fleischprodukte durch Fisch oder Sojaprodukte zu ersetzen.*
- *Essen Sie mehr Obst und Gemüse jedweder Art.*
- *Essen Sie mehr Körner und Vollkornprodukte.*

Diese Vorschläge sind ebenso praktikabel wie nützlich und kommen Ihnen wahrscheinlich bekannt vor. Aber sie sind wichtig genug, um wiederholt zu werden, da es hier um die Grundvoraussetzungen für eine gesunde Ernährung schlechthin geht. Wenn Sie sich daran halten, sitzen Sie weder einer Modewelle auf, noch müssen Sie auf alles verzichten, was Ihnen schmeckt. Und gestützt auf wissenschaftliche Erkenntnisse sowie meine eigenen Erfahrungen, kann ich Ihnen versichern, daß sie Ihrem Heilungssystem helfen, optimal zu funktionieren.

— 10 —

Sich vor Giften schützen

Spontanheilungen hängen von der uneingeschränkten Funktionstüchtigkeit aller Komponenten des Heilungssystems ab. Sofern Komponenten geschädigt oder mit anderen Aufgaben beschäftigt sind, wird der Heilungsprozeß behindert. Eine der größten Gefahren, denen das Heilungssystem ausgesetzt ist, ist seine Belastung durch eine Vielzahl von Schadstoffen, Toxinen, in unserer heutigen Umwelt. Das Wort »Toxine« geht auf das griechische Wort für »Bogen« zurück (im Sinne von »Pfeil und Bogen«). Es müssen wohl zahllose vergiftete Pfeile gewesen sein, die in die Körper griechischer Krieger eindrangen, bis das Wort seine entsprechende Bedeutung erhielt; und daß in diesem Zusammenhang Bilder des Krieges heraufbeschworen werden, ist keineswegs abwegig, da unser Körper ja Angriffen ausgesetzt ist.

Die Medizinwissenschaftler, insbesondere diejenigen, die im Staatsdienst oder im Sold der Pharmaindustrie stehen, tun sich offenkundig schwer, die mit toxischen Rückständen verbundenen Gefahren für die öffentliche Gesundheit zu erkennen, und wenn doch, dann werden sie oft heruntergespielt. Durchaus typisch für die offizielle Reaktion auf Ängste der Verbraucher hinsichtlich der Verseuchung von Nahrungsmitteln ist der nachfolgende Auszug aus einem Artikel über biologisch-dynamische Produkte in einer ernährungswissenschaftlichen Fachzeitschrift.

»Die Umstellung von ›chemischem‹ auf ›organischen‹ Dünger im ökologischen Landbau bringt keine Veränderung der nährwertspezifischen oder chemischen Eigenschaften der Nahrungsmittel mit sich. Alle Nahrungsmittel enthalten ›Chemikalien‹. Spuren von Pestiziden wurden bei rund zwanzig bis dreißig Prozent der Produkte sowohl aus ›organisch-dynamischem‹ als auch aus konventionellem Anbau festgestellt. Diese Rückstände liegen in der Regel innerhalb der amtlich zulässigen Grenzwerte. Diese Grenzwerte sind so niedrig angesetzt, daß ein hinreichender Schutz der Verbraucher gewährleistet ist. Es ist in der Tat nicht ein einziger Schadensfall von einem Verbraucher bekannt, der auf den Einsatz von Pestiziden innerhalb der zulässigen Mengenbegrenzung zurückzuführen gewesen wäre.«[1]

Vor nicht allzu langer Zeit erschien in US-weit publizierten Zeitschriften eine ganzseitige farbige Anzeige eines führenden Agrarchemikalienherstellers, die eine Orange mit einem langen Etikett zeigte; auf diesem Etikett waren Hunderte von Namen chemischer Verbindungen zu lesen. Die Überschrift lautete: »Glückliche Mutter Natur... Sie muß ihre Produkte nicht per Etikett kennzeichnen.« Im Text wurde der Verbraucher darüber aufgeklärt, daß es angesichts der Tatsache, daß jedes Obst und Gemüse unzählige Chemikalien enthält, keinen Grund gibt, sich Sorgen zu machen, wenn noch ein paar weitere hinzukommen. Seit neuestem ist nun noch ein heimtückischeres Argument im Umlauf, wonach natürliche Toxine – die in vielen Getreidearten enthalten sind – eine noch größere Gesundheitsgefährdung darstellen als die künstlich hergestellten.

Die Verfechter solcher Argumentationsmuster unterstellen, die Hauptsorge gelte einer »Schädigung« in Form einer sofort erkennbaren akuten Reaktion auf die Aufnahme von Pestiziden. Und solche Fälle kommen in der Tat vor:

»Aldicarb in Wassermelonen – 1985. Aldicarb ist ein extrem toxisches systemisches Carbamat-Pestizid. Die illegale Verwendung dieses Pestizids führte zur größten bekanntgewordenen Lebensmittelvergiftung durch Pestizide in der nordamerikanischen Geschichte. Einer Untersuchung zufolge wurden 638 als gesichert geltende Fälle und weitere 344 Fälle ermittelt, bei denen

> der Verdacht besteht, daß sie ebenfalls darauf zurückzuführen sind. Weitere 333 als gesichert geltende Fälle und 149 mutmaßliche Fälle wurden aus anderen Bundesstaaten im Westen der USA und aus Provinzen in Kanada gemeldet. Die Beschwerden reichten von leichten Magen-Darm-Verstimmungen bis hin zu schweren cholinergischen Vergiftungen (mit ähnlichen Folgen wie beim Einsatz von Nervengas). Die in den Melonen ermittelten Aldicarbsulfon-Rückstände, die diese Erkrankungen verursachten, lagen zwischen 0,7 und 3 ppm. Die Erkrankungen hörten auf, nachdem der Vorrat an Melonen in den Supermarktketten vernichtet, ein Embargo verhängt und eine eingehende Untersuchung angeordnet worden war.«[2]

Meine Hauptsorge im Zusammenhang mit Pestiziden und anderen Umweltgiften gilt jedoch nicht so sehr der Möglichkeit einer akuten Schädigung, als vielmehr der langfristigen Schädigung des Heilungssystems und den erhöhten Risiken, dem Krebs, Immunstörungen und einer Vielzahl chronischer Krankheiten (wie der Parkinson-Krankheit) zu erliegen, bei denen der ursächliche Zusammenhang mit Toxinen noch nicht hinreichend erkannt wurde – eine kaum abzuschätzende Gefahr.

Und natürlich ist es Unsinn, verbreiten zu wollen, die Tatsache, daß Schadstoffe in der Natur vorkommen, sei auch nur entfernt eine Entschuldigung dafür, daß man der Umwelt nun weitere hinzufügt. Es stimmt, daß schwarzer Pfeffer, Basilikum, Estragon, Alfalfasprossen, Sellerie, Erdnüsse, Kartoffeln, Tomaten und Champignons natürlich vorkommende Giftstoffe enthalten; aber der menschliche Körper hat eine lange Entwicklungsgeschichte mit diesen Arten von Giften und wahrscheinlich bessere Abwehrfähigkeiten gegen die schädlichen Agenzien darin entwickelt. Fest steht jedoch, daß unser Heilungssystem, wenn es bereits mit der Neutralisierung natürlicher Gifte beschäftigt ist, von seinen Fähigkeiten her nur noch eingeschränkt mit allen weiteren künstlichen Schadstoffbelastungen umgehen und fertig werden kann. Genauso, wie es natürliche Gifte in Pflanzen gibt, gibt es bestimmte Orte auf dieser Erde mit einer hohen natürlichen radioaktiven Strahlung, die aus dem Boden aufsteigt, was aber keineswegs zu dem Trugschluß verleiten darf, unsere Gefährdung durch Röntgenstrahlen oder radioaktive Strahlung aus der Atomwirtschaft auf die leichte Schulter nehmen zu können. Das Krebsrisiko durch radioaktive Strahlung steigt mit der im Laufe der Zeit vom Körper aufgenommenen Gesamtmenge; übersteigt diese eine kritische Grenze, sind die natürlichen Abwehrfähigkeiten des Körpers überfordert.

Glauben Sie also niemandem, der Ihre Sorgen wegen toxischer Belastungen zu zerstreuen sucht. Sie stellen eine reale Gefahr dar, und Sie müssen lernen, sich soweit wie möglich davor zu schützen. Die Fähigkeit Ihres Körpers, unerwünschte Substanzen auszuscheiden, hängt von dem gesunden Funktionieren des Harnausscheidungssystems, des Magen-Darm-Systems, des Atemwegssystems und des Hautstoffwechsels ab. Der Körper kann Schadstoffe und Abfallprodukte über den Urin, den Stuhl, die ausgeatmete Luft und über den Schweiß entsorgen. Die Leber verarbeitet die meisten fremden chemischen Substanzen, entgiftet sie nach Möglichkeit oder spaltet sie in einfachere Verbindungen auf, die dann auf einem der genannten vier Wege den Körper verlassen. Um diese Ausscheidungsfähigkeit des Körpers zu gewährleisten, muß die Funktionstüchtigkeit dieser vier Systeme gesichert sein. Die erreichen Sie, indem Sie genügend Wasser trinken, um den Urinausstoß der Nieren zu unterstützen; indem Sie genügend Ballaststoffe verzehren, um einen regelmäßigen Stuhlgang anzuregen; indem Sie Ihr Atemwegssystem regelmäßig beanspruchen und indem Sie in regelmäßigen Abständen schwitzen, mittels aerober Übungen, oder indem Sie sich Hitze aussetzen (in der Sauna oder einem Dampfbad).

Manche Menschen sind am Arbeitsplatz Giften ausgesetzt. Sofern Sie also beruflich mit chemisch gefährlichen Giftstoffen zu tun haben (etwa bei der Herstellung von Kunststoffen, Gummi, Leder, Textilien, Farben, Giften oder Papier; in einem Bergwerk, in einer chemischen Reinigung oder in einem mit Agrarchemikalien arbeitenden landwirtschaftlichen Betrieb), sollten Sie sich über Ihre Gefährdung durch die Produkte informieren, mit denen Sie in Berührung kommen (zum Beispiel über Anfragen bei Verbraucherinitiativen, Umweltorganisationen oder Umweltämtern), und dann alle Vorsichtsmaßnahmen ergreifen, um sie auf ein Minimum zu beschränken.

Die meisten von uns kommen jedoch über die Luft, die wir atmen, das Wasser, das wir trinken, die Nahrung, die wir essen, und einige weitere Quellen mit Giftstoffen in Berührung. Ich möchte kurz im einzelnen auf diese Quellen eingehen und Ihnen einige Vorschläge zu Selbstschutzmaßnahmen machen.

Luftverschmutzung

Wirklich saubere Luft ist gegen Ende des 20. Jahrhunderts rar geworden. Selbst in der Antarktis wird die Atmosphäre durch einen Schleier industrieller Abgase inzwischen verdunkelt, und viele von uns haben miterlebt, wie sich die Luftqualität in ihrer Heimatstadt oder an Orten, wo wir einmal lebten, deutlich verschlechterte. Als ich 1968/69 mein medizinisches Praktikum in San Francisco machte, habe ich nie Smog in der Stadt erlebt. Von meiner auf einem Hügel gelegenen Wohnung aus konnte ich jenseits der Bucht den Smog über Oakland sehen, wo er von den vorherrschenden Westwinden gehalten wurde. Zehn Jahre später hatte die Luftverschmutzung so stark zugenommen, daß die Atmosphäre einer ganzen Region davon überschattet wurde; deshalb ist starker Smog heute in San Francisco nichts Ungewöhnliches mehr. Mancherorts ist verschmutzte Luft so sehr die Regel geworden, daß sich die Maßstäbe für die Luftqualität verschoben haben: So hörte ich, als ich kürzlich in Los Angeles war, an einem Tag nach leichten Sturmböen mit entsprechend geringer Luftverschmutzung, wie ein Radiokommentator die Wetterlage als »smogfrei« wertete.

Ein Teil der Luftverschmutzung rührt von Vulkanen, Waldbränden und Sandstürmen her; dazu kommen jedoch die Unmengen von menschengemachter Verschmutzung durch Autoabgase und die Emissionen von Industrieanlagen. Viele der im Smog enthaltenen Stoffe reizen die Atemwege; zweifellos ist die wachsende Luftverschmutzung die Hauptursache der weltweiten Zunahme von Asthma und Bronchitis und auch mit eine Ursache für das zunehmende Auftreten von chronischer Sinusitis, Allergien, Emphysemen sowie Lungenkrebs. Manche der im Smog enthaltenen Stoffe sind nachweislich kanzerogen, und von andern wird angenommen, daß sie die DNA, Zellmembrane und andere Strukturen des körpereigenen Heilungssystems schädigen. Des weiteren sind die Wissenschaftler derzeit dabei, die gesundheitlichen Gefahren des Passivrauchens zu dokumentieren, das ein Hauptproblem in Büros, Geschäften, Zügen, Flugzeugen und Restaurants darstellt.

Es ist wesentlich schwerer, sich vor den Schadstoffen in der Luft als vor verseuchten Nahrungsmitteln und belastetem Wasser zu schützen. Wenn Sie in einer stark mit Smog belasteten Stadt leben, wäre ein Umzug wohl überzogen; überlegenswert wäre es aber vielleicht, ob Sie nicht in einen weniger belasteten Stadtteil ziehen, da die Smogkonzentrationen sich aufgrund der mikroklimatischen Bedingungen selbst innerhalb von Ballungsgebieten verschieben. In Städten, die weltweit an der Spitze der Luftverschmutzung liegen – das schlimmste Beispiel ist Mexico City –, ist es keineswegs ungewöhnlich, daß die Bevölkerung an schlimmen Tagen unter Brustschmerzen und Atembeschwerden leidet und behördlicherseits die Schulen geschlossen und Warnungen für Kleinkinder und alte Menschen ausgegeben werden, nicht ins Freie zu gehen. Die Aussichten für die Zukunft unserer Städte sind in der Tat äußerst besorgniserregend. Aber selbst wenn Sie in einer luftverschmutzten Stadt leben, können Sie sich erheblich schützen, indem Sie oft Parks und Anlagen mit Baumbeständen aufsuchen. Bäume sind phantastische Luftreiniger, das können Sie selbst inmitten der dicksten Dunstglocke in der Stadt spüren. Wenn ich nach Japan reise, was ich oft tue, verbringe ich in der Regel auch ein paar Tage ein Tokio; bei diesen Besuchen suche ich immer wieder Zuflucht in einer der sehenswertesten Sakralanlagen Tokios, dem Meiji-Schrein, einer bewaldeten Oase inmitten der Stahl- und Betonwüste. Bereits wenige Augenblicke nachdem ich durch das große Holztor, Torii, am Eingang der Anlage gegangen bin, merke ich die Veränderung der Luft. Sie wirkt reiner und gesünder, man hat wieder das Gefühl, atmen zu können, und nach einem einstündigen Spaziergang in der Anlage fühle ich mich wieder erfrischt und in der Lage, den extremen Smog in Tokio zu ertragen. Erinnern Sie sich daran, wenn Sie einmal in einer stark verschmutzten Stadt gefangen sind – suchen Sie Parks und Bäume.

Darüber hinaus sollten Sie alles tun, um die Luft in Innenräumen so sauber wie möglich zu halten, und unnötige Verschmutzungsquellen entfernen wie etwa alle chemischen Produkte, die giftige Dämpfe abgeben. Des weiteren können Gasgeräte wie Öfen und Heißwassergeräte zur Verschmutzung der Innenraumluft beitragen (wobei diese Gefahr bei neueren Gasherden durch technische Neuerungen und eine thermoelektrische Zündsicherung reduziert wurde) wie auch Aerosolsprays. Ärztlicherseits werden Umweltkrankheiten inzwischen zunehmend anerkannt, zum Beispiel das Sick-Building-Syndrom; danach können bei Personen, die in geschlossenen Gebäuden mit internen Luftaustauschsystemen arbeiten, infolge inhalierter Gifte eine Vielzahl von Symptomen auftreten. Eine Hauptgiftquelle ist ein neu verlegter Teppich; die in Teppichklebern verwendeten Chemikalien können bei empfindlichen Personen Immunsuppressionen auslösen. Ein besonderes Problem stellt auch die Innenraumluft in Flugzeugen dar, zumal viele Gesellschaften inzwischen aus Kosten- und Energieersparnisgründen dazu übergegangen sind, die Frischluftzufuhr zu reduzieren (wobei bei den meisten internationalen Fluggesellschaften gleichzeitig Rauchen nach wie vor erlaubt ist).

Ihre Raumluft zu Hause können Sie mit Luftreinigern verbessern, die Sie in den Räumen installieren oder aufstellen, in denen Sie sich am meisten aufhalten. Diese mit Filtern arbeitenden Geräte nehmen bestimmte Schadstoffe aus der Luft auf und haben eine beachtliche Reinigungsleistung. Die Geräte sind zu erschwinglichen Preisen im Handel erhältlich; zum Zweck eines Kosten- und vor allem Leistungsvergleichs ist es jedoch ratsam, sich vorab bei Verbraucherverbänden über die technischen Einzelheiten der Geräte zu informieren. Da sie bei Personen mit Atemwegsbeschwerden wahre Wunder vollbringen können, empfehle ich Patienten oft die Anschaffung von Luftreinigern. Das möchte ich auch Ihnen nahelegen, sofern Sie in einer stark verschmutzten Region leben oder mit Rauchern zusammenleben oder arbeiten.

Darüber hinaus können Sie Ihrem Körper mit der Einnahme

schützender Antioxidantien helfen, inhalierte Schadstoffe zu neutralisieren, mit Nährstoffen, die die Gewebe schützen, indem sie die von Giften ausgelösten und potentiell schädigenden chemischen Reaktionen blockieren. Der einfachste Weg ist natürlich, verstärkt frisches Obst und Gemüse zu essen. Zudem können Sie Antioxidantien auch in Form von Nährstoffergänzungen nehmen, wobei Vitamin C, Vitamin E, Selen und Beta-Karotin die wirksamsten und unbedenklichsten sind.

Meinen Patienten empfehle ich zur täglichen Einnahme folgende einfache antioxidative Rezeptur, die ich auch selbst verwende.

Nehmen Sie zwei- bis dreimal täglich zwischen 1000 und 2000 Milligramm Vitamin C. Der Körper kann dieses Vitamin besser in Pulverform als in Form einer Tablette aufnehmen. Ich nehme eine Vitamin-C-Dosis zum Frühstück, eine weitere zum Mittagessen und, wenn ich daran denke, eine dritte vor dem Zubettgehen. Auf jeden Fall sollten Sie öfter als nur einmal täglich Vitamin C nehmen. Sofern Sie es nur zweimal nehmen, wählen Sie eine höhere Dosis. Vitamin C wird normalerweise in Form von Ascorbinsäure verabreicht, die bei Empfindlichkeiten zu Magenverstimmungen führen kann, so daß sie Präparate mit möglichst wenig Säure oder säurefreie Präparate wählen sollten. Sofern Sie allerdings unter Blähungen oder Durchfall leiden, nehmen Sie weniger Vitamin C; es gibt große individuelle Unterschiede hinsichtlich der Darmverträglichkeit von Vitamin C. Wenn Sie freilich reichlich frisches Obst und Gemüse essen, decken Sie damit bereits Ihren Grundbedarf an diesem wichtigen Vitamin; allerdings bieten größere Mengen einen zusätzlichen Schutz vor Schädigungen durch Toxine, und da die Ascorbinsäure selbst nicht toxisch ist, empfiehlt es sich in jedem Fall, den Speiseplan damit zu ergänzen. Für Personen, die Obst und Gemüse nicht in großen Mengen essen können, ist eine Vitamin-C-Ergänzung besonders wichtig.

Vitamin E ist ein zweites wirksames und nichttoxisches Antioxidans. Obwohl dieses Vitamin natürlicher Bestandteil von Körnern und Samen ist, können wir über die Nahrung nicht hinreichend große Mengen aufnehmen, die uns den nötigen Schutz vor den Giften bieten, die wir über die Atmung und anderweitig aufnehmen. Erwachsenen unter vierzig Jahre empfehle ich die Einnahme von 400 I. E. (Internationalen Einheiten), über vierzig von 800 I. E. Da Vitamin E fettlöslich ist, sollte es zur besseren Aufnahme während der Mahlzeiten genommen werden. Außerdem ist natürliches Vitamin E (*D*-Alphatocopherol) wesentlich besser als synthetisches Vitamin E (*DL*-Alphatocopherol), insbesondere wenn es zusammen mit den anderen in pflanzlichen Quellen vorkommenden Tocopherolen in Kombinationspräparaten verabreicht wird. Diese Präparate mit natürlichem Vitamin E und der Kombination von Tocopherolen sind in Reformhäusern und Naturkostläden erhältlich. Ich nehme diese Ergänzung für gewöhnlich zum Mittagessen.

Selen ist ein Spurenelement mit antioxidativen und krebsvorbeugenden Eigenschaften. Selen und Vitamin E erleichtern sich gegenseitig ihre Aufnahme im Körper und sollten zusammen eingenommen werden, während Vitamin C die Aufnahme mancher Selenformen behindert und deshalb separat genommen werden sollte. (Leider werden in Reformhäusern und Naturkostläden häufig Selenkapseln mit Vitamin C und E kombiniert angeboten.) Für gewöhnlich habe ich die Einnahme von täglich 50 bis 100 Mikrogramm Selen empfohlen, die neueren Forschungsergebnisse zu seiner krebsvorbeugenden Wirkung lassen jedoch darauf schließen, daß höhere Dosen wirksamer sind; deshalb empfehle ich heute Dosen von 200 bis 300 Mikrogramm Selen täglich, Personen mit einem erhöhten Krebsrisiko die höhere Dosis. Vor Überdosierungen ist jedoch zu warnen, da eine Tagesdosis von über 400 Mikrogramm möglicherweise gesundheitsschädigend ist. Selenergänzungen sind in allen Supermärkten erhältlich. Meine nehme ich zusammen mit Vitamin E zum Mittagessen.

Beta-Karotin habe ich bereits im vorhergehenden Kapitel im Zusammenhang mit möglichen Unterschieden in der Wirkung von Nährstoffen erwähnt, die sich daraus ergeben könnten, ob diese Nährstoffe dem Körper über den Verzehr ganzer Produkte oder in Form isolierter Ergänzungen zugeführt werden. Ich hoffe, wir werden bald Ergänzungen mit gemischten natürlichen Karotinen kaufen können, da sie wahrscheinlich wesentlich wirksamer sind als isoliertes Beta-Karotin. Bis dahin sollten Sie sich jedoch – wie ich –

einstweilen bemühen, Ihren Speiseplan mit zusätzlichen gelben und orangefarbenen Früchten und Gemüsesorten, mit Tomaten und dunkelgrünem Blattgemüse zu ergänzen. Darüber hinaus nehme ich 25 000 I.E. Beta-Karotin als Ergänzung zum Frühstück. Ich empfehle eine natürliche Form, wie sie etwa aus Meeresalgen gewonnen wird, welche synthetischen Formen vorzuziehen ist; Sie finden sie in Reformhäusern und Bioläden.

Zusammenfassend empfehle ich Ihnen einen einfachen Nährstoffergänzungsplan, der weder allzuviel Mühe bereitet noch teuer kommt, Ihrem Körper aber sicher helfen wird, die schädigenden Auswirkungen von Giften zu neutralisieren, die Sie aufnehmen.

- *Zum Frühstück:* 1000 bis 2000 Milligramm Vitamin C und 25 000 I.E. natürliches Beta-Karotin.
- *Zum Mittagessen:* 400 I.E. natürliches Vitamin E und 200 bis 300 Mikrogramm Selen.
- *Zum Abendessen:* 1000 bis 2000 Milligramm Vitamin C.
- *Vor dem Zubettgehen:* 1000 bis 2000 Milligramm Vitamin C (wahlweise).

Verunreinigtes Wasser

Wir haben wesentlich mehr Kontrolle über das Wasser, das wir trinken, als über die Luft, die wir atmen; hier können wir immer auf Flaschenwasser und kostengünstige Wasserfilter zurückgreifen. Bei der Trinkwasseraufbereitung bemühen sich die Wasserwerke nach wie vor in erster Linie um Keimfreiheit, um uns vor Infektionskrankheiten zu schützen, ignorieren dabei aber weitgehend das Problem der Belastung mit Giften, etwa durch Chlor, das üblicherweise zur Desinfizierung eingesetzt wird. Unser Trinkwasser wird jedoch aus vielen Quellen mit Giften belastet, unter anderem durch Industrieabwässer, durch sauren Regen, durch Agrarchemikalien, die über den Boden ins Grundwasser gelangen, und durch die Schadstofffracht von Metallen und Kunststoffen, die sich aus den Wasserrohren lösen. Informieren Sie sich, wo Ihr Trinkwasser herkommt, welchen Härtegrad es hat, welche Schadstoffe es enthält. Nach der Trinkwasserverordnung wird das von den Wasserwerken aufbereitete Trinkwasser regelmäßig und nach breitgefächerten Schadstoffparametern untersucht, so daß Sie sich bei den zuständigen Behörden nach den jeweiligen Meßergebnissen erkundigen können; da diese Stellen jedoch nur, wenn überhaupt, bedingt auskunftspflichtig sind, bleibt Ihnen die Möglichkeit, daß Sie sich zur Ermittlung chemischer Schadstoffe an ein privates Untersuchungslabor wenden, da Wasserwirtschafts- und Gesundheitsämter nur bei Verdacht auf eine bakterielle Verseuchung zu kostenlosen Untersuchungen verpflichtet sind. Eine gute Informationsquelle dürften in diesem Zusammenhang auch örtliche Umweltorganisationen sein, die Ihnen möglicherweise die Kosten einer teuren privaten Untersuchung ersparen können.

Flaschenwasser kann, muß aber nicht besser als Ihr Leitungswasser sein, je nachdem, wo es herkommt und wie es abgefüllt wird. Achten Sie beim Kauf von Flaschenwasser auf die auf dem Etikett angegebenen Werte, und verwenden Sie keine Marken, die nicht einwandfrei schmecken. Kaufen Sie Wasser nur in Glas- oder (klarsichtigen) Hartplastikflaschen, da (halbdurchsichtige) Weichplastikflaschen in der Regel durch den Kunststoff, der sich löst, Geschmack abgeben.

Wesentlich billiger als der Kauf von Flaschenwasser ist der Kauf eines Wasserfilters. Wasserfilter sind zu erschwinglichen Preisen im Handel erhältlich. Für den Hausgebrauch gibt es verschiedene Wasserfiltersysteme. Mit Abstand das beste ist die Wasserdampfdestillation; diese Geräte sind jedoch relativ teuer und verbrauchen außerdem Strom. Das nächstbeste System ist die Umkehr-Osmose, wonach Wasser mittels Wasserdruck durch eine halbdurchlässige (semipermeable) Membran geschickt wird, die Schadstoffmoleküle auffängt. Umkehr-Osmose-Systeme sind wesentlich (bis zu achtzig Prozent) billiger als die Wasserdampfdestillation und entfernen mehr Schadstoffe aus dem Wasser als Aktivkohlefilter; der Nachteil ist jedoch, daß sie mit hohem Wasserdruck arbeiten müssen und diese Methode mit einem entsprechend hohen Wasserverbrauch (10 bis 25 Liter pro Liter Reinwasser) verbunden ist. Diese Geräte können unter dem Spülbecken oder am Wasserhahn installiert werden. Wichtig beim Kauf eines Umkehr-Osmose-Systems ist, daß Sie sich erkundigen, wie oft die Filter ausgetauscht werden müssen und mit welchen Umständen und Kosten dieser Austausch verbunden ist.

Aktivkohlefilter entfernen unangenehmen Geruch und Geschmack sowie Farben aus dem Wasser, aber keine gelösten Mineralstoffe. Sie sind ideal für den Entzug von Chlor, einer Chemikalie, die in meinen Augen eine große Gesundheitsgefahr darstellt. Als ein stark oxidierendes Agens ist Chlor hoch reaktiv und neigt dazu, sich im Wasser mit organischen Schadstoffen zu Kanzerogenen zu verbinden. Chlor im Trinkwasser kann darüber hinaus zu Herzkrankheiten und einer langfristigen Schädigung von Körpersystemen beitragen, die Teil des Heilungssystems sind. Versuchen Sie, Trinkwasser zu vermeiden, das nach Chlor schmeckt. Es gibt kostengünstige tragbare Aktivkohlefilter, die Sie sogar mit auf Reisen nehmen können. Ich verwende sie in Hotels und Restaurants, um glasweise chloriertes Wasser zu filtern.

Meine Ratschläge zum Thema »Trinkwasser« sind kurz und bündig:

- *Informieren Sie sich über die Herkunft Ihres Trinkwassers,* und erkundigen Sie sich, welche Schadstoffe es enthält.
- *Installieren Sie sich ein Umkehr-Osmose-Filtersystem in Ihrer Küche.*
- *Sofern Sie Flaschenwasser verwenden,* kaufen Sie nur Marken in Glas- oder klarsichtigen Hartplastikflaschen und von Abfüllern, die in der Lage sind, eine Analyse nachzuweisen oder einen Reinheitsnachweis zu erbringen.
- *Trinken Sie kein Wasser, das nach Chlor schmeckt.* Wenn Sie auf Reisen sind, bestellen Sie sich Flaschenwasser, oder nehmen Sie einen tragbaren Aktivkohlefilter mit.

Sie sollten sich wegen der Giftstoffe im Wasser nicht verrückt machen, aber dennoch darauf achten, gründliche Vorsichtsmaßnahmen zu treffen. Und nicht vergessen in diesem Zusammenhang sollten Sie auch, daß Sie mit dem Verzehr von Obst und Gemüse, mit der Einnahme von antioxidativen Nährstoffergänzungen und indem Sie dafür sorgen, daß die Ausscheidungssysteme Ihres Körpers gut funktionieren, die Gifte, die Sie aufnehmen, neutralisieren oder eliminieren können.

Gifte in Nahrungsmitteln

Nahrungsmittel zu bekommen, die frei von toxischen Belastungen sind, ist wesentlich schwieriger, als reines Wasser zu erhalten; dies haben wir den Gepflogenheiten unserer Landwirtschaft zu verdanken. Aber auch hier ist Überängstlichkeit fehl am Platz; essen ist schließlich eine wesentliche Quelle des Lebensgenusses, die man sich nicht verderben lassen sollte. Aber ich möchte Sie auf reale Gefahren aufmerksam machen und Ihnen sagen, welche Schritte Sie unternehmen können, um sich zu schützen.

Dabei möchte ich zunächst meine Warnung aus dem vorhergehenden Kapitel wiederholen. Wenn Sie aufgrund Ihrer Ernährungsgewohnheiten am Ende der Nahrungskette stehen, sind Sie einem größeren Risiko ausgesetzt, Umweltgifte in konzentrierter Form aufzunehmen. Sofern Sie also Fleisch oder Geflügel essen, achten Sie beim Kauf darauf, daß diese Produkte nachweislich frei von Medikamenten- und Hormonrückständen sind. Sofern Sie Fisch essen, versuchen Sie, sehr große fleischfressende Fischarten (wie Schwertfisch und Marlin) sowie solche Arten zu meiden, die in küstennahen Gewässern leben (wie Schaltiere). Das Problem wird unter anderem durch folgendes Beispiel veranschaulicht.

> »DDT in Fisch – 1985. Die bei Meeresfischen in Südkalifornien festgestellten DDT-(Dichlordiphenyltrichloräthan-)Konzentrationen sind ein Beispiel für die langfristigen Folgen des Einsatzes von Pestiziden mit hohen Halbwertzeiten. Über mehrere Jahre hinweg nutzte ein ortsansässiger DDT-Hersteller die Kanalisation, um einen Teil seiner mit DDT belasteten Industrieabfälle zu entsorgen. So wurden einige Millionen Kilogramm DDT

auf dem Meeresgrund um den Abwassereinleitungskanal deponiert. Derartigen Müllentsorgungspraktiken wurde bereits vor vielen Jahren Einhalt geboten; aber erst vor kurzem wurden bei Untersuchungen von Fisch aus dieser Region, der zum Verzehr bestimmt war, erhöhte DDT-Werte (von bis zu über 1 ppm festgestellt. Darüber hinaus wurde DDT auch mit Frachtschiffen im Meer verklappt, wobei genaue Ortsangaben allerdings fehlen. Wissenschaftlichen Erkenntnissen zufolge nehmen die DDT-Konzentrationen zwar im Laufe der Zeit ab, aber die festgestellten Werte geben Anlaß zu gesundheitlichen Bedenken, da DDT als potentielles Kanzerogen eingestuft wird. Zu dem seitens der FDA (Food and Drug Administration; Lebensmittel- und Arzneimittelüberwachungsbehörde der USA) festgelegten Grenzwert von 5 ppm für DDT in Fisch ist zu sagen, daß er zum einen vor langer Zeit festgelegt und zum anderen dabei das mit DDT verbundene kanzerogene Risiko nicht berücksichtigt wurde.«[3]

Solche Risiken reduzieren Sie, wenn Sie Lebensmittel wählen, die nicht am Ende der Nahrungskette stehen, was aber nicht heißt, daß Sie sich dann überhaupt keine Sorgen wegen Giftstoffen in Ihren Nahrungsmitteln zu machen brauchen. Auf die natürlichen Gifte bin ich bereits kurz eingegangen. Der beste Schutz vor dieser Gruppe von Substanzen ist, den Verzehr von Produkten einzuschränken, die die höchsten Belastungen aufweisen (zum Beispiel schwarzer Pfeffer, Erdnüsse, Sellerie oder Alfalfasprossen), und sich bewußt sehr abwechslungsreich zu ernähren. Eine abwechslungsreiche Ernährung hat im übrigen zwei Vorteile: Sie stellt sicher, daß Sie alle die Nährstoffe bekommen, die Sie brauchen, und sie mindert das Risiko, daß Sie zuviel von irgendwelchen ungesunden Substanzen aufnehmen.

Menschengemachte Gifte sind ein anderes Thema. Obst und Gemüse werden mit einer Fülle von Agrarchemikalien behandelt: Pestiziden, Fungiziden, Fruchtreiferegulatoren, Konservierungsmitteln und so weiter, und das im Rahmen der amtlichen Richtlinien, so daß sich die Rückstände innerhalb der »zulässigen« Höchstwerte bewegen. Viele dieser Chemikalien können durch

Abwaschen nicht entfernt werden, da sie fest am Gemüse haften oder sich im Produkt selbst abgesetzt haben. Es kann nicht genug betont werden, daß Chemikalienrückstände in unseren Nahrungsmitteln eine erhebliche gesundheitliche Gefahr darstellen und mit Folgen verbunden sind, die von der heutigen Medizinwissenschaft und der Regierungspolitik vielfach übergangen werden. Meine Bedenken möchte ich anhand zweier Geschichten veranschaulichen.

Bei meinen Japan-Reisen war ich verblüfft über das auffällig gehäufte Vorkommen von atopischer Dermatitis (Ekzemen). Sage und schreibe fünfzig Prozent aller japanischen Babys sind von dieser Krankheit betroffen, und im Vergleich zu den USA sind die bei Jugendlichen und jungen Erwachsenen auftretenden Fälle wesentlich schwerwiegender und auch verbreiteter. Ein Ekzem ist eine sowohl physisch als auch psychisch belastende und entstellende Krankheit, da sie mit einem juckenden roten Ausschlag, und zwar oft an den Händen und im Gesicht, auftritt. In Japan sehe ich immer wieder Patienten mit Ekzemen, die fast den ganzen Körper bedekken. Die Behandlungen der Schulmedizin greifen, gelinde gesagt, nur mangelhaft, da sie sich auf topische und systemische Kortikosteroide stützen, durch die die Dermatitis unterdrückt, aber nicht geheilt wird; eine weitere Konsequenz ist, daß die Patienten abhängig werden von dieser Medikation samt ihren schädlichen Nebenwirkungen. Die atopische Dermatitisepidemie in Japan ist ein relativ junges Phänomen. Was hat sich in der japanischen Bevölkerung geändert, was dafür verantwortlich sein kann? Mit Sicherheit nicht die genetischen Faktoren. Ekzeme haben eine erblich bedingte Komponente – sie treten oft innerhalb einer Familie verstärkt auf –, aber daß sich in den letzten fünfzig Jahren bei den Japanern eine nennenswerte genetische Veränderung vollzogen hat, ist mit Sicherheit auszuschließen. Was sich jedoch geändert hat, ist die Ernährung. Japaner essen heute im Vergleich zu früher wesentlich mehr Fleisch und Molkereiprodukte. Und die in Fleisch und Molkereiprodukten enthaltenen tierischen Proteine stellen eine unmittelbare Reizquelle für das Immunsystem dar und können somit eine Prädisposition für allergische Reaktionen wie Ekzeme schaffen. Des weiteren enthalten diese Produkte mehr Gifte als die frühere auf Fisch und pflanzlichen Produkten basierende traditionelle japanische Ernährung. Und nicht zuletzt sind auch im Nachkriegsjapan der Einsatz von Agrarchemikalien und die Verwendung von Zusatzstoffen in Nahrungsmitteln gewaltig gestiegen. Eine japanische Freundin, Internistin, hat erstaunliche Ekzemheilungen bei Personen erlebt, die ihre Ernährung auf rein biologische Produkte umstellten; einige ihrer Patienten konnten schließlich sogar auf die Behandlung mit Steroiden verzichten. Für mich heißt das: Allergien wie auch andere Formen von Immunstörungen können das Ergebnis von Schadstoffbelastungen infolge des Verzehrs chemisch belasteter Nahrungsmittel sein.

Eine meiner jungen Patientinnen, die an schwerem Asthma, chronischer Sinusitis und einer Vielzahl von Inhalations- und Nahrungsmittelallergien leidet, hat ebenfalls festgestellt, daß Nahrungsmittel, die frei von Chemikalien sind, einen großen Unterschied machen. Sie kennt die Reaktionen ihres Körpers inzwischen so gut, daß sie oft innerhalb von Stunden nach einer Mahlzeit sagen kann, welche Nahrungsmittel bei ihr Atembeschwerden verursachen und welche nicht. Sie hat gelernt, daß der Kauf von Obst und Gemüse aus biologisch-dynamischem Anbau ein Muß für ihre Gesundheit ist.

Da Obst und Gemüse aus organisch-dynamischem Anbau teuer und in der Regel nicht gleich um die Ecke zu haben sind, sollte man über die Belastung der herkömmlichen Produkte mit Schadstoffen Bescheid wissen. Äpfel stehen an der Spitze der am stärksten belasteten Nahrungsmittel; deshalb kaufe ich nur noch Äpfel aus biologisch-dynamischem Anbau. Ebenfalls stark belastet sind Pfirsiche, Trauben (sowie Rosinen und Weine, die daraus hergestellt werden), Orangen und Erdbeeren, ganz zu schweigen von Kartoffeln, Möhren, Salat, grünen Bohnen, Erdnüssen und Weizen. Bei diesen Nahrungsmitteln und den aus ihnen hergestellten Produkten (einschließlich Produkten aus Weizenmehl) sollten Sie unbedingt Wert darauf legen, daß sie aus biologisch-dynamischem Anbau kommen.[4]

Die gute Nachricht ist, daß die biologische Landwirtschaft floriert, ein Ergebnis des gewachsenen Bewußtseins für Schadstoffe in

Nahrungsmitteln und der dadurch bedingten Nachfrage nach Produkten aus biologischem Anbau. Es ist noch nicht so lange her, daß die Agrarexperten beharrlich behaupteten, organisch-dynamische Anbaumethoden seien in kommerziellem Umfang nicht praktizierbar, sondern bestenfalls etwas für den häuslichen Garten. Heute können, beflügelt durch die Nachfrage des Marktes, Obst und Gemüse in jeder Größenordnung biologisch-dynamisch angebaut werden, und zwar profitabler, als man es sich jemals vorstellte, weil in der biologischen Landwirtschaft zum einen auf den Kauf teurer Agrarchemikalien verzichtet werden kann und zum anderen mit Produkten aus nachweislich biologischem Anbau höhere Preise erzielt werden können. In Kalifornien hat inzwischen die Hälfte der Erzeuger auf organisch-dynamische Anbaumethoden umgestellt – ein Segen für die Verbraucher wie für die Erde. Damit werden biologische Produkte in absehbarer Zeit auch leichter in gewöhnlichen Läden zu finden und die Preise entsprechend konkurrenzorientierter sein. Dieser Trend wurde von den Verbrauchern in Gang gesetzt, und Sie können ihn verstärken, indem Sie den Filialleitern der Lebensmittelmärkte Ihre Wünsche mitteilen.

Zusatzstoffe in verarbeiteten Nahrungsmitteln stellen eine weitere Kategorie von Giftstoffen dar. Ich empfehle Ihnen, vor allem zwei Arten von Zusatzstoffen zu meiden: chemische Farbstoffe (die auf den Etiketten mit Angaben wie »Zusatz von Farbstoffen«, »mit natürlichen Farbstoffen« oder mit spezifischen Bezeichnungen wie »Farbstoff E ...« gekennzeichnet sind) und künstliche Süßungsmittel wie Saccharin und Aspartam. Ganz allgemein enthalten verarbeitete Nahrungsmittel mehr Fett und mehr Salz, als Sie ansonsten vielleicht verzehren würden, und darüber hinaus eine Fülle von Konservierungsmitteln, Geschmacksverbesserern und anderen Zusatzstoffen, die Ihre Gesundheit und damit Ihr Heilungssystem beeinträchtigen können. Es ist also ratsam, den Anteil von verarbeiteten Produkten in Ihrem Speiseplan zu reduzieren und nur solche zu wählen, die ohne künstliche Zusatzstoffe hergestellt wurden.

Um die Gefährdung durch Schadstoffe in Nahrungsmitteln auf ein Minimum zu reduzieren, gebe ich Ihnen folgende Empfehlungen:

- *Reduzieren Sie den Verzehr tierischer Produkte, und kaufen Sie nur Fleisch und Geflügel, das nachweislich frei von Medikamenten- und Hormonrückständen ist.*
- *Verringern Sie den Verzehr von Produkten, die bekanntermaßen natürliche Giftstoffe enthalten,* wie schwarzer Pfeffer, Sellerie, Alfalfasprossen, Erdnüsse und Champignons.
- *Ernähren Sie sich abwechslungsreich,* statt jeden Tag das gleiche zu essen.
- *Waschen Sie Obst und Gemüse stets ab* (selbst wenn damit nicht viele Schadstoffe entfernt werden).
- *Wenn möglich, schälen Sie Obst und Gemüse,* insbesondere wenn sie nicht aus biologisch-dynamischem Anbau kommen.
- *Kaufen Sie folgende Produkte möglichst nur aus biologisch-dynamischem Anbau:* Äpfel, Pfirsiche, Trauben, Rosinen, Orangen, Erdbeeren, Salat, Sellerie, Möhren, grüne Bohnen, Kartoffeln und Weizenmehl.
- *Suchen Sie gezielt nach biologischen Produkten, und tragen Sie zu ihrer weiteren Verbreitung bei, indem Sie den Filialleitern der Supermärkte Ihre Wünsche mitteilen.*
- *Reduzieren Sie den Verzehr von verarbeiteten Produkten, und versuchen Sie, vor allem solche zu meiden, die chemische Farbstoffe und künstliche Süßungsmittel enthalten.*

Drogen, Medikamente, Kosmetika und andere Giftquellen

Die Toxizität von Drogen und Medikamenten stellt für mich eine Untergruppe der chemischen Schadstoffbelastungen dar. Medikamente und Drogen werden aufgrund medizinischer Indikation, aus gesellschaftlichen Gründen oder zur Entspannung genommen und auf Rezept, über die Ladentheke oder illegal bezogen. Wichtig ist zu begreifen, daß es, abgesehen von der Dosis, keinen fundamentalen Unterschied zwischen Drogen oder Medikamenten und Giften gibt. Alle Medikamente sind bei hinreichend hoher Dosierung toxisch, und manche Gifte sind bei hinreichend niedriger Dosierung hilfreiche Medikamente. Ich habe nichts gegen den Gebrauch von Medikamenten einzuwenden, wenn sie die beste Behandlungsmethode bei Krankheiten darstellen; ich ermutige aber sowohl Ärzte als auch Patienten, alternative Behandlungsmethoden auszuprobieren, die die Möglichkeit der Schädigung durch Medikamente verringern oder ausschließen – die Ihnen inzwischen sattsam bekannte »Hauptsünde« der Schulmedizin. Bei pflanzlichen Arzneien handelt es sich um verdünnte Formen natürlicher Medikamente. Da sie verdünnt sind, ist ihre Einnahme mit einem geringeren Risiko behaftet; trotzdem dürfen sie nicht gedankenlos oder ohne guten Grund genommen werden. Denn mit der Einnahme von Medikamenten – in welcher Form und aus welchem Grund auch immer – belasten Sie Ihre Leber zusätzlich, deren Aufgabe es ist, die meisten fremden Substanzen zu metabolisieren.

Von den in unserer Gesellschaft gebräuchlichen Freizeitdrogen sind Alkohol und Tabak die giftigsten. Alkohol ist ein direkt wirkendes Gift für die Leber und die Nervenzellen und darüber hinaus ein starkes Reizgift für die Schleimhaut des oberen Verdauungstraktes. Alkohol hat aber auch positive Wirkungen, insbesondere als Entspannungsmittel (und als Geselligkeitsstimulans), als Tonikum für das Herzkranzgefäßsystem und als Stimulans für die Produktion von HDL-Cholesterin, dem »guten« Cholesterin. Die Bewertung des Alkohols für unsere Gesundheit muß somit eine Risiko-Nutzen-Analyse vor dem Hintergrund der jeweils individuellen Verwendungsmuster einbeziehen. Bei Menschen, die eine gesunde Leber, einen gesunden Magen und ein gesundes Nervensystem haben, kann ein *mäßiger* Alkoholkonsum möglicherweise die Gesundheit und Heilung fördern. Bei Menschen mit organischen Beschwerden kann hingegen bereits mäßiges Trinken schädlich sein; *starker* Alkoholkonsum ist grundsätzlich mit einer optimalen Gesundheit unvereinbar.

Bei Tabak ist die Sache eindeutiger. Tabak kann zwar die Konzentrationsfähigkeit und Entspannung erleichtern, Nikotin ist jedoch in höchstem Maße suchterzeugend, insbesondere wenn es tief inhaliert wird; Tabak ist außerdem ein sehr starkes Stimulans, das eine Verengung der Arterien im ganzen Körper bewirkt und damit die Blutzirkulation hemmt und in der Folge die Heilung behindert. Ferner wird der Raucher noch anderen im Tabakqualm enthaltenen Schadstoffen ausgesetzt, zu denen viele kanzerogene Substanzen gehören. Durch das Inhalieren des Rauches wird die Atmung behindert, die, wie bereits erwähnt, eine der Hauptkomponenten für die Funktionstüchtigkeit des Heilungssystems darstellt. Sollten Sie zu den wenigen gehören, die nichtsüchtige Raucher sind, werde ich nicht versuchen, Sie vom Rauchen abzubringen solange Sie mich Ihrem Qualm nicht aussetzen.

Zu den Medikamenten ist noch anzumerken, daß sie vielfach mit den gleichen synthetischen Stoffen gefärbt sind, die zur Färbung von Lebensmitteln verwendet werden. Das heißt: Medikamente, sofern Sie sehr viele bunte Pillen und Kapseln nehmen, können eine Quelle genau jener Chemikalien sein, die Ihnen mit Sicherheit nicht guttun – ein zusätzlicher Grund, nach alternativen Behandlungsmethoden zu suchen. Eine weitere, oft weniger berücksichtigte Quelle sind Kosmetika, insbesondere Shampoos und sonstige Haarpflegemittel sowie Lotionen, die über die Haut absorbiert werden. Meiden Sie alle kosmetischen Produkte, die chemische Farbstoffe enthalten; es ist nicht so schwierig, Marken zu finden, die farblos, weiß oder mit pflanzlichen Extrakten getönt sind; im Zweifel müssen Sie in Fachgeschäften, Reformhäusern oder Bioläden danach suchen.

Insbesondere Pestizide und Herbizide gehören zu den gefährlichsten Toxinen in der Umwelt. Versuchen Sie den Umgang mit diesen Substanzen zu meiden, verwenden Sie sie weder im Haus noch im Garten. Seien Sie gleichermaßen vorsichtig mit allen Farbstoffen, Lösungsmitteln und anderen chemischen Produkten, die Dämpfe abgeben und stark riechen. Sofern Sie irgendwelchen Substanzen dieser Art ausgesetzt sind, ist es wichtig, sich gründlich zu waschen, reichlich frische Luft zu atmen, sehr viel Wasser zu trinken und in der Sauna oder im Dampfbad zu schwitzen – und vergessen Sie nicht, Ihre Antioxidantien zu nehmen!

Toxische Formen von Energie

Fest steht, daß das Leben auf der Erde sich trotz bestimmter Strahlenfrequenzen, die die DNA schädigen können, entwickelte. Dieser natürlichen Strahlung, die uns aus dem All, von der Sonne und von der Erde trifft, hat der Mensch dank seiner Aktivitäten jede Menge elektromagnetischer Strahlung hinzugefügt, deren langfristige biologische Effekte noch unklar sind. Dennoch ist es ratsam, umfangreiche Vorsichtsmaßnahmen zu ergreifen.

An dem einen Ende des elektromagnetischen Spektrums finden wir unter anderem die kurzwelligen (energiereichen) Formen von Strahlung wie die Nuklearenergie und die Röntgenstrahlen, die Elektronen aus ihren Umlaufbahnen um die Atomkerne katapultieren und geladene Partikel (Ionen) erzeugen können. Die Gefahren ionisierender Strahlung sind hinlänglich bekannt: Eine hohe Strahlendosis kann tödlich sein oder Mutationen in der DNA hervorrufen, die zur Schädigung des Immunsystems und zur Entwicklung von Krebs führen, der sich möglicherweise erst Jahre danach manifestiert. Sie können sich vor ionisierender Strahlung schützen, indem Sie sich ihr zum Beispiel beruflich nicht aussetzen (was der Fall ist, wenn Sie im Uranbergbau, in der Wartung eines Atomkraftwerkes oder in der Radiologie arbeiten), indem Sie darauf achten, daß Sie nicht in der Nähe einer Strahlenquelle leben, gleich ob diese natürlichen Ursprungs oder menschengemacht ist (wie etwa bei einem End- oder Zwischenlager für atomaren Müll), und indem Sie sich nicht ohne guten Grund von Ärzten und Zahnärzten röntgen lassen. Halten Sie sich dabei vor Augen, daß es so etwas wie eine »sichere« Dosis ionisierender Strahlung nicht gibt, da jedes bißchen zu der Gesamtsumme beiträgt, der Sie im Laufe Ihres Lebens ausgesetzt werden – und diese sich anhäufende Summe korreliert mit Schädigungen der DNA. Ein weiterer Grund, Obst und Gemüse zu essen und Antioxidantien in Form von Nährstoffergänzungen zu nehmen, ist in diesem Zusammenhang, daß sie jene chemischen Reaktionen blockieren können, über die strahlungsbedingte Schädigungen an die Gene weitergegeben werden.

Bei der ultravioletten (UV-)Strahlung der Sonne handelt es sich nicht um eine ionisierende Strahlung; ihre Wellen sind länger, weniger energetisch und schließen sich unmittelbar an die energiereichste Form elektromagnetischer Energie, an das violette Ende des sichtbaren Spektrums an. Dennoch ist die UV-Strahlung stark genug, um die DNA in den Hautzellen zu schädigen; sie ist die Hauptursache von Hautkrebs, dessen Häufigkeit mit alarmierender Geschwindigkeit zunimmt. Ein möglicher Grund für diese Zunahme ist die infolge der Luftverschmutzung fortschreitende Zerstörung der Ozonschicht, so daß die Sonnenstrahlung heute intensiver als früher durchdringt und auf die Erdoberfläche auftrifft. Dies ist um so mehr ein Grund, sich zu schützen und aus der Sonne zu bleiben, wenn sie hoch am Himmel steht, schützende Kleidung zu tragen, Sonnenschirme zu benutzen und nicht etwa Bräunungsstudios aufzusuchen, in der fälschlichen Annahme, sie hätten die »gesunde Bräunungsvariante von UV-Strahlung« zu bieten. Jede UV-Strahlung ist schädlich; abgesehen von der Schädigung der Haut fördert sie die Entwicklung von grauem Star sowie die Makuladegeneration, beides häufig Ursache des Verlustes des Sehvermögens bei älteren Menschen. Sie können sich vor dieser Gefahr schützen, indem Sie in der Sonne Sonnenbrillen tragen, die vor UV-Strahlen schützen, und indem Sie Antioxidantien nehmen.

Auf der anderen Seite des sichtbaren Lichtspektrums, der Infrarotstrahlung, finden wir die noch längeren Wellenformen wie Mikrowelle und ELF-Strahlung (Wellen mit einer extrem niedrigen Frequenz), die vor allem in der Richtfunk- und Radartechnik zu militärischen Zwecken genutzt werden. Mikrowellen können die Moleküle von pflanzlichem und tierischem Gewebe beeinflussen und Hitze erzeugen (letzteres ist Grundprinzip der Mikrowellenherde). Aber abgesehen von der Gefahr, daß menschliches Gewebe bei hohen Dosen dieser Strahlung zum Kochen gebracht werden kann, wurden Mikrowellen und ELF-Strahlung bisher als biologisch unbedenklich angesehen. Inzwischen ändert sich diese Sicht, da nunmehr eine ganze Reihe von Wissenschaftlern vor diesen Energieformen warnen, die mittels kleiner Stromstöße und schwacher elektrischer Felder die empfindlichen biologischen Kontrollsysteme stören können.[5] In Kapitel 5 habe ich die Rolle dieser Systeme in Verbindung mit der Heilung von Wunden und Knochenbrüchen beschrieben; sie sind möglicherweise die Grundlage der meisten komplexen Heilungen von Geweben und Organen.

Mikrowellenherde sind so lange unbedenklich, wie sichergestellt ist, daß über undichte Stellen keine Strahlung entweicht. (Ein Problem ist jedoch, daß sie die chemische Zusammensetzung von proteinhaltigen Nahrungsmitteln verändern können, die lange darin erhitzt werden, sowie Nahrungsmittel mit Fremdmolekülen aus Verpackungsmaterialien belasten, sofern sie in Plastik eingewickelt oder in Kunststoffbehältnissen in der Mikrowelle zubereitet werden. Verwenden Sie bei der Mikrowelle nie etwas anderes als Glas- oder Keramikbehältnisse, und decken Sie die Gerichte während des Aufwärmens nie mit einer Plastikfolie ab. Verwenden Sie diese Geräte nur zum schnellen Auftauen und Erwärmen, aber nie zum längeren Kochen von Hauptgerichten.) Es könnte jedoch gesundheitsschädlich sein, in der Nähe eines Mikrowellensenders oder militärischer Richtfunkanlagen zu leben.

Aber auch eine Reihe herkömmlicher Haushaltsgeräte gibt elektromagnetische Strahlung ab, die die Heilung behindern kann. Elektrische Heizkissen und -decken sollten am besten gemieden werden, da sie große elektrische Felder erzeugen, was wegen des unmittelbaren Körperkontaktes besonders bedenklich ist. Elektrische Radiowecker sind aus dem gleichen Grund gefährlich; Sie sollten während des Schlafens keinen in Kopfnähe stehen haben. Sofern Sie an einem Computerbildschirm arbeiten, lohnt sich die Investition eines Bildschirms, der keine elektromagnetische Strahlung abgibt und frei von elektromagnetischen Feldern ist.

Toxine prägen zunehmend das Leben in unserer industrialisierten Welt, und Sie müssen über die damit verbundenen Gefahren informiert sein. Meine Vorschläge, wie Sie sich vor diesen Gefahren schützen können, sind leicht umzusetzen; und selbst wenn Sie nur einige davon übernehmen, schützen Sie damit Ihr Heilungssystem vor möglichen Schädigungen. Im übrigen liefert uns die Natur Produkte, die unsere Heilungsfähigkeit stärken und unseren Körper widerstandsfähiger machen; dazu im folgenden mehr.

– 11 –

Tonika: Heilkräuter

Alles, was die Wirksamkeit des Heilungssystems erhöht oder ihm hilft, schädliche Einflüsse zu neutralisieren, erhöht auch die Wahrscheinlichkeit spontaner Heilungen. Genau das tun Tonika. Sie sind natürliche Produkte, und ihnen gilt mein ganz besonderes Interesse. Im Sinne einer stärkenden oder vitalisierenden Medizin ist das Wort »Tonikum« von einem griechischen Wort abgeleitet, das »dehnen« bedeutet. Tonika dehnen oder stärken unsere Systeme, genau wie körperliches Training unsere Muskeln stärkt. Durch Körperarbeit – mit einer allmählich aufgebauten Spannung und anschließender Entspannung – werden die natürliche Spannkraft und die Widerstandsfähigkeit erhöht, was im Blick auf die zunehmenden Belastungen unseres Organismus durch Umweltschadstoffe für unsere Gesundheit von besonderer Bedeutung ist: Je widerstandsfähiger wir sind, um so besser können wir mit Belastungen oder Schädigungen fertig werden.

Tonika genießen derzeit bei den meisten Verfechtern der westlichen Schulmedizin nur geringes Ansehen. Sie haben dabei Bilder von zweifelhaften wie geschäftstüchtigen Hausierern vor Augen, die von buntbemalten Wagen aus Heilmittelchen oder irgendeine Quacksalbermedizin feilbieten, oder alte Plakate, auf denen Wundermittel mit Opium und Alkohol angepriesen werden. Die heutigen Schulmediziner bevorzugen »Zauberkugeln«, Mittel, die gezielt schießen und mittels nachweisbarer biochemischer Mechanismen bei spezifischen Krankheiten spezifische Effekte erzielen. Für »Allheilmittel« können sie sich nicht erwärmen – für Mittel mit einem breiten Wirkungsspektrum, deren Mechanismen im einzelnen jedoch nicht immer durchschaubar sind. Die Praktiker der traditionellen östlichen Medizin haben hingegen eine völlig andere Einstellung. Hier werden Tonika sehr geschätzt, und hier sind Ärzte wie Patienten bereit, sehr viel Geld für natürliche Produkte auszugeben, die inneren Widerstandskräfte erhöhen.

Ein anschauliches Beispiel eines solchen Produktes ist etwa Ginseng, der aus Pflanzen der *Panax*-Familie gewonnen wird. (Die lateinische Wurzel »*panacea*« bedeutet »alles heilend«. Im übrigen war Panacea eine Tochter des Asklepios.) Die Nachfrage nach Ginseng geht seit jeher weit über das verfügbare Angebot hinaus, was zur Folge hat, daß inzwischen zahlreiche verfälschte Produkte und Imitationen auf dem Markt sind und die Preise für hochwertigen, echten Ginseng schwindelnde Höhen erreicht haben. Viele Asiaten schätzen Ginseng ganz allgemein als belebendes Tonikum; manche sind jedoch der Auffassung, er sollte dem hohen Alter vorbehalten bleiben. Fest steht, daß Ginseng bei regelmäßiger Einnahme Energie, Vitalität und Libido fördert und die Spannkraft der Haut, den Muskeltonus und insgesamt die Streßresistenz verbessert. Da Ginseng nicht toxisch ist, erfüllt er alle Voraussetzungen eines hilfreichen Tonikums. Ich empfehle ihn oft chronisch kranken Patienten oder Personen, die generell an Erschöpfungszuständen oder Antriebsschwäche leiden.

Ich verwende und empfehle auch noch eine Reihe anderer Tonika, von denen manche bekannt und andere weniger bekannt sind. Nachfolgend beschreibe ich diejenigen, die ich am häufigsten empfehle, weil sie sehr wirksam, unbedenklich und meistens leicht erhältlich sind. Auch wenn Sie nicht chronisch krank sind, an Erschöpfungszuständen oder Antriebsschwäche leiden, können diese natürlichen Mittel helfen, und vielleicht haben Sie ja Lust, das eine oder andere auszuprobieren. Sie können Ihnen nicht schaden, und angesichts der Gefahren aus unserer Umwelt ist es nützlich zu wissen, welche Substanzen unsere Abwehrkräfte und Widerstandsfähigkeit fördern, jene Mechanismen, die Voraussetzung für ein gut funktionierendes Heilungssystem sind. Ich beginne mit den bekannteren, ehe ich auf die exotischeren eingehe.

Knoblauch

Knoblauch *(Allium sativum)* ist das auffälligste Mitglied in der Familie der Zwiebeln, ein geschmacksintensives Gewürz, das in den Küchen der Welt eine hervorragende Rolle spielt. In vielen Kulturen wird Knoblauch ebenso als Heilpflanze geschätzt, und in jüngeren wissenschaftlichen Untersuchungen wurden nun auch einige der ihm in der Volksmedizin zugeschriebenen heilenden Eigenschaften bestätigt. Knoblauch ist eine reiche Quelle sulfidhaltiger, biologisch aktiver Substanzen; während in einer ganzen Reihe von kontrollierten Versuchen die gesundheitsfördernden Wirkungen der Pflanze nachgewiesen werden konnten, blieb im dunkeln, welchen Substanzen diese Wirkungen im einzelnen zuzuschreiben sind. Fest steht, daß Knoblauch in vielerlei Hinsicht auf viele Körpersysteme wirkt, die an Heilungsprozessen beteiligt sind; aus meiner Sicht ist Knoblauch angesichts der Bandbreite seiner Wirksamkeit zu Recht als wahres Tonikum einzustufen.

Geradezu spektakulär sind die Wirkungen von Knoblauch auf das Herzkrankgefäßsystem. Er senkt den Blutdruck und erzielt über mehr als nur einen Mechanismus dieselbe Wirkung wie einige unserer neuesten blutdrucksenkenden Medikamente – allerdings ohne deren leidige Tendenz zu Nebenwirkungen, die sich in Form von Impotenz, Kopfschmerzen und anderen toxischen Effekten äußern.[1] Ich kenne Menschen, die ihren leichten Bluthochdruck einfach durch den täglichen Verzehr von Knoblauch in den Griff bekommen. Außerdem senkt Knoblauch den Cholesterinspiegel und die Blutfettwerte (Triglyzeride), erhöht gleichzeitig den Anteil des »guten« HDL-Cholesterins und reduziert die Oxidationsneigung von LDL-Cholesterin. (Die Oxidation von LDL-Cholesterin ist der erste Schritt in jenem Prozeß, der zur Schädigung der Arterienwände führt.) Und schließlich hemmt Knoblauch die Blutgerinnung, indem er die Neigung der Blutplättchen zur Zusammenballung bremst. Die Plättchenaggregation an arteriosklerosegeschädigten und damit aufgerauhten Arterienwänden löst für gewöhnlich die Bildung von Blutgerinnseln und in der Folge Herzinfarkte und Schlaganfälle aus.[2] Aus all diesen Gründen scheint Knoblauch einen bemerkenswerten Schutz vor Herz- und Gefäßkrankheiten zu bieten. (Epidemiologen sind der Auffassung, daß der regelmäßige Verzehr von Knoblauch in bestimmten Regionen Spaniens und Italiens dazu beiträgt, daß atherosklerotische Krankheiten in diesen Regionen seltener vorkommen, als zu erwarten wäre.)

Auf einer völlig anderen Ebene ist Knoblauch ein wirksames Antiseptikum und Antibiotikum und hemmt in dieser Eigenschaft das Wachstum zahlreicher Bakterien und Pilze, die Krankheiten verursachen. Darüber hinaus stärkt er das Immunsystem und begünstigt die Vermehrung natürlicher Killerzellen, die entscheidend für die Abwehr von Krebs sind. Mehreren Studien zufolge ist Knoblauch ein Antikrebsmittel, wobei er auch hier wieder über verschiedene Mechanismen wirkt. Er blockiert offensichtlich die Bildung bestimmter Kanzerogene im Darm und schützt die DNA vor Schädigungen durch andere Kanzerogene.[3] Zu den vielfältigen Effekten von Knoblauch gehört auch, daß er die Leber und die Gehirnzellen vor degenerativen Veränderungen schützt (wahrscheinlich als Ergebnis der in ihm enthaltenen antioxidativen Substanzen) und den Blutzucker senkt.

Sie können in den Genuß all dieser positiven Wirkungen kommen, indem Sie Knoblauch in beliebiger Form in Ihren Speiseplan aufnehmen. Dabei wird Knoblauch auch als Nahrungsergänzung angeboten: Knoblauchdragees, Kapseln mit Knoblauchöl sowie Kapseln mit »geruchlosem« Öl. Die Unbedenklichkeit von Knoblauch als Gewürz ist zwar gesichert, wir haben aber keine Daten über die Unbedenklichkeit einer Langzeitverwendung von konzentrierten Extrakten. Vorsicht ist möglicherweise bei Personen geboten, die gerinnungshemmende Medikamente, einschließlich Aspirin, nehmen, da es hier zu verstärkter Blutungsneigung kommen könnte. Nicht im einzelnen bekannt ist auch die Wirksamkeit von Knoblauchergänzungen; die Hersteller behaupten vieles und versuchen, Konkurrenzprodukte abzuwerten; tatsächlich aber wissen wir nicht einmal, wie viele gesundheitsfördernde Eigenschaften von seinen Geruchsbestandteilen abhängen, so daß es schwierig ist zu sagen, ob die geruchlosen Produkte ebenso wirksam sind oder nicht.

Persönlich empfehle ich, mehr frischen Knoblauch zu essen. Zerdrücken Sie ihn roh in Salatsaucen, erwärmen Sie ihn leicht in Olivenöl, um Pasta zu würzen, und fügen Sie ihn gegen Ende des Kochens ganz allgemein als Gewürz Ihren Gerichten bei. Ich baue Knoblauch in meinem Garten an, stecke im September einzelne Zehen in den Boden und ernte im Sommer große Zwiebeln, die viele Monate halten. Ich kann mir ein Leben ohne Knoblauch nicht vorstellen und betrachte ihn als eines der besten allgemeinwirksamen Tonika für das Heilungssystem.

Ingwer

Genau wie Knoblauch ist Ingwer *(Zingiber officinale)* ein bekanntes Gewürz und erfreute sich auch als Heilpflanze großer Beliebtheit. (Das Epitheton *»officinale«* im Namen einer Pflanze weist auf den einstigen offiziellen Status der Pflanze in der Medizin hin.) Seit Jahrhunderten gilt Ingwer bei den Ärzten in China und Indien als äußerst hochwertige Medizin und wird aufgrund seiner allgemein stärkenden und geistig belebenden Eigenschaften vielfach Kombinationspräparaten zugefügt. In vielen Teilen der Welt wird er heute wegen seines wärmenden Effektes, seiner verdauungsfördernden Wirkung und als wirksames Mittel gegen Magenverstimmungen sowie Schmerzen und Beschwerden verschiedenster Art geschätzt. In den letzten Jahren wurden im Rahmen zahlreicher – weitgehend in Japan und Europa durchgeführter – medizinischer Untersuchungen bemerkenswerte heilende Wirkungen von Ingwer und seinen Bestandteilen nachgewiesen. Ingwer ist chemisch gesehen sehr komplex: Über vierhundert Substanzen – so der heutige Stand – tragen zum Geruch, Geschmack und zur biologischen Wirksamkeit der Pflanze bei. Bei den wissenschaftlichen Untersuchungen galt vor allem zwei Gruppen dieser Substanzen das Augenmerk, den Gingerolen und den Shogaolen, die dem Ingwer seinen scharfen Geschmack geben. Zudem enthält die »Wurzel«, die eigentlich ein unterirdischer Sproß (Rhizom) ist, Enzyme und Antioxidantien, die wahrscheinlich ebenso Schlüsselsubstanzen sind.

Die stärkende Wirkung von Ingwer auf das Verdauungssystem ist bekannt: Er fördert die Verdauung von Eiweißstoffen, ist ein wirksames Mittel gegen Übelkeit und Verdauungsstörungen, er kräftigt die Schleimhaut des Magen-Darm-Traktes und beugt damit der Bildung von Geschwüren vor, und er ist ein potentes Mittel gegen Darmparasiten.[4] Chinesische Köche verwenden Ingwer in den meisten Gerichten, weil sie glauben, er neutralisiere unerwünschte Eigenschaften anderer Zutaten, insbesondere von Fisch und Fleisch, die zu Magenverstimmungen führen könnten.

Andere hinreichend untersuchte Wirkungen von Ingwer betreffen die Produktion und Aktivierung einer Gruppe biologischer Moderatoren, die sogenannten Eicosanoide, die die Heilung und Immunität regulieren. Der Körper synthetisiert diese wichtigen Substanzen aus essentiellen Fettsäuren und nutzt sie zur Regulierung lebenswichtiger zellulärer Funktionen. Aus den laufenden wissenschaftlichen Forschungen wird vor allem über drei Hauptkategorien von Eicosanoiden berichtet: Prostaglandine, Thromboxane und Leukotriene. Ungleichgewichte in der Synthese und Freisetzung der Eicosanoide liegt vielen Krankheiten zugrunde, von Arthritis und Magengeschwüren bis zur vermehrten Blutplättchenaggregation, die Auslöser von Herzinfarkten und Schlaganfällen sein kann. Durch Regulation dieses Systems beugt Ingwer Entzündungen und der Bildung von Blutgerinnseln vor. Er ist möglicherweise ebenso wirksam wie einige der steroidfreien entzündungshemmenden Medikamente, die heute so beliebt sind, aber weit weniger toxisch, da er zum Beispiel die Magenschleimhaut schützt, statt sie zu schädigen. Durch die Modulation der Eicosanoidsynthese hilft Ingwer dem Heilungssystem vielleicht am meisten.[5]

Ferner stärkt Ingwer das Kreislaufsystem und hat krebsvorbeugende Eigenschaften, da er einige Kanzerogene blockiert und damit Mutationen der DNA vorbeugt.

Sie können Ingwer in Form des frischen Rhizoms oder als kandierte Scheiben, als Honigsirup oder als Extrakt in Kapseln nehmen. Ein einfaches und köstliches Rezept für Ingwertee: 1/2 Teelöffel frischgeschältes Rhizom in eine Tasse mit kochendem Wasser geben, die Tasse abdecken und 10 bis 15 Minuten ziehen lassen.

Abseihen, etwas Honig zugeben und heiß oder eisgekühlt trinken. In Honigsirup eingelegter Ingwer ist in Reformhäusern und Bioläden erhältlich; diesen Sirup können Sie heißem oder kaltem Wasser zufügen, und Sie erhalten ein schmackhaftes Getränk; wahlweise können Sie Ingwer auch selbst in Honig einlegen, indem Sie 1 Teil frischen geschälten Ingwer 3 Teilen Honig zugeben und das Ganze im Kühlschrank aufbewahren.

Wenn Ingwer getrocknet wird, verändern sich seine Inhaltsstoffe; insbesondere werden dadurch die im frischen Rhizom reichlich vorhandenen Gingerole in die schärferen Shogaole umgewandelt. Diese beiden Gruppen von Substanzen haben unterschiedliche Eigenschaften, wobei den Shogaolen eine stärkere entzündungshemmende und schmerzstillende Wirkung zukommt. Deshalb ist es sinnvoll, Ingwer in mehr als nur einer Form zu nutzen. Personen mit Arthritis und anderen Entzündungskrankheiten profitieren wahrscheinlich mehr von Kapseln mit getrocknetem Ingwerpulver, die in Reformhäusern und Bioläden erhältlich sind. Ingwer ist nicht toxisch; Sie können allerdings Sodbrennen bekommen, wenn Sie eine große Dosis auf leeren Magen nehmen. Am besten nehmen Sie Ingwer zu den Mahlzeiten ein.

Grüner Tee

Grüner Tee, das Nationalgetränk in Japan, wird aus den unfermentierten Blättern der Teepflanze *Camellia sinensis* hergestellt. Bei der Herstellung des bekannteren schwarzen Tees werden die Blätter haufenweise gestapelt und zum »Schwitzen« gebracht, also auf natürliche Weise fermentiert, so daß die Blätter dunkel werden und ihr Aroma und ihren Geschmack verändern. Bei grünem Tee stellten Medizinforscher unlängst eine Reihe gesundheitsfördernder Wirkungen fest, die den darin enthaltenen Katechinen zugeschrieben werden, einer Gruppe von Substanzen, die bei der Fermentation zu schwarzem Tee weitgehend vernichtet werden. (Oolongtee ist in gewisser Weise ein Mittelding. Er wird kurz fermentiert, und das Ergebnis ist farblich, geschmacklich und hinsichtlich des

Katechingehaltes ein Mittelding zwischen grünem und schwarzem Tee.) Katechine senken den Cholesterinspiegel und verbessern allgemein den Lipidstoffwechsel. Sie haben außerdem bemerkenswerte krebshemmende und antibakterielle Eigenschaften.

Alle Tees enthalten Theophyllin, eine engverwandte Droge des Koffeins. In hohen Dosen kann Theophyllin sehr stimulierend wirken und, genau wie Kaffee, abhängig machen. In begrenzten Mengen kann grüner Tee mit seinem leicht bitteren Geschmack und delikaten Aroma jedoch eine gesunde Ergänzung Ihrer Ernährung sein. Grüner Tee ist, was koffeinhaltige Getränke angeht, mein Lieblingsgetränk, das ich mit Entspannung und guter Gesellschaft verbinde. Es erscheint mir albern, grünen Tee in Form von Nährstoffergänzungen zu nehmen, aber in Reformhäusern und Bioläden werden viele Produkte und Tabletten mit Extrakten von grünem Tee angeboten, die sich alle die Publicity über den wirksamen Schutz der Katechine vor Herzkrankheiten und Krebs zunutze zu machen suchen.[6] Es gibt inzwischen sogar Deodorants von grünem Tee, die sich auf die antibakteriellen Eigenschaften dieser Pflanze stützen.

Zu meinen Lieblingsvarianten von grünem Tee gehört Matcha, ein leuchtendgrünes Pulver, das bei der japanischen Teezeremonie benutzt und als besonders exquisites Getränk kredenzt wird. Matcha wird aus sehr jungen erlesenen Teeblättern hergestellt, die gedämpft, getrocknet und sehr fein zu Pulver zermahlen werden. Um ein Getränk daraus zu machen, geben Sie einen Teelöffel Pulver in eine Keramikteeschale, fügen ein wenig kochendes Wasser hinzu und schlagen das Ganze mit einem Schneebesen (aus Bambus) schaumig. Matcha wird für gewöhnlich mit Süßigkeiten serviert. Es hat eine eindeutig stimulierende Wirkung und wird von buddhistischen Mönchen verwendet, um bei langen Meditationssitzungen wach zu bleiben. Matcha und gewöhnlicher grüner Tee (Sencha) sind in japanischen Spezialitätengeschäften erhältlich, letzteres inzwischen sogar in Supermärkten.

Sofern Sie Kaffeetrinker sind oder gerne schwarzen Tee oder Cola trinken, wäre es vielleicht eine Überlegung wert, auf grünen Tee umzusteigen. Grüner Tee enthält nicht nur eine verträglichere

Form von Koffein, er bietet auch als allgemeines Tonikum bemerkenswerte Vorteile.

Mariendistel

Ein sehr interessantes Tonikum aus der Tradition der europäischen Volksmedizin ist die Mariendistel, *Silybum marianum*. Aus den Samen dieser Pflanze wird ein Extrakt, Silymarin, gewonnen, das den Stoffwechsel der Leberzellen fördert und sie vor Giftstoffen schützt.[7] Die Pharmaindustrie hat zwar viele Produkte auf den Markt gebracht, die die Leber schädigen, kann aber bisher nichts Vergleichbares zu der schützenden Wirkung der Mariendistel anbieten, die völlig nichttoxisch ist.

Jeder starke Trinker sollte regelmäßig Mariendistel nehmen, um seine Leber vor Alkoholschäden zu schützen, ebenso Patienten, die Medikamente mit leberschädigenden Nebenwirkungen nehmen, einschließlich Krebspatienten, die sich einer Chemotherapie unterziehen. Im übrigen empfehle ich diese Pflanze allen Patienten mit chronischer Hepatitis und anomalen Leberfunktionen; ich habe Fälle der Normalisierung der Leberfunktion bei Personen erlebt, die über mehrere Monate hinweg täglich Mariendistel nahmen und sich parallel dazu um eine Verbesserung ihrer Ernährungsweise und ihres Lebensstils bemühten. Sofern Sie mit giftigen Chemikalien arbeiten oder meinen, irgendwelchen toxischen Substanzen ausgesetzt gewesen zu sein, nehmen Sie Mariendistel. Sie hilft ihrem Körper, sich von etwaigen Schädigungen wieder zu erholen.

Mariendistelprodukte finden Sie in allen Reformhäusern und Bioläden. Ich bevorzuge die Standardextrakte in Tabletten- oder Kapselform. Halten Sie sich bei dem Produkt, das Sie kaufen, an die jeweils empfohlene Dosierung, oder nehmen Sie zweimal täglich zwei Tabletten oder Kapseln. Sie können Mariendistel zeitlich unbegrenzt nehmen.

Astragalus

Jeder Chinese kennt diese Heilpflanze. Sie wird in China unter dem Namen »Huang qi« in vielen Geschäften sowohl als konzentriertes als auch als Kombinationspräparat gegen Erkältungen und Grippe verkauft. *Astragalus* gehört zur Familie der Wicken, von denen manche Arten giftig sind, und ist mit den bei uns bekannten Schmetterlingsblütlern verwandt. Giftig ist die Pflanze jedoch nur in ihren oberirdischen Teilen, nicht in den Wurzeln, und aus den Wurzeln einer ungiftigen chinesischen Art, *Astragalus membranaceus*, wird das pflanzliche Heilmittel gewonnen. *Astragalus membranaceus* ist eine in Nordchina und der Mongolei beheimatete winterharte Pflanze mit langen faserigen Wurzeln. Zur wirtschaftlichen Nutzung von Astragalus werden sowohl wildwachsende als auch kultivierte Pflanzen verwendet; er wird bündelweise in dünnen Scheibchen verkauft, die hölzernen Zungenspateln gleichen und einen süßen Geschmack haben. Chinesische Kräuterheilkundige empfehlen, diese Scheibchen Suppen zuzufügen und sie vor dem Servieren wieder herauszunehmen, da sie zu hart zum Kauen sind. Getrockneten Astragalus erhalten Sie in chinesischen Spezialitätengeschäften, Astragalustinkturen und -kapseln in Reformhäusern und Naturkostläden. Dort finden Sie zusätzlich viele chinesische pflanzliche Produkte, die Astragalus als Hauptbestandteil enthalten.

Die traditionelle chinesische Medizin betrachtet diese Pflanze als echtes Tonikum, das bei Erschöpfungszuständen allgemein stärkend wirkt und generell die Resistenz gegenüber Krankheiten erhöhen kann. Sie wird auch zur Unterstützung der Wirksamkeit anderer Heilkräuter verwendet, von denen bekannt ist, daß sie energiesteigernd, verdauungsfördernd und allgemein anregend auf die Blutbildung und -zirkulation wirken. In der heutigen chinesischen Medizin ist Astragalus auch ein wichtiger Bestandteil der Fu-zheng-Therapie, einer kombinierten Heilkräuterbehandlung zur Wiederherstellung der Immunfunktion bei Krebspatienten, die sich einer Chemo- oder Strahlentherapie unterziehen. Untersuchungen in China zeigen eine höhere Überlebensquote bei Patienten, die sowohl in den Genuß der Heilkräuter- als auch der westlichen Therapien kamen, und auch, daß die immunsuppressiven Wirkungen letzterer bei Einbeziehung der ersteren abgeschwächt wurden.[8]

Pharmakologische Studien im Westen bestätigen, daß Astragalus das Immunsystem stärkt. Astragalus erhöht die Aktivität verschiedener weißer Blutkörperchen sowie die Produktion von Antikörpern und Interferon.[9] Diese Eigenschaften rühren von den in der Wurzel enthaltenen Polysacchariden – hochmolekularen Kohlenhydraten – her, die sich aus bestimmten Glukoseketten zusammensetzen. Polysaccharide sind strukturelle Komponenten vieler Organismen; noch bis vor kurzem waren sie für die westlichen Pharmakologen kaum interessant, da sie nicht zu den Arten von Molekülen gehören, die wie die »Zauberkugeln« gezielt schießen, und da ihnen nachgesagt wird, daß sie vom Magen-Darm-Trakt nicht einmal absorbiert werden können. Fest steht jedoch, daß viele der immunitätsfördernden pflanzlichen Mittel bezeichnenderweise eines gemeinsam haben: die darin enthaltenen Polysaccharide; das mag doch fürs erste genügen, auch ohne ihre weitergehenden Eigenschaften zu kennen.

Ich empfehle Astragalus vielen Patienten, da ich dieses pflanzliche Mittel für unbedenklich und wirksam halte. Insbesondere empfehle ich Astragalus Personen mit chronischen Infektionskrankheiten wie Bronchitis, Sinusitis und AIDS, ebenso vielen Krebspatienten, sowohl denen, die konventionell behandelt werden, als auch denjenigen, deren Behandlung bereits abgeschlossen ist. Nützlich ist die regelmäßige Einnahme von Astragalus meiner Meinung nach für Personen, die an Erschöpfungszuständen, Energiemangel und Antriebsschwäche leiden oder anfällig für Streß sind. Astragalusprodukte finden Sie in Reformhäusern und Bioläden; halten Sie sich an die jeweils empfohlenen Dosierungen.

Sibirischer Ginseng
(Eleuthero Ginseng, Teufelsbusch, Eleutherococcus)

Die Wurzel eines großen stacheligen, in Nordchina und Sibirien beheimateten Strauches, des Sibirischen Ginsengs *(Eleutherococcus senticosus)*, gehört heute zu den am häufigsten verwendeten Heilpflanzen auf der Welt; die Nachfrage ist so stark, daß echter Sibirischer Ginseng mitunter schwer erhältlich ist. Sibirischer Ginseng ist eine Pflanze der Ginsengfamilie, die sich jedoch vom echten Ginseng unterscheidet. Auf der Suche nach einem Ginsengersatz entdeckten sowjetische Forscher, daß diese Heilpflanze bemerkenswerte »adaptogene« Eigenschaften besitzt, wonach die Adaption (Anpassungsfähigkeit) gegenüber Streßfaktoren aller Art erhöht wird. Nachdem ihre nützlichen Eigenschaften bekannt geworden waren, setzte sie sich deshalb bei sowjetischen Athleten und Militärs als beliebtes Mittel zur Steigerung der Leistungsfähigkeit und Streßresistenz durch.

Im Rahmen zahlreicher Tierversuche und Versuchsreihen mit Menschen konnten sowohl der schützende Charakter von Sibirischem Ginseng als auch seine immunitätsfördernde Wirkung nachgewiesen werden.[10] Zu den wirksamen Substanzen gehören vor allem Polysaccharide sowie die sogenannten Eleutheroside. Beim Kauf Sibirischer-Ginseng-Produkte sollten Sie nach Alkohol- oder Trockenextrakten (in Tabletten- oder Kapselform) suchen, die hinsichtlich ihres Gehaltes an Eleutherosiden genormt sind; das ist die einzige Sicherheit, daß Sie echten Sibirischen Ginseng bekommen.

Anders als die meisten anderen Tonika, auf die ich in diesem Kapitel eingehe, hat Sibirischer Ginseng keine weit zurückreichende Geschichte in der Volksmedizin; er ist eine Entdeckung neueren Datums. In der modernen chinesischen Medizin stieß er auf großes Interesse und wird heute als einzelnes Heilmittel bei vielen chronischen Krankheiten verschrieben. Sibirischer Ginseng ist ein zuverlässiges Tonikum mit allgemein aufbauenden Eigenschaften und hilft insbesondere Menschen, die unter Energiemangel und Antriebsschwäche leiden. Sibirischer Ginseng kann unbedenklich über längere Zeit verwendet werden. Nehmen Sie zweimal täglich zwei Tabletten oder Kapseln, sofern keine andere Dosierung vorgeschrieben ist.

Ginseng

Es sind vor allem zwei *Panax*-Arten, die als Tonikum bekannt sind und geschätzt werden: der im Nordosten Chinas beheimatete *Panax ginseng* und der im Nordosten der USA beheimatete *Panax quinquefolium*. Beide Arten werden inzwischen großflächig für den kommerziellen Handel angebaut, und beide haben ähnlich stärkende Eigenschaften, wobei der asiatische Ginseng allerdings eher ein allgemein und sexuell stimulierendes Tonikum ist, während der US-amerikanische Ginseng vor allem als wirksames Adaptogen gilt. Die Pflanzen wachsen sehr langsam, und den älteren Wurzeln wird ein größerer therapeutischer Effekt zugeschrieben als den jüngeren. Ginsenganhänger zahlen sehr viel Geld für alte Wurzeln wildwachsender Pflanzen und wesentlich weniger für junge Wurzeln kultivierter Pflanzen. Ginseng ist in vielen Formen auf dem Markt: von ganzen getrockneten Wurzeln bis zu Ginsengweinbrand, -wein, -tees und -süßigkeiten sowie einer Vielzahl von Extrakten, die in Tabletten- oder Kapselform angeboten werden. Aber Vorsicht: Einige dieser Produkte enthalten kaum oder überhaupt keinen Ginseng. Aber es ist nichts Neues, daß bei seltenen und teuren Arzneipflanzen der Markt mit Imitationen und Produktfälschungen überschwemmt wird. Der echte Ginseng verdankt seine bekannten Wirkungen einer ungewöhnlichen Gruppe von Substanzen, den sogenannten Ginsenosiden, die in keiner anderen Gattung vorkommen. Echte Ginsengprodukte müssen Ginsenoside enthalten, je mehr, desto besser; kaufen Sie also entweder ganze Wurzeln (die unverwechselbar sind, sobald Sie sie einmal gesehen haben) oder ausschließlich Produkte mit einem genormten Gehalt an Ginsenosiden.

In China und Korea wird Ginseng insbesondere als Tonikum für ältere Menschen geschätzt, da er appetit- und verdauungsfördernd wirkt, zur Verbesserung der Haut beiträgt, den Muskeltonus stärkt und als Sexualtonikum Abhilfe bei Libidomangel schaffen kann. Hört man auf chinesische Männer, dann ist Ginseng nichts für Frauen; hinter dieser Einstellung verbirgt sich aber möglicherweise nur der Wunsch, den begrenzten Vorrat nicht auch noch mit Frauen zu teilen; allerdings kann Ginseng auch den Östrogenspiegel beeinflussen, was gegen seinen Gebrauch durch Frauen spräche, die an einem unausgeglichenen Hormonhaushalt oder östrogenbedingten Krankheiten wie Geschwülsten in der Gebärmutter, fibrozystischen Brustkrankheiten und Brustkrebs leiden, da ein hoher Östrogenspiegel die Entwicklung dieser Krankheiten begünstigt. Die Chinesen raten davon ab, Ginseng in der Jugend zu verwenden, und empfehlen, ihn fürs hohe Alter aufzuheben. »Dann werden Sie sehen, was er für Sie tun kann«, sagte ein Mann zu mir.

Ginseng ist im allgemeinen unbedenklich, allerdings kann der asiatische Ginseng bei manchen zur Erhöhung des Blutdrucks und zu Empfindlichkeiten führen. Sofern diese Nebenwirkungen auftreten, sollte man die Dosierung verringern oder zum US-amerikanischen Ginseng greifen (der im übrigen von vielen Asiaten bevorzugt wird). Ich empfehle Ginseng oft Personen, die an Antriebsschwäche oder infolge chronischer Krankheiten bzw. altersbedingt an Schwächegefühlen leiden. Viele bestätigen mir seine stärkende Wirkung und sagen, daß sie ihn weiterhin nehmen möchten. Ein standardisiertes, nach einer schweizerischen Methode hergestelltes Ginsengextrakt wird inzwischen in Supermärkten angeboten.

Dong quai (Tang kuei)

Dong quai ist ein in der traditionellen chinesischen Medizin bekanntes Tonikum, das die Blutbildung und -zirkulation anregt und aus der Wurzel der *Angelica sinensis*, einer Pflanze aus der Familie der Wurzelgewächse, gewonnen wird. In diesem Jahrhundert konnte Dong quai sich auch im Westen als allgemein wirksames Tonikum für Frauen durchsetzen, und viele Naturheilpraktiker verschreiben es bei Frauenleiden, insbesondere bei Menstruationsbeschwerden, bei unregelmäßiger und schmerzhafter Menstruation. Chinesische Ärzte schätzen Dong quai auch als Tonikum für die Gebärmutter sowie seine ausgleichende Wirkung auf den weiblichen Hormonhaushalt; nach ihrem Dafürhalten hilft es jedoch beiden Geschlechtern und wird in Kombination mit Ginseng und Ho shou wu (siehe im folgenden) oft auch Männern als Tonikum verordnet. Bei Männern wird davon ausgegangen, daß es die Muskel- und Blutbildung fördert.

Dong quai ist nicht toxisch und hat keine östrogenspezifische Wirkung, obwohl letzteres vielfach angenommen wird. Ich empfehle es oft Frauen mit Menstruationsproblemen oder Menopausenbeschwerden sowie Frauen, die an Energiemangel leiden – mit guten Ergebnissen. Es wird in Reformhäusern und Bioläden in Form von Tinkturen und Kapseln angeboten, und da es weder knapp noch teuer ist, handelt es sich bei den meisten Produkten um hochwertige Präparate. Wenn Sie es ausprobieren möchten, nehmen Sie zweimal täglich zwei Kapseln von Wurzelextrakten oder zweimal täglich einen Tropfenzähler voll von der Tinktur mit etwas Wasser. Nach sechs bis acht Wochen werden Sie die Wirkung einschätzen können.

Ho shou wu

Wörtlich übersetzt heißt Ho shou wu, »Herr Ho hat schwarze Haare«, womit auf die verjüngenden und jugenderhaltenden Eigenschaften dieses pflanzlichen Tonikums angespielt wird. Ho shou wu wird aus der Wurzel von *Polygonum multiflorum* gewonnen und ist ein sehr bekanntes chinesisches Tonikum, dem blutreinigende und energiefördernde sowie Eigenschaften zur Stärkung von Haar und Zähnen zugeschrieben werden. Weithin wird es bei regelmäßiger Einnahme auch als potentes Sexualtonikum angesehen, das die Spermaproduktion bei Männern und die Fruchtbarkeit bei Frauen fördert. Untersuchungen in China zeigten, daß es darüber hinaus erhöhten Cholesterinspiegel senkt; entsprechende Untersuchungen wurden im Westen bisher noch nicht durchgeführt. Ho shou wu kann für gewöhnlich über Lieferanten chinesischer Heilkräuter und Medizin bezogen werden (siehe auch Anhang).

Die positiven Wirkungen dieses pflanzlichen Mittels können Sie zum Beispiel in Form eines Flüssigextraktes testen, der in Kombination mit anderen pflanzlichen Tonika und Aromata unter dem Namen »Shou Wu Chih« oder »Super Shou Wu« angeboten wird. Es handelt sich dabei um eine sehr dunkle Flüssigkeit mit einem angenehmen aromatischen Geschmack, die mit zwei Eßlöffeln auf eine Tasse heißes oder kaltes Wasser verdünnt werden sollte. Trinken Sie das ein- oder zweimal täglich mindestens einen Monat lang, um zu sehen, ob sich Ihr Energiehaushalt im allgemeinen und Ihre sexuelle Potenz im besonderen erhöhen. (Um ergrauendes Haar wieder schwarz werden zu lassen, müßten Sie es wahrscheinlich jahrelang täglich nehmen, und in jedem Fall würde ich dann gerne die Fotos von vorher und nachher sehen.)

Maitake

Maitake ist der japanische Name eines eßbaren und delikaten Pilzes, *Grifola frondosa*, des Laubporlings, der unter Pilzsammlern in den USA auch als »Henne der Wälder« bekannt ist, da er in großen Clustern am Boden unter Bäumen oder an Baumstümpfen wächst und diese Cluster wie aufgeplusterte Schwanzfedern einer auf ihrem Nest sitzenden Henne aussehen. Wörtlich übersetzt bedeutet der japanische Name »tanzender Pilz«, weil wohl die Pilzsammler vor Freude tanzten, wenn sie diesen seltenen und sehr teuren Pilz fanden. Die Italiener kochen Maitake gern in Saucen für Pasta oder legen ihn nach kurzem Ankochen in Olivenöl und Essigmarinaden ein. Leider ist dieser wildwachsende Pilz eine Seltenheit, obwohl er über Jahre an der gleichen Stelle immer wieder zu finden ist.

1965 schrieb ein erfahrener japanischer Pilzsammler:

»Die Spitzensammler sind diejenigen, die Maitake suchen. Sie gehen zu ihren höchst geheimen Plätzen und suchen, vom glücklichen Zufall träumend, tagelang nach Maitake. Unter Maitakesammlern gilt es als selbstverständlich, daß sie sich gegenseitig ihre geheimen Plätze nicht verraten. Ein Sammler, der eine Stelle findet, an der er über zehn Kilogramm ernten kann, hat eine ›Schatzinsel‹ entdeckt. Er würde bis zu seinem Tod nie jemandem von seiner geheimen Fundstelle erzählen. Erst in seinem Testament würde er kurz vor seinem Tod den Platz seinem ältesten Sohn vermachen. Und manche Sammler sind nicht einmal dazu bereit: Sie sterben, selbst ohne ihren Söhnen oder ihrer Familie einen entsprechenden Hinweis zu geben ...«[11]

All das änderte sich Anfang der achtziger Jahre, als japanische Forscher entdeckten, wie Maitake auf Sägemehl kultiviert werden kann; und diese kultivierte Form wird inzwischen zu erschwinglichen Preisen in Supermärkten in ganz Japan angeboten. In den USA steht man mit den Zuchtversuchen erst am Anfang. Kultiviert sieht der Pilz mit seinem großen Fruchtkörper wie ein in grauen und graubraunen Tönen gehaltenes Blumenbouquet aus, nur daß die »Blumen« hier aus vielen übereinanderlappenden, fächerartigen Pilzhüten bestehen. Die Unterseiten dieser Hüte sind weiß und weisen statt der üblichen Lamellen winzige Poren auf. *Grifola* gehört zur Gattung *Polyporus* – der Gattungsbegriff für diese Art sporentragender Pilze. Die einzelnen *Polyporus*-Arten sind im allgemeinen ungiftig, aber nur wenige sind eßbar; die meisten, die flächig auf toten oder lebenden Bäumen wachsen, sind zäh und holzig. Im Westen waren diese Pilze bisher vor allem als gefährliche Baumparasiten von Interesse, da sie eine wesentliche Ursache der Kernfäule in lebenden Bäumen und ein wichtiger Faktor beim Fäulnisprozeß toter und sterbender Bäume sind. Aber im Fernen Osten werden viele von ihnen als Heilpflanzen hoch geschätzt und der Gruppe der höherwertigen Arzneien, der Tonika und Allheilmittel, zugeordnet, die ganz allgemein die Widerstandskräfte und die Lebenserwartung erhöhen.

In der traditionellen chinesischen Medizin wurde Maitake zwar nicht verwendet, wohl aber viele verwandte Arten wie der Eichhase, *Polyporus umbellatus* oder Zhu ling. In neueren Versuchsreihen konnte nachgewiesen werden, daß Zhu ling über krebshemmende und immunitätsfördernde Eigenschaften verfügt, die auf seinen Anteil an Polysacchariden zurückzuführen sind. Inzwischen haben japanische Forscher auch Maitake auf ähnliche Wirkungen getestet, mit beeindruckenden Ergebnissen.[12] Dabei stellte sich in der Tat heraus, daß Maitakeextrakte wirksamere krebshemmende und immunitätsfördernde Agenzien sind als alle anderen medizinisch getesteten Pilze bisher. In Verbindung mit der Chemotherapie erhöhen sie die Wirksamkeit geringerer Dosen der westlichen Medikamente und schützen zugleich das Immunsystem vor Schädigungen durch Gifte. Vielleicht werden auch die chinesischen Ärzte diesen Pilz alsbald in ihre Fu-zheng-Therapie einbeziehen. Maitakeextrakte zeitigen ferner Wirkungen bei HIV sowie Hepatitis und haben darüber hinaus einen blutdrucksenkenden Effekt.

Bis kultivierter Maitake auch in unseren Supermärkten angeboten wird – was wahrscheinlich ist, da der Pilz nicht schwer zu züchten ist, lange frisch bleibt, nicht zerfällt und ein angenehmes Aroma hat –, müssen Sie mit Maitakeextrakten in Tabletten- oder Kapselform aus Reformhäusern oder Bioläden vorliebnehmen. Diese aus japanischen Importen hergestellten Produkte werden inzwischen von mehreren Firmen vertrieben. Noch sind die Preise hoch, dürften aber sinken, sobald sich die Zucht auch hierzulande durchgesetzt hat.

Ich empfehle Maitakeergänzungen Krebs- und AIDS-Patienten sowie Personen mit anderen Immunsystemproblemen und Patienten, die an chronischer Müdigkeit, chronischer Hepatitis und Umweltkrankheiten leiden, die möglicherweise auf toxische Belastungen zurückzuführen sind.

Cordyceps

Ich werde meine Erläuterungen natürlicher Tonika mit einem noch unbekannteren Pilz als Maitake beenden. *Cordyceps sinensis*, die Chinesische Kernkeule, wächst auf bestimmten lebenden Raupen, den Raupen von Hepialiden (zum Beispiel Schmetterlingen). Der Pilzfaden, ein feinfädiger Organismus, dringt in die Raupe ein, um sie sodann zu töten und zu mumifizieren. Daraus hervor geht schließlich ein schlanker, langgestielter Vegetationskörper mit einem Köpfchen, aus dem Sporen freigesetzt werden. Cordyceps kommt in den Bergregionen Chinas und Tibets vor und wird heute aufgrund der großen Nachfrage als Supertonikum zur Steigerung der körperlichen Leistungsfähigkeit, geistigen Energie und sexuellen Potenz auch gezüchtet. Chinesische Ärzte halten Cordyceps für ein ebenso stärkendes wie beruhigendes als auch lebensverlängerndes Mittel. In China wird normalerweise der ganze Pilz in getrockneter Form mit der mumifizierten Raupe und dem daran hängenden Vegetationskörper gekauft und als Zutat Suppen und Gedünstetem mit Ente und Huhn beigegeben. Außerdem sind Cordycepsextrakte in vielen kombinierten Tonika enthalten. Cordyceps gilt als unbedenklich und als mildes Mittel, das bei Männern und Frauen jeden Alters, unabhängig von ihrem Gesundheitszustand, und selbst bei den Gebrechlichsten angezeigt ist.

Dieses exotische Mittel sorgte nach den Nationalen Chinesischen Meisterschaften 1993, die in der westlichen Presse unter »Mini-Olympiade« firmierten, für weltweites Aufsehen und eine Wiederbelebung der Dopingdiskussion, als neun chinesische Läuferinnen sage und schreibe neun Weltrekorde brachen, einen sogar um zweiundvierzig Sekunden. Bei einer Pressekonferenz wies der Trainer die gegen die Athletinnen erhobenen Dopingvorwürfe zurück und hielt eine Schachtel eines chinesischen pflanzlichen Heilmittels hoch, dem er die Leistungen seines Teams zuschrieb; ein Laborbefund attestierte ihm, daß es sich dabei um ein natürliches und unbedenkliches Mittel handle. Hauptbestandteil dieses Mittels war Cordyceps. Die Sportwelt war nicht überzeugt; ein US-amerikanischer Langstreckenläufer nannte die gebrochenen Rekorde »tragisch«, und ein weiterer war der Ansicht, die Chinesen hätten damit den Frauenlaufsport um Jahre zurückgeworfen. Ein Kommentator schrieb:

> »Dieses Mißtrauen war verständlich. Die Leistungssteigerung der chinesischen Langstreckenläuferinnen kam plötzlich und war sensationell. Die neue Weltrekordhalterin über die 1500-m-Strecke war im vorigen Jahr über die gleiche Distanz 73ste gewor-

den; außerdem schien eine Verbesserung um 42 Sekunden auf der 10 000-m-Strecke ein Ding der Unmöglichkeit. Hinzu kam, daß Journalisten wie auch die Läufer und Läuferinnen sich des Umstandes bewußt waren, daß nach dem Fall der Berliner Mauer eine Reihe ostdeutscher Trainer nach China gegangen waren; und die ehemalige DDR stand seit langem im Blickpunkt der Dopingdiskussion. Zudem beschränkten sich die Erfolge der Chinesen ausschließlich auf Läuferinnen, die bekanntlich am meisten von Anabolika profitieren können.

Gleichwohl gab es gewichtige Beweise, daß die Rekorde nicht manipuliert waren. Die chinesischen Läuferinnen hatten die Dopingtests bestanden. Sie ließen auch keine äußeren Anzeichen wie Akne, tiefere Stimme oder eine sehr ausgeprägte Muskulatur erkennen, die etwa auf die Verwendung von Anabolika hätten schließen lassen. Und nicht zuletzt steht zweifelsfrei fest, daß die Chinesen ihren Läuferinnen ein hartes Training abverlangen – womit sie aber natürlich nicht alleine stehen ...«[13]

Wie dem auch sei, damit war das Interesse an Cordyceps geweckt, und das Geschäft blühte. Sofern Sie Ihre Hühnersuppe nun nicht mit mumifizierten und mit Pilzen bewachsenen Raupen anreichern möchten, ist Cordyceps auch in Form von Tinkturen und Extrakten erhältlich, sowohl als Einzelprodukt als auch in Kombination mit anderen chinesischen Heilpflanzen. Fragen Sie in Reformhäusern und Bioläden danach. Bei allgemeinen Schwächegefühlen nehmen Sie einmal täglich Cordyceps nach der jeweils vorgeschriebenen Dosierung. Und zur allgemeinen Unterstützung Ihrer Gesundheit, sofern keine akuten Probleme vorliegen, nehmen Sie es einmal wöchentlich.

Es war nicht meine Absicht, Sie mit Informationen zu erschlagen, sondern ich wollte Sie auf Substanzen hinweisen, die Ihre Widerstandsfähigkeit gegenüber Giften und Streß erhöhen und Ihnen beim Alterungsprozeß, dem auch Ihr Heilungssystem unterliegt, helfen können. Statt beim Gedanken an all die schädlichen Einflüsse, die es gibt, zu verzweifeln, sollten Sie wissen, wie Sie sich schützen und Ihr Heilungspotential mit unbedenklichen und wirksamen Mitteln erhöhen können. Die Informationen in diesem Kapitel kurz zusammenfassend, empfehle ich Ihnen: Essen Sie mehr Knoblauch und Ingwer; sie schmecken gut, und die Liste ihrer heilsamen Wirkungen wird ständig länger. Sofern Sie Koffein trinken, stellen Sie sich ganz oder zumindest teilweise auf grünen Tee um, da er das gesündeste von allen koffeinhaltigen Getränken ist. Sofern Sie sich wegen der Belastung durch Umweltgifte Sorgen machen, nehmen Sie Mariendistel, um Ihrem Körper zu helfen, sich von Schadstoffen zu entgiften. Wenn Sie generell unter Energiemangel oder Antriebsschwäche leiden, probieren Sie Sibirischen Ginseng oder Cordyceps. Sofern Ihre Abwehrkräfte geschwächt sind und Sie fürchten, anfälliger für Infektionen zu sein, machen Sie eine Astragalus- oder Maitakekur. Wenn Sie sich altersbedingt geschwächt fühlen und an Libidoverlust leiden, versuchen Sie es mit Ginseng und Ho shou wu. Ginseng ist ein gutes Allgemeintonikum für Männer, Dong quai ein gutes Allgemeintonikum für Frauen.

Pflanzliche Tonika sind in vielen Ländern der Welt seit jeher sehr beliebt. Und ich sage schon jetzt, daß Ärzte auch bei uns dazu übergehen werden, sie häufiger zu verschreiben, sobald ihre Unbedenklichkeit und Wirksamkeit seitens der Medizinwissenschaft nachgewiesen sind.

– 12 –

Körperliche Bewegung und Ruhe

Mit einem angemessenen Maß an körperlicher Bewegung und Ruhe können Sie die Wahrscheinlichkeit spontaner Heilungen erhöhen.

Körperliche Bewegung kommt dem Heilungssystem in vieler Hinsicht zugute. Sie fördert den Kreislauf, verbessert die Herztätigkeit, kräftigt die Arterien. Gleichzeitig stärkt sie das Atmungssystem, beschleunigt den Austausch von Sauerstoff und Kohlendioxyd und unterstützt damit den Stoffwechsel des Körpers und die Ausscheidung von Abfallprodukten bzw. Schadstoffen. Dieser Ausscheidungsprozeß wird des weiteren durch Schwitzen und Darmbewegungen begünstigt. Durch die Freisetzung stimulierender Endorphine im Gehirn werden Depressionen gedämpft und Stimmungen verbessert. Körperliche Bewegung neutralisiert Streß, ermöglicht intensivere Entspannung und gesünderen Schlaf. Und sie fördert sogar das Immunsystem. Jedes Programm, das auf eine Optimierung des körpereigenen Heilungspotentials abzielt, muß deshalb regelmäßige körperliche Bewegung einbeziehen.

Aber was ist der beste und einfachste Weg, um in den Genuß all dieser positiven Wirkungen zu kommen? Sehr viele in unserer Gesellschaft, Junge wie Alte, haben mit Sport überhaupt nichts im Sinn. Andere wiederum treiben geradezu fanatisch Sport und verbringen Stunden mit Aerobic oder an Sportgeräten, um ihr Gewicht unter Kontrolle zu bekommen. Manche werden abhängig von ihrem harten Fitneßprogramm, eine Abhängigkeit, die aus dem »Hochgefühl« erwächst, das sie möglicherweise aufgrund der Endorphinausschüttung dabei erfahren. Leider wurde das Thema »körperliche Bewegung« durch Sportphysiologen und Sportmediziner allzu stark kompliziert. Ich glaube, daß viele – Stubenhocker ebenso wie Fanatiker, Süchtige und Experten – bei alledem etwas Grundsätzliches übersehen.

Wann immer ich – die traditionellen Kulturen vor Augen – von einer Reise nach Südamerika, Afrika oder Asien zurückkehre, befremden mich die bei uns vorherrschenden Sport- und Bewegungsgewohnheiten. In nichtindustrialisierten Gesellschaften verlangen die Anforderungen des täglichen Lebens dem Körper all das ab, was er braucht. Die Muskeln haben einen guten Tonus, da die Menschen Lasten heben und tragen und fortwährend gehen. Sie gehen, um Wasser und Holz zu holen, sie gehen auf ihre Felder, sie gehen zum Markt, sie gehen, um Freunde und Verwandte zu besuchen. Von allen technischen Erfindungen, die unsere Aktivitätsmuster zum Schlechteren verändert haben, erhält das Auto den ersten Preis. Es hat aus meiner Sicht die Gesundheit erheblich beeinträchtigt, nicht nur weil es die Luft in unseren Städten mit seinen Abgasen verschmutzt, sondern insbesondere auch, weil es uns vom Gehen abhält.

Der Mensch soll gehen. Wir sind Zweifüßer mit einer aufrechten Haltung und einem Körper, der auf Fortbewegung angelegt ist. Gehen ist ein komplexer Vorgang, der die funktionale Integration sehr vieler sensorischer und motorischer Erfahrungen voraussetzt; dabei werden sowohl unser Gehirn als auch unsere Skelettmuskulatur beansprucht. Nehmen wir das Gleichgewicht, das nur eine Komponente des Gehens ist. Um unbewußt und mühelos den Körper im Gleichgewicht zu halten, wenn er seine Stellung verändert und sich in einem Gravitationsfeld über Unebenheiten fortbewegt, braucht das Gehirn eine Menge Informationen. Es stützt sich dabei zum Teil auf einen Mechanismus des inneren Ohres, der für die Orientierung im dreidimensionalen Raum verantwortlich ist; wenn dieser Mechanismus versagt, kann das Gleichgewicht nicht gewahrt werden. Zusätzlich zu den Daten vom Ohr stützt sich das Gehirn auch noch auf den visuellen Input und die Informationen von anderen Sinnesorganen, die mit dazu beitragen, daß wir im

Gleichgewicht bleiben: von den Tastrezeptoren, die melden, welcher Körperteil in Kontakt mit der Erde ist, bis zu den Propriorezeptoren in den Muskeln, Sehnen und Gelenken, die es ständig über die exakte Position jedes Körperteils im Raum informieren. Störungen in irgendeinem dieser Kanäle können dazu führen, daß wir schwanken und fallen. Im Gehirn werden alle diese Informationen vom Kleinhirn verarbeitet und zur Koordinierung der Muskelreaktionen auf die sich laufend verändernden Anforderungen der Fortbewegung genutzt.

Beim Gehen erfolgt die Bewegung der Gliedmaßen diagonal versetzt: Rechtes Bein und linker Arm werden gleichzeitig vorwärts bewegt und entsprechend linkes Bein und rechter Arm. Durch diese Art der Bewegung werden im Gehirn elektrische Signale erzeugt, die einen harmonisierenden Einfluß auf das gesamte Zentralnervensystem haben – ein besonders nützlicher Effekt, der bei anderen Bewegungsarten nicht unbedingt erzielt wird. Dr. Fulford, jener alte Osteopath, der mir als erster die Grundprinzipien des Heilens beibrachte, betrachtete diese diagonal versetzte Bewegung als Voraussetzung für eine normale Entwicklung und ein optimales Funktionieren des Nervensystems. Wenn Babys anfangen zu krabbeln, wird durch diese Bewegung die weitere Entwicklung des Gehirns angeregt. Ich hörte oft, wie Dr. Fulford erwachsene Patienten anwies, auf diese Weise zu krabbeln, um so die Heilung von Verletzungen zu beschleunigen. »Gehen Sie auf diese einfache Bewegung zurück«, sagte er, »und Sie helfen dem Nervensystem über alle etwaigen Blockaden hinweg.« Dr. Fulford, mit seinen neunzig Jahren ein Paradebeispiel ausgezeichneter körperlicher Gesundheit, wie Sie wissen, besucht weder Aerobic-Kurse, noch braucht er irgendwelche Sportgeräte; er geht schlicht und einfach.

Viele der gesündesten Menschen, die ich kenne, sind begeisterte Geher. Shin Terayama, der Mann, der sich von metastasierendem Nierenkrebs wieder vollständig erholte, macht täglich, wenn irgend möglich, vor dem Frühstück einen Spaziergang, in forschem Tempo und nach Möglichkeit auf einer Strecke mit Steigungen. Bei einem Workshop, den ich unlängst in Montana veranstaltete, beeindruckte mich eine sechsundsiebzigjährige Frau in der Gruppe mit ihrer Kondition bei Radtouren in den Bergen. Sie war bei ausgezeichneter Gesundheit und sah wesentlich jünger aus. Und ich war noch beeindruckter, als sie mir erzählte, ihre Eltern seien beide mit gut fünfzig Jahren gestorben und daß es in ihren mittleren Jahren mit ihrer Gesundheit ebenfalls bergab ging, bis sie anfing zu gehen. Sie hatte darüber hinaus ihre Ernährung verbessert, aufgehört, Medikamente zu nehmen, und statt dessen angefangen, sich mit Vitaminen zu versorgen; aber der entscheidende Faktor für die Besserung ihrer Gesundheit war ihr Entschluß zu gehen. Sie nutzte jede Gelegenheit zum Gehen, im Urlaub schloß sie sich Wandergruppen an. »Gehen ist mein Leben«, sagte sie mir auf dem Gipfel eines Gebirgskamms in den Rocky Mountains.

So möchte ich meine Ratschläge und Kommentare zur körperlichen Bewegung auf ein Wort reduzieren: Gehen! In meinen Augen ist Gehen die gesündeste Form körperlicher Betätigung; sie fördert das Heilungssystem optimal und erhöht damit die Wahrscheinlichkeit spontaner Heilungen im Falle von Krankheiten.

Gehen hat gegenüber allen Sportarten und anderen Formen der körperlichen Bewegung zahlreiche Vorteile. Sie müssen es nicht lernen. Sie brauchen dazu keine Ausrüstung, abgesehen von einem bequemen Paar Schuhe. Es kostet nichts, und Sie können es überall machen: in Städten, Parks und bei unfreundlichem Wetter selbst innerhalb von Einkaufszentren. Im Gegensatz zum Laufen und zu Wettbewerbssportarten ist die Verletzungsgefahr gering. Gehen ist weitaus weniger ermüdend, als auf einem Heimtrainer zu sitzen oder sich auf Laufbändern abzurackern. Sie können draußen gehen und die Schönheit der Natur genießen, allein oder mit Freunden.

Gehen erfüllt alle Anforderungen, die aerobe Übungen an den Körper stellen, bei denen Herz- und Atemfrequenz ausreichend erhöht werden. Ein ideales aerobes Programm wäre es, wenn Sie fünfundvierzig Minuten gehen und in dieser Zeit rund fünf Kilometer bewältigen können. Sofern Ihre Herz- und Atemfrequenz nach fünfundvierzigminütigem Gehen nicht erhöht sind, sollten Sie versuchen, teilweise schneller zu gehen, oder eine Strecke mit leichten Steigungen wählen. Aber denken Sie daran, daß Sie nicht nur um der Verbesserung Ihrer aeroben Kapazität willen gehen, sondern auch wegen des neurologischen Nutzens der diagonal versetzten Bewegung in Kombination mit der visuellen, taktilen und propriorezeptiven Stimulation. Diesen Effekt können Sie mit kurzen Geheinheiten während des ganzen Tages ebenso erzielen wie mit langem atmungsintensiven Gehen und ihn mit gelegentlichem bewußten Armschwingen erhöhen. Versuchen Sie auch, das Schwingen der Arme mit Ihrem Atmen zu koordinieren.

Ich habe in meinem Leben mit vielen Sportarten experimentiert, und ich komme immer wieder auf das Gehen zurück, weil es für mich die beste Bewegungsart darstellt. Aufs Gehen werde ich auch in Zukunft setzen, um meinen Körper, meinen Geist und mein Heilungssystem fit zu halten.

Körperliche Betätigung muß durch Ruhe ausgeglichen werden. Jeder kennt die negativen Folgen von Müdigkeit und Schlafentzug; mangelnde Ruhephasen sind eine der häufigsten Ursachen von Anfälligkeiten gegenüber Krankheiten, und guter Schlaf in der Nacht beugt potentiellen Krankheiten vor. Um Ihre Heilungskräfte zusätzlich zu fördern, sollten Sie unbedingt auf eine qualitative Verbesserung Ihrer Ruhe und Ihres Schlafes bedacht sein.

Betrachten wir die häufigsten Ursachen von Schlafstörungen. Viele können aufgrund übermäßiger Stimulation, oft infolge von Drogen und Medikamenten, die tagsüber eingenommen werden, nicht schlafen. Andere können aufgrund von Lärm oder Schmerzen und Beschwerden nicht schlafen. Wiederum andere können ihren Kopf nicht abschalten. Für all diese Probleme gibt es einfache Mittel.

Zu den anregenden Drogen und Medikamenten, die den Schlaf behindern, gehören Kaffee, Tee, Cola und andere koffeinhaltige Getränke sowie: Ephedrin, Hauptbestandteil in vielen pflanzlichen Diät- und energiefördernden Produkten, die in Drogerien und Reformhäusern angeboten werden; Pseudoephedrin, ein abschwellendes Mittel, das in freiverkäuflichen Erkältungsmitteln enthalten ist; Phenylpropanolamin, das vielfach in Appetitzüglern verwendet wird. Selbst wenn diese Mittel früh am Tag genommen werden, können sie den nächtlichen Schlaf stören. Wenn Sie Mühe haben, einen geruhsamen Schlaf zu finden, versuchen Sie, auf alle diese Substanzen zu verzichten.

Da wir schon beim Thema »Drogen und Medikamente« sind, möchte ich von Beruhigungsmitteln – abgesehen von einer kurzzeitigen Einnahme zur Bewältigung von außergewöhnlichem Streß – grundsätzlich abraten. Bei einem Todesfall in der Familie oder einem Arbeitsplatzverlust mag es angezeigt sein, einige Nächte Beruhigungsmittel zu nehmen, um Schlaf zu finden, aber der allabendliche Gebrauch ist alles andere als ratsam. Sämtliche Beruhigungsmittel unterdrücken Funktionen im Zentralnervensystem, sind suchterzeugend und behindern den REM-Schlaf (rapid eye movements), die Schlafphase, in der das Träumen stattfindet. Träumen ist notwendig für die Gesundheit und das Wohlbefinden von Gehirn und Geist; ohne Träume schlafen Sie nicht gesund, selbst wenn die Schlafmenge ausreichend erscheint.

Das unbedenklichste Beruhigungsmittel, das ich kenne, ist Baldrian, ein pflanzliches Mittel, das aus der Wurzel einer europäischen Pflanze, *Valeriana officinalis*, gewonnen wird. Sie können Baldriantinkturen in Reformhäusern und Bioläden kaufen – die Dosierung: ein Teelöffel voll zusammen mit etwas warmem Wasser vor dem Zubettgehen. Dennoch: Auch Baldrian wirkt dämpfend und sollte nicht über längere Zeit verwendet werden. Seit neuestem ist ein nicht suchterzeugendes und nicht dämpfendes Mittel zur Regulierung des Schlaf-wach-Rhythmus auf dem Markt: Melatonin, das von der Zirbeldrüse ausgeschüttete Hormon. Melatonin wird in Tabletten mit ein oder drei Milligramm in Reformhäusern angeboten – als Dosis empfehle ich ein bis zwei Milligramm vor dem Zubettgehen. (Meiden Sie tierische Derivate, die gefährliche Giftstoffe enthalten können; verwenden Sie nur synthetische Produkte.) Flugreisende sagen, Melatonin sei das erste wirklich wirksame Mittel, um mit den Symptomen flugbedingter Zeitverschiebungen fertig zu werden, insbesondere was Reisen von Westen nach Osten angeht. Melatonin erscheint auch unbedenklich und wirksam, um völlig verstellte biologische Uhren wieder neu zu justieren. Wenn Sie um sieben Uhr morgens hundemüde sind, dann sind Sie vielleicht abends um zehn oder elf, wenn's Zeit ist, zu

Bett zu gehen, hellwach, und in diesem Fall kann Melatonin Ihre Müdigkeits- und Wachheitsphasen so verändern, daß Sie in den Genuß eines ausreichend geruhsamen Schlafes kommen.

Sofern Sie aufgrund körperlicher Beschwerden nicht einschlafen oder durchschlafen können, gibt es verschiedene Möglichkeiten. Sie können es mit einer neuen Matratze versuchen, einschließlich Futon und Luftmatratze. Sie können aber auch zu einem auf Knochenmanipulationen spezialisierten Osteopathen (oder guten Chiropraktiker) gehen und in ein oder zwei Sitzungen etwaige Korrekturen vornehmen lassen. Hierbei finden Sie vielleicht auch eine bequemere Einschlafposition heraus. Ebenso können Sie vor dem Zubettgehen ein warmes Bad und ein Hopfenpräparat nehmen; Hopfen ist ein pflanzliches Muskelentspannungsmittel, das Sie in Reformhäusern und Bioläden finden; ich empfehle zwei Kapseln vor dem Zubettgehen als reguläre Dosis.

Lärm ist zweifellos ein wesentliches Hindernis für gesunden Schlaf, angefangen vom Hundebellen auf dem Land bis zum Verkehrslärm in der Stadt. Greifen Sie zunächst zu Ohrenstöpseln, bevor Sie die Möglichkeit einschlägiger Schallschutzmaßnahmen erwägen. Darüber hinaus gibt es im Rahmen des Lärmschutzes auch interessante technische Entwicklungen wie etwa ein elektronisches Gerät, das auf dem US-amerikanischen Markt bereits erhältlich ist und auf der Basis von weißem Rauschen eine erholsame Geräuschkulisse produziert. Bei weißem Rauschen handelt es sich um eine Mischung aus vielen verschiedenen Schallwellenfrequenzen – genau wie auf der Ebene von Licht weißes Licht alle Frequenzen des sichtbaren Lichts enthält. Diese Geräte simulieren das Geräusch laufenden Wassers aus einer Dusche, und bei den meisten kann man das Grundgeräusch stetig rieselnden Wassers bis zum rhythmischen Plätschern von Meereswellen verändern. Dieses Weißrauschen ist beruhigend und überlagert störende, aufdringliche Geräusche. Alsbald wird ein Gerät mit einer noch aufregenderen Antischalltechnologie auf den Markt kommen, das faktisch Lärm eliminiert. Die Elektronik analysiert die störenden Schallwellen und baut in Sekundenbruchteilen das genaue Gegengeräusch auf, so daß mittels gegenläufiger Spiegelbildschallwellen die ursprüngliche Lärmquelle neutralisiert wird. Tragbare Geräte dieser Art sind bereits als Kopfhörer im Handel, die vor allem zur Beseitigung von niederfrequenten Geräuschen wie zum Beispiel Motorengeräuschen in Flugzeugen verwendet werden können.

Zu lernen, abzuschalten und die Sorgen des Tages hinter sich zu lassen, ist jedoch nicht so einfach, wie eine Pille zu schlucken oder ein Antischallgerät in Betrieb zu nehmen, aber es ist eine der nützlichsten Fertigkeiten, die Sie entwickeln können. Ich lese mich oft in den Schlaf; an einschläfernden Büchern herrscht kein Mangel, und das Lesen hält mich von sinnlosem Grübeln ab. Darüber hinaus nutze ich auch eine einfache Atemübung als Einschlafhilfe, die ich im nächsten Kapitel beschreiben werde; denn die Aufmerksamkeit auf die Atmung zu lenken ist ein wirksames Mittel, sich von Gedanken abzulenken. Dies gelingt Ihnen auch, wenn Sie sich auf den Körper konzentrieren, zum Beispiel mittels Anspannen und Entspannen bestimmter Muskelgruppen. Eine einfache Übung, die Ihnen beim Einschlafen helfen kann, wenn Ihr Geist nicht stillstehen will, ist zum Beispiel folgende: Schließen Sie, auf dem Rücken liegend, die Arme seitlich am Körper, die Augen, und atmen Sie fünfmal tief und langsam durch. Dann die geschlossenen Augen bewußt fest zusammenkneifen und die Stirnmuskeln einige Sekunden anspannen, danach einige Sekunden entspannen. Die Gesichtsmuskeln anspannen und wiederum genauso entspannen. Anschließend die Kinn- und Halsmuskeln anspannen und entspannen. Nach diesem Muster verfahren Sie sodann mit den Armen und auf der Vorderseite des Körpers hinunter bis zu den Füßen und Zehen. Danach gehen Sie zum Kopf zurück, pressen ihn einige Sekunden aufs Bett, entspannen ihn wieder; mit der Rückenpartie verfahren Sie genauso von den Schultern abwärts bis zu den Füßen, die jetzt auseinanderliegen. Zum Schluß ganz entspannen und fünfmal tief und langsam durchatmen. Die ganze Übung dauert nur einige Minuten. Sie ist eine wirksame Entspannungsmethode, die besonders hilft, wenn wirbelnde Gedanken Ihnen den Schlaf zu rauben drohen.

Nebenbei bemerkt: Eine wesentliche Quelle geistiger Unruhe sind für mich die Nachrichten. Der Anteil der Meldungen, der bei mir positive Gefühle hervorruft, ist denkbar gering; überwiegend ängstigen sie mich oder wecken meinen Zorn, wenn ich Mord, Zerstörung und Elend sehe. Doch wir haben die Wahl. Ich empfinde es für mich als ausgesprochen hilfreich, mich immer wieder einmal aus der Medienwelt auszuklinken, so daß ich als Teil eines achtwöchigen Programms zur Förderung des Heilungssystems (siehe Kapitel 14) auch eine »Nachrichtenfastenkur« empfehle. Sie werden feststellen, daß Sie besser Ruhe finden und schlafen können.

Zusammenfassend rate ich Ihnen also: Fördern Sie Ihr Heilungssystem mit einem morgendlichen Spaziergang und einem guten, geruhsamen nächtlichen Schlaf – und es wird für alle denkbaren Herausforderungen gerüstet sein.

– 13 –

Psyche und Geist

Das Logo der American Holistic Medical Association zeigt einen Stab mit einer sich darum windenden Schlange und drei darüber liegende ineinandergreifende Kreise. Der Stab mit der Schlange ist der Äskulapstab, das Symbol des Ärztestandes, während die Kreise Körper, Geist und Psyche symbolisieren sollen, die den ganzen Menschen ausmachen. Der Hauptkritikpunkt ganzheitlicher Ärzte an der konventionellen Medizin ist, daß sie ausschließlich dem Körper Beachtung schenkt und Geist und Psyche vernachlässigt. Ich habe mehrfach deutlich gemacht, daß in der Psyche oft der Schlüssel zu Spontanheilungen liegt, und in diesem Zusammenhang auf den in anderen Kulturen vorherrschenden Glauben an spirituelle Ursachen von Krankheiten verwiesen; aber was die Einzelheiten dieses Zusammenspiels von Geist, Psyche und Körper angeht, müssen wir uns eingestehen, daß wir darüber nicht sehr viel wissen. Wir wissen wenig über die Psyche und wie sie unseren Körper im einzelnen beeinflußt, noch weniger gar über den Geist, wenn man darüber im herkömmlichen Sinne überhaupt etwas wissen kann. Die Wissenschaft ist uns in diesem Zusammenhang mit ihrer derzeitigen materialistischen Neigung keine sehr große Hilfe, da sie die Möglichkeit einer nichtphysischen Verursachung physischer Vorgänge bestreitet. Die ganzheitliche Theorie über Gesundheit und Medizin ist gut und schön, aber was haben ganzheitliche Ärzte nun ihren Patienten an praktischen Ratschlägen zu einer Optimierung ihres Heilungspotentials mittels mentaler und spiritueller Methoden zu bieten?

Psyche

Ich möchte auf vier Tätigkeitsaspekte der Psyche eingehen und aufzeigen, wie sie mit dem Heilungssystem interagieren. Diese sind: Glaube, Gedanken, Imagination und Emotion.

Glaube

Der Glaube an Heiler, an Stätten, an denen Wunder geschehen, und an Medikamente ist eindeutig die Grundlage jeder Placeboreaktion – für mich das klassische Beispiel einer Spontanheilung. Der Glaube beeinflußt stark die Wahrnehmung und bestimmt, was wir sehen und was wir nicht sehen, so wie wir durch die Welt gehen. Vor Jahren begegnete ich einer Frau, die überall, wo es Klee gab, vierblättrige Kleeblätter fand. Sie machte sich einen Spaß daraus, mit Leuten zu wetten, daß sie innerhalb von einer Minute ein vierblättriges Kleeblatt finden würde, wenn man ihr ein Stückchen Rasen oder Wiese mit Klee zeigte; und sie gewann die Wetten immer. Da ich nie eines gefunden hatte, war mir ihr Geschick ein absolutes Rätsel. Wenn ich Kleefelder absuchte, konnte ich mir die Augen aus dem Kopf sehen und hatte dennoch nie Erfolg, und wann immer ich glaubte, eines mit vier Blättern entdeckt zu haben, stellte sich bei näherer Betrachtung heraus, daß es in Wirklichkeit zwei Blätter waren, die nur geschickt übereinanderlagen. Aber nachdem ich dieser Frau begegnet war und ihr zugesehen hatte, änderte sich etwas für mich. Mir wurde bewußt, daß der Schlüssel zu ihrem Erfolg ihr Glaube war, daß sich in jedem Kleefeld ein vierblättriges Kleeblatt befand, das nur darauf wartete, gefunden zu werden. Und mit diesem Glauben hat man die Chance, es zu finden; ohne ihn hat man sie nicht. Ich begann also, mit neuem »Blick« zu suchen, und brauchte nicht lange, bis ich vierblättrige Kleeblätter fand. Manchmal fand ich mehrere in einem kleinen Feld, und manchmal fand ich sogar fünf- und sechsblättrige Kleeblätter (wobei ich allerdings nicht weiß, ob sie zusätzliches Glück bringen).

Unlängst leitete ich ein Seminar in Montana in einem ehemaligen

Jagdhaus mit einem großen kleebedeckten Rasen. An einem Nachmittag, als ich nichts zu tun hatte, machte ich mich auf, um zu sehen, ob ich Kleeblätter finden würde. Ich hockte mich hin und begann zu suchen. Eine Frau, die am Seminar teilnahm, sah mich, kam zu mir und fragte: »Haben Sie etwas verloren? Kann ich Ihnen suchen helfen?«

»Ich suche vierblättrige Kleeblätter«, antwortete ich.

»Wirklich?« sagte sie. »Ich hielt es immer für ein Gerücht, daß es solche gibt. Wird nicht einfach ein zusätzliches Blatt an die dreiblättrigen drangeklebt, die dann in Plastik verschweißt verkauft werden?«

»Nein, es gibt sie wirklich«, sagte ich. »Ich bin sicher, auch hier gibt es eins.«

Sie schloß sich mir an, und wir begannen gemeinsam, den Rasen abzusuchen. »Es erfordert eine gewisse Konzentration«, erklärte ich ihr. »Aber es ist ein gutes Training für die Augen und das Gehirn, und schließlich kann man seine Zeit auch schlechter rumbringen.« Fünf Minuten später fand ich ein sechsblättriges Kleeblatt und dann auch noch ein vierblättriges. Die Frau staunte. »Ich habe jede Menge Klee auf dem Rasen vor meinem Haus«, sagte sie. »Dort werde ich auch suchen, sobald ich wieder zu Hause bin.« Und vielleicht findet sie ja nun vierblättrige Kleeblätter, da sie jetzt daran glaubt, daß es sie gibt; vorher hätte sie nicht einmal danach gesucht.

Spontanheilungen haben etwas mit einem vierblättrigen Kleeblatt gemein: Sie bringen Glück, sind rätselhaft und manchmal schwierig zu finden. Wenn Sie nicht daran glauben, daß es Spontanheilungen gibt, sind die Chancen, sie zu erfahren, nur gering. Mich interessiert, was Menschen tun können, um stärker an Heilungen zu glauben. Eine Methode, die von vielen New-Age-Therapeuten empfohlen wird, beruht auf der Wiederholung von Affirmationen, etwa: »Mein Körper kann sich selbst heilen«, »Ich bin voller heilender Energie« oder »Mein Gallenstein wird kleiner und kleiner.« Ich empfehle diese Methode nicht, da ich nicht weiß, ob sie funktioniert. Hierbei wird unterstellt, daß durch die verbale Wiederholung eine Änderung in der Einstellung herbeigeführt werden kann; aber nach meiner Erfahrung steht der Glaube, der die Wahrnehmung prägt und das Heilungssystem beeinflußt – der Glaube auf der Ebene des Bauches, wenn Sie so wollen –, oft im Widerspruch zu dem, was die Menschen sich selbst und anderen erzählen. Ich glaube nicht, daß ich meine Fähigkeit, vierblättrige Kleeblätter zu finden, über die ständige Affirmation im Sinne von »Ich glaube an vierblättrige Kleeblätter« entdeckt habe.

Diese Entdeckung kam plötzlich, als ich die Realität anders, mit den Augen eines anderen Menschen sah. Und jetzt kann ich diese Erfahrung, wie an jene Frau auf dem Rasen in Montana, weitergeben. Ich empfehle somit die Vorgehensweise, sich Menschen zu suchen, die Heilung erfahren haben, so daß ihre Realität Ihre Realität werden kann.

Ich erinnere mich an eine Patientin, die mit einem großen fibrösen Tumor an der Gebärmutter, fast von der Größe einer Grapefruit, zu mir kam. Sie war neunundvierzig Jahre alt und mit einem Gynäkologen verheiratet. In Behandlung war sie bei einem anderen Gynäkologen, und ihr Mann teilte die Ansicht seines Kollegen, der ihr eine Entfernung der Gebärmutter nahegelegt hatte. Die Geschwulst verursachte erhebliche Schmerzen und war von starken Menstruationsblutungen begleitet. Die Frau wollte sich die Gebärmutter jedoch nicht entfernen lassen und kam zu mir in der Hoffnung, ich könnte ihr eine Alternative zur Operation bieten. Ich sagte ihr, da sie kurz vor der Menopause stand, sie solle doch einfach noch warten, weil der Östrogenspiegel dann sinken würde; Gebärmuttergeschwülste »ernähren« sich bekanntlich von Östrogen, schrumpfen in der Menopause für gewöhnlich wieder und gehen in manchen Fällen ganz zurück. Ich empfahl ihr ein pflanzliches Mittel (Löwenblattwurzel, *Caulophyllum thallictroides*), ferner, ihre Ernährung so umzustellen, daß die Aufnahme von Nahrungsmitteln, die den Östrogenhaushalt beeinflussen, auf ein Minimum reduziert wird, außerdem aerobe Übungen zur Reduzierung des Östrogenspiegels sowie eine Visualisierungstherapie, um nach Möglichkeit auch psychisch Einfluß auf den Tumor zu nehmen. Sie erklärte sich mit diesem Programm einverstanden; ich spürte aber, daß ihr Glaube an die Möglichkeit, der Tumor könnte schrumpfen, nicht stark genug war, um der offiziellen ärztlichen »Hiobsbotschaft« standzuhalten, daß es keinen anderen Ausweg als den der Operation, der Entfernung der Gebärmutter, gebe.

Da fiel mir plötzlich ein, daß gleich nach ihr eine Frau einen Termin bei mir hatte, die vor einigen Jahren mit einer sogar noch größeren – melonengroßen – Gebärmuttergeschwulst fertig geworden war. Sie hatte mir strahlend erzählt, wie sie ihren Arzt eines Besseren belehrt, die Gebärmutteroperation vermieden und jetzt, nach der Menopause, keine Probleme mehr hatte. Ich hoffte, sie würde sich bereit finden, meiner neuen Patientin ihre Geschichte zu erzählen. Sie war bereit, und so stellte ich die beiden einander vor, aber sie kannten sich bereits, sie waren Nachbarinnen. Allein durch ihre Gegenwart konnte sie die Zweiflerin wesentlich besser überzeugen, den Eingriff abzulehnen, als ich es je gekonnt hätte. Sie weigerte sich also, sich operieren zu lassen, hielt sich an meine Empfehlungen, um die Symptome unter Kontrolle zu halten, kam ein Jahr später in die Menopause und ist heute symptomfrei.

Ich kann mir keinen besseren Weg vorstellen, wie eine Änderung der Einstellung in einem heilungsfördernden statt heilungshemmenden Sinne erreicht werden könnte, als durch das unmittelbar nahegebrachte und vorgelebte Beispiel einer anderen Person. In meiner Realität gab es keine vierblättrigen Kleeblätter, bis ich jemandem begegnete, für den sie etwas Alltägliches waren. Und damit, daß es sie nun gibt, ist meine Welt heute ein wenig reicher. Je mehr Menschen dahin kommen, an spontane Heilungen zu glauben, desto mehr werden es sein, die sie erfahren, und davon werden alle profitieren.

Gedanken

In der buddhistischen Psychologie wird die gedankliche Verhaftung als ein Haupthindernis auf dem Weg zur Erleuchtung gesehen, da wir die Realität nicht erfahren können, wenn wir auf unsere Gedanken fixiert sind. Gedanken führen uns weg vom Hier und Jetzt, in die Vergangenheit, in die Zukunft und in die Welt der Phantasie – in

Sphären, die alle irreal sind. Im Alltag sind Gedanken die Hauptquelle von Nervosität, Schuldgefühlen, Ängsten und Traurigkeit, die uns quälen und die Heilung behindern. Man kann Gedanken nicht Einhalt gebieten, außer vielleicht in einem sehr fortgeschrittenen Stadium des mentalen Trainings. Man kann sich aber sehr wohl von Gedanken ablenken. Ein Weg ist, sich auf körperliche Empfindungen zu konzentrieren. Nach der buddhistischen Lehre ist es ein großer Vorteil, daß wir unseren Körper haben, da er im Hier und Jetzt verankert ist, während unser Geist in die Vergangenheit und Zukunft schwirrt. Wann immer wir unsere Aufmerksamkeit auf Empfindungen im Körper lenken, ist unsere Aufmerksamkeit in der jeweiligen Realität. Im letzten Kapitel habe ich eine einfache Entspannungsübung vor dem Einschlafen beschrieben, die auf dem Wechsel von Anspannen und Entspannen von Muskelgruppen im ganzen Körper beruht. Der Grund, warum diese Übung als Einschlafhilfe bei einem allzu regen Geist funktioniert, ist, daß sie die Aufmerksamkeit von den Gedanken ablenkt und auf das Hier und Jetzt richtet.

Wir können die Aufmerksamkeit dabei auch auf den Atem lenken. Auf das Atmen werde ich später in diesem Kapitel noch näher eingehen. Hier nur soviel: Der Atem ist das natürlichste Meditationsobjekt. Wenn Sie von Gedanken gequält werden, versuchen Sie, statt ihnen Einhalt zu gebieten, einfach, Ihre Aufmerksamkeit auf Ihren Atem zu lenken.

Eine andere Möglichkeit ist, negative Gedanken umzukehren. Das heißt: Wenn Sie zum Beispiel von der Sorge geplagt werden, Sie könnten Krebs bekommen, denken Sie statt dessen daran, wie Ihr Immunsystem sich unentwegt kranker Zellen entledigt oder wie Sie die Abwehrkräfte Ihres Körpers stärken, indem Sie Brokkoli essen, grünen Tee trinken oder Antioxidantien nehmen. Gegensätzliche Gedanken heben einander auf, ähnlich wie Spiegelbildschallwellen einander bei der neuen Lärmneutralisierungstechnologie aufheben.

Die Meditation ist eine Technik, Gedankenketten zu unterbrechen; Meditation ist im Prinzip gesteuerte Konzentration. Indem Sie sich ruhig hinsetzen und versuchen, sich auf ein bestimmtes Objekt zu konzentrieren und sich nicht davon ablenken zu lassen –

auf den Atem, eine Körperempfindung, auf ein Bild –, lernen Sie, Ihre Aufmerksamkeit zu kontrollieren und sie auf einen Punkt gerichtet zu halten. Meditation ist in der Praxis ebenso einfach wie schwierig: Sie ist einfach, weil es nur darum geht, auf einen Punkt fixiert zu bleiben, und schwierig, weil sie die Änderung lebenslanger Gewohnheiten erfordert, nämlich, den Geist wandern zu lassen, wohin er will, vor allem in die Welt der Gedanken. Und selbst wenn Sie es lernen, eine halbe Stunde bewegungslos dazusitzen und Ihre Aufmerksamkeit auf ein bestimmtes Meditationsobjekt gerichtet zu halten, heißt das nicht, daß Sie diese Ruhe und Konzentration auch in Ihrem übrigen Leben aufbringen können. Das wahre Ziel der Meditation ist, ständig und überall zu meditieren, so wie wir durch die Welt gehen. Selbst wenn Sie noch nicht zu einem derartigen Training bereit sind, können Sie beginnen, wann immer Sie daran denken, Ihre Aufmerksamkeit auf Ihren Körper oder Ihren Atem zu lenken, insbesondere wenn Sie feststellen, daß Ihr Geist durch endlose Gedankenkaskaden vom Hier und Jetzt abgelenkt wird.

Imagination

Das geistige Auge hat eine besondere Beziehung zum Heilungssystem. Ein Großteil der Großhirnrinde ist für das Sehen zuständig. Im hinteren Teil des Kopfes gelegen, ist dieser Teil des Gehirns im wesentlichen mit der Verarbeitung der Informationen beschäftigt, die ihm von der Netzhaut der Augen geliefert werden; wenn er sich dann aber von dieser Aufgabe abwendet und nach innen richtet, wird damit einer der wichtigsten Kanäle für die Kommunikation zwischen Körper und Geist verfügbar gemacht.

Wir betrachten immer wieder die Bilder unseres geistigen Auges, aber nur wenige von uns sind geübt darin, diese Bilder zum Beispiel schärfer, farblich leuchtender und exakter im Detail zu machen, was sich vielleicht damit erklärt, daß diese Art der Übung in unserer Gesellschaft keinen Stellenwert hat. Gleichwohl hängen wir bei unseren Tagträumen oft von ebenjenen Bildern ab, die unsere Imagination uns liefert. Aber wir leben in einer nach außen gerichteten

Kultur, in der Tagträume als Flucht betrachtet werden; in der Schule beim Tagträumen ertappte Kinder zum Beispiel werden zur Aufmerksamkeit ermahnt. (Dabei *sind* sie aufmerksam – nur schenken sie ihre Aufmerksamkeit ihrer inneren visuellen Realität statt der äußeren allgemein wahrnehmbaren Realität.) Eine Grundschullehrerin kam einmal ratsuchend wegen eines Problemkindes in ihrer Klasse zu mir: Der Junge war der »schlimmste« Tagträumer, den sie je erlebt hatte. »Er ist einfach kaum einmal da«, sagte sie. »Aber wenn ich ihn zu sehr ermahne, doch aufzupassen, bekommt er gleich Fieber, und ich muß ihn ins Schulkrankenzimmer schicken; von dort wird er dann oft für den Tag nach Hause entlassen, obwohl ihm nichts fehlt.« Die Lehrerin hatte leider nicht bemerkt, daß dieser »schlimmste« Tagträumer zugleich auch das einzige ihr bekannte Kind war, das willentlich seine Körpertemperatur kontrollieren und Fieber heraufbeschwören konnte. Aus meiner Sicht passen diese Begabungen sehr gut zusammen, und ich schlug ihr vor, den Jungen den »besten«, nicht den »schlimmsten« Tagträumer zu nennen, dem sie je begegnet war. Wenn die Sehrinde nicht mit der Verarbeitung von Informationen beschäftigt ist, die ihr von den Augen geliefert werden, kann sie über die Kontrollmechanismen des autonomen Nervensystems Psyche und Geist miteinander verbinden – und auch spontane Heilungen auslösen.

Ein weiterer Bereich, in dem wir uns auf die von unserer Imagination gelieferten Bilder konzentrieren, sind sexuelle Phantasien, bei denen ebenfalls wirksame Kanäle zum autonomen Nervensystem ins Spiel kommen. Bei sexuellen Phantasien handelt es sich um das Zusammenspiel von Imagination, starken Emotionen und körperlichen Reaktionen. Sollten Sie an der Macht des Geistes, den Körper zu beeinflussen, zweifeln, dann achten Sie nur einmal darauf, wie Ihr Körper reagiert, wenn Sie sich sexuellen Phantasien hingeben. Für die meisten ist die bildliche Ausschmückung ihrer sexuellen Phantasien etwas sehr Privates, die selbst langjährige Paare in ihren Einzelheiten einander nicht unbedingt anvertrauen. Bekannt ist, daß diese Phantasien relativ fixiert sind und resistent gegenüber Veränderungen sind, so daß immer wieder die gleichen »Filme« ablaufen; inhaltlich sind sie wenig variabel. Wenn wir den dahinterstehenden

Prozeß stärker kontrollieren und Bilder von Heilungen mit einer ebenso starken Emotionalität verbinden könnten, dann könnten wir – daran besteht für mich kein Zweifel – auch willentlich das Heilungssystem aktivieren und möglicherweise Zugang zu regenerativen Kapazitäten finden, die in unseren Genen schlummern.

Die Bilder vor unserem geistigen Auge haben eine immense Macht, und dieses Potential können wir für die Förderung spontaner Heilungen nützen. Da wir diese Bilder jedoch zumeist unbewußt und nicht zweckgebunden betrachten, halte ich es für sinnvoll, zumindest anfänglich mit einem Therapeuten zu arbeiten. Hypnotherapeuten, Visualisierungstherapeuten und Therapeuten für geleitete Imagination können Ihnen Methoden vermitteln, wie Sie sich über die visuelle Imagination die Verbindung von Körper und Geist zunutze machen können. Sobald Sie eine Technik beherrschen, können Sie sie allein praktizieren. Nach meiner Erfahrung wirken Bilder, die mit starken Emotionen verbunden sind, am besten, genau wie bei sexuellen Phantasien. Ein guter Visualisierungstherapeut experimentiert mit einer Vielzahl von Bildern, um herauszufinden, welche bei dem jeweiligen Klienten die stärksten Gefühlsäußerungen auslösen.

Ich kenne viele Personen, die mittels Imagination ihre Warzen los wurden, indem sie sich bildlich vorstellten, daß sie auf eine bestimmte Weise verschwinden. (Kinder sind darin besser als Erwachsene, und gerade in puncto Warzen sind bei Kindern hohe Quoten von Spontanremissionen zu verzeichnen.) Einmal kam ein Mann mit einer großen Warze an der linken Hand zu mir. Die Ärzte hatten sie mehrmals vereist, sie war aber immer wieder nachgewachsen. Ich empfahl ihm, die Warze einige Minuten am Tag in seiner bildlichen Vorstellung mit weißem Licht zu umgeben, jeweils vor dem Einschlafen am Abend und nach dem Aufwachen am Morgen. Einen Monat tat er dies, ohne daß sich irgendeine Veränderung an der Warze zeigte. Dann schickte ich ihn zu einer Visualisierungstherapeutin, die bereits beim ersten Gespräch feststellte, daß Bagger eine besondere Faszination auf diesen Mann ausübten. Seit frühester Kindheit waren Bagger und andere Erdbewegungsmaschinen für ihn mit einem ganz besonderen Reiz verbunden. So empfahl sie ihm, sich jeden Morgen und Abend bildhaft vorzustellen, wie ein Bagger die Warze wegkratzte. Nachdem der Mann seine Visualisierungsübungen entsprechend modifiziert hatte, zeigte sich innerhalb einer Woche ein erster Erfolg. Nach zwei Wochen war die Warze praktisch völlig geschrumpft, wenig später ganz verschwunden – und blieb es.

In Kapitel 6 habe ich den Fall eines jungen Mannes mit einer chronischen Autoimmunkrankheit geschildert, die seine Blutplättchen und roten Blutkörperchen angriff. Er hatte eine jahrelange suppressive Therapie hinter sich, ein Herumdoktern an den Symptomen mit Prednison und anderen Immunsuppressiva sowie eine Splenektomie – und alles ohne Erfolg. Ich konnte ihm helfen, sich auf einen gesunden Lebensstil umzustellen, und mit natürlichen Methoden dazu beitragen, daß seine Krankheit schließlich abklang. Dazu gehörte auch eine Visualisierungstherapie bei einer ausgebildeten Therapeutin. Am Anfang hatte er mit seiner Arbeit bei ihr allerdings keinen Erfolg. »Ich mag sie«, sagte er mir am Telefon, »aber sie gibt mir immer wieder Bilder mit so viel Gewalt, daß ich Probleme damit habe; so bittet sie mich zum Beispiel, mit Laserstrahlen gegen die ›bösen‹ weißen Blutkörperchen vorzugehen. Ich finde, daß meinem Körper genug Gewalt von Ärzten angetan worden ist, und ich brauche ein friedlicheres Bild.« Schließlich fand er ein Bild, mit dem er zurechtkam: Er stellte sich andere weiße Blutkörperchen (die Suppressor-T-Zellen) als Polizisten auf Motorrädern vor, die seine roten Blutkörperchen und Blutplättchen in ihren Beiwagen mitnahmen, um sie auf ihrem Weg durch die Blutbahn vor den aggressiven weißen Blutkörperchen zu schützen. Diese Visualisierungsübung wirkte phantastisch bei ihm und wurde Hauptbestandteil eines Programms, das langfristig zur Remission seiner Krankheit führte.

Sie können die Imagination nutzen, um Ihren Körper zu beeinflussen, indem Sie bewußter und zielgerichteter tagträumen und auf die emotionalen Reaktionen achten, die bestimmte Bilder bei Ihnen auslösen. Nutzen Sie Visualisierungen, um die Heilung von Wunden, Halsentzündungen und anderen alltäglichen Beschwerden zu beschleunigen. Wenn Sie dann einmal in die Lage kommen sollten, daß Sie Ihre Heilungsressourcen zur Bewältigung einer schweren Krankheit mobilisieren müssen, sind Sie in einer guten Ausgangsposition.

Emotionen

Viele Therapeuten und Meditationslehrer halten ihre Klienten dazu an, ihre Emotionen unter Kontrolle zu bringen – Stimmungsschwankungen auszugleichen und für eine stabile Gemütslage zu sorgen. Dieser Rat ist manchmal angebracht. Wenn Patienten zu mir kommen, deren Leben aus den Fugen geraten ist, die unter erheblichen Energieschwankungen leiden, die sich unregelmäßig und ungesund ernähren und keine stabile Beziehung haben, empfehle ich ihnen für gewöhnlich Atemübungen und Meditation als hilfreiche Methoden zur Wiederherstellung ihres Gleichgewichts. Wenn ich jedoch die Rolle der Emotionen bei der Förderung spontaner Heilungen in Betracht ziehe, ist es oft sinnvoller, Kranke gezielt zum Ausdruck von Leidenschaft zu ermutigen. Ich habe Heilungen erwähnt, die in Verbindung mit Sichverlieben und Wutausbrüchen eintraten. Ob das jeweilige Gefühl positiv oder negativ ist, scheint dabei keine Rolle zu spielen; es ist die Intensität des Gefühls, die Macht verleiht, Körperfunktionen zu beeinflussen. Ein entscheidendes emotionales Hindernis für Spontanheilungen dürften also weniger negative Gefühle, als vielmehr Gemütslagen sein, die von Apathie geprägt sind.

Und was ist mit den in unserer Kultur immer häufigeren Depressionen? Ich erlebe die Depression als einen Zustand, der mit hohem Energiepotential geladen ist, das aber nicht mehr freigesetzt wird, sondern sich nach innen, gegen die Person selbst, richtet. Sofern es gelingt, Zugang zu dieser Energie zu finden und sie zu mobilisieren, kann sie ein Katalysator spontaner Heilungen sein. In der Psychiatrie werden Depressionen fast ausschließlich medikamentös behandelt, bevorzugt mit einer neuen Klasse von Antidepressia, den sogenannten Serotonin-Wiederaufnahme-Hemmern, für die Prozac (in Deutschland unter dem Namen »Fluctin« auf dem Markt) ein klassisches Beispiel ist. Die Pharmaindustrie vermarktet diese Medikamente ebenso aggressiv wie erfolgreich, wobei die Werbestrategen teilweise sogar so weit gehen, daß sie ihrer Kundschaft weiszumachen versuchen, erst mit Hilfe dieser Mittel könne man sein ganzes menschliches Potential kennenlernen. Kürzlich ging eine Freundin von mir, Anfang Fünfzig, zwecks Routinekontrolle zu ihrer Gynäkologin. Nach der Untersuchung fragte diese sie beiläufig: »Und möchten Sie, daß ich Ihnen ein Rezept für Prozac (Fluctin) ausstelle?« »Warum sollte ich Prozac (Fluctin) nehmen?« fragte meine Freundin. »Ich leide nicht an Depressionen.« »Können Sie das wissen?« konterte die Ärztin.

Personen, die Prozac (Fluctin) und verwandte Medikamente nehmen, berichten oft, daß sie alles weniger intensiv fühlen, ihre Depression eingeschlossen. Die medikamentöse Behandlung zur Beseitigung gravierender Stimmungsstörungen ist sicher angezeigt. Was mir Sorgen macht, ist der Enthusiasmus für Antidepressiva, die jede Leidenschaft dämpfen; intensive Gefühle sind für mich jedoch ein Schlüssel zur Aktivierung des Heilungssystems. Hinzu kommt, daß es sich bei unserer Fähigkeit, Freude zu empfinden, und der Fähigkeit, Verzweiflung zu empfinden, möglicherweise um ein und dieselbe handelt, so daß depressive, aber in ihrer Depression nicht gedämpfte Personen durchaus auch Hochgefühle erfahren können, und zwar eher als Patienten, die durch Prozac (Fluctin) oder andere Mittel in der gleichen Gemütsverfassung gehalten werden.

Eine Umgangsmethode mit depressiven Phasen ist, so zu tun, als ob – als fühlte man sich trotz allem gut. Rabbi Nachman aus Preßburg, ein großer jüdischer Mystiker Ende des 18. und Anfang des 19. Jahrhunderts, der regelmäßig ekstatische Gefühle bei seinen einsamen Spaziergängen durch die Wälder erlebte, legte seinen Anhängern nahe:

> »›Sei immer fröhlich, egal, wie es dir geht. Mit Glücklichsein kann man einem Menschen das Leben geben.‹ An jedem Tag, so betonte er weiter, müssen wir bewußt eine Einstellung zum Leben in uns wecken, die von Begeisterung und überschwenglicher

Leidenschaft getragen ist; denn auf diese Weise, so lehrte er, werden wir mit der Zeit empfänglich für die kleinen Geheimnisse, die uns umgeben. Und sofern wir das Gefühl haben, daß keine inspirierten Augenblicke kommen, sollten wir so tun, als ob – als hätten wir sie. ›Wenn du keinen Enthusiasmus hast, tue so, als ob. Gebe dich enthusiastisch, und das Gefühl wird sich von selbst tatsächlich einstellen.‹«[1]

Geist

Haben Sie sich schon einmal gefragt, warum destillierte alkoholische Getränke »Spirituosen« genannt werden? Ursprünglich war von »Weingeist« die Rede, eine alte Bezeichnung für Brandy. (»Brandy«, der Kurzname für Branntwein, wurde von einem holländischen Wort abgeleitet, das »gebrannter« oder »erhitzter Wein« bedeutet; bezeichnet wurde damit der erste destillierte Likör.) Im Brandy wurde der Alkoholgehalt, der maßgebend für den berauschenden Effekt von gegorenem Traubensaft ist, konzentriert und damit ein wesentlich stärkeres Getränk gewonnen. Dahinter stand ursprünglich die Idee der holländischen Weinbrenner, Wein im Volumen zu reduzieren, um ihn leichter in die Kolonien und andere Kontinente transportieren zu können; der Branntwein sollte in Fässern versiegelt, nach seiner Reise über den Ozean mit Wasser verdünnt und damit das Volumen wieder erhöht werden. Aber natürlich hatten nur wenige Lust, ihm Wasser zuzugeben, nachdem man nach dem Anstechen der Fässer auf den Geschmack gekommen war, und so eroberte ein neues, stärkeres alkoholisches Getränk die Welt. In dem alten Namen »Weingeist« und dem heute gängigen Begriff »Spirituosen« ist noch der Hinweis auf die »spirituelle Natur« und deren Beziehung zur Materie enthalten.

Im Brandy konzentriert ist die entscheidende Essenz des Weines, der er sein bewußtseinsveränderndes Potential zu verdanken hat. Wenn Sie ein Gläschen Brandy erwärmen und es in der Hand halten, können Sie die flüchtigen aufsteigenden Dämpfe inhalieren (und manchmal auch die Wirkung spüren). In dieser konzentrierten

Form verhält sich die Essenz des Weines ebenso als Gas wie als Flüssigkeit; das heißt, sie ist weniger schwerfällig und aktiver als in der Form von Wein, und auch stärker. Der Geist ist die Quelle des Lebens sowie der Kraft und Macht, ohne ihn sind materielle Formen nichts weiter als leblose Hülsen. Er dringt in die Materie ein, ist selbst aber nichtmateriell.

Viele Mystiker haben in Selbstversenkung nach der Urquelle des Lebens gesucht und den Atem als Beweis für den Geist im Körper identifiziert. Der Atem ist nichtmateriell oder liegt zumindest im Grenzbereich zwischen materiell und nichtmateriell. Atem heißt per se Bewegung und Rhythmus, und er ist die Quelle des Lebens und der Vitalität. In vielen Sprachen sind die Worte für Geist und Atem synonym: in Sanskrit *»prana«*, im Griechischen *»pneuma«*, im Hebräischen *»ruach«*, im Lateinischen *»spiritus«*. Und in vielen Kulturen wird das Leben als mit dem ersten Atemzug beginnend und mit dem letzten endend definiert; erst wenn der Atemzyklus beginnt, werden Geist und Körper miteinander verbunden. Der Fötus hat zwar ein vegetatives Leben, ihm fehlt aber der Geist. In manchen Kulturen herrscht der Glaube vor, daß Gott jedem Menschen eine bestimmte Zahl von Atemzügen zugesteht und daß die Lebenszeit endet, wenn diese Zahl aufgebraucht ist – ein Grund zu lernen, langsamer zu atmen.

Vor einigen Jahren schrieb ich:

> »Genau in der Mitte unseres Seins ist eine rhythmische Bewegung, ein zyklisch ablaufendes Ausdehnen und Zusammenziehen, sowohl in unserem Körper als auch außerhalb von ihm, das sowohl in unserem Geist als auch in unserem Körper ist, sowohl in unserem Bewußtsein als auch außerhalb dessen. Atem ist der Grundstoff des Lebens, und überall im Universum können wir das gleiche rhythmische Muster des Ausdehnens und Zusammenziehens beobachten, ob es dabei um die Zyklen von Tag und Nacht, von Wachen und Schlafen, von Ebbe und Flut oder das saisonale Wachsen und Verwelken der Pflanzen geht. Diese Pendelbewegung zwischen zwei Phasen existiert auf jeder Ebene des Daseins, selbst bis hin zum Maßstab des sichtbaren Universums

insgesamt, das sich gegenwärtig ausdehnt, aber ab irgendeinem Punkt sich wieder auf den ursprünglichen, unvorstellbaren Punkt zusammenziehen wird, der alles ist und nichts, nur die Vollendung eines kosmischen Atemzuges.«[2]

Wenn der Atem die Bewegung des Geistes im Körper ist – ein zentrales Mysterium, das uns mit der ganzen Schöpfung verbindet –, so ist die Arbeit mit dem Atmen eine Form der spirituellen Übung. Und sie hat weitreichende Folgen für unsere Gesundheit und unser Heilungssystem, denn wie wir atmen, reflektiert zum einen und beeinflußt zum anderen den Zustand unseres Nervensystems. Sie können lernen, über den Atemrhythmus und die Tiefe des Atmens die Herzfrequenz, den Blutdruck, den Kreislauf und die Verdauung zu regulieren. Ebenso können Sie darüber das Heilungssystem stärken. Nachfolgend beschreibe ich einige einfache Atemtechniken. Jede nimmt nur wenige Minuten in Anspruch; dennoch werden Sie das wahre Potential dieser Techniken erst entdecken, wenn Sie sie regelmäßig, am besten jeden Tag, anwenden.

Den Atem beobachten.

Setzen Sie sich bequem mit geschlossenen Augen hin, und lockern Sie einengende Kleidung. Konzentrieren Sie sich nun auf Ihre Atmung, ohne jedoch zu versuchen, sie in irgendeiner Form zu beeinflussen. Verfolgen Sie den Kreislauf von Einatmen und Ausatmen, und achten Sie darauf, ob Sie den Punkt erkennen können, an dem eine Phase in die andere übergeht. Machen Sie das einige Minuten lang. Das Ziel dabei ist einfach, die Aufmerksamkeit auf den Atemzyklus gerichtet zu halten, ihn zu beobachten. Egal, wie Sie atmen, auch wenn Ein- und Ausatmen schnell aufeinanderfolgen, bleiben Sie einfach dabei, den rhythmischen Wechsel zu verfolgen. Diese Technik ist eine Grundform der Meditation, eine Entspannungsmethode und ein Weg, Körper, Psyche und Geist zu harmonisieren.

Mit dem Ausatmen beginnen.

Atmen ist ein Kontinuum, ohne Anfang und ohne Ende; dennoch meinen wir, daß ein Atemzug mit dem Einatmen beginnt und dem Ausatmen endet. Ich möchte nun, daß Sie versuchen, diese Vorstellung bei der nächsten Übung, die Sie entweder im Sitzen oder Liegen machen können, umzudrehen. Konzentrieren Sie sich wieder auf Ihr Atmen, ohne zu versuchen, den Atemfluß zu beeinflussen, aber nehmen Sie diesmal das Ausatmen als den Beginn des Zyklus wahr. Über das Ausatmen haben Sie nämlich mehr Kontrolle, da Sie über die Zwischenrippenmuskeln die Luft aus den Lungen herauspressen können und diese Muskulatur wesentlich stärker ist als die Muskulatur, die Sie beim Einatmen der Luft beanspruchen. Wenn Sie mehr Luft ausatmen, werden Sie automatisch auch mehr Luft einatmen. Es ist erstrebenswert, tiefer zu atmen; und der einfachste Weg, das zu erreichen, ist, das Ausatmen als den ersten Teil des Zyklus zu betrachten und sich über das Einatmen keine Gedanken zu machen.

Sich atmen lassen.

Diese Übung machen Sie am besten auf dem Rücken liegend, vorzugsweise beim Einschlafen oder Aufwachen. Die Arme liegen seitlich vom Körper, und die Augen sind geschlossen. Konzentrieren Sie sich auf das Atmen, ohne zu versuchen, es zu beeinflussen. Nun stellen Sie sich vor, daß das Universum Ihnen bei jedem Einatmen Atem einbläst und bei jedem Ausatmen Atem entzieht. Sie sind der passive Empfänger des Atems. Während das Universum in Sie hineinatmet, versuchen Sie zu fühlen, wie der Atem in jeden einzelnen Körperteil eindringt, bis zu den Finger- und Zehenspitzen. Versuchen Sie, diese Wahrnehmung über zehn Zyklen von Ausatmen und Einatmen beizubehalten.

Sie können diese Übungen so oft und so lange, wie Sie mögen (maximal zehn Minuten), machen; wichtig ist dabei, daß Sie sie täglich durchführen. Bei den nächsten beiden Übungen handelt es sich um zwei Atemtechniken aus dem Pranayama, der alten indischen Lehre zur Atemkontrolle, die Teil der Yoga-Prinzipien ist.

»Prana« ist ein Begriff für die universale Energie, deren körperlicher Ausdruck der Atem ist; das Ziel von Pranayama ist, die Energien des Körpers zu harmonisieren und sie mit der kosmischen Energie in Einklang zu bringen. Beide Übungen sind einfach und sehr nützlich. Sie nehmen wenig Zeit in Anspruch; aber auch hier gilt wieder, daß Sie sie regelmäßig durchführen müssen, um erkennen zu können, was sie für Sie und Ihr Heilungssystem tun können.

Stimulierendes Atmen.

Setzen Sie sich mit aufrechtem Rücken und geschlossenen Augen bequem hin. Bringen Sie die Zunge in die Yoga-Stellung: Dazu führen Sie die Zungenspitze an die Rückseite der Schneidezähne, lassen sie hochgleiten bis zum Ansatz zwischen Gaumen und Zähnen und halten sie in dieser Stellung während der ganzen Übung. (Nach der Yoga-Lehre wird über diesen Kontakt ein Energiekreislauf im Körper geschlossen, der verhindert, daß sich das Prana während der Atemübung verflüchtigt.) Nun atmen Sie bei geschlossenem Mund durch die Nase schnell ein und aus. Atmen Sie gleichförmig und kurz ein und aus, wobei Sie die Muskelanstrengung am Halsansatz, unmittelbar oberhalb des Schlüsselbeins, und am Zwerchfell spüren sollten. (Legen Sie versuchsweise die Hände auf diese Stellen, um ein Gefühl von der Bewegung zu bekommen.) Das Heben und Senken des Brustkorbes sollte schnell und mechanisch erfolgen, wie bei einem Blasebalg, der Luft pumpt; die Sanskrit-Bezeichnung für diese Übung heißt im übrigen »Blasebalgatmen«. Das Atmen sollte beim Ein- und Ausatmen zu hören sein. Optimal ist dabei ein Atemrhythmus von drei Zyklen pro Sekunde, sofern Sie das ohne allzu große Anstrengung schaffen.

Wenn Sie diese Übung das erstemal machen, beschränken Sie sie auf fünfzehn Sekunden, dann atmen Sie normal weiter. Bei jedem weiteren Mal können Sie die Übung dann um jeweils fünf Sekunden verlängern, bis Sie eine volle Minute erreicht haben. Diese Übung ist anstrengend, und Sie werden die Müdigkeit in den Muskeln spüren, die Sie dabei beanspruchen. Und Sie werden auch noch etwas anderes bemerken: einen feinen, aber gleichwohl deutlichen Energiefluß durch den Körper, wenn Sie zum normalen Atmen zurückkehren. Ich fühle diese Energie als ein Vibrieren oder Prikkeln, insbesondere in den Armen, und sie macht sich in Form einer gesteigerten Vitalität bemerkbar, der jede Müdigkeit weicht. Das hat im übrigen nichts mit Hyperventilation (wonach physiologische Veränderungen infolge übermäßiger Abatmung von Kohlendioxyd herbeigeführt werden), als vielmehr etwas mit der Aktivierung des Zentralnervensystems zu tun. Sobald Sie dieses »Blasebalgatmen« eine volle Minute durchführen können, versuchen Sie, es am Nachmittag anstelle von Koffeingenuß zu nutzen, um den üblichen Leistungsabfall aufzufangen. Ich finde diese Übung besonders erfrischend bei Müdigkeitserscheinungen nach längeren Autobahnfahrten. Je häufiger Sie diese Übung machen, desto mehr werden Sie die Energie spüren, die dabei erzeugt wird.

Entspannendes Atmen.

Diese Übung können Sie aufrecht sitzend, auf dem Rücken liegend oder auch stehend und während des Gehens machen: Die Zunge in die Yoga-Stellung bringen und diese während der ganzen Übung beibehalten. Durch den Mund ausatmen, mit einem hörbaren Geräusch. Dann den Mund schließen und ruhig durch die Nase einatmen, dabei (im stillen) bis vier zählen. Dann den Atem anhalten, während Sie bis sieben zählen. Dann wiederum hörbar durch den Mund ausatmen, während Sie bis acht zählen. Den Vorgang viermal wiederholen, dann normal weiteratmen. Sofern Sie Schwierigkeiten haben, bei dieser Zungenstellung auszuatmen, versuchen Sie, die Lippen etwas zu schürzen. Bei dieser Übung ist die Geschwindigkeit, mit der Sie ein- und ausatmen, unwichtig. Wichtig ist das Verhältnis von vier zu sieben zu acht zwischen Einatmen, Atemanhalten und Ausatmen. Grenzen werden Ihnen dadurch gesetzt, wie lange Sie bequem den Atem anhalten können, so daß Sie Ihr Zählen dementsprechend anpassen müssen. Mit zunehmender Routine werden Sie Ihr Atmen hierbei verlangsamen können, was erstrebenswert ist. Machen Sie diese Übung zweimal täglich. Und nach einem Monat, sofern sie Ihnen gefällt, erhöhen Sie das Pensum bis auf acht Zyklen zweimal täglich.

Ich mache diese Entspannungsatemübung morgens, ehe ich meditiere, und abends, wenn ich im Bett liege, kurz vor dem Einschlafen. Und ich greife auf sie zurück, wenn ich nervös bin oder emotional mein Gleichgewicht verloren habe. Ich bringe diese Übung fast allen meinen Patienten bei, und die Rückmeldungen sind zum Teil erstaunlich gut. Sie hilft bei Verdauungsbeschwerden, Herzrhythmusstörungen, Bluthochdruck, Ängsten, Schlaflosigkeit und anderen Problemen. Ich betrachte sie als ein spirituelles Stärkungsmittel für das Nervensystem und kann sie nicht genug empfehlen.

Mit diesen fünf Übungen haben Sie ein Programm, wie Sie das Atmen zur Optimierung Ihres Heilungssystems nutzen können. Aber sie sind nicht nur eine Methode zur Verbesserung der Gesundheit, sondern eben auch eine spirituelle Übung. Die Prinzipien bewußten Atmens werden nicht an den medizinischen Fakultäten gelehrt. Sie wurden schon immer Eingeweihten vorbehalten und weitgehend mündlich tradiert. Selbst heute gibt es noch bemerkenswert wenige Bücher zu diesem Thema.[3]

Die Energie, die Sie in Ihrem Körper nach dem »Blasebalgatmen« fühlen können, wird von chinesischen Ärzten als Qi (Chi) bezeichnet, was soviel wie »universale Lebensenergie« bedeutet. Sie wird von den meisten als Wärme, Prickeln oder feines Vibrieren wahrgenommen. Mit etwas Übung werden Sie lernen, diese Energie intensiver zu fühlen, sie durch den Körper fließen zu lassen und sie sogar auf eine andere Person zu übertragen. Viele Therapieansätze, sowohl im Osten wie im Westen, nutzen das Prinzip der Energieübertragung, die in der Regel über die Hände – mit oder ohne Berührung zwischen Geber und Empfänger – erfolgt. Aus China und Japan kommen zum Beispiel Ansätze wie Reiki, Jin Shin Jutsu und Johrei; in unserer Kultur kennen wir die therapeutische Berührung, eine Form der Energieheilung, die überwiegend von Krankenschwestern gelehrt und praktiziert wird. Es ist hilfreich, diese subtile Energie zu fühlen, weiterzugeben und zu empfangen. Dadurch können nicht nur Schmerzen gelindert und Heilungen beschleunigt werden, auch wird unsere Aufmerksamkeit weg vom materiellen zum spirituellen Pol unseres Lebens gelenkt. Je mehr Sie sich selbst als Energie erfahren können, desto leichter wird es Ihnen fallen, sich nicht einfach mit Ihrem Körper zu identifizieren.

Den Lehren von Mystikern und spirituellen Meistern zufolge kann man sowohl die spirituelle Energie als auch die Intensität ihrer Vibration erhöhen. Eine Möglichkeit, das zu erreichen, ist, daß Sie die Nähe von Personen, Orten oder Dingen mit einer hohen spirituellen Energie suchen. Auf der ganzen Welt pilgern Millionen von Menschen zu heiligen Stätten – zu Bergen, Wäldern, Heiligtümern und Tempeln –, wo sie ein Gefühl der Erhabenheit, Erneuerung und Stärkung erfahren. Sie können sich ihnen anschließen oder in Ihrer Heimat nach Orten suchen, die Ihnen ein gutes Gefühl geben, Ihre Gedanken auf einen höheren Zweck lenken und Sie veranlassen, aus sich selbst herauszugehen. Ebenso können Sie die Schriften und Lebensgeschichten von spirituell durchdrungenen Männern und Frauen lesen, sich bedeutende Kunstwerke oder Objekte von besonderer Schönheit ansehen oder sich großartige Musik anhören, da Schönheit in jeder Form eine positive und heilsame Wirkung auf den Geist hat. Diese läßt sich auch einfach mit Blumen erzielen, die Sie in Ihrem Wohnraum aufstellen, da die meisten Menschen ihre natürliche Schönheit als inspirierend empfinden.

Und nicht zuletzt sollten Sie darauf achten, wie Sie sich in der Gegenwart verschiedener Freunde und Bekannter fühlen. Ist es nicht so, daß Sie sich bei manchen besser fühlen und positiver gestimmt sind? Dann verbringen Sie mehr Zeit in ihrer Gesellschaft. In gewisser Weise werden wir durch die Wellenlängen anderer Menschen mit eingestimmt – im Guten wie im Schlechten. Menschliche Verbundenheit dieser Art kann wirksam heilen und manche schädliche materielle Einflüsse neutralisieren.

Ein bekanntes und vielzitiertes Beispiel in diesem Zusammenhang ist die Geschichte der Italo-Amerikaner in Roseto, Pennsylvania, bei denen ein vergleichsweise erstaunlich niedriger Prozentsatz an Herz- und Gefäßkrankheiten zu verzeichnen war.[4] In Roseto lebten Einwanderer aus zwei norditalienischen Dörfern, die in den dreißiger Jahren dieses Jahrhunderts auf der Suche nach einem besseren Leben nach Amerika gekommen waren. Bezeichnend für die aus Großfamilien bestehende Gemeinschaft waren starke soziale Bande und ein enges Zusammengehörigkeitsgefühl. Sie ernährten sich sehr kalorien- und fettreich, aßen Fleisch, und viele rauchten; nichtsdestotrotz waren Herzinfarkte selten. Aber bei ihren Nachkommen, die heute fünfzig bis sechzig Jahre alt sind und die sich genauso ernähren, treten koronare Herzkrankheiten inzwischen genauso häufig auf wie in anderen Teilen der USA. Was hat sich von der ersten zur zweiten Generation geändert? Nach Meinung der Wissenschaftler, die dieses Phänomen untersuchten, war der auffälligste Unterschied der inzwischen eingetretene Zerfall der Großfamilien und des Gemeinschaftsgefühls; die jüngere Generation lebt heute in der typischen Kernfamilie, in sozialer Isolation, die so charakteristisch für unser modernes Leben ist. In irgendeiner Weise schützte also die sehr starke zwischenmenschliche Verbundenheit die erste Generation der Einwanderer vor den eigentlich zu erwartenden gesundheitsschädlichen Folgen der fettreichen Ernährung und des Rauchens. Für mich ist solche zwischenmenschliche Interaktion ein spirituelles Phänomen, das im Leben vieler kranker Menschen fehlt, die als Patienten zu mir kommen.

— 14 —

Ein 8-Wochen-Programm zur Optimierung des Heilungspotentials

Die in den vorhergehenden Kapiteln enthaltenen Informationen habe ich in Form eines 8-Wochen-Programms zusammengefaßt, das Ihnen mit einer wöchentlichen Schwerpunktsetzung helfen soll, Ihren Lebensstil in einem gesundheits- und damit heilungsfördernden Sinne zu ändern. Dabei bauen die einzelnen Wochen auf den jeweils vorhergehenden auf, so daß Sie nach zwei Monaten die Grundlage für einen Lebensstil geschaffen haben, der Ihr Heilungspotential optimal fördert. Lesen Sie das Programm durch, und bestimmen Sie dann ein Datum, an dem Sie damit beginnen möchten. Am Ende der acht Wochen können Sie entscheiden, wie viele und welche Änderungen Sie weiter fortführen, übernehmen möchten. Sofern Ihnen das Programm in seiner Vorgehensweise als zu schnell erscheint, richten Sie sich einfach nach Ihrer eigenen Geschwindigkeit, und ziehen Sie es langsamer durch.

Erste Woche

Schwerpunkt

- Gehen Sie Ihren Vorratsschrank/Kühlschrank durch, und entfernen Sie alle Öle, außer Olivenöl. Werfen Sie ebenso Margarine, gehärtete Pflanzenfette und alle damit hergestellten Produkte weg. Prüfen Sie die Etiketten, so daß Sie sich auch aller Produkte entledigen können, die gehärtete Fette enthalten. Sofern Sie noch kein extra virgin Olivenöl haben, kaufen Sie eine Flasche, oder besorgen Sie sich eine kleine Flasche Canolaöl aus biologisch-dynamischem Anbau.

Ernährung

- Beginnen Sie in dieser Woche, regelmäßig etwas frischen Brokkoli zu essen. Sofern Sie nicht bereits Ihr eigenes Rezept haben, wie Sie ihn am liebsten zubereiten, können Sie eines der Rezepte in Kapitel 9 ausprobieren.
- Essen Sie diese Woche mindestens einmal Lachs, Sardinen oder Kipper. Sofern Sie Fisch nicht mögen, kaufen Sie im Naturkostladen etwas Leinsamen, den Sie mahlen und über Ihre Speisen bröseln.

Ergänzung

- Fangen Sie an, Vitamin C zu nehmen, sofern Sie es nicht bereits tun: 1000 bis 2000 Milligramm zusammen mit dem Frühstück, eine weitere Dosis zum Abendessen und eine dritte vor dem Zubettgehen (nach Wahl).

Körperliche Bewegung

- Nehmen Sie sich an fünf Tagen dieser Woche jeweils zehn Minuten Zeit zum Gehen. Sofern Sie bereits ein Programm mit anderen aeroben Übungen absolvieren, machen Sie das Gehen zusätzlich.

Psyche/Geist

- Denken Sie einmal über Ihre eigenen Erfahrungen mit Heilungen nach. Erstellen Sie eine Liste der Krankheiten, Verletzungen und/oder Beschwerden, von denen Sie in den letzten zwei Jahren genesen sind. Notieren Sie alles, was Sie unternommen haben, um den Heilungsprozeß zu beschleunigen.
- Beobachten Sie Ihre Atmung jeden Tag fünf Minuten gemäß der auf Seite 287 beschriebenen Übung.
- Kaufen Sie sich ein paar Blumen für Ihre Wohnung, und stellen Sie sie dort auf, wo Sie ihren Anblick genießen können.

Zweite Woche

Schwerpunkt

- Erkundigen Sie sich, wo Ihr Trinkwasser herkommt, sofern Sie es nicht bereits wissen, und mit welchen Schadstoffen es belastet ist. Informieren Sie sich über die im Handel befindlichen Wasserfiltersysteme für den Hausgebrauch, sofern Sie nicht bereits einen haben. Kaufen Sie in der Zwischenzeit Flaschenwasser.

Ernährung

- Essen Sie in dieser Woche mindestens einmal Fisch.
- Gehen Sie in einen Naturkostladen, und wählen Sie unter den aus Sojabohnen hergestellten Produkten in den Kühl- und Gefriertruhen eines aus.
- Kaufen Sie etwas japanischen grünen Tee, und kosten Sie ihn. Sofern Sie Kaffee oder schwarzen Tee trinken, versuchen Sie, diese Getränke teilweise oder ganz durch grünen Tee zu ersetzen.

Ergänzung

- Beginnen Sie mit der Einnahme von Beta-Karotin: 25 000 I. E. täglich zum Frühstück.

Körperliche Bewegung

- Erhöhen Sie Ihr tägliches Gehpensum auf fünfzehn Minuten, und absolvieren Sie es möglichst an fünf Tagen in der Woche.

Psyche/Geist

- Achten Sie einmal auf Ihre Imaginationen, und machen Sie sich einige Notizen zu den Bildern, die eine starke emotionale Wirkung auf Sie haben. Überlegen Sie, inwieweit Sie sie, mit einigen Variationen, zu heilungsfördernden Visualisierungen nutzen können.
- Suchen Sie einen Park oder irgendeinen anderen schönen Ort in der Natur auf. Verbringen Sie dort soviel Zeit wie möglich, ohne irgend etwas Besonderes zu tun, nur um die Energie dieses Ortes zu fühlen.

- Probieren Sie einen Tag »Nachrichtenfasten« – keine Nachrichten lesen, sehen, hören –, um festzustellen, wie Sie sich fühlen.
- Beginnen Sie, alle die auf den Seiten 287 bis 290 beschriebenen Atemübungen zu machen.

Dritte Woche

Schwerpunkte

- Machen Sie sich kundig, wo Sie die besten Produkte aus organisch-dynamischem Anbau bekommen – in Reformhäusern, Bioläden, speziellen Supermarktabteilungen. Nehmen Sie sich vor, nur noch Obst und Gemüse aus biologisch-dynamischem Anbau zu kaufen, insbesondere die auf Seite 215 erwähnten Produkte.
- Sofern Sie bisher ein Heizkissen oder eine Heizdecke verwendet haben, rangieren Sie diese aus. Sofern Sie einen elektrischen Radiowecker neben Ihrem Bett haben, entfernen Sie ihn. Sofern Sie an einem Computerbildschirm arbeiten, kaufen Sie einen Bildschirm, der frei von elektromagnetischer Strahlung ist. Kaufen Sie sich außerdem eine Sonnenbrille, die vor UV-Strahlen schützt, sofern Sie noch keine haben.

Ernährung

- Essen Sie zumindest zu einer Mahlzeit in dieser Woche eine Extraportion Obst und Gemüse.
- Beginnen Sie in dieser Woche, mindestens zweimal Fisch zu essen.
- Ersetzen Sie bei mindestens einer Mahlzeit Fleisch durch ein Sojaprodukt Ihrer Wahl.

Ergänzungen

- Zum Mittagessen oder zu Ihrer Hauptmahlzeit nehmen Sie 400 bis 800 I. E. Vitamin E und 200 bis 300 Mikrogramm Selen. (Es sei nochmal darauf hingewiesen, daß sich Selen mit Vitamin C nicht verträgt; die beiden Substanzen behindern sich in der Aufnahme durch den Körper, so daß zwischen der Zufuhr von Selen und Vitamin C mindestens eine Spanne von einer halben Stunde liegen sollte. Vermeiden Sie außerdem jede Überdosierung von Selen, da dies zu ernsthaften gesundheitlichen Störungen und schlimmstenfalls zum Tod führen kann.)

Körperliche Bewegung

- Erhöhen Sie Ihr tägliches Gehpensum an fünf Tagen in der Woche auf zwanzig Minuten. Sofern Sie noch andere aerobe Übungen machen, überlegen Sie, ob Sie dieses Programm nicht besser auf zwei oder drei Tage beschränken und es an den anderen Tagen durch aerobes Gehen ersetzen.

Psyche/Geist

- Erstellen Sie eine Bücherliste zu den Sachbereichen Spiritualität, Religion, Selbsthilfe, Lyrik, Biographien, und wählen Sie ein Buch aus, das Sie in dieser Woche zu lesen anfangen möchten.
- Erstellen Sie eine Liste der Freunde und Bekannten, in deren Gesellschaft Sie sich lebendiger, glücklicher und optimistischer fühlen.
- Besorgen Sie sich weiterhin Blumen.

Vierte Woche

Schwerpunkte

- Prüfen Sie einmal Ihr Bett, Ihre Matratze und Ihr Schlafzimmer. Wird der geruhsame Schlaf durch ein unbequemes Bett oder Lärm behindert? Wenn ja, überlegen Sie sich Änderungen, wie sie etwa auf Seite 270 vorgeschlagen wurden.
- Sofern Sie in einer luftverschmutzten Region leben, informieren Sie sich über Luftreiniger für Ihre Wohnung/Ihr Schlafzimmer.

Ernährung

- Beginnen Sie in dieser Woche, etwas mehr Knoblauch zu essen, in welcher Form auch immer.

- Ersetzen Sie bei einer weiteren Mahlzeit tierisches Protein durch Sojaprotein.

Körperliche Bewegung

- Erhöhen Sie Ihr Gehpensum an fünf Tagen in der Woche auf jeweils fünfundzwanzig Minuten.

Psyche/Geist

- Versuchen Sie es in dieser Woche an zwei Tagen mit »Nachrichtenfasten«.
- Machen Sie weiterhin die Atemübungen, vor allem zweimal täglich die Entspannungsatemübung (Seite 290).
- Nehmen Sie Kontakt mit einer Ihnen bekannten Person auf, die schon einmal die Erfahrung einer Heilung oder Genesung von einer schweren Krankheit oder Verletzung gemacht hat. Fragen Sie nach den Einzelheiten.

Fünfte Woche

Schwerpunkt

- Machen Sie ein Dampfbad, eine Sauna in Ihrer Nähe ausfindig, um sie regelmäßig in Anspruch nehmen zu können – und zwar jeweils bis zu zwanzig Minuten pro Besuch. Die Temperaturen sollten heiß genug sein, daß Sie frei schwitzen; wichtig ist, daß Sie anschließend reichlich Wasser trinken, um die verlorene Flüssigkeit wieder zu ersetzen.

Ernährung

- Legen Sie einen reinen »Obsttag« ein, an dem Sie so viel Obst essen können, wie Sie mögen, aber ansonsten, außer Wasser und Kräutertee, nichts verzehren. Nehmen Sie das Vitamin C, aber verzichten Sie an diesem Tag auf alle anderen Ergänzungen.
- Kaufen Sie ein Stück frische Ingwerwurzel, und machen Sie sich einen Ingwertee nach dem auf Seite 248 f. beschriebenen Rezept. Kosten Sie auch einmal etwas kandierten Ingwer.

Körperliche Bewegung

- Erhöhen Sie Ihr Gehpensum an den fünf Tagen in der Woche auf jeweils dreißig Minuten.

Psyche/Geist

- Versuchen Sie, ob Sie in dieser Woche Ihr »Nachrichtenfasten« auf drei Tage ausdehnen können.
- Machen Sie an jedem Tag Atemübungen.
- Hören Sie sich ein Musikstück an, das Sie anregend und erbauend finden.
- Schmücken Sie Ihre Wohnung in dieser Woche mit noch mehr Blumen.

Sechste Woche

Schwerpunkte

- Schlagen Sie in Kapitel 11 nach, um zu entscheiden, welches Tonikum für Sie am angebrachtesten ist, und besorgen Sie sich dieses.
- Hören Sie sich in Ihrem Freundes-, Bekannten- und Kollegenkreis um, ob Sie weitere Geschichten von Heilungen in Erfahrung bringen können.
- Nehmen Sie diese Woche zweimal ein Dampfbad oder eine Sauna.

Ernährung

- Legen Sie in dieser Woche einen reinen »Safttag« ein; Sie können beliebig viel Frucht- und Gemüsesaft sowie Wasser und Kräutertee trinken. Nehmen Sie das Vitamin C, aber verzichten Sie auf alle anderen Ergänzungen an diesem Tag.
- Essen Sie auch in dieser Woche zweimal Fisch und zweimal Sojaprodukte.
- Essen Sie auch in dieser Woche Brokkoli, mindestens zweimal.

Körperliche Bewegung

- Erhöhen Sie Ihr Gehpensum an den fünf Tagen in der Woche auf fünfunddreißig Minuten.

Psyche/Geist

- Dehnen Sie Ihr »Nachrichtenfasten« auf vier Tage aus.
- Besuchen Sie ein Kunstmuseum, oder sehen Sie sich anderweitig Kunstwerke, Skulpturen oder architektonische Besonderheiten an, die Sie schön und anregend finden.
- Machen Sie weiterhin täglich die Atemübungen.

Siebte Woche

Schwerpunkte

- Überlegen Sie sich irgendeine Art gemeinnütziger oder karitativer Arbeit, die Sie in dieser Woche übernehmen könnten, indem Sie etwa ehrenamtlich einige Stunden für eine gemeinnützige oder karitative Einrichtung tätig sind oder jemandem helfen, von dem Sie wissen, daß er behindert ist oder seine Wohnung nicht verlassen kann; sinnvoll ist jede Beschäftigung, die einem anderen einen Teil Ihrer Zeit und Energie zukommen läßt.
- Nehmen Sie weiterhin Dampfbäder, oder suchen Sie die Sauna auf, möglichst dreimal in der Woche.

Ernährung

- Trinken Sie einmal in dieser Woche nur Fruchtsaft, Wasser und Kräutertee. Nehmen Sie das Vitamin C, aber verzichten Sie an diesem Tag auf alle anderen Ergänzungen.
- An den übrigen Tagen gilt weiterhin: mindestens zwei Mahlzeiten mit Fisch und zwei mit Sojaprotein, reichlich Obst und Gemüse, Vollkornprodukte, Ingwer und Knoblauch.

Körperliche Bewegung

- Erhöhen Sie Ihr Gehpensum an den fünf Tagen in der Woche auf vierzig Minuten.

Psyche/Geist

- Versuchen Sie, mit jemandem, dem Sie sich entfremdet haben, wieder Verbindung aufzunehmen und, wenn möglich, die alte Verbundenheit wiederherzustellen.
- Nehmen Sie sich Zeit für Blumen, Musik und Kunst.
- Erhöhen Sie die Entspannungsatemübung (Seite 290) auf acht Zyklen zweimal täglich.

Achte Woche

Schwerpunkt

- Lassen Sie alle Veränderungen, die Sie in den letzten sieben Wochen in Ihrem Lebensstil vorgenommen haben, noch einmal Revue passieren, und überlegen Sie sich, wie viele und welche Sie dauerhaft übernehmen möchten. Erstellen Sie dazu einen realistischen Plan, den Sie in den nächsten acht Wochen einhalten können.

Ernährung

- Legen Sie in dieser Woche einen Tag ein, an dem Sie nur Wasser – oder auch Kräutertee mit Zitrone, wenn Sie mögen, aber ohne irgendwelche Kalorien – trinken. Sofern Ihnen das allzu schwer fällt, trinken Sie zusätzlich etwas verdünnten Fruchtsaft. Nehmen Sie das Vitamin C, aber verzichten Sie an diesem Tag auf alle anderen Ergänzungen.
- Überlegen Sie, wie Sie in den kommenden Wochen an den veränderten Ernährungsgewohnheiten festhalten können, die Sie im Rahmen dieses Programms vorgenommen haben.

Ergänzung

- Nehmen Sie Ihr Tonikum ab jetzt zwei Monate lang ein, um seine positiven Auswirkungen auf Ihren Energiehaushalt, Ihr Immunsystem und Ihr Aussehen festzustellen.

Körperliche Bewegung

- Steigern Sie Ihr Gehpensum auf fünfundvierzig Minuten an fünf Tagen in der Woche.

Psyche/Geist

- Halten Sie an den Atemübungen fest. Nutzen Sie die Entspannungsatemübung (Seite 290), wann immer Sie nervös sind, und machen Sie sie generell mindestens zweimal täglich.
- Versuchen Sie, die ganze Woche Ihr »Nachrichtenfasten« durchzuhalten. Überlegen Sie sich am Ende der Woche, wieviel Nachrichten Sie in den kommenden Wochen in Ihrem Leben wieder zulassen möchten.
- Denken Sie an Personen, von denen Sie verletzt oder erzürnt wurden. Versuchen Sie, Verständnis für ihr Handeln aufzubringen und ihnen zu verzeihen. Können Sie wenigstens einer dieser Personen mitteilen, daß Sie ihr nicht mehr böse sind?
- Belohnen Sie sich mit besonders schönen Blumen dafür, daß Sie dieses Programm durchgehalten haben, und erfreuen Sie auch jemand anderen mit ein paar Blumen.

Gratulation! Ich habe in den letzten Monaten sehr viel von Ihnen verlangt. Manches war neu und eine echte Herausforderung für Sie. Aber Sie haben sich und Ihrem Heilungssystem etwas sehr Gutes getan. Dank der Veränderungen, die Sie vorgenommen haben, sind jetzt Ihre Chancen, eine spontane Heilung zu erfahren, wenn der Ernstfall eintreten sollte, wesentlich größer. Versuchen Sie, möglichst viel davon zu einem festen Bestandteil Ihres Lebens zu machen.

Teil III

Wenn Sie krank werden

– 15 –

Die richtigen Entscheidungen treffen

Wenn Sie krank werden, müssen Sie entscheiden, was zu unternehmen bzw. welcher Kurs einzuschlagen ist, damit Sie wieder gesund werden. Sofern Sie die Verantwortung für diese Entscheidung nicht selbst übernehmen, werden andere für Sie entscheiden, und was sie entscheiden, gereicht Ihnen nicht in jedem Fall zum Besten. Die wichtigste Frage ist, ob der Besuch bei einem Arzt Ihnen im Einzelfall helfen oder die Heilung eher behindern wird. Dazu müssen Sie die Natur Ihrer Krankheit verstehen und wissen, ob die konventionelle Medizin etwas für Sie tun kann, ohne die Möglichkeit einer Spontanheilung zu beeinträchtigen. Und Sie sollten auch wissen, ob es gegebenenfalls wirksame alternative Behandlungsmethoden gibt.

Deshalb möchte ich zunächst aufzeigen, was die Schulmedizin effektiv leisten kann und was nicht. Sie ist zum Beispiel sehr erfolgreich in der Behandlung von Traumata; bei einem schweren Autounfall würde ich mir also wünschen, unverzüglich in die Notaufnahme eines modernen Krankenhauses gebracht zu werden und nicht zu einem Schamanen, einem Imaginationstherapeuten oder einem Akupunkteur. (Sobald ich außer Gefahr wäre, würde ich jedoch deren Behandlungsmethoden in Anspruch nehmen wollen, um den natürlichen Heilungsprozeß zu beschleunigen.) Sehr gut ist die Schulmedizin auch in der Diagnose und Soforthilfe bei Blutungen, Herzinfarkt, Lungenödem, akutem Herzversagen, akuten bakteriellen Infektionen, diabetischem Koma, Darmverschluß, akuter Blinddarmentzündung und so weiter. Wichtig ist, daß die Symptome möglicherweise schwerer Krankheiten rasch erkannt werden, damit die notwendige Behandlung sofort eingeleitet werden kann. Generell gilt, *daß bei Symptomen, die ungewöhnlich schwerwiegend und anhaltend sind oder über den Rahmen Ihrer allgemeinen Erfahrungen hinausgehen, in jedem Fall und unbedingt unverzüglich eingehende Untersuchungen vorzunehmen sind.*

Fallbeispiel 1: Ein medizinischer Notfall

Frederick R., ein fünfundsechzigjähriger Geistlicher mit einem recht gesunden Lebensstil und einer ausgeprägten Neigung zur naturheilkundlichen Medizin, kam mit Schmerzen im Magen-Darm-Bereich zu mir, die sich »seit einem Jahr verschlimmerten«. Er wollte ein Naturheilmittel haben, weil er, wie er sagte, an die allopathische Medizin nicht glaube. Die Schmerzen traten schubweise auf, beginnend in der Magengrube, um sich dann bis zur Brust und in den linken Arm sowie bis in den Rücken und zum Kiefer auszubreiten. Diese Schübe traten inzwischen zunehmend häufiger auf und hatten ihn zuletzt sogar schon aus dem Schlaf aufgeweckt. Da er selbst den Schmerzen nicht beizukommen wußte, war er in seiner Not zu einem Magen-Darm-Spezialisten gegangen, der verschiedene Untersuchungen durchführte, einschließlich einer Endoskopie. (Hier wird ein Endoskop in den Magen eingeführt, um die Magenschleimhaut optisch zu untersuchen.) Bei den Untersuchungen wurden eine Hiatushernie und ein kleiner Gallenstein festgestellt, der die Beschwerden wahrscheinlich nicht verursachte. Der Arzt verschrieb ein Medikament zur Hemmung der Magensäureproduktion; Frederick nahm es mehrere Monate, ohne daß sich sein Zustand besserte. Er konsultierte sodann einen Heilpraktiker, der ihm pflanzliche Mittel und eine Umstellung in der Ernährung verordnete, jedoch ebenfalls ohne Erfolg. Jetzt war er bei einem Homöopathen in Behandlung; trotz mehrerer homöopathischer Mittel hatte sich wiederum keine Besserung gezeigt. Er sagte mir, die Schmerzen verschlimmerten sich bei Anstrengung und beim Liegen und besserten sich bei aufrechtem Sitzen. Einen Zusammenhang mit dem, was er aß oder trank, hatte er nicht feststellen können.

Ein stechender Schmerz in der Brust, der sich im Liegen verschlimmert und im Sitzen bessert, ist zwar typisch für eine Hiatushernie (wobei ein Teil des Magens aus der Bauch- in die Brusthöhle durch den Ösophagusspalt des Zwerchfells durchtritt und sich infolge überhöhter Säure entzünden kann), aber Hiatushernieschmerzen und Schmerzen im Magen-Darm-Bereich werden in der Regel durch Anstrengung nicht verschlimmert. Ich befragte ihn eingehend nach diesem Zusammenhang und bekam schließlich ein sehr klares Bild von den anstrengungsbedingten Schmerzen in der Brust, das auf eine Herzkranzarterienerkrankung und nicht auf ein Magenproblem schließen ließ. Ich erkundigte mich, ob der Magen-Darm-Spezialist oder ein anderer Arzt ein Elektrokardiogramm gemacht habe – weder noch. Allein aufgrund der Anamnese war ich überzeugt, daß bei diesem Patienten eine instabile Angina pectoris vorlag, ein medizinischer Notfall. Ich sagte ihm, ich würde ihn nur behandeln, wenn er sofort zu einem Kardiologen ginge, um ein Belastungs-EKG vornehmen zu lassen. Ich verwies ihn an einen Kardiologen ganz in meiner Nähe, und er vereinbarte einen Termin für den nächsten Tag. Während des Belastungs-EKGs stellten sich gefährliche Herzrhythmusstörungen ein, die den Verdacht einer schwerwiegenden Durchblutungsstörung bestätigten. Der Kardiologe brach den Test ab und sagte zu Frederick, er könne rechtlich nicht die Verantwortung übernehmen, wenn er ihn jetzt entlasse; er beorderte ihn direkt von der Praxis ins Krankenhaus zu einer Bypassnotoperation. Frederick überstand die Operation gut, ist heute bei bester Gesundheit und hält sich streng an einen gesunden, speziell an der Herzproblematik orientierten Lebensstil.

KOMMENTAR. Fredericks Beispiel veranschaulicht die Gefahr, wenn einem ungewöhnlichen und anhaltenden Symptom zuwenig Beachtung geschenkt wird. Jeder Brustschmerz, der Personen aus dem Schlaf weckt oder bei Anstrengung auftritt, sollte allopathisch untersucht werden. Und sowohl Patienten als auch Ärzte sollten wissen, daß anstrengungsbedingte Brustschmerzen eher vom Herzen als vom Magen-Darm-System kommen. Ohne korrekte medizinische und chirurgische Intervention hätte Frederick wahrscheinlich einen schweren Herzinfarkt erlitten.

Intuition und gesunder Menschenverstand können Ihnen helfen, die Symptome zu analysieren und zu entscheiden, ob sie schwerwiegend sind oder nicht. Wenn Sie zum Beispiel an Kopfschmerzen leiden, sollten Sie fachkundige Hilfe suchen, sofern Sie vorher nie Kopfschmerzen hatten, wenn diese Kopfschmerzen stärker sind, länger anhalten, regelmäßig über einen größeren Zeitraum wiederkehren als jemals zuvor oder sofern sie von anderen, neuen Symptomen (wie Erbrechen oder Sehstörungen) begleitet sind. Je besser Ihr Gespür für körperliche Veränderungen innerhalb eines normalen Rahmens ist, desto größer ist auch die Wahrscheinlichkeit, daß Sie auf ein Symptom achten und fachkundige Hilfe zur Diagnostizierung eines Symptoms in Anspruch nehmen, das über diesen Rahmen hinausgeht und eine konventionelle medizinische Behandlung angeraten sein läßt.

Die diagnostischen Vorzüge der Schulmedizin zu nutzen zwingt Sie jedoch nicht, auch ihre Behandlungsmethoden zu übernehmen. Hier ist es an Ihnen, jeweils herauszufinden, wie erfolgreich die entsprechenden konventionellen Behandlungen und auch welche etwaigen Risiken damit verbunden sind. Sofern diese Methoden suppressiv sind, toxische Medikation erfordern oder die Medizin gar nichts anzubieten hat, ist es allerdings angemessen, anderweitig Hilfe zu suchen. Und vergessen Sie nicht: Wann immer Sie zu einem Schulmediziner gehen, und sei es nur wegen einer Diagnose, seien Sie vor seinem Pessimismus, was die Aussichten Ihrer Heilung betrifft, auf der Hut.

Fallbeispiel 2: Die Ärzte konnten nichts finden

Mary K., vierzig Jahre alt und Krankenschwester auf der Intensivstation eines Krankenhauses, dachte, sie sei bei guter Gesundheit, bis sie sich freiwillig für eine Medikamentenstudie meldete und sich im Vorfeld prophylaktisch einigen organischen sowie Blutuntersuchungen zu unterziehen hatte. Die Bluttests zeigten einen erhöhten Spiegel von Leberenzymen sowie erhöhte Eisen- und Ferritinwerte. (Ferritin ist eine Ablagerungsform des Eisens im Körper in Form eines Ferroproteins.) Sie gab ihre Zustimmung zu einer Leberbiopsie, bei der eine Zirrhose im Anfangsstadium und abermals erhöhte Eisenwerte festgestellt wurden; doch die Ärzte sahen sich außerstande, sich auf eine genaue Diagnose festzulegen. Mary erzählte ihnen, sie habe vor zwanzig Jahren nach einer längeren intravenösen Medikation Hepatitis bekommen, sich aber seither besonders vorgesehen.

Da Mary in einem Universitätsklinikum arbeitete, hatte sie Zugang zu hervorragenden Spezialisten, für die ihr rätselhafter Fall von besonderem Interesse wurde. Sie machten weitere Tests, rätselten über die Ergebnisse und konnten sich auf nichts anderes verständigen, als daß die Ursache von Marys Zirrhose unbekannt sei. Sie konnten keinen Grund für deren erhöhten Eisenspiegel finden und hatten folglich auch keine Behandlung zu bieten.

Als intelligente Frau mit einer medizinischen Ausbildung machte Mary sich jedoch ihre eigenen Gedanken. Sie fragte sich zum Beispiel, ob nicht eine Phlebotomie, ein Venenschnitt zum Aderlaß, ihren sehr hohen Eisenspiegel senken helfen könne; aber die Ärzte winkten ab. »Von den vier Spezialisten, bei denen ich anfangs war, sah nicht einer eine Chance, irgend etwas dagegen zu tun«, schrieb sie mir. »Sie sagten mir nicht einmal, daß es zum Beispiel auch Möglichkeiten gab, den Eisenüberschuß in meinem Körper durch eine bestimmte Ernährung zu reduzieren. Wie sollte ich also irgendeine Hoffnung schöpfen?« Wohl aber gaben die Ärzte Mary reichlich Anlaß zu Sorge und Angst. »›Ich weiß, Sie denken an Krebs‹, sagte einer von ihnen zu mir. Und ich erinnere mich noch, wie ich dachte: ›Der Gedanke an Krebs ist mir bisher noch gar nicht gekommen.‹ Bestenfalls tolerant waren die Ärzte gegenüber meinen Ideen, aber sie unterstützten mich nicht. Sie waren nicht bereit, gesunden Menschenverstand ins Spiel zu bringen, irgendwie auf die Intuition zu vertrauen und in irgendeiner

Hinsicht kreativ zu sein. Das Ergebnis war, daß ich mich am Ende nicht ernst genommen fühlte.«

Mary kam zwei Jahre nach den ersten Blutuntersuchungen zu mir. In dieser Zeit hatte sie rotes Fleisch und andere eisenhaltige Nahrungsmittel gemieden und weiterhin sehr bewußt und gesund gelebt. Sie fühlte sich zwar nach wie vor gut, machte sich allerdings noch immer Sorgen wegen ihrer Leber und ihres Eisenstoffwechsels. Als erstes war es mir wichtig, Mary vor Augen zu halten, daß die Leber eine bemerkenswerte Regenerationsfähigkeit besitzt, insbesondere bei einem jungen, gesunden Menschen. Ich ermutigte sie, Verschiedenes auszuprobieren, und sagte ihr, daß eine Phlebotomie meines Erachtens einen Versuch wert sei. Darüber hinaus machte ich ihr einige weitergehende Vorschläge betreffs Ernährung und Vitaminergänzungen und empfahl ihr zwei pflanzliche Mittel für die Leber: Mariendistel (siehe Seite 251) und Schizandrabeeren, die Früchte einer chinesischen Heilpflanze, *Schisandra chinensis*, die den Körper bei der Heilung chronischer Hepatitis unterstützt.[1] Marys Hauptproblem schien mir eine – wenn auch nicht allzu gravierende – chronische Hepatitis zu sein, die Ursache der bei ihr festgestellten Leberschädigungen infolge überhöhter Eisenablagerungen. Was die Phlebotomie betraf, sagte sie, sie kenne einen praktischen Arzt an der Universität, der bereit sei, den Aderlaß zu überwachen. Im Laufe der nächsten Wochen wurde sie dann einige Male zur Ader gelassen. Ihre Eisenwerte fielen und blieben auf normalem Niveau. Im Laufe des nächsten Jahres normalisierte sich allmählich auch ihre Leberfunktion wieder. Seither sind keine Anomalien mehr aufgetreten, so daß sie heute nicht nur gesund aussieht und sich gesund fühlt wie früher, sondern erwiesenermaßen, belegt durch medizinische Untersuchungen, auch gesund ist. Damit sind natürlich auch ihre Sorgen wegen Krebs und andere Schreckgespenster vertrieben.

»Sie und die anderen Ärzte, die mir geholfen haben«, schrieb sie mir kürzlich, »haben mir zugehört, mich in meinem Wunsch, Möglichkeiten auszuprobieren, unterstützt und gesunden Menschenverstand walten lassen, und Sie waren aufgeschlossen für andere Therapieformen. Sie hatten sehr wohl verstanden, daß es mir nicht nur darum ging, geheilt zu werden, sondern daß ich mich selbst heilen wollte, heilen mußte. Und ich glaube, meine Heilung begann erst, als ich meinen eigenen Instinkten folgen und entsprechend handeln konnte. Die Erlaubnis dazu haben Sie mir gegeben. Sie war die Voraussetzung, daß mein Glaube, ich selbst könne meine Gesundheit verbessern, wuchs, und damit konnte ich handeln, statt einfach passiv abzuwarten. Ich möchte anderen Patienten und Patientinnen sagen, daß sie so lange suchen sollen, bis sie Praktiker finden, denen sie vertrauen können, von denen sie respektiert werden, die ihnen zuhören, sie ernst nehmen *und die kompetent sind.*«

KOMMENTAR. Angesichts pessimistischer Ärzte, die ihr absolut nichts anzubieten hatten, machte diese Patientin sich auf die Suche nach anderen Praktikern, die ihr die nötige Unterstützung gaben, um mit Behandlungen zu experimentieren, die schließlich zum Erfolg führten. Sie wußte zwar intuitiv, daß eine Heilung möglich war, sie brauchte für sich aber die offizielle Erlaubnis eines Arztes, den Weg, der ihr vorschwebte, auch tatsächlich einzuschlagen.

Ich fasse kurz zusammen, was die allopathische Medizin für Sie tun kann und was nicht.

Was sie kann:

- Besser als andere medizinische Ansätze mit Traumata umgehen
- Viele medizinische und chirurgische Notfälle diagnostizieren und behandeln
- Akute bakterielle Infektionen mit Antibiotika behandeln
- Manche parasitäre und Pilzinfektionen behandeln
- Vielen Infektionskrankheiten durch Immunisierung vorbeugen
- Komplexe medizinische Probleme diagnostizieren
- Geschädigte Hüft- und Kniegelenke ersetzen
- Gute Ergebnisse bei kosmetischen und plastischen Operationen erzielen
- Hormonelle Störungen diagnostizieren und korrigieren

Was sie nicht kann:
- Virusinfektionen behandeln
- Die meisten chronischen Degenerationskrankheiten heilen
- Effektiv mit den meisten psychischen Erkrankungen umgehen
- Die meisten Formen von Allergie- und Autoimmunkrankheiten heilen
- Effektiv mit psychosomatischen Krankheiten umgehen
- Die meisten Formen von Krebs heilen

Summa summarum sollten Sie sich an die Regel halten: *Nicht Hilfe bei einem konventionellen Arzt im Falle einer Krankheit suchen, die die Schulmedizin nicht behandeln kann, und sich nicht bei einer Krankheit, die die Schulmedizin wirksam behandeln kann, auf einen alternativen Praktiker verlassen.*

Nachfolgend nenne ich noch einige weitere Fallbeispiele von Personen, die die richtige Entscheidung zur Bewältigung ihrer Krankheit trafen. Es sind Fälle aus meiner Praxis, die repräsentativ für ein weites Spektrum von Krankheiten sind und zugleich bezeugen, wie Menschen mit ihrer Krankheit fertig wurden.

Fallbeispiel 3: Naturheilkundliche Medizin bei rheumatoider Arthritis

Joyce N., eine siebzigjährige pensionierte Lehrerin, litt seit fast vierzig Jahren an rheumatoider Arthritis. Trotz Schmerzen und Deformität der Hände und des Halses war sie eine fröhliche, positiv eingestellte Frau, die mir zu meinem großen Erstaunen erzählte, sie habe wegen ihrer Krankheit noch nie irgendwelche stärkeren Medikamente als Aspirin genommen. »All die Jahre versuchten Ärzte immer wieder, mich zu überreden, Gold, Prednison oder andere starke Medikamente zu nehmen«, sagte sie bei unserer ersten Begegnung. »Aber ich wußte intuitiv, daß sie nicht gut für mich wären, und so weigerte ich mich stets. Ich kann Schmerzen sehr gut aushalten und bin bisher allein mit Aspirin über die Runden gekommen.« Sie kam Anfang November zu mir; sie sorgte sich wegen der Schmerzen, die sich seit kurzem verschlimmert hatten, zumal der Winter in der Regel für sie die schlimmste Zeit war. »Gibt es etwas, was Sie mir empfehlen können, so daß ich besser mit den Beschwerden leben kann?« fragte sie mich.

Ich war noch nie jemandem mit einer schweren rheumatoiden Arthritis begegnet, der es geschafft hatte, auf die starken suppressiven Medikamente zu verzichten, die in diesem Fall von allopathischen Ärzten verschrieben werden. Joyce war eine ruhige, zurückhaltende Frau, die trotz erheblicher Deformitäten infolge ihrer Krankheit eine tiefe innere Zufriedenheit ausstrahlte, besonders wenn sie von ihrer Ehe und ihrem Familienleben erzählte. Ich gewann den Eindruck, daß sie hieraus die innere Stärke bezog, die es ihr ermöglichte, so gut mit den chronischen Schmerzen zu leben. Wie sich herausstellte, wußte sie im übrigen kaum etwas von der Möglichkeit, rheumatoide Arthritis auch ohne herkömmliche Medikamente zumindest zu lindern. Ich sagte ihr, mit bestimmten Umstellungen in der Ernährung, gewissen körperlichen Tätigkeiten, einigen Nährstoffergänzungen und einer Sensibilisierung für Körper-Geist-Interaktionen könnten deutliche Verbesserungen erzielt werden. Ich empfahl ihr, auf alle Molkereiprodukte zu verzichten, weniger Fleisch und statt dessen vorzugsweise Fisch mit Omega-3-Fettsäuren zu verzehren und alle Fette mit mehrfach ungesättigten Fettsäuren sowie teilhydrierte Fette und Öle von ihrem Speiseplan zu streichen. Außerdem empfahl ich ihr ein Antioxidans (siehe Seite 227) und ein pflanzliches Mittel, *Tanacetum parthenium*, das hilfreich bei rheumatoider Arthritis und nicht toxisch ist.[2] Ferner riet ich ihr, regelmäßig schwimmen zu gehen und die Entspannungsatemübung (siehe Seite 290) zu machen. Und schließlich verwies ich sie noch an einen Hypnotherapeuten, der mir als qualifiziert im Umgang mit chronisch Kranken bekannt war. Sechs Wochen später ließ sie mich wissen, sie habe sich strikt an mein Programm gehalten und sei erstaunt über das Ausmaß, wie sich ihre Beschwerden gebessert hätten, was, wie sie meinte, gerade jetzt in der kältesten und feuchtesten Jahreszeit, in der sie sonst am meisten litt, um so bemerkenswerter war.

KOMMENTAR. Rheumatoide Arthritis ist eine klassische Autoimmunkrankheit (genau wie Lupus, Sklerodermie und Multiple Sklerose). Typisch für Autoimmunkrankheiten ist, daß sie periodisch, oft parallel zu emotionalen Tiefen und Höhen, sich verschlimmern bzw. verbessern. Die Schulmedizin hat den Symptomen nur Immunsuppressiva entgegenzusetzen, die zur Überbrükkung akuter Schübe notwendig sein mögen, für eine langfristige Behandlung jedoch nicht taugen. Die durch die Autoimmunität bedingte chronische Entzündung verursacht oft Schmerzen und körperliche Schäden, aber diese Entzündung kann auch durch eine Reihe nichttoxischer Methoden gelindert werden, etwa durch Umstellungen in der Ernährung und durch pflanzliche Mittel. Ebenso haben sich Hypnotherapie und die geleitete Imaginationstherapie vielfach als sehr wirksam bei der Bekämpfung dieser Krankheit erwiesen. Daß diese Patientin trotz ihres relativ hohen Alters und chronischen Krankheitsbildes so schnell und bemerkenswert auf die naturheilkundliche Medizin ansprach, verdankt sie vermutlich zwei Faktoren: zum einen der Tatsache, daß sie nie suppressive Medikamente genommen hatte, und zum anderen ihrem gesunden psychisch-geistigen Zustand, der in positiven Beziehungen und einem hohen Selbstwertgefühl wurzelte.

Fallbeispiel 4: Hilfe bei chronischer Dermatitis

Nancy S., fünfundvierzig Jahre alt und mit einem erfolgreichen Chirurgen verheiratet, entwickelte einen juckenden roten Ausschlag an beiden Händen, der sich mit der Zeit fast auf den ganzen Körper ausbreitete. Die Haut verdickte sich, wurde rissig und rauh, worunter sie sehr litt. Sie suchte mehrere Dermatologen auf, die einvernehmlich erklärten, bei ihrem Leiden handle es sich um eine Dermatitis unbekannten Ursprungs, und ihr steroidhaltige Salben und Prednison zur oralen Einnahme verschrieben. Durch das Prednison verschwand der Ausschlag; da Nancy jedoch von den schädlichen Nebenwirkungen einer Langzeitanwendung wußte, setzte sie das Medikament schließlich ab, und die Symptome stellten sich wieder ein, sogar schlimmer als vorher. Diese Erfahrung, die sich mehrfach wiederholte, weckte in ihr eine prinzipielle Skepsis gegenüber der Anwendung von Steroiden in jedweder Form. Sie ging schließlich zu einem anderen renommierten Dermatologen, der eine Hautbiopsie vornahm und ihr erklärte, sie leide möglicherweise an einer seltenen Art eines Lymphoms, einem Krebs mit denkbar schlechten Aussichten auf Heilung. Obwohl die von einem zweiten Dermatologen vorgenommene Biopsie diesen Befund nicht bestätigte, war Nancy sehr beunruhigt. Abgesehen von Steroiden und Antihistaminika zur Linderung des Juckreizes hatten die Ärzte ihr keine Behandlung zu bieten. Mit fortschreitender Krankhcit stellten sich zudem Müdigkeitserscheinungen ein, und da sich Nancy ihres entstellten Äußeren nur allzu bewußt war, zog sie sich von sozialen Kontakten in die Isolation und Depression zurück. Die meiste Zeit verbrachte sie nun im Bett, oder sie versuchte mit Bädern, ihrem Körper Linderung zu verschaffen.

Als sie zu mir kam, hatte sie die Dermatitis seit zwei Jahren. Einen Monat vorher hatte sie einen Homöopathen konsultiert, der ihr einige Mittel gab, die nicht halfen; aber sie wollte immer noch nicht glauben, daß es keine Möglichkeit der Heilung gab. Als ich mir ihre Geschichte anhörte, fiel mir auf, daß sich ihr Leiden erstmals etwa zur gleichen Zeit bemerkbar gemacht hatte, als ihre Kinder aus dem Haus gegangen waren. Seine beruflichen Verpflichtungen ließen ihrem Mann kaum Zeit für ein Familienleben; hinzu kam, daß sie sich generell entwurzelt und isoliert fühlte, da sie erst vor einigen Jahren aus einem anderen Landesteil hierhergezogen waren. Ich versicherte ihr, daß ihr Körper sich selbst heilen könne, wenn man ihm nur die Chance dazu gebe. Ich empfahl ihr eine proteinarme Diät, ohne Milch und Milchprodukte, und eine Ergänzung mit schwarzem Johannisbeeröl; schwarzes Johannisbeeröl ist eine natürliche Quelle der Gamma-Linolensäure, einer seltenen Fettsäure, die nachweislich die Regenerierung der Haut fördert und bei Hautproblemen hilft.[3] Außerdem empfahl ich ihr, aus den Blättern eines Wüstenstrauches, *Larrea divaricata*, Chaparraltee für die äußere Anwendung zuzubereiten und damit sowie mit einer Calendulalotion (Ringelblume), einem weiteren pflanzlichen Produkt, das in Reformhäusern und Bioläden erhältlich ist, die betroffenen Hautstellen zu betupfen. Schließlich verwies ich sie noch an einen Hypnotherapeuten, ein Vorschlag, der sie entsetzte, weil sich jemand »ihrer Seele bemächtigen könne«. Sie hielt sich jedoch an meine anderen Empfehlungen und wurde dabei von ihrem Mann unterstützt. Er kaufte ihr sogar einen kleinen Herd, womit sie ihren stark riechenden Chaparraltee im Freien zubereiten konnte. Die Teezubereitung wurde alsbald ein liebgewonnenes Ritual, und sie empfand den Tee als sehr wohltuend. Nach sechs Wochen zeigten sich erste Verbesserungen, aber zu einem Termin bei dem Hypnotherapeuten hatte sie sich noch immer nicht durchringen können. Es erforderte einige Überredungskünste, um ihren Widerstand zu brechen – doch dann war sie angenehm überrascht. Der Therapeut brachte ihr Entspannungsmethoden bei, die sie jetzt regelmäßig praktiziert. Der Heilungsprozeß beschleunigte sich und schreitet weiter stetig fort; sie konnte inzwischen die Antihistaminika und Steroide absetzen und auch ihr Gesellschaftsleben wiederaufnehmen.

KOMMENTAR. Dermatitis ist eine allergische und psychosomatische Krankheit, gegen die die Schulmedizin nur suppressive Therapien aufzubieten hat. Solange nicht das Gegenteil erwiesen ist, ist bei Hautkrankheiten (und Krankheiten des Magen-Darm-Trakts) von psychischen Ursachen auszugehen, da streßbedingte Ungleichgewichte sich am häufigsten in diesen Systemen niederschlagen. Wird also der psychischen Komponente gebührend Rechnung getragen, kann zusammen mit einer Änderung des Lebensstils und nichttoxischen Mitteln zur Hemmung der Symptome oft erreicht werden, daß der Körper sich selbst heilt und von allen Beschwerden befreit.

Fallbeispiel 5: Kinder, die immer krank sind

Beim sechsjährigen Terry und beim vierjährigen Ryan war es eher die Regel denn die Ausnahme, daß sie Antibiotika nahmen. Ihre frustrierten Eltern brachten sie zu mir in der Hoffnung, ich wüßte einen Ausweg, um den Teufelskreis von fortwährenden Mittelohrentzündungen, Erkältungen und Bronchitis zu durchbrechen. »Wir sind bereit, alles zu versuchen«, sagten sie mir und ließen mich wissen, daß sie ihren Kinderarzt durchaus mochten, aber das Gefühl hatten, daß er sich nur auf eines verstand: Medikamente zu verschreiben. Beide Jungen waren lebhaft, gut entwickelt und offensichtlich gesund, abgesehen von ihrer Anfälligkeit gegenüber Atemwegsbeschwerden und Mittelohrentzündungen. Ich erklärte den Eltern, die häufige Anwendung von Antibiotika könne genau das Problem verschlimmern, das sie eigentlich beheben sollten, indem sie zum einen das Immunsystem schwächten und zugleich dafür sorgten, daß die Bakterienstämme zunehmend virulenter und resistenter wurden. Ich legte ihnen nahe, Antibiotika nur bei sehr schweren Infektionen einzusetzen und auf sie nur zurückzugreifen, wenn andere Mittel versagt hatten. Ich empfahl ihnen, statt dessen versuchsweise Echinacea zu verwenden, ein pflanzliches Mittel mit abwehrsteigernden und antibiotischen Eigenschaften, das aus den Wurzeln einer in Europa wie auch in den USA beheimateten Pflanze, *Echinacea purpurea*, Sonnenhut, gewonnen wird und in Reformhäusern und Bioläden erhältlich ist.[4] Als allgemeine vorbeugende Maßnahme riet ich ihnen, Milch und Milchprodukte vom Speiseplan der Jungen zu streichen, ihnen täglich Vitamin-C-Ergänzungen zu geben und mit ihnen zu einem auf kraniosakrale Manipulationen spezialisierten Osteopathen zu gehen, um etwaige Einschränkungen in der Atmung zu beseitigen. Die Eltern befolgten alle meine Ratschläge, und innerhalb von drei Monaten war das Krankheitsmuster der Kinder durchbrochen. Infektionen sind inzwischen in dieser Familie eine Seltenheit; zu Antibiotika greifen sie nur noch in Ausnahmefällen.

KOMMENTAR. Antibiotika sind wirksame Mittel zur Bekämpfung bestimmter Infektionen; sie sollten jedoch den Fällen vorbehalten bleiben, in denen sie tatsächlich notwendig sind. Von der häufigen Gabe von Antibiotika ist abzuraten. Bei wiederkehrenden oder chronischen Infektionen kommt es vielmehr darauf an, die natürlichen Abwehrkräfte zu steigern. Krankheitserregende Bakterien sind allgegenwärtig, aber mit der Erhöhung unserer Abwehrkräfte und natürlichen Heilungsfähigkeit begrenzen wir die Möglichkeit, daß sie uns schaden können. Für unsere heutige zugespitzte Lage im Umgang mit aggressiven Bakterien müssen die Ärzte einen Großteil der Verantwortung übernehmen; sie haben durch unangemessenes und übermäßiges Verschreiben von Antibiotika diese auf uns zurollende Katastrophe ausgelöst.

Fallbeispiel 6: Heilung einer chronischen Krankheit mittels Änderung des Lebensstils

Als bei Henry D. Diabetes diagnostiziert wurde, war er sechzig. Sein Arzt verordnete ihm ein blutzuckersenkendes Medikament zur oralen Einnahme und legte ihm nahe, Sport zu treiben und abzunehmen. Etwa zur gleichen Zeit stieg Henrys Blutdruck, der sich seit langem im oberen Grenzbereich bewegt hatte, auf Werte, die eine Behandlung erforderlich machten. So verordnete sein Arzt ihm auch noch ein blutdrucksenkendes Mittel. Henry litt bald unter dessen Nebenwirkungen und setzte es wieder ab; aber sein Arzt machte ihm daraufhin solche Angst, als er ihm sagte, ohne dieses Mittel werde Henry wahrscheinlich einen Infarkt bekommen, daß er es dann doch wieder nahm. Die Folge waren ständige Beschwerden. Wenig später las seine Frau, die ebenfalls übergewichtig war und unter Bluthochdruck litt, einen Artikel über ein Zentrum, das Seminare zur Änderung des Lebensstils speziell im Rahmen der Behandlung von Herz- und Gefäßkrankheiten anbot. Im Vordergrund des Programms standen eine sehr fettarme Diät (mit anteilig zehn Prozent Fett an den Gesamtkalorien), körperliche Bewegung, ein Entspannungstraining, Gruppengespräche und Vorträge, die den Teilnehmern helfen sollten, diese programmatischen Änderungen in ihr Leben zu integrieren, wenn sie wieder zu Hause waren. Henry und seine Frau meldeten sich zu einem zehntägigen Seminar an, und es gefiel ihnen. Sie hielten sich, als sie wieder zu Hause waren, fortan an die ernährungsspezifischen Richtlinien des Programms und trieben auch regelmäßig Sport. Henrys Frau nahm schließlich fast zwanzig Pfund ab, Henry fast dreißig. Beide erlebten, wie ihr Blutdruck ohne Medikamente wieder auf normale Werte fiel und wie auch Henrys Diabetes verschwand. Sie fühlen sich heute wesentlich besser, sagen sie; und beide haben heute mehr Energie und größeres Vertrauen in das eigene Heilungspotential.

KOMMENTAR. Eine Änderung des Lebensstils ist eine bewährte Methode, um einer ganzen Reihe weitverbreiteter und schwerer chronischer Krankheiten beizukommen, einschließlich Bluthochdruck, nicht insulinpflichtigen Diabetes und Herzkranzarterienerkrankungen. Die einzige Voraussetzung ist die Motivation der Patienten.

Fallbeispiel 7: Magenschmerzen

Ben K., ein achtunddreißigjähriger Umweltberater, litt seit mehreren Jahren an chronischen Schmerzen und Beschwerden im oberen Magen-Darm-Bereich. Die Beschwerden zwangen ihn schließlich, Hilfe bei einem praktischen Arzt zu suchen, der ihm Antibiotika und ein starkes säurehemmendes Mittel verschrieb. Nach Meinung des Arztes lag bei Ben wahrscheinlich eine bakterielle Infektion durch *Helicobacter pylori* vor, jene Bakterien, die heute vielfach als Ursache von Magengeschwüren und Gastritis angesehen werden – daher die Antibiotika. Irgendwelche Ratschläge zur Änderung seines Lebensstils oder seiner Ernährung gab er ihm nicht. Von sich aus verzichtete Ben fortan auf Kaffee, den er bis dahin regelmäßig getrunken hatte, und fing auch an, regelmäßig Entspannungsübungen zu machen. Als er nach dreiwöchiger Behandlung zu mir kam, hatten die Schmerzen nachgelassen, waren aber noch nicht ganz verschwunden. Ich empfahl ihm, das säurehemmende Medikament abzusetzen und es durch ein Süßholzextrakt zu ersetzen, sogenanntes glycyrrhinsäurefreies Süßholz, das die Magenschleimhaut stärkt und damit resistenter gegenüber Säure macht. (Bei glycyrrhinsäurefreiem Süßholz handelt es sich um ein Extrakt aus der Süßholzwurzel, *Glycyrrhiza glabra*, bei dem Glycyrrhinsäure als Inhaltsstoff entfernt wurde, die eine Natriumretention sowie eine Erhöhung des Blutdrucks bewirken kann.) Ich ermutigte ihn, ganz auf Koffein zu verzichten, und legte ihm nahe, regelmäßig die Entspannungsatemübung zu machen. Einen Monat später war er frei von Schmerzen.

KOMMENTAR. Der Arzt verschrieb Antibiotika, ohne auch nur untersucht zu haben, ob tatsächlich eine *Helicobacter*-Infektion vorlag. Ein Antigentest ist bei diesen Bakterien sehr einfach und sollte bei anhaltenden Schmerzen im oberen Magen-Darm-Bereich immer durchgeführt werden. Sofern der Test positiv ausfällt, ist eine Gabe von Antibiotika über einen bestimmten Zeitraum (zwei verschiedene Medikamente) plus eine Gabe von Wismutsalzen unbedingt angezeigt. Im vorliegenden Fall verschrieb der Arzt jedoch weder die richtigen Antibiotika noch die Wismutsalze. Von glycyrrhinsäurefreiem Süßholz wußte er natürlich nichts, da nur wenige Schulmediziner mit pflanzlichen Mitteln vertraut sind. In diesem Fall wären eine selektive allopathische Diagnose und Behandlung in Kombination mit einer alternativen Behandlung im besten Interesse des Patienten gewesen.

Fallbeispiel 8: Herzrhythmusstörungen

Marjorie O., eine zweiundsechzigjährige Witwe, litt unter Herzrhythmusstörungen: im Wechsel häufig »ausgefallener Herzschläge« und Phasen von Herzrasen. Ihr Internist untersuchte sie und machte ein EKG, das ein Kammerflimmern zeigte, eine weitverbreitete und in der Regel schwach ausgeprägte Rhythmusstörung, die von den Betroffenen als ausgefallene Herzschläge wahrgenommen wird. Er empfahl ihr ein Antiarrhythmikum, das sie jedoch aus Angst vor schädlichen Nebenwirkungen ablehnte. Als sie zu mir kam, konnte ich ihr bescheinigen, daß sie sich gesund ernährte und sich ausreichend körperlich bewegte. Ich empfahl ihr zusätzlich, auf Koffein zu verzichten, zweimal täglich die Entspannungsatemübung zu machen und eine Magnesiumergänzung zu nehmen, da Magnesium das Herzmuskelgewebe stabilisiert. Mit diesem Programm verschwanden ihre Herzrhythmusstörungen und kamen nicht mehr wieder.

KOMMENTAR. Daß und wie Marjorie die Schulmedizin in Anspruch nahm, um ernste Herzbeschwerden auszuschließen, war angemessen, ebenso, daß sie sich weigerte, ein starkes Medikament zu nehmen, ehe sie nicht unbedenklichere Alternativen ausprobiert hatte.

Fallbeispiel 9: *Colitis ulcerosa* und die chinesische Medizin

Bei Susan K. wurde *Colitis ulcerosa* diagnostiziert, als sie Mitte Zwanzig war: eine rezidivierende Krankheit, die auch bei ihr im Wechsel zwischen Abheilung und Wiederauftreten verlaufen war. Aber inzwischen, mit fünfunddreißig, brauchte Susan sehr viele suppressive Medikamente, einschließlich Prednison, um die Symptome unter Kontrolle zu halten. Sie hatte häufige Schübe mit Magenschmerzen und Durchfall, und nach Aussage ihres Arztes blieb, wenn sich der Zustand verschlimmerte, nur der Weg einer Operation zur Entfernung des entzündeten Darmabschnittes. Susan haßte ihre Abhängigkeit von Ärzten und Medikamenten zwar, sie hatte aber bisher keine andere Behandlungsmöglichkeit gefunden. Sie hatte eine Psychotherapie hinter sich, Biofeedback und verschiedene Formen von Entspannungstraining, und sie glaubte, alle möglichen psychischen/emotionalen Wurzeln ihrer Krankheit erforscht zu haben, ohne auf praktische Lösungen gestoßen zu sein. Ich brachte ihr die Entspannungsatemübung bei und spornte sie an, weiter zu forschen. Während einer Reise erlitt sie einen schweren Anfall mit so starken Symptomen, daß sie fürchtete, sich in ein Krankenhaus einweisen lassen zu müssen. Per Zufall fand sie jedoch einen chinesischen Arzt, der die traditionelle chinesische Medizin praktizierte. Er verordnete ihr Reisschleimsuppe als einziges Nahrungsmittel während der Krise, erklärte ihr, wie sie zuzubereiten war, und behandelte sie darüber hinaus mit Akupunktur und Kräutertees. Nach wenigen Tagen klangen die Symptome ab, ohne daß eine allopathische Intervention notwendig geworden war. Mit fortgesetzter Akupunktur und Kräuterteebehandlung bildete sich die Colitis schließlich zurück, und Susan konnte die meisten suppressiven Medikamente absetzen.

KOMMENTAR. Bei *Colitis ulcerosa* (wie auch bei der verwandten Crohn-Krankheit) handelt es sich um ein komplexes Leiden mit genetischen, autoimmunen und psychosomatischen Komponenten. Suppressiva sind oft in Phasen akuter Verschlimmerung der Symptome erforderlich, aber niemals heilend in ihrer Wirkung. Demgegenüber kommt die traditionelle chinesische Medizin mittels ihrer einzigartigen Therapien, die mit wesentlich weniger Risiken verbunden und weitaus billiger sind, mit Krankheiten dieser Art besser zurecht.

Fallbeispiel 10: Asthma und die ayurvedische Medizin

Michael B., ein siebenundzwanzigjähriger Universitätsstudent, lebte seit Jahren mit allergischem Asthma, das er mit einer Vielzahl von Medikamenten nur unzulänglich unter Kontrolle halten konnte. Er verwendete einen Bronchodilatator-Inhalator, einen Steroid-Inhalator und nahm oral Theophyllin, ein weiteres bronchienerweiterndes Mittel; erst vor kurzem hatte er mehrere Injektionszyklen zwecks Desensibilisierung gegenüber einigen Allergenen bekommen, auf die er besonders überempfindlich reagierte. Trotz alledem traten seine Asthmaanfälle zunehmend häufiger auf und zwangen ihn, sich in seinen Aktivitäten einzuschränken. Als ich ihn zum erstenmal sah, war er gerade umgezogen, da er den Auslegeteppich in seiner alten Wohnung als Problem empfunden hatte; inzwischen konnte er seinen Sport wegen Asthma nur noch begrenzt treiben. Michael ernährte sich gesund, nahm Vitaminergänzungen und hatte eine Reihe alternativer Behandlungsmethoden ausprobiert, einschließlich Homöopathie, Umstellungen in der Ernährung sowie Verwendung von Heilpflanzen. Nichts hatte ihm nennenswerte Verbesserungen gebracht. Er sorgte sich wegen der zunehmenden Abhängigkeit von den Medikamenten und fürchtete, bald den Punkt erreicht zu haben, an dem er mit Prednison in der oralen Anwendung würde anfangen müssen, was er um jeden Preis vermeiden wollte.

Ich empfahl ihm weitere Ernährungsumstellungen, riet ihm zum Kauf eines Luftreinigers für sein Schlafzimmer und bat ihn, ein pflanzliches Mittel, Quercetin, zu nehmen, das allergische Empfindlichkeiten reduziert.[5] Des weiteren verwies ich ihn an einen Osteopathen, der die Einschränkungen im Brustbereich lösen sollte. Diese Maßnahmen brachten eine gewisse Linderung. Später rief Michael mich an, um mir zu erzählen, er habe einen Praktiker der ayurvedischen Medizin in New Mexico konsultiert, mit phantastischen Ergebnissen. Bei Ayurveda, der traditionellen indischen Heilmethode, wird zwischen individuell verschiedenen Körpertypen unterschieden, auf die jeweils unterschiedliche Behandlungen mit diätetischen Maßnahmen und Heilpflanzen zugeschnitten sind. Der Ayurveda-Therapeut hatte Michael neben verschiedenen pflanzlichen Mitteln und genauen Anweisungen für ein Entgiftungsprogramm eine Liste mit den Nahrungsmitteln gegeben, die er essen sollte, und eine weitere mit den Produkten, die er zu meiden hatte. Nachdem er sich zwei Monate an das Programm gehalten hatte, klang sein Asthma so weit ab, daß er seine Medikation weitgehend absetzen konnte. Seinen Bronchodilatator-Inhalator verwendet er heute nur noch gelegentlich, hauptsächlich vor sportlichen Aktivitäten, und er meint, daß viele Allergene, auf die er vorher empfindlich reagierte, ihm heute keine Probleme mehr machen. Das ist das erstemal in seinem Erwachsenenleben, daß er über lange Perioden hinweg frei von Atemnot ist.

KOMMENTAR. Bei Bronchialasthma haben wir es nicht mit einer, sondern mit mehreren Krankheiten zu tun. Manche Formen sprechen besser als andere auf Behandlungen an. Die herkömmlichen allopathischen Mittel sind toxisch und suchterzeugend; dennoch ist es oft nicht möglich, auf sie zu verzichten. Bemerkenswert bei Asthma ist das beachtlich große Potential für Spontanheilungen, insbesondere wenn den Beschwerden mit einer einschneidenden Änderung des Lebensstils oder mit alternativen medizinischen Methoden zu Leibe gerückt wird. Im Zweifel lohnt es sich, den ayurvedischen Ansatz mit seiner Schwerpunktsetzung auf die jeweils personentypische richtige Ernährung und seinem reichen Fundus an Heilpflanzen auszuprobieren, sofern Sie an einer hartnäckigen chronischen Krankheit leiden, die die Schulmedizin nicht zu heilen vermag.

Fallbeispiel 11: HIV-infiziert – ein Langzeitinfizierter

Mark M. weiß genau, wann und bei wem er sich mit dem AIDS-Virus infizierte: 1983 bei einem männlichen Sexualpartner, der vorige Partner dieses Mannes starb kurz danach. Einen Monat nach diesem Kontakt wurde Mark von einem Hautausschlag befallen und erkrankte an einer rätselhaften Lungenentzündung, deren Ursache nie geklärt werden konnte. Nach drei Monaten erholte er sich von seiner schweren Erkrankung und ist seither gesund. Ein 1985 durchgeführter HIV-Test fiel positiv aus. Seine Helfer-T-Zellen-Werte lagen in jener Zeit bei über 1000. (Die Helfer-T-Zellen werden von dem HIV-Virus angegriffen; ein sinkender Spiegel ist gleichbedeutend mit einer erhöhten Anfälligkeit gegenüber opportunistischen Infektionen.) 1989 waren seine T-Zellen-Werte bis auf 700 gefallen.

Seit seiner Genesung von der Lungenentzündung lebt Mark sehr gesundheitsbewußt, insbesondere was seine Ernährung angeht. Er ißt jede Menge rohen Knoblauch – eine Knolle am Tag, die er sich zehenweise kleingeschnitten ins Essen mischt –, da er von den heilsamen Wirkungen des Knoblauchs auf das Immunsystem gelesen hat. Darüber hinaus ißt er sehr viel scharfen Chilipfeffer und kauft nur Produkte aus biologisch-dynamischem Anbau; nur gelegentlich verzehrt er Fleisch und Huhn, dagegen beachtliche Mengen an Obst, Fruchtsäften und Gemüse. Er nimmt Vitaminergänzungen, trinkt gefiltertes Wasser, geht spazieren, schwimmt und arbeitet regelmäßig im Garten. Er lebt in einer monogamen Beziehung, ist als Leiter in einer Beratungsstelle für HIV-Infizierte beschäftigt und schafft Kunstobjekte, die er bei Heilungsritualen verwendet. 1991 waren Marks T-Zellen-Werte bis auf 1300 gestiegen, und sie lagen bei der letzten Untersuchung 1994 immer noch bei 1300 und damit im Normalbereich.

»Bei der ersten Diagnose gaben mir die Ärzte nur noch sechs bis achtzehn Monate«, erzählte mir Mark bei seinem ersten Besuch. »Ich kann Ihnen nicht sagen, wie viele Ärzte mir seit 1985 die ›Kurve‹ gezeigt haben – jene Graphik, die zeigt, wie viele Personen prozentual pro Jahr nach der Infizierung AIDS entwickeln. Sie versuchen mir alle zu sagen, daß ich irgendwo auch dabei bin, auf dem sicheren Weg in den Tod – und genau das ist es, was die westliche Medizin in Wirklichkeit an Krankheiten so fasziniert. Hier bin ich, mit normalen T-Zellen-Werten, bei guter Gesundheit, und sie haben die Unverfrorenheit, mir zu sagen, daß ich als Todeskandidat in dieser Kurve bin. Wenn ich heute zu Ärzten gehe, sage ich ihnen von vornherein: ›Ich möchte von Ihrer Kurve nichts hören. Untersuchen Sie mich nur, beantworten Sie meine Fragen, und behalten Sie Ihre Meinung für sich!‹ Sie haben auch versucht, mich zur Einnahme von AZT (Azidothymidin, das bei HIV derzeit üblicherweise verabreichte Virostatikum) zu überreden, aber alle Leute, die ich kannte und die es genommen hatten, sind tot, und so habe ich mich geweigert. Nicht ein einziger dieser Ärzte war daran interessiert zu hören, was ich mache, um gesund zu bleiben. Sie klopfen mir auf die Schulter und sagen: ›Was immer Sie machen, machen Sie es weiter!‹

Ich bin inzwischen soweit, daß ich dem medizinischen System nicht mehr alles abkaufe; ich habe die Bereitschaft entwickelt, die Kontrolle darüber, was HIV-bedingt mit mir geschieht, selbst zu übernehmen. Und ich setze alles daran, um Ängste abzuwehren. Ich mache jeden Tag Visualisierungen, um Ängste zu neutralisieren; im Prinzip bin ich damit seit meiner Krankheit vertraut, da ich in einer entsetzlichen Familie aufgewachsen bin und Inzest sowie jeder Menge verbaler Verletzungen und körperlicher Mißhandlungen ausgesetzt war. Jeden Tag kann etwas Neues auftauchen – wie etwa kürzlich ein komisches Mal auf meinem Arm. Ich habe mir dann bildlich vorgestellt, wie es verschwindet, und es verschwand. Es war nichts. Ich bin auch in psychotherapeutischer Behandlung, sieben Jahre schon, um meine Mitte nicht zu verlieren. Bei meiner Arbeit trete ich als gesundes Rollenmodell für alle neuen HIV-Infizierten auf. Ich berate sie und gebe erst viel später preis, daß ich HIV-positiv bin. Viele von ihnen glauben, wenn sie zu mir kommen, sie würden innerhalb von zwei Jahren sterben, und das ist vor allem das Ergebnis ihres Umgangs mit Ärzten. Ich bin da, um ihnen zu zeigen, daß das nicht so sein muß.«

Ich mußte Mark nicht viel sagen und wies ihn lediglich auf einige chinesische pflanzliche Tonika hin, die bei HIV im Sinne der Stabilisierung vielversprechend erscheinen.

KOMMENTAR. Vor dem Hintergrund einer lebensbedrohlichen Krankheit, für die die Schulmedizin keine wirksame Behandlung weiß, erscheint es mir geboten, zwar die notwendigen Dienstleistungen der Ärzte in Anspruch zu nehmen (wie die Überwachung der T-Zellen-Werte), sich aber von ihrem Pessimismus nicht anstekken zu lassen. Zu den interessantesten und ermutigendsten Merkmalen der HIV-Infektion gehört die inzwischen erkennbar gewordene Tendenz zu einer langen Latenzphase, ehe die Immunität geschwächt wird. Die konventionelle Therapie baut auf chemische Waffen gegen das Virus, aber alle diese Medikamente sind toxisch und können Virusvarianten selektieren, die weniger geneigt sind, mit ihren menschlichen Wirten im Gleichgewicht zu leben. HIV-infizierten Langzeitüberlebenden wie Mark wurde seitens der Ärzte über viele Jahre hinweg keinerlei Beachtung geschenkt. Inzwischen sind jedoch genügend Fälle bekanntgeworden, so daß nun auch die Wissenschaft beginnt, sie zu untersuchen. Eine Möglichkeit ist natürlich, daß die Betreffenden mit weniger virulenten Virusvarianten infiziert sind und eine Immunität dagegen entwickelt haben (was dann wiederum den Wissenschaftlern bei der Entwicklung eines wirksamen Impfstoffes helfen könnte). Fest steht aber auch, daß viele Langzeitüberlebende sich auf einen gesunden Lebensstil und auf Therapien zur Förderung des Heilungssystems stützen, wie etwa chinesische pflanzliche Heilmittel. Sofern die Latenzphase der HIV-Infektion auf fünfundzwanzig oder dreißig Jahre erweitert werden könnte, wäre denjenigen, die mit dem Virus leben, unter Umständen ein relativ normales Leben möglich. (Gleichwohl bliebe natürlich, daß sie andere infizieren könnten.)

Diese Fallbeispiele zeigen, inwieweit richtige Entscheidungen bei der Frage der Behandlung – insbesondere, ob und inwieweit die Schulmedizin genutzt wird – es dem Heilungssystem ermöglichen, einer Vielzahl schwerer Krankheiten und gesundheitlicher Beschwerden Herr zu werden. Sofern Sie die richtige Einstellung zum vorherrschenden konventionellen System gefunden haben, wird Ihre nächste Aufgabe darin bestehen, eine kluge Entscheidung bei der Wahl der inzwischen breitgefächerten alternativen Therapien zu treffen.

— 16 —

Alternative Behandlungsmethoden

Wenn Sie sich aus der Welt der Standardmedizin hinauswagen, um nach alternativen Therapien zu suchen, ist dies ein Bereich, wo es natürlich noch wichtiger ist, als Verbraucher informiert zu sein. Das Spektrum alternativer Heilpraktiken reicht von fundierten Ansätzen, die sich auf lange Traditionen stützen, bis zu schlichtweg absurden und unsinnigen Angeboten. Allgemein gilt, daß alternative Behandlungsmethoden weniger risikoreich sind als allopathische Medikamente und Operationen; sie können aber auch teuer und nichts weiter als Zeit- und Energieverschwendung sein. Mit der Geschichte und Theorie der wesentlichsten Ansätze der alternativen Medizin habe ich mich an anderer Stelle eingehend befaßt,[1] so daß ich mich hier auf eine kurze Zusammenfassung und Erläuterung einiger gängiger Behandlungsmethoden beschränken möchte. Hinweise, wo Sie diese Praktiker im einzelnen finden, finden Sie im Anhang dieses Buches.

Akupunktur

Das Einführen von Nadeln an bestimmten Punkten des Körpers ist ein einzigartiger therapeutischer Ansatz der traditionellen chinesischen Medizin (TCM); westliche Ärzte haben diese Technik aus dem Gesamtzusammenhang herausgelöst und nutzen sie weitgehend zur Behandlung akuter und chronischer Schmerzen. Als Methode zur Behandlung symptomatischer Schmerzen hat die

Akupunktur den Vorteil, daß sie frei von den Nebenwirkungen schmerzstillender Medikamente ist; allerdings verschafft sie in der Regel nur vorübergehend Linderung, so daß häufige Besuche beim Therapeuten notwendig sind. Ich habe erlebt, daß die Akupunktur bei akuten Nebenhöhlenentzündungen die Schmerzen, Schwellungen und den Druck lindern und ebenso die Heilung von Gelenkverletzungen beschleunigen konnte. Manche Zahnärzte nutzen sie als Form der Betäubung bei ihren Behandlungen, Bohren und Extraktion von Zähnen eingeschlossen. Eine weitere interessante Anwendung finden wir in der Suchttherapie: Die Nadelung bestimmter Punkte am Ohr hat manchen geholfen, mit dem Rauchen aufzuhören, auf Heroin und Kokain zu verzichten und suchtartiges Eßverhalten zu mäßigen. Schmerzlinderung und Verhaltensveränderungen sind aber nicht vorrangig das Ziel der TCM-Akupunktur, vielmehr gilt es, Einfluß auf den Energiefluß im Körper zu nehmen.

Ayurvedische Medizin

Ayurveda, eine der ältesten medizinischen Heilmethoden der Welt, hat sich erst in den letzten Jahren im Westen durchgesetzt. Ayurveda-Ärzte erstellen ihre Diagnosen, indem sie ihre Patienten beobachten, sie befragen, sie berühren und ihren Puls messen. Auf der Grundlage des hieraus gewonnenen Kenntnisstandes kann der Ayurveda-Arzt die Patienten sodann einer der drei Hauptkategorien, den sogenannten Doshas, und entsprechend ihrer Grundbefindlichkeit und ihres Charakters verschiedenen Unterkategorien zuordnen, da Ayurveda auf dem Prinzip der Unterscheidung zwischen einzelnen Personentypen aufbaut. Diese Zuordnung bestimmt sodann die individuell verordneten Maßgaben zur Ernährung sowie die Auswahl der Heilmittel. Bei diesen Heilmitteln handelt es sich vor allem um pflanzliche Mittel, die aus dem großen botanischen Reichtum des indischen Subkontinents gewonnen werden; die ayurvedische Medizin kennt jedoch auch tierische sowie mineralische Produkte und sogar pulverisierte Edelsteine. Wichtige Elemente sind ferner Dampfbäder und Ölmassagen.

Die ayurvedischen Heilpflanzen sind außerhalb Indiens zwar wenig bekannt, und nur wenige wurden auf ihre Wirksamkeit nach modernen wissenschaftlichen Methoden untersucht; gleichwohl gibt es Grund zu der Annahme, daß viele von großem therapeutischen Nutzen sind. So hat sich zum Beispiel gezeigt, daß Guggul, *Commiphora mukul*, eine Pflanze, die traditionell zur Kontrolle von Fettleibigkeit angewandt wird, den Cholesterinspiegel senken kann, und zwar ähnlich wie pharmazeutische Medikamente, nur mit erheblich weniger Risiken.[2] Ein Guggulextrakt, sogenanntes Guggulipid, ist bereits zum Teil in Reformhäusern und Bioläden erhältlich. Ein anderes ayurvedisches Präparat, Triphala, ist der beste mir bekannte Darmregulator, den westlichen pflanzlichen Mitteln, die bei Verstopfung verabreicht werden, weit überlegen. Es handelt sich dabei um ein Kombinationspräparat aus drei Früchten, das in Kapselform bereits vielfach in Reformhäusern und Bioläden erhältlich ist.

Es ist nicht ganz einfach, einen guten Ayurveda-Arzt zu finden. Viele Praktiker im Westen sind Mitglied der internationalen religiösen Organisation von Maharishi Mahesh Yogi, einem in der Schweiz ansässigen Milliardär, dessen Ayurveda-Propaganda eindeutig mit profitträchtigen Ambitionen verbunden ist. (In Indien ist Ayurveda die Medizin des Volkes, eine billige Alternative zur allopathischen Behandlung. Maharishi-Ayurveda ist jedoch alles andere als billig.) Die dahinterstehende Gruppe bietet Ausbildungsprogramme für Ärzte an, wonach ihnen dann – nach einer äußerst dürftigen Beschäftigung mit der ayurvedischen Theorie und ihren Methoden – per Zertifikat der Status als ayurvedischer Arzt bescheinigt wird. Ich empfehle, nach Ärzten zu suchen, die unabhängig von dieser Organisation sind. Eine Möglichkeit der Absicherung ist zum Beispiel, sich entsprechend in indischen Kreisen oder sogar in indischen Restaurants und Geschäften zu erkundigen.

Biofeedback

Biofeedback ist eine Entspannungstechnik, bei der mittels elektronischer Geräte körperliche Reaktionen aufgezeichnet und als akustische oder optische Signale bewußt wahrnehmbar gemacht werden. Biofeedback wird von ausgebildeten Therapeuten angeboten, von denen viele klinische Psychologen sind. Bei der herkömmlichen Form, dem sogenannten Temperatur- oder Wärmefeedback, lernen Patienten, die Temperatur in ihren Händen zu erhöhen, was eine Entspannung des ganzen sympathischen Nervensystems zur Folge hat, dem die Kontrolle vieler autonomer Funktionen obliegt. Das Biofeedback-Training macht vielen ausgesprochenen Spaß, und fast jeder hat damit Erfolg. Es ist besonders hilfreich zur Heilung des Raynaud-Syndroms (siehe Seite 32), zur Heilung von Migräne, Bluthochdruck, Bruxismus (unkontrolliertem Zähneknirschen, vor allem während des Schlafes), dem Temporo-Mandibula-Gelenk-Syndrom und anderen Beschwerden, bei denen Streß eine herausragende Rolle spielt. Das Elektroenzephalographie-(EEG-)Biofeedback, das auf Beobachtung erhöhter Alpha-Gehirnwellen beruht, erfordert eine kompliziertere Technologie; es kann für Personen mit Anfallsleiden, Narkolepsie und anderen Störungen des Zentralnervensystems hilfreich sein.

Es ist kein Problem, über ein Adressenverzeichnis Biofeedback-Therapeuten zu finden, aber nur wenige entwickeln über die rein mechanische Handhabung hinaus Kreativität. Ein typisches Trainingsprogramm umfaßt zehn einstündige Sitzungen, dazu tägliche selbständige häusliche Übungen. Über das Biofeedback lernen Sie, die mit innerer Entspannung verbundenen Gefühle zu erkennen und wahrzunehmen. Anschließend ist es dann an Ihnen, diese Gefühle wieder zu erzeugen und zum festen Bestandteil Ihres Lebens zu machen.

Körperarbeit

Zusätzlich zur Massagetherapie, die ich zur Streßreduzierung oft verschreibe, empfehle ich häufig auch bestimmte Formen der Körperarbeit. Dabei bevorzuge ich vor allem vier Methoden: die Feldenkrais-Methode, das Rolfing, Shiatsu und die Trager-Massage.

Die *Feldenkrais-Methode* ist ein Ansatz, der mit Körperbewegungen, Bodenübungen und Körperarbeit über einen optimalen Bewegungsablauf auf eine Beeinflussung des Zentralnervensystems abzielt, um es dazu zu erziehen, blockierte oder geschädigte Regionen zu umgehen und neue Wege zu einem reibungslosen Ablauf zu finden. Die Feldenkrais-Methode ist innovativ, sanft und oft verblüffend wirksam bei der Rehabilitation von Patienten, die eine Verletzung, einen Schlaganfall oder eine andere schwere Lähmung erlitten haben. Ich finde die Feldenkrais-Methode wesentlich nützlicher als die herkömmliche Körpertherapie.

Rolfing, eine intensivere Form der Körperarbeit, zielt mittels Tiefenmassage auf die Lösung von Spannungen im Bindegewebe (Faszien) und damit auf eine Verbesserung der Skelettmuskulatur und Körperstruktur insgesamt ab. Der Rolfer bearbeitet in der Therapie verschiedene Körperpartien mit festem Druck, was schmerzhaft sein kann. Eine Rolfing-Behandlung umfaßt in der Regel eine Einheit von zehn Sitzungen, bei denen der Körper systematisch – bei jeder Sitzung jeweils schwerpunktmäßig ein anderer Körperbereich – behandelt wird. Rolfing kann sowohl unterdrückte Emotionen freisetzen als auch gewöhnliche Muskelverspannungen lösen.

Shiatsu, eine traditionelle Heilkunst aus Japan, erstrebt mit festem Fingerdruck auf bestimmte Körperpunkte eine Steigerung des vitalen Energieflusses. Bei der Behandlung liegt der Klient auf dem Boden, während der Therapeut seitlich neben ihm sitzt. Die japanischen Praktiker üben einen sehr festen Druck aus, der deutlich über die Grenzen dessen hinausgeht, was von vielen im Westen noch als angenehm empfunden wird; es lohnt sich jedoch, diesen Druck auszuhalten, da Shiatsu bemerkenswert effektiv bei der Lösung von Muskelspannungen und Revitalisierung des Körpers sein kann. Westliche Praktiker arbeiten im allgemeinen mit einem leichteren Druck.

Die *Trager-Massage* gehört zu den sanftesten Formen der Körperarbeit; dabei wird mit leichten wiegenden und federnden Massagebewegungen ein Zustand tiefer angenehmer Entspannung herbeigeführt. Darüber hinaus kann die Trager-Massage auch die Verbindungen zwischen Nervensystem und Muskeln anregen und somit eine hilfreiche Rehabilitationsmethode bei traumatischen Verletzungen, Lähmungen und Behinderungen, den Folgen einer Polioinfektion (Kinderlähmung) und anderen chronischen neuromuskulären Störungen sein.

Chinesische Medizin (TCM)

Bei der traditionellen chinesischen Medizin handelt es sich um ein umfassendes Diagnose- und Behandlungssystem, das sich inzwischen weltweit durchgesetzt hat. In unseren Breiten wird sie von chinesischen Immigranten und westlichen Ärzten praktiziert, die in China oder den zahlreichen Schulen in anderen Ländern ausgebildet wurden. Die Diagnose baut auf der Krankengeschichte des Patienten sowie auf Beobachtung des Körpers (insbesondere der Zunge), des Herzschlages sowie der Pulsdiagnose auf, ein kompliziertes Verfahren, das ein erhebliches Maß an Fertigkeiten und Erfahrungen voraussetzt. Zu den üblichen Behandlungsmethoden gehören Umstellungen in der Ernährung, Massagen, Heilkräutertees sowie andere vornehmlich aus Kräutern und mitunter auch tierischen Ingredienzen hergestellte Präparate sowie Akupunktur. Die offizielle Liste pflanzlicher Heilmittel ist ebenso lang wie breit gefächert; viele der Pflanzen werden derzeit von westlichen Pharmakologen wissenschaftlich geprüft. Einer ganzen Reihe chinesischer Heilmittel muß, wie es scheint, ein erheblicher therapeutischer Wert bescheinigt werden; einige wirken bei Krankheiten, denen die westliche Medizin machtlos, ohne pharmazeutische Medikamente, gegenübersteht.

Nach meiner Erfahrung lohnt sich bei einer Vielzahl von Krankheiten der Versuch mit der chinesischen Medizin: bei allergischen, Autoimmun-, Infektions- und chronischen Degenerationskrankheiten, einschließlich Asthma, *Colitis ulcerosa*, Crohn-Krankheit, chronischer Bronchitis, chronischer Sinusitis, Osteoarthritis, dem chronischen Müdigkeitssyndrom, HIV-Infektion sowie anderen Immunschwächen, sexuellen Funktionsstörungen sowie Libidoverlust und allgemeiner Kraftlosigkeit.

Chiropraktik

Die Chiropraktik hat, seit sie vor einem Jahrhundert aufkam, einen langen Weg hinter sich. Die heutigen Chiropraktiker verfügen über eine wissenschaftliche Grundausbildung und neigen wohl kaum noch zu der Behauptung, allein mit dem Einrichten (Adjustieren) von Wirbeln könnten Krebs, Diabetes und jede andere schwere Krankheit geheilt werden. Was ich kritisiere, ist, daß Chiropraktiker nach meiner Erfahrung noch immer viel zuviel röntgen und ihre Patienten in der Regel langwierigen und kostspieligen Behandlungen unterziehen. Manche gehen ein- oder zweimal zu ihrem Chiropraktiker, um sich, ob sie nun Beschwerden haben oder nicht, einfach adjustieren zu lassen. Eine chiropraktische Behandlung kann in Fällen akuter Skelettmuskulaturschmerzen, Spannungskopfschmerzen und bei der Genesung von Traumata hilfreich sein; bei chronischen Schmerzsyndromen ist sie nur bedingt wirksam.

Geleitete Imaginations- und Visualisierungstherapie

Mehrfach in diesem Buch habe ich meine Begeisterung für diese Methoden im Sinne eines ganzheitlichen Umgangs mit Krankheiten zum Ausdruck gebracht (siehe Seite 137 ff. und Seite 279 ff.). So möchte ich mich hier darauf beschränken, nochmals festzustellen, daß sich kein Krankheitsprozeß den Einflußnahmemöglichkeiten dieser Therapien entzieht; ratsam ist es, zumindest am Anfang mit einem ausgebildeten Therapeuten zu arbeiten, um sicherzustellen, daß Sie später korrekt vorgehen. Geleitete Imagination und Visualisierung können die Wirksamkeit anderer Behandlungen, einschließlich allopathischer Medikationen und Operationen, fördern. Unbedingt versuchen sollten Sie diese Methoden bei allen Autoimmunkrankheiten sowie bei jeder Krankheit, bei der der Heilungsprozeß blockiert oder zum Stillstand gekommen zu sein scheint.

Heilkräutermedizin

Als botanisch geschulter Arzt empfehle ich Heilkräuter bei einer Vielzahl von Krankheiten. Leider haben nur wenige Schulmediziner Kenntnisse und Erfahrungen auf diesem Gebiet. Unter den Praktikern der ayurvedischen Medizin, der traditionellen chinesischen Medizin sowie in den Reihen der Naturheilpraktiker ist dieses Wissen schon eher zu finden. Darüber hinaus gibt es auch professionelle Heilkräuterkundige, die keine formale medizinische Ausbildung in irgendeinem Bereich haben, sondern ihr Wissen entweder autodidaktisch oder mit Hilfe von erfahrenen Lehrern erworben haben.

Zur gebotenen Umsicht beim Kauf von Heilkräutern aus dem breitgefächerten Angebot in Reformhäusern und Bioläden gehört, daß Sie verläßliche Produkte und Präparate wählen. Zu empfehlen sind Tinkturen (alkoholische Extrakte), gefriergetrocknete Extrakte sowie standardisierte Extrakte. Heilkräuter sind in der Regel milder als chemische Medikamente und langsamer in ihrer Wirkung; außerdem ist bei ihnen die Wahrscheinlichkeit toxischer Nebenwirkungen wesentlich geringer, da es sich hierbei um verdünnte und nicht um konzentrierte Formen von Arzneien handelt.

Ganzheitliche Medizin

Ganzheitliche Ärzte gehen von dem Prinzip aus, daß der Mensch mehr als nur sein Leib ist und daß eine gute Medizin das ganze Spektrum der verfügbaren Behandlungsmethoden und nicht nur die medikamentösen und chirurgischen Mittel der konventionellen Medizin einbeziehen sollte. Ganzheitliche Ärzte stützen sich zwar auf eine gemeinsame Theorie, in der ärztlichen Praxis kann jedoch kaum von einheitlichen Methoden gesprochen werden; ebensowenig gibt es irgendeine Gewähr, daß ein Arzt gut ist, nur weil er Mitglied einer ganzheitlichen medizinischen Vereinigung ist.

Homöopathie

Die homöopathische Medizin, die sich bei der Diagnose und Behandlung auf die Verwendung aus natürlichen Substanzen hergestellter und stark verdünnter Heilmittel stützt, hat eine zweihundertjährige Geschichte und erfreut sich gerade heute neuer Beliebtheit. Ihr Hauptvorzug ist, daß sie verständlicherweise nicht schaden kann, da die verabreichten Arzneien so stark verdünnt sind. Nach Auffassung der Homöopathen nehmen diese verdünnten Substanzen Einfluß auf das Energiefeld des Körpers und fördern damit natürliche Heilungen; Kritiker behaupten, homöopathische Mittel seien nichts weiter als Placebos.

Wer heute eine homöopathische Behandlung sucht, sieht sich mit einigen Schwierigkeiten konfrontiert, da die Homöopathie inzwischen in so vielen verschiedenen Formen und von Personen mit unterschiedlichster Ausbildung praktiziert wird. Die klassische Homöopathie – wie sie von dem Begründer dieses Systems gelehrt wurde – beschränkt sich auf die Gabe einer bestimmten Dosis eines Heilmittels, das auf der Grundlage des Kenntnisstandes ausgewählt wurde, der während eines ausführlichen Vorgesprächs mit dem Patienten gewonnen wurde. Die nichtklassische Homöopathie verschreibt dagegen mehrere oder regelmäßig zu verabreichende Dosen von Mitteln, bei denen verschiedene Arzneien miteinander kombiniert werden. Bei homöopathischen Praktikern kann es sich um Ärzte, Osteopathen, Heilpraktiker, Chiropraktiker oder auch um Laien ohne reguläre medizinische Ausbildung handeln. Ich selbst bevorzuge die klassische Homöopathie, die von einem Arzt praktiziert wird; ich bin aber auch schon einigen, wenn auch wenigen, sehr fachkundigen Laienpraktikern begegnet. Homöopathische Mittel werden inzwischen weithin in Reformhäusern und Bioläden angeboten, was eine weitere Abweichung vom klassischen System darstellt, wonach die Expertise eines Arztes erforderlich ist, um das jeweils für den einzelnen richtige Mittel auszuwählen.

Obwohl es sich meiner Kenntnis entzieht, wie die Homöopathie aus wissenschaftlicher Sicht greift, konnte ich ihre Wirksamkeit doch bei einer Vielzahl von Krankheiten und gesundheitlichen Beschwerden beobachten – bei Allergien, Haut- und Verdauungsproblemen, rheumatoider Arthritis, bei Mittelohrentzündungen und Infektionen der oberen Atemwege von Kindern, bei gynäkologischen Problemen und Kopfschmerzen. Homöopathen sehen es in der Regel nicht gerne, wenn ihre Behandlungen mit anderen Formen, etwa mit herkömmlichen Medikamenten, Heilkräutern sowie Vitaminen und Nährstoffergänzungen, kombiniert werden. Sie sind außerdem der Auffassung, daß Kaffee, Kampfer, Minze und einige andere Substanzen Antidota zu den von ihnen verabreichten Mitteln darstellen und mit Beginn der homöopathischen Behandlung zu meiden sind.

Hypnotherapie

Die Hypnotherapie macht sich die Verbindung zwischen Psyche und Körper zunutze, indem sie Patienten hilft, in einen Zustand der Trance einzutreten, in einen Zustand gesteigerter Suggestibilität. In diesem Zustand können verbal vermittelte Suggestionen oft von der Psyche zum Nervensystem weitergehen und auf diesem Wege den Körper in einer Weise beeinflussen, wie es bei normalem Bewußtsein unmöglich erscheint. Ich verweise Patienten häufig an Hypnotherapeuten, da ich erlebt habe, wie damit bei vielen Krankheiten hervorragende Ergebnisse erzielt wurden, bei Krankheiten, mit denen die konventionelle Medizin nur schlecht umgehen kann, darunter eine Vielzahl von Haut- und Magen-Darm-Krankheiten, Allergien und Autoimmunkrankheiten sowie chronische Schmerzen. Manche haben Angst vor der Hypnotherapie, die sie als Eingriff in ihre Psyche betrachten; die Hypnotherapeuten machen jedoch in Wirklichkeit nichts anderes, als daß sie die Voraussetzungen dafür schaffen, daß Patienten sich aus eigenem Vermögen in einen natürlichen Zustand absoluter Konzentration begeben können, ähnlich wie bei der Versunkenheit in Tagträume oder in einen Film. Die Patienten lernen schließlich, diese Erfahrung allein herbeizuführen. Wichtig ist, daß man seinem Therapeuten vertrauen kann und sich bei ihm wohl fühlt. Als überweisender Arzt mache ich immer wieder die Erfahrung, daß es vielen Hypnotherapeuten an Phantasie fehlt und sie ihre Arbeit auf die Punkte Entspannung, Schmerzkontrolle und Überwindung negativer Gewohnheiten beschränken. Und wenn ich ihnen Patienten mit diffizilen physischen Krankheiten wie Multipler Sklerose oder *Colitis ulcerosa* schicke, fühlen sie sich leicht überfordert. Ein guter Hypnotherapeut sollte auch bereit sein, neue Wege zur Aktivierung des Heilungspotentials auszuprobieren.

Naturheilkunde

Heilpraktiker werden von vielen unter »New Age« eingeordnet. In Wirklichkeit geht die Naturheilkunde auf die alte europäische Tradition der Heilbäder zurück, bei der Wasseranwendungen, Massagen, Diäten und Behandlungen mit Heilkräutern im Vordergrund stehen. Bei älteren Heilpraktikern handelt es sich im Zweifel um Chiropraktiker, die ihre heilkundlichen Fähigkeiten per Fernstudium erworben haben. Die jüngeren verfügen hingegen über eine fundierte Regelausbildung, in die auch Themenbereiche einbezogen sind, die in der konventionellen Medizinerausbildung ausgespart werden, wie etwa die Bereiche Ernährung und Heilkräutermedizin. Abgesehen von der allgemeinen Theorie, wonach die Naturheilkunde sich die natürliche Heilungsfähigkeit des Körpers zunutze macht und die Medikamente und chirurgischen Optionen der Schulmedizin meidet, offenbaren Heilpraktiker in der Praxis ein hohes Maß an Individualität. Einige arbeiten mit Akupunktur, andere ziehen Körperarbeit vor, manche praktizieren auf der Grundlage der Heilkräutermedizin, andere auf der der Homöopathie.

Bei Kinderkrankheiten, wiederkehrende Infektionen der oberen Atemwege und wiederkehrender Sinusitis sowie bei allen Beschwerden, die konventionelle Ärzte nur suppressiv zu behandeln wissen, empfiehlt es sich, einen guten Heilpraktiker zu konsultieren. Außerdem können Heilpraktiker nützliche Ratschläge zur Umstellung auf einen gesunden Lebensstil geben.

Osteopathische Manipulationstherapie (OMT)

Die meisten der heute praktizierenden Osteopathen sind mit ihrem Hang zur Verabreichung von Medikamenten und zum Rückgriff auf Operationen von konventionellen Ärzten nicht mehr zu unterscheiden. Nur noch ein kleiner Prozentsatz von ihnen stützt sich nach wie vor auf die Manipulation als erstes und wichtigstes therapeutisches Mittel. Anders als die Chiropraktik konzentriert sich die osteopathische Manipulation nicht ausschließlich auf die Wirbelsäule, sondern bezieht alle Körperteile mit ein; sie arbeitet außerdem oft mit sanfteren Techniken als Chiropraktiker mit ihren schnellen und ruckartig vorgenommenen Adjustierungen. Da Osteopathen im übrigen von ihrer Ausbildung her den gleichen fachlichen Hintergrund wie Schulmediziner haben, sind sie wesentlich kompetenter als Chiropraktiker, was die Beurteilung allgemeiner gesundheitlicher Probleme angeht. Versierte Praktiker der osteopathischen Manipulation können eine Vielzahl akuter und chronischer Skelettmuskulaturprobleme sowie die Spätfolgen von Traumata (zum Beispiel infolge von Autounfällen) beheben und bei der Behandlung von Kopfschmerzen und des Temporo-Mandibula-Gelenk-Syndroms helfen. Die kraniosakrale Manipulation, eine spezielle Form der osteopathischen Manipulation, zeitigt bei Asthma, wiederkehrenden Mittelohrentzündungen bei Kindern, Schlafstörungen und anderen Beschwerden Erfolge, deren Wurzeln in Störungen des Nervensystems liegen. Ich verweise oft Patienten an Osteopathen zur Manipulation und ermutige Medizinstudenten, diese Technik zu lernen, da sie meines Erachtens unbedenklich und sehr wirksam ist.

Religiöse Heilung

Eine beachtliche Zahl von wissenschaftlichen Untersuchungen belegt die positive Wirkung von Gebeten für die Gesundheit.[3] Gut dokumentiert ist auch die Wirksamkeit der christlichen Heilslehre. Hier ist davon auszugehen, daß der Glaube auf seiten der Patienten der entscheidende Faktor ist; allerdings gibt es einige Untersuchungen, die zeigen, daß Gebete wirksam sein können, selbst wenn Kranke sich nicht des Umstands bewußt sind, daß sie Gegenstand von Gebeten sind; in diesen Fällen dürften unbekannte Mechanismen zum Tragen kommen. Da feststeht, daß religiöse Praktiken Heilungen aktivieren und in keiner Weise unmittelbar schaden können, gibt es keinen Grund, warum man bei medizinisch hoffnungslosen Fällen nicht zusätzlich oder hauptsächlich darauf zurückgreifen sollte.

Therapeutische Berührung

Die therapeutische Berührung, eine hauptsächlich von Krankenschwestern gelehrte und praktizierte Form der Energieheilung, ist eine sehr nützliche und erlernbare Fertigkeit. Sie kann Schmerzen lindern, die Heilung von Verletzungen beschleunigen und Energieblockaden lösen, die das Heilungssystem behindern. Genau wie Beten kann die therapeutische Berührung nicht schaden, so daß es keinen Grund gibt, sich ihrer nicht zu bedienen. Es gibt viele Heiler, die darüber hinaus erfolgreich mit Handauflegen arbeiten. Sie können lernen, diese Therapie bei sich selbst anzuwenden: Entspannen Sie sich, und versuchen Sie, Energie zu spüren, sie auf die Handinnenflächen zu übertragen und damit an den schmerzenden Körperteil weiterzugeben.

– 17 –

Sieben Strategien erfolgreicher Patienten

Über die bereits geschilderten Fallbeispiele hinaus kennc ich viele andere Patienten, die Spontanheilungen erfuhren. Gemeinsam waren ihnen bestimmte Strategien, von denen jeder profitieren kann, der krank ist und schwierige Entscheidungen zu treffen hat. Ich glaube, wenn mehr Patienten sich diese Strategien zu eigen machten, gäbe es weitaus häufiger spontane Heilungen.

Ich habe beobachtet, daß erfolgreiche Patienten:

1. Sich mit einer negativen ärztlichen Prognose nicht abfinden

Die meisten Menschen, über deren Erfahrungen ich berichtet habe, bekamen von den Gesundheitsexperten, die sie konsultierten, entmutigende Worte zu hören, insbesondere von Schulmedizinern, die ihnen sagten, es gebe keine Hoffnung, keine Aussicht auf Besserung und man könne nichts mehr für sie tun. Sie fanden sich damit nicht ab. Sie verloren nie die Hoffnung, daß es irgendwo Hilfe gab, die man nur finden mußte.

Dem in Kapitel 6 erwähnten jungen Mann mit einer chronischen Autoimmunkrankheit hatten die Hämatologen seit Jahren gesagt, man könne nichts für ihn tun – außer ihm hochdosierte Steroide verabreichen, die seine Gesundheit zerstörten. Jahrelang akzeptierte er dieses Urteil, bis die schädlichen Nebenwirkungen der suppressiven Behandlung dann allzu offensichtlich wurden und er seiner intuitiven Überzeugung folgte, daß es andere Methoden geben müsse. Als er zu mir kam, ermutigte ich ihn; nach meiner Überzeugung könne er mit einschneidenden Änderungen seines Lebensstils und verschiedenen alternativen Behandlungsmethoden sowie mit Body-Mind-Ansätzen die Reaktionsweise seines Immunsystems ändern. Er war interessiert, aber skeptisch. Ich gab ihm Artikel und Aufsätze über Psychoneuroimmunologie mit; deren Lektüre veranlaßte ihn, in die medizinische Bibliothek der University of Arizona zu gehen, um nach weiteren Artikeln über dieses Thema zu suchen. Nachdem er alles, was er finden konnte, gelesen hatte, war er begeistert und bereit, mit der Arbeit zu beginnen. Er wollte, daß auch sein Hämatologe in die Arbeit einbezogen würde, um die Blutwerte zu überwachen und um im Fall einer Krise zur Stelle zu sein. Ich war damit einverstanden und erklärte mich gerne bereit, einen Behandlungsplan mit seinem Arzt zu besprechen.

Einige Tage später kam er wieder zu mir in die Praxis, um mir zu sagen, daß der Hämatologe seine Ideen für verrückt halte: Wenn er versuche, seine Medikation abzusetzen, sei es nur eine Frage von Tagen, bis er im Krankenhaus lande. Er wollte dem Hämatologen Kopien der besagten Artikel geben; doch dieser hatte ihn nur ausgelacht und gesagt, er werde seine Zeit nicht damit verschwenden, »diesen Mist zu lesen«. Dieser Kommentar machte den jungen Mann so wütend, daß er all seinen Mut zusammennahm, dem Arzt sagte, er könne fortan auf ihn verzichten, womit er erstmals in seinem Leben einer medizinischen Autorität die Stirn bot und selbst die Verantwortung für seine Behandlung übernahm. Mit einiger Mühe fand er einen anderen Hämatologen, der trotz eines gewissen Unbehagens bereit war, seine Blutwerte zu überwachen und ihn alternative Methoden ausprobieren zu lassen. Der Patient änderte nach meinen Empfehlungen seinen Lebensstil und setzte peu à peu sein Prednison ab. Seine Blutwerte schwankten eine Zeitlang, um sich dann aber auf einem Niveau zu stabilisieren, das besser war als während seiner Einnahme von Prednison – ein Fortschritt, der ihn überzeugte, daß er auf dem richtigen Weg war, und seine Motivation weiterzumachen stärkte.

2. Sich gezielt nach Behandlungs- und Heilungsmethoden erkundigen

Erfolgreiche Patienten erkundigen sich gezielt nach Behandlungs- und Heilungsmöglichkeiten und folgen jedem Hinweis. Sie stellen Fragen, lesen Bücher und Artikel, gehen in Bibliotheken, schreiben Autoren an, hören sich bei Freunden und Nachbarn um und nehmen mitunter lange Reisen zu Praktikern auf sich, die vielversprechend erscheinen. Ein solches Verhalten veranlaßt manche Ärzte, diese Patienten als schwierig, besserwisserisch oder einfach als unangenehm herabzusetzen; es gibt aber guten Grund zu der Annahme, daß »schwierige« Patienten eher wieder gesund werden als gefügige, die im Zweifel das Nachsehen haben.

Vergessen Sie in diesem Zusammenhang nicht, was Kristin, jene junge Frau, sagte, die von einer aplastischen Anämie geheilt wurde (Kapitel 1): »Da die Menschen verschieden sind, können auch die Wege zur Heilung verschieden sein. Aber es gibt immer einen Weg. Entscheidend ist, nie aufzuhören, danach zu suchen!«

3. Nach Mitmenschen suchen, die geheilt wurden

Eines der wirksamsten Mittel gegen den Pessimismus in der Medizin ist, jemanden zu finden, der das gleiche Leiden hatte und jetzt geheilt ist. Wenn ich Menschen begegne, die von schweren Krankheiten geheilt wurden, frage ich sie, ob ich gegebenenfalls von Zeit zu Zeit Patienten, die sich in einer ähnlichen Situation befinden, zu ihnen schicken darf, damit sie sozusagen durch das lebendige Beispiel und durch Ratschläge Unterstützung erfahren. So kenne ich zum Beispiel einen Mann, Ende Dreißig, der vor fünfzehn Jahren rheumatoide Arthritis entwickelte. Jahrelang nahm er suppressive Medikamente, die mit den Jahren zunehmend höher dosiert werden mußten; außerdem mußte er mehrfach wegen der sich verschlimmernden Deformität an einer Hand operiert werden. Dann wurde ihm mit einemmal bewußt, daß der schubweise – sich mal verbessernde, mal verschlechternde – Krankheitsverlauf mit den

Höhen und Tiefen seiner psychischen Befindlichkeit korrelierte. Er bemühte sich sodann bewußt um einen gesunden Lebensstil und psychische Ausgeglichenheit, was einige Anstrengung erforderte, aber im Ergebnis ein weiteres Fortschreiten der Arthritis verhindern konnte und dazu führte, daß er die Medikation absetzen konnte. Ich habe mehrere Patienten mit rheumatoider Arthritis zu ihm geschickt – junge Menschen, die nur die Einstellung konventioneller Rheumatologen kannten und somit in keiner Weise darauf vorbereitet waren, selbst die Lösung ihrer gesundheitlichen Probleme in die Hand zu nehmen. Er half, sie davon zu überzeugen, daß sie an ihrer Krankheit etwas ändern und sich von ihrer Medikamentenabhängigkeit befreien konnten, und brachte sie auf den Weg der Heilung.

4. Mit Ärzten und alternativen Praktikern partnerschaftlich verkehren

Erfolgreiche Patienten »verbünden« sich oft mit Praktikern, die sie bei deren Suche nach Antworten unterstützen. Ein Verbündeter in diesem Sinne kann dann einfach auch ein Arzt sein, der sagt: »Ich weiß nicht, was Sie machen, aber was es auch ist, bleiben Sie dabei!«, oder natürlich ein Praktiker, der selbst Vorschläge zum Ausprobieren alternativer Möglichkeiten macht. Was Sie brauchen, ist ein Praktiker, der an Sie glaubt und an Ihre Fähigkeit, sich selbst zu heilen, jemand, der Sie in Ihren Bemühungen unterstützt, anspornt und Ihnen das Gefühl gibt, daß Sie nicht allein sind. Ein guter Arzt ist bereit zu sagen: »Ich weiß es nicht«, und es wird ihn freuen zu sehen, wie Sie genesen, egal, welcher Methoden Sie sich dazu bedienen.

5. Nicht zögern, einschneidende Veränderungen in ihrem Leben vorzunehmen

Viele erfolgreiche Patienten, die ich kenne, sind heute nicht mehr die gleiche Person, die sie waren, als ihre Krankheit erstmals auftrat. Auf der Suche nach Heilung wurde ihnen klar, daß sie einschneidende Veränderungen in ihrem Leben vorzunehmen hatten: in ihren Beziehungen, ihrem Beruf, ihren Wohnverhältnissen (mitunter wechseln sie sogar den Wohnort), ihrer Ernährung, ihren Gewohnheiten und so weiter. Rückblickend werten sie diese Veränderungen als Schritte, die für ihr persönliches Wachstum notwendig waren, sich aber zum Zeitpunkt der Umsetzung als kräfte- und nervenzehrender Härtetest darstellten. Veränderungen sind immer schwierig, und radikale Veränderungen können schmerzhaft sein. Eine Krankheit zwingt uns oft, daß wir uns mit Fragen und Konflikten in unserem Leben beschäftigen, die wir bis dahin ignoriert haben, in der Hoffnung, sie würden sich von selbst lösen. Durch Ignorieren kann jede Möglichkeit der Heilung blockiert werden, während die Bereitschaft zu Veränderungen der erste und entscheidende Schritt zum Erfolg sein kann.

6. Eine Krankheit als Geschenk betrachten können

Da eine Krankheit ein so entscheidender Anstoß zu Veränderungen und manchmal sogar das einzige Moment sein kann, das Menschen zwingt, ihre innersten Konflikte zu lösen, sehen erfolgreiche Patienten sie im nachhinein oft als die größte Chance, die ihnen jemals zu persönlichem Wachstum und zur Weiterentwicklung geboten wurde – als wahres Geschenk. Hingegen kann die Wertung einer Krankheit als Unglück, insbesondere als ein unverdientes Unglück, das Heilungssystem behindern. Dieses Hindernis kann beseitigt werden, wenn Sie lernen, eine Krankheit als Geschenk zu betrachten, das Ihnen die Möglichkeit zu wachsen gibt.

7. Selbstannahme üben

Sich mit all den Unzulänglichkeiten, Grenzen und Fehlern zu akzeptieren, die typisch für jeden Menschen sind, heißt auch, sich einem höheren Willen zu fügen. Mit dieser Grundeinstellung erscheint es wahrscheinlicher, daß Veränderungen eintreten, als wenn Sie mit Ihrem Schicksal hadern. Dieses Sichfügen bedeutet im Krankheitsfall nicht, daß Sie die Hoffnung auf Gesundung aufgeben. Es heißt vielmehr, daß Sie Ihre Lebensumstände, einschließlich Ihrer Krankheit, annehmen, um darüber hinauswachsen zu können. Halten Sie sich in diesem Zusammenhang die Phasen des Trauerprozesses vor Augen (Kapitel 5): Nur mit der Annahme des Verlustes gelingt es, darüber hinweg- und auf dem Weg der Heilung weiterzukommen. Und vergessen Sie auch nicht die Worte des Mannes, dessen spontane Heilung in Kapitel 3 beschrieben wurde: »Das Kunststück dabei ist, das eigene Ego beiseite zu schieben, von seinen vorgefaßten Gedanken abzurücken und es einfach dem Körper zu überlassen, sich selbst zu heilen. Und er weiß, wie er das kann.«

— 18 —

Allgemeine Krankheiten und ihre Behandlung: Rezepte eines Hygieia-Arztes

Im Falle einer Krankheit ist es hilfreich, über therapeutische Möglichkeiten Bescheid zu wissen, die das Heilungssystem fördern können, wozu insbesondere Umstellungen in der Ernährung, bestimmte Nährstoffergänzungen, Heilpflanzen und alternative Behandlungsmethoden gehören, über die die meisten konventionellen Ärzte nicht informiert sind. Ich möchte Ihnen nun nicht eine endlose Liste von Krankheiten mit umfassenden Behandlungsplänen präsentieren, zumal ich der Ansicht bin, daß jede Behandlung individuellen Gegebenheiten unterliegt; vielmehr möchte ich Ihnen einige grundsätzliche Ratschläge zum Umgang mit allgemeinen Krankheitsbildern geben. Diese Vorschläge sind allerdings keinesfalls so zu verstehen, daß sie die herkömmliche Medizin rundum ersetzen könnten. Nicht zu vergessen ist auch, daß Menschen individuell verschieden auf die Zufuhr von Substanzen reagieren. Obwohl die nachfolgend aufgezeigten Behandlungen nach meiner Erfahrung unbedenklich sind, können im Einzelfall negative Reaktionen aufgrund der Einnahme eines pflanzlichen Mittels oder einer Ergänzung auftreten. Setzen Sie jedes Mittel ab, das Beschwerden verursacht. Zudem erfordern natürliche Behandlungen etwas Geduld; sie brauchen in der Regel länger als starke suppressive Medikamente, bis sie greifen. Bei einer Umstellung in der Ernährung und bei der Einnahme pflanzlicher Mittel kann es sechs bis acht Wochen dauern, bis sich erste Besserungen bemerkbar machen. Diese halten jedoch in der Regel an, da sie ein Zeichen der fortlaufenden Tätigkeit des Heilungssystems sind und nicht auf der Unterdrückung von Symptomen beruhen.

Allergien

Eine Allergie ist eine erlernte Reaktion des Immunsystems auf Umweltagenzien, die als solche nicht schädlich sind. Ziel einer guten Behandlung sollte deshalb die Beruhigung eines überreagierenden Immunsystems sein, so daß Sie mit Allergenen leben können, ohne zu niesen, zu husten oder sich kratzen zu müssen. Die konventionellen Behandlungsmethoden sind mehr oder weniger toxisch, da rein suppressiv, und können die Reaktivität des Immunsystems mit der Zeit sogar forcieren. Die Tatsache, daß Allergien plötzlich auftreten und ebenso plötzlich wieder verschwinden können, ist ermutigend. Dies zeigt, daß die erlernten Reaktionsmuster nicht unabänderlich sind und daß das Immunsystem umlernen kann. Spontanheilungen sind bei Allergien keine Seltenheit. Um die Wahrscheinlichkeit von Spontanheilungen zu erhöhen, ist es ratsam, an mehreren Punkten anzusetzen.

Ernährung
Durch Umstellungen in der Ernährung können allergische Empfindlichkeiten reduziert werden. Das Wichtigste, was ich Ihnen in diesem Zusammenhang empfehlen kann, ist, sich an eine proteinarme Diät zu halten, tierisches Protein allgemein einzuschränken und insbesondere auf Kuhmilch und daraus hergestellte Produkte zu verzichten, da Milcheiweiß bei vielen Menschen das Immunsystem reizt. Darüber hinaus lege ich Ihnen nahe, soweit wie möglich Produkte aus organisch-dynamischem Anbau zu essen, da Rückstände aus Agrarchemikalien meines Erachtens oft zur Reaktivität des Immunsystems beitragen.

Ergänzungen
Ergänzen Sie Ihre Ernährung mit Quercetin, einem natürlichen, aus Buchweizen und Zitrusfrüchten gewonnenen Produkt. Quercetin stabilisiert die Zellmembrane, die die Mediatorsubstanz vieler allergischer Reaktionen, das Histamin, freisetzen. Quercetintabletten sind in Reformhäusern und Naturkostläden erhältlich. (Einige Produkte enthalten Vitamin C und andere verwandte Substanzen.)

Als Dosierung empfehle ich zweimal täglich 400 Milligramm zwischen den Mahlzeiten. Da Quercetin ein vorbeugendes Mittel ist und sich zur Bekämpfung von Symptomen weniger eignet, sollte es am besten regelmäßig genommen werden. Bei jahreszeitlich bedingt auftretenden Allergien sollte mehrere Wochen vor dem zu erwartenden Pollenflug mit der Einnahme begonnen werden. Im übrigen sollten Sie das Präparat zwei bis drei Monate nehmen und dann allmählich die Dosis reduzieren, um zu sehen, ob die Verbesserungen anhalten.

Heilpflanzen

Ein gutes pflanzliches Heilmittel bei Heuschnupfen (Heufieber), insbesondere gegen allergisches Niesen, juckende Augen und Ohren sowie belegten Hals, ist die Brennessel *(Urtica dioica)*. Vor allem empfiehlt sich die Verwendung von gefriergetrockneten Extrakten der Blätter, die in Kapselform angeboten werden.[1] Mit ein bis zwei Kapseln alle zwei bis vier Stunden, je nach Bedarf, werden Sie die Symptome – ohne die schädlichen Nebenwirkungen der Antihistaminika und Steroide – in den Griff bekommen. Die unbedenklichsten herkömmlichen Medikamente sind hier Nasensprays, die auf Cromoglicinsäure basieren, die über einen ähnlichen Mechanismus wirkt wie das Quercetin.

Umwelt

Umwelteinflüssen können Sie zum Beispiel mit der Installation von Luftreinigern begegnen, die die allergenen Belastungen für Ihr Immunsystem reduzieren und damit mögliche Reizquellen ausschalten.

Psyche/Körper

Wichtig ist die Einbeziehung von Methoden, die über psychische Mechanismen wirken. Manche Allergiker, die zum Beispiel sehr empfindlich auf Rosen reagieren, zeigen bereits beim Anblick von Plastikrosen allergische Reaktionen, ein Hinweis darauf, daß bei diesen Fehlreaktionen des Immunsystems ein Lernprozeß auf der höheren Hirnebene stattfindet. Bei allergischen Hautproblemen wie chronischem Ausschlag und Ekzemen kann insbesondere die interaktive geleitete Imaginationstherapie hilfreich sein.

Autoimmunkrankheiten

Bei Autoimmunkrankheiten richten sich die Immunreaktionen gegen das körpereigene Gewebe, verursachen entzündliche Prozesse und führen schließlich zu einer Schädigung der Körperstrukturen. Eine Prädisposition für diese Krankheiten kann erblich bedingt, der Auslöser eine Infektion oder physischer Streß bzw. ein psychisches Trauma sein. Im Prinzip kann jedes Gewebe und Organ Zielscheibe dieser fehlgesteuerten Immunreaktion sein: Nerven (Multiple Sklerose), Gelenke (rheumatoide Arthritis), endokrine Drüsen (*Myasthenia gravis* und bestimmte Formen von Thyreoiditis), Muskeln (Polymyositis), das Bindegewebe im ganzen Körper (systemischer *Lupus erythematodes*), Nieren (Glomerulonephritis) und so weiter. Typisch für all diese Krankheiten ist der schubweise Wechsel zwischen Verschlimmerung und Remission, ein Muster, das positiv betrachtet das Potential des Heilungssystems zur Einflußnahme auf Autoimmunkrankheiten anzeigt. Der konventionelle medizinische Ansatz bei diesen Krankheiten ist unbefriedigend, da er sich auf suppressive und hochtoxische Medikamente stützt.

Da Autoimmunkrankheiten zahlreiche Wurzeln haben (unter anderem erbliche Faktoren, Streß und umweltspezifische Gegebenheiten), sollte eine gute Behandlung den gesamten Lebensstil eines Patienten mit einbeziehen. Um das Heilungssystem bei der Wiederherstellung der Immunität zu unterstützen, sind insbesondere diätetische Korrekturen notwendig, die gezielt entzündlichen Prozessen entgegenwirken, welche letztlich Ursache der Gewebeschädigungen bei diesen Krankheiten sind.

Ernährung

Hier gilt das gleiche wie bei Allergien: eine proteinarme Diät mit möglichst wenig Produkten tierischen Ursprungs, insbesondere Milch und Milchprodukte; reichlich Obst, Gemüse und Vollkornprodukte aus biodynamischem Anbau; Verzicht auf pflanzliche Öle und Fette mit mehrfach ungesättigten Fettsäuren sowie auf künstlich hydrierte Fette; aufzunehmen in den Speiseplan sind Fischarten sowie andere Produkte, die Omega-3-Fettsäuren enthalten, wie etwa Flachssamen.

Ergänzungen

Ergänzen Sie Ihre Diät mit antioxidativen Vitaminen und Mineralstoffen.

Heilpflanzen

Zu empfehlende pflanzliche Heilmittel sind zum Beispiel Ingwer wegen seines entzündungshemmenden Effektes (am besten in Kapseln angebotener pulverförmiger, getrockneter Ingwer; beginnen Sie mit einer Kapsel zweimal täglich) und Mutterkraut (*Tanacetum parthenium*), das sich bei der Behandlung von autoimmuner Arthritis als wirksam erweist.[2] (Ich empfehle zweimal täglich ein bis zwei Kapseln gefriergetrocknete Blätter.) Ebenso eignet sich Gelbwurzel (*Curcuma longa*), die als Würzstoff in Curry und vielfach in gelbem Senf verwendet wird. Gelbwurzel wird aus dem Rhizom einer Pflanze der Ingwerfamilie, Ingwergelb, gewonnen; sie hat bemerkenswerte entzündungshemmende Eigenschaften und kann Speisen hinzugefügt werden. Noch wirksamer ist jedoch die Einnahme von Curcumin, dem in der Gelbwurzel enthaltenen gelben Pigment (ihre eigentliche aktive Substanz), in einer Dosierung von 400 bis 600 Milligramm dreimal täglich.[3] Im Handel wird Curcumin oft in Kombination mit Bromelin, einem in Ananas enthaltenen Enzym, angeboten, das die Absorption von Curcumin fördert und ebenfalls entzündungshemmend wirkt.

Alternative Medizin

Bei Autoimmunkrankheiten können insbesondere die traditionelle chinesische Medizin und Ayurveda helfen. Ich habe auch Fälle von Autoimmunkrankheiten erlebt, die auf homöopathische Behandlungen ansprachen.

Psyche/Körper
Die Wechselwirkungen von Körper und Psyche spielen eine Schlüsselrolle bei Autoimmunkrankheiten, da Verschlimmerungen und Besserungen der Krankheit parallel zu den Tiefen und Höhen der emotionalen Befindlichkeit verlaufen und da wir wissen, daß psychische Faktoren die Immunreaktionen beeinflussen. Psychotherapie, Hypnotherapie und geleitete Imaginationstherapie zeitigen hier Erfolge und sind einen Versuch wert.

Herz- und Gefäßkrankheiten

Bei den meisten Herz- und Gefäßkrankheiten handelt es sich um lebensstilbedingte Erkrankungen, denen mit einer gesundheitsbewußten Ernährung, dem Verzicht auf Rauchen, ausreichender körperlicher Bewegung, dem Aufbau intakter Beziehungen sowie Wut- und Streßbewältigungsstrategien vorgebeugt werden kann. Aber selbst wenn Sie bereits erkrankt sind, kann der Krankheitsprozeß verlangsamt, zum Stillstand gebracht oder mit einer entsprechenden Änderung des Lebensstils sogar revidiert werden.

Ernährung
Bei Umstellungen in der Ernährung sollte die Reduzierung von Fett, insbesondere von gesättigten Fettsäuren, im Vordergrund stehen; des weiteren empfiehlt es sich, alle anderen Fette und Öle durch Olivenöl zu ersetzen. Eine ballaststoffreiche, fettarme, vegetarische oder halbvegetarische Ernährung mit Fisch oder anderen Quellen von Omega-3-Fettsäuren ist wahrscheinlich der beste Schutz für das Herz. Knoblauch, Zwiebeln, Chilipfeffer, grüner Tee und Gelbwurzel haben alle einen schützenden Effekt für das Herz- und Gefäßsystem.

Ergänzungen
Ergänzen Sie Ihre Ernährung mit antioxidativen Vitaminen und Mineralstoffen, insbesondere mit Vitamin E. Zwei weitere natürliche Substanzen, die ich empfehle, sind Coenzym Q (auch als

CoQ 10 bekannt) und L-Carnitin. Das Coenzym Q fördert den Sauerstoffumsatz in den Zellen, vor allem in den Herzmuskelzellen.[4] Ich empfehle die Einnahme von einmal täglich 60 Milligramm, maximal 200 Milligramm, wenn Sie es sich leisten können. (Es lohnt sich nicht, Coenzym-Q-Präparate mit Dosierungen von weniger als 60 Milligramm pro Kapsel zu kaufen.) L-Carnitin ist eine Aminosäure, die ebenfalls den Stoffwechsel der Herzmuskelzellen verbessert.[5] (L-Carnitin ist auch nicht billig.) Ich empfehle als Dosierung zweimal täglich 250 bis 500 Milligramm. Beide Produkte sind im Fachhandel erhältlich. Im Falle von Herzrhythmusstörungen können Magnesiumergänzungen sehr hilfreich sein. Nehmen Sie 1000 Milligramm Magnesium (Zitrat, Gluconat oder Chelat) vor dem Zubettgehen, dazu weitere 500 Milligramm am Morgen, zusammen mit jeweils der gleichen Menge Kalzium (Zitrat). Ich empfehle jeweils die gleichen Dosen Kalzium und Magnesium zur Kontrolle hohen Blutdrucks.

Heilpflanzen

Zu empfehlen für das Herz- und Gefäßsystem sind Weißdorn (*Crataegus oxycantha*), ein natürliches Diuretikum und Herztonikum, das insbesondere Personen mit koronaren Herzkrankheiten und Herzinsuffizienz hilft, sowie Tree Ear, ein chinesischer Pilz, auch »Wood Ear«, »mo-er« oder »Ear Fungus« genannt (*Auricularia polytricha*), der in der chinesischen Küche gang und gäbe ist und eine ähnliche koagulationshemmende Wirkung wie Aspirin hat.[6] Gefriergetrocknete Weißdornextrakte werden in Kapselform im Fachhandel angeboten; ich empfehle als Dosierung jeweils ein bis zwei Kapseln zwei- bis viermal täglich. In chinesischen Spezialitätengeschäften sind getrocknete Tree Ears erhältlich. Für die Zubereitung werden die getrockneten Pilze in warmes Wasser gegeben, bis sie auseinandergehen und weich sind; dann etwaige harte Teile entfernen und die Pilze Suppen oder Kurzgebratenem zufügen. Angezeigt als Dosis ist täglich ein Eßlöffel von den eingeweichten Pilzen. Bei venösen Stauungen, Krampfaderbildungen, ist Roßkastanie (*Aesculus hippocastanum*) für die äußere Anwendung zu empfehlen. Salben mit Roßkastanienextrakt, die vor allem den

Wirkstoff Aescin enthalten, sind in Reformhäusern und Bioläden erhältlich.

Aerobe körperliche Bewegung
Regelmäßige aerobe körperliche Bewegung ist, neben allen Entspannungs- und Streßreduzierungsmethoden, eine der besten Möglichkeiten, Herz und Blutgefäße zu beeinflussen.

Verdauungsstörungen

Hier haben wir es mit einer weiteren großen Gruppe von Krankheiten zu tun, die weitgehend lebensstilbedingt und vor allem auf schlechte Ernährungsgewohnheiten sowie mangelhafte Streßbewältigung zurückzuführen sind. Mangelhaft ist auch, wie die Schulmedizin mit diesen Krankheiten umgeht. Die alternative Medizin bietet dagegen mehrere gesundheitlich unbedenkliche Behandlungsmethoden, deren Wirksamkeit nicht zuletzt auf die Initiative des körpereigenen Heilungssystems zurückzuführen ist. Die gemeinsame Wurzel vieler Verdauungsprobleme, von Sodbrennen bis zur Verstopfung, ist eine Störung im Zusammenspiel zwischen den regulierenden autonomen Nerven und der Magen-Darm-Muskulatur. Die zentrale Rolle, die das Nervensystem im Magen-Darm-Trakt spielt, bedingt die hohe Anfälligkeit für streßinduzierte Störungen in diesem Bereich. Neben der Haut ist das Verdauungssystem der Bereich, in dem sich am häufigsten streßbedingte Krankheiten bemerkbar machen.

Ernährung
Die Ernährung sollte in jedem Fall so umgestellt werden, daß eine verbesserte Verdauungsfunktion erreicht wird. Als erstes sollten Sie auf Koffein (insbesondere Kaffee), Tabak und andere stimulierende Drogen verzichten. Ein erheblicher Reizstoff für Speiseröhre und Magen kann auch Alkohol sein. Achten Sie darauf, welche Nahrungsmittel und Kombinationen von Nahrungsmitteln Beschwerden verursachen, und ändern Sie Ihre Eßgewohnheiten entspre-

chend. Mitunter genügt es, häufiger kleinere Mengen zu essen, um einen reibungslosen Verdauungsprozeß zu gewährleisten.

Heilpflanzen

Pflanzliche Mittel sind bei Verdauungsproblemen oft sehr wirksam. Kamillen- und Pfefferminztees helfen gegen Sodbrennen und Brechreiz; allerdings kann Pfefferminze, da sie den Schließmuskel am Übergang zwischen Speiseröhre und Magen entspannt, den ösophagealen Reflux von Magensäften forcieren. Ein wirksames Mittel gegen Brechreiz ist auch Ingwer in jeder Form. Bei schwerer Gastritis, starken Refluxbeschwerden oder einem Magengeschwür probieren Sie ein glycyrrhinsäurefreies Süßholzpräparat (siehe Fallbeispiel Nummer 7 in Kapitel 15), das die Magenschleimhaut stärkt. Bei chronischen Darmstörungen, Divertikulitis und anderen Darmbeschwerden ist Pfefferminzöl, das im Fachhandel in magensaftresistenten Kapseln angeboten wird, ein ausgezeichnetes Mittel. Ein gutes Mittel bei Durchfall und Entzündungen des Magen-Darm-Traktes ist Johannisbrotmehl (Carobpulver), das in Reformhäusern und Bioläden erhältlich ist. Beginnen Sie mit einem Eßlöffel voll, und mischen Sie es, um es schmackhafter zu machen, mit etwas Apfelmus und Honig. Nehmen Sie es zusammen mit Acidophilus (in flüssiger oder in Kapselform aus dem Reformhaus oder Bioladen) auf leeren Magen (mindestens eineinhalb Stunden vor oder drei Stunden nach dem Essen). Bei Verstopfung ist das ayurvedische Präparat Triphala ein hervorragendes Mittel; halten Sie sich bei der Dosierung an die angegebene Gebrauchsmenge.

Entspannung

Überaus wichtig ist Entspannung. Die auf Seite 290 beschriebene Atemübung beruhigt das Magen-Darm-System, sie muß jedoch regelmäßig durchgeführt werden. Hilfreich sind auch Biofeedback und Yoga; darüber hinaus kann ich Hypnotherapie und die geleitete Imaginationstherapie nicht genug empfehlen.

Alternative Medizin
Mit den alternativen medizinischen Ansätzen der Naturheilkunde, der Homöopathie, der traditionellen chinesischen Medizin sowie der ayurvedischen Medizin sind bei Verdauungsstörungen die besten Resultate zu erzielen. Ich würde immer deren Mittel ausprobieren, ehe ich Zuflucht bei Medikamenten und Operationen nähme.

Infektionen

Ich habe in diesem Buch mehrmals erwähnt, daß die Wirksamkeit von Antibiotika bei bakteriellen Infektionen rapide nachläßt, und zwar in dem Maße, wie Organismen eine Resistenz gegen sie entwickeln. Bei schweren und schnell fortschreitenden Infektionen oder Infektionen von lebenswichtigen Organen handelt es sich um Notfälle, die allopathisch überwacht werden müssen; aber selbst dann ist die Nutzung ergänzender Methoden zur Förderung des Heilungsprozesses ratsam. Bei weniger gravierenden oder chronischen sowie wiederkehrenden Infektionen, die auf allopathische Behandlungsmethoden nicht ansprechen, sollte das Hauptaugenmerk auf die Aktivierung des Heilungssystems gerichtet sein. Bei gut zugänglichen, lokalisierten Infektionen wird die stärkste Wirkung über eine verbesserte Durchblutung der betroffenen Regionen mittels Wärmezufuhr, zum Beispiel mit warmen Kompressen oder Umschlägen, erreicht. Außerdem können Sie das Heilungssystem bei der Bekämpfung von Infektionen unterstützen, indem Sie Ihrem Körper mehr Ruhe gönnen, weniger essen, die Flüssigkeitszufuhr erhöhen und in einem Dampfbad oder in einer Sauna schwitzen.

Ernährung
Mit Umstellung der Ernährung kann die Anfälligkeit gegenüber manchen Infektionskrankheiten verringert werden. Weniger Zukker jedweder Art zum Beispiel senkt die Häufigkeit von Harnwegsinfektionen bei Frauen. Vermehrter Verzehr von frischem Obst und Gemüse dagegen fördert allgemein die Immunität.

Ergänzungen
Ergänzen Sie Ihre Ernährung mit antioxidativen Vitaminen und Mineralstoffen, insbesondere mit Vitamin C: 2000 Milligramm zwei- bis dreimal täglich bei chronischen oder wiederkehrenden Infektionen.

Heilpflanzen
Eine Vielzahl pflanzlicher Heilmittel ist bei Infektionen zu empfehlen, von bekannten wie Knoblauch bis zu exotischen wie fernöstlichen Pilzen. Fügen Sie grundsätzlich Ihren Speisen rohen Knoblauch hinzu, und testen Sie die Wirkung von Echinacea, Sonnenhut (*Echinacea purpurea* und verwandte Arten), einer in Europa und den USA beheimateten Pflanze mit antibiotischen und abwehrfördernden Eigenschaften;[7] Echinaceapräparate sind überall im Handel erhältlich. Prüfen Sie, ob sich nach einer Minute ein Taubheitsgefühl auf der Zunge einstellt; ansonsten sind sie nicht wirksam. Halten Sie sich an die angegebenen Dosierungsempfehlungen, oder nehmen Sie viermal täglich einen Tropfenzähler voll von der Tinktur mit etwas warmem Wasser. Verwenden Sie bei äußeren Infektionen Teebaumöl, das aus den Blättern eines in Australien beheimateten Baumes, *Melaleuca alternifolia*, gewonnen wird. Kaufen Sie nur hundertprozentig reines Teebaumöl in Reformhäusern oder Naturkostläden; es ist ein hervorragendes Desinfektionsmittel und empfiehlt sich für den Erste-Hilfe-Kasten zu Hause und auf Reisen. Bei chronischen oder wiederkehrenden Virusinfektionen sollten Sie zu Astragalus (siehe Seite 252) greifen.

Alternative Medizin
Alternative medizinische Mittel haben manchmal Erfolg bei Infektionskrankheiten, bei denen die konventionellen Medikamente versagen. Meine erste Wahl wäre die traditionelle chinesische Medizin, die ein breites Spektrum an Heilpflanzen mit antiviralen, antibakteriellen und immunmodulierenden Eigenschaften anzubieten hat.

Psyche/Körper
Methoden, die sich psychischer Mechanismen bedienen, sollten in jedem Fall ausprobiert werden. Zumindest können sie die Wirksamkeit konventioneller Medikamente verstärken; im Idealfall verändern sie das Gleichgewicht zwischen Immunsystem und Krankheitserregern so, daß eine Heilung begünstigt wird.

Skelettmuskulaturbeschwerden

Akute und chronische Schmerzen im Bereich der Skelettmuskulatur bringen den Ärzten mehr Patienten in ihre Praxen als viele andere allgemeine Krankheiten zusammengenommen. Konventionelle Medikamente und Operationen sollten stets der letzte Ausweg sein, wenn alle anderen Versuche mit natürlichen und alternativen Behandlungsmethoden fehlgeschlagen sind.

Ernährung
Umstellungen in der Ernährung sind hier weniger wichtig, außer daß es sinnvoll ist, generell auf die Nahrungsfette zu achten, um die Gefahr etwaiger Entzündungsprozesse zu begrenzen. Das heißt: Verzichten Sie auf mehrfach ungesättigte und künstlich gesättigte Fette, und erhöhen Sie die Aufnahme von Omega-3-Fettsäuren, aus welcher Quelle auch immer.

Ergänzungen
Eine Vitamin-B-Ergänzung, Niazinamid, kann bei Osteoarthritis sehr hilfreich sein.[8] Beginnen Sie mit zweimal täglich 500 Milligramm, und erhöhen Sie die Dosis, falls notwendig, in dreiwöchigen Abständen um jeweils 500 Milligramm bis auf eine Tagesdosis von maximal 2000 Milligramm.

Heilpflanzen
Zu empfehlen bei Skelettmuskulaturschmerzen sind unter anderem Ingwer, vor allem in getrockneter Form, sowie die ayurvedische Heilpflanze Boswellia (Weihrauchbaum) bzw. das daraus herge-

stellte Extrakt Boswellin.[9] Sie sind in Reformhäusern erhältlich; halten Sie sich bei der Dosierung an die angegebene Gebrauchsmenge. Ferner können Ingwer und Boswellin Bindegewebs- und Muskelschmerzen lindern sowie alle anderen Beschwerden, bei denen »alles weh tut«. Überlegenswert ist auch die Verwendung von Curcumin, das ausführlich unter »Autoimmunkrankheiten« beschrieben wurde. Bei großflächigen Quetschungen und traumatisch bedingten Hämatomen ist Bromelin, das Ananasenzym, ein ausgezeichnetes Mittel; es wird in Kapselform in Reformhäusern und Bioläden angeboten. Nehmen Sie dreimal täglich 200 bis 400 Milligramm auf leeren Magen. Bromelin fördert die Heilung von Gewebeverletzungen; es kann im Einzelfall jedoch allergische Reaktionen auslösen und sollte bei Auftreten von Juckreiz abgesetzt werden.

Alternative Medizin

Bei Skelettmuskulaturbeschwerden ist es immer angezeigt, alternative Behandlungsmethoden zu versuchen, insbesondere die osteopathische Manipulation, Chiropraktik, Massagen und andere Formen der Körperarbeit. Ebenso kann die Akupunktur Schmerzen erheblich lindern und die Heilung fördern. Bei Patienten mit Arthritis und anderen schmerzhaften Skelettmuskulaturbeschwerden kann Akupunktur zusammen mit chinesischen pflanzlichen Heilmitteln wahre Wunder vollbringen.

Psyche/Körper

Die Wechselwirkungen von Körper und Psyche sind bei Skelettmuskulaturbeschwerden von entscheidender Bedeutung. In der Hypnotherapie kann man lernen, sich von chronischen Schmerzen zu distanzieren; die Schmerzempfindung läßt dadurch rasch nach. Auch andere Formen der Streßreduzierung, etwa die geleitete Meditation, haben sich bei chronischen Schmerzen in Fällen bewährt, bei denen alle konventionellen Mittel versagten.

Psychische und nervöse Störungen

Bei Ängsten und Nervosität bevorzuge ich die auf Seite 290 beschriebene Atemübung. Diese Übung bewirkt, daß sich der Tonus des autonomen Nervensystems allmählich verändert, und ermöglicht so eine tiefe innere heilungsfördernde Entspannung. Wenn Sie jetzt anfangen, sich die Übung anzueignen, haben Sie sie im Bedarfsfall »griffbereit«. Vor allem sollten Sie die Übung regelmäßig durchführen, da ein reguläres Entspannungstraining bekanntlich allgemein sehr hilfreich ist. Zwei pflanzliche Mittel, die ich oft empfehle, sind Passionsblume (*Passiflora incarnata*) und Baldrian (*Valeriana officinalis*). Ersteres ist relativ mild und kann als Tinktur eingenommen werden: ein Tropfenzähler voll mit etwas warmem Wasser, je nach Bedarf bis zu viermal täglich. Baldrian ist stärker und kann als Beruhigungsmittel bei Einschlafschwierigkeiten verwendet werden; in geringer Dosierung kann Baldrian jedoch auch zur Beruhigung tagsüber genutzt werden: etwa zehn Tropfen zusammen mit etwas warmem Wasser.

Regelmäßige und anstrengende aerobe körperliche Bewegung – mindestens dreißig Minuten täglich und an fünf Tagen in der Woche – ist ein sicheres Mittel gegen Depressionen. Auf Alkohol, Sedativa, Antihistaminika und andere dämpfende Drogen sowie Medikamente sollten Sie verzichten.

Ernährung
Weniger Eiweiß und Fett, mehr Stärke, Obst und Gemüse können hier einen Unterschied machen.

Ergänzungen
Probieren Sie: Morgens nach dem Aufstehen 1500 Milligramm DL-Phenylalanin (DLPA, eine Aminosäure), 100 Milligramm Vitamin B_6, 500 Milligramm Vitamin C sowie ein Stückchen Obst oder ein kleines Glas Saft. (Vorsicht ist bei hohem Blutdruck geboten, da DLPA vorübergehend den Blutdruck erhöhen kann. Beginnen Sie in diesem Fall mit einer kleineren Dosis der Aminosäure, und kontrollieren Sie Ihren Blutdruck.)

Schmerzen

Bei Schmerzen sind die körperliche Empfindung infolge der Schädigung von Körperteilen oder -funktionen und die psychische Wahrnehmung zu unterscheiden. Letztere kann in verschiedener Hinsicht beeinflußt werden, wobei ich persönlich Hypnotherapie, geleitete Imagination, Meditation und Akupunktur bevorzuge. Lesen Sie hierzu nochmals die Geschichte von Ethans Rückenschmerzen (Seite 171) durch, die die Heilung von chronischen Schmerzen aufgrund einer rein psychischen Intervention beschreibt.

Sofern Schmerzen die Folge von Gewebsentzündungen sind, kann ihnen mit den unter »Autoimmunkrankheiten« und »Skelettmuskulaturbeschwerden« genannten Mitteln erfolgreich entgegengewirkt werden.

Höchst wirksam bei der Schmerzlinderung können auch die therapeutische Berührung und andere Formen der Energieheilung sein.

Hautkrankheiten

Die zahllosen Nervenendigungen in der Haut bedingen, daß dieses Organ eine der klassischen »Plattformen« für die Manifestation streßbedingter Probleme ist. Die bei vielen Hautkrankheiten angewandten konventionellen Behandlungen, insbesondere Steroidpräparate zur äußerlichen Anwendung, sind von Natur aus suppressiv und potentiell toxisch.

Ernährung
Eine Umstellung in der Ernährung ist auch hier wichtig, um alle Nahrungsmittel auszuschließen, die allergische Reaktionen und entzündliche Veränderungen begünstigen können, und um eine ausreichende Versorgung mit Nährstoffen zu gewährleisten, die für ein gesundes Wachstum von Haut, Haar und Nägeln erforderlich sind. Halten Sie sich allgemein an die unter »Autoimmunkrankheiten« genannten Ernährungsumstellungen, und stellen Sie eine ausreichende Aufnahme von Omega-3-Fettsäuren sicher.

Ergänzungen

Ergänzen Sie Ihre Ernährung mit antioxidativen Vitaminen und Mineralstoffen sowie mit Gamma-Linolensäure, einer essentiellen Fettsäure mit besonders hautfreundlichen Eigenschaften; die besten Quellen sind schwarzes Johannisbeeröl und Nachtkerzenöl, die beide in Kapselform im Reformhaus erhältlich sind. Bei schwarzem Johannisbeeröl empfehle ich eine Dosierung von 500 Milligramm zweimal täglich. Erst nach sechs bis acht Wochen kontinuierlicher Anwendung werden Sie Veränderungen in der Beschaffenheit von Haut, Haar und Nägeln feststellen können.

Lebensstil

Veränderungen des Lebensstils können erheblich zur Gesundung der Haut beitragen. Dazu gehört vor allem: sich vor den schädlichen Folgen der Sonnenstrahlung schützen; sich weniger häufig mit Seife waschen, da Seife den natürlichen Säureschutzmantel der Haut angreift, was zu Entfettung und Austrocknung führt; regelmäßig und konsequent nach jedem Baden oder Duschen Feuchtigkeitscreme verwenden; auf alle kosmetischen Produkte verzichten, die Farbstoffe und andere scharfe Chemikalien enthalten.

Alternative Medizin

Die alternative Medizin kann sich im Umgang mit Hautkrankheiten nicht nur als weniger toxisch, sondern auch als effektiver denn die Schulmedizin erweisen. Die größten Erfolgsaussichten hierbei können nach meiner Erfahrung die Homöopathie, die ayurvedische Medizin und die traditionelle chinesische Medizin für sich in Anspruch nehmen, und zwar selbst im Falle von Schuppenflechte (Psoriasis) und anderen schweren chronischen Leiden.

Psyche/Körper

Angesichts der starken Innervation (Nervenversorgung) der Haut sollte bei allen Hautkrankheiten die psychische Komponente in Betracht gezogen werden. Ich verweise Patienten in der Regel an versierte Hypnotherapeuten und an Praktiker der geleiteten Imaginationstherapie.

Streßbedingte Krankheiten

Bei allen Krankheiten sollte davon ausgegangen werden, daß sie streßbedingt sind, solange nicht das Gegenteil erwiesen ist. Und selbst wenn Streß eine Krankheit nicht hauptsächlich verursacht, so ist er doch oft ein verschärfender Faktor. Die Feststellung, daß ein körperliches Leiden streßbedingt ist, heißt mitnichten, daß man es auf die leichte Schulter nehmen kann; sie bedeutet nur, daß es sehr nützlich ist, im Sinne der Genesung Zeit für Streßbewältigung und Entspannungsübungen zu investieren. Zu den häufigsten streßbedingten Beschwerden gehören Kopfschmerzen, Schlaflosigkeit, Skelettmuskulaturbeschwerden (insbesondere im Rücken und Nacken), Magen-Darm-Beschwerden aller Art, jedwedes Hautproblem, Sexualstörungen und Menstruationsprobleme; außerdem besteht eine erhöhte Anfälligkeit für Infektionen. Ich empfehle Ihnen, ungeachtet der anderen Behandlungsformen, die Sie wählen, in allen diesen Fällen mit der Entspannungsatemübung zu arbeiten, Body-Mind-Ansätze zu nutzen und ebenso alle Entspannungsmethoden zu bemühen, die Ihnen zusagen, um das körpereigene Heilungssystem bestmöglich zu aktivieren.

Harnwegsbeschwerden

Bei Harnwegsbeschwerden sind *Veränderungen des Lebensstils* entscheidend, denn zu den häufigsten Stressoren der Nieren gehören Tabak, Bluthochdruck, Dehydration, Alkohol, Koffein und andere stimulierende Drogen sowie eine eiweißreiche Ernährung. Der Eiweißstoffwechsel stellt eine hohe Belastung für die Nieren dar. Sofern bei Ihnen ein Nierenleiden vorliegt oder Sie in der Vergangenheit schon einmal eine Nierenkrankheit hatten, empfehlen sich als wichtigste vorbeugende Maßnahmen eine sehr proteinarme Diät und reichliche Flüssigkeitszufuhr, um jede Möglichkeit einer Dehydration auszuschließen.

Da das Harnwegssystem Gifte aus dem Blut filtert und sie im Urin konzentriert, ist es anfällig für toxische Schädigungen, die zu malignen Transformationen, insbesondere in der Blase, führen können. Hilfreich sind hier die in Kapitel 10 aufgezeigten Ratschläge, wie Sie sich vor Giften schützen können; zusätzlich ist die regelmäßige Einnahme von antioxidativen Ergänzungen zu empfehlen.

Frauen sind weitaus anfälliger für Harnwegsinfektionen als Männer. Durch Verzicht auf Tabak, Alkohol und Koffein bzw. deren Einschränkung verringern Sie diese Anfälligkeit auf ein Minimum; meiden Sie auch exzessive sexuelle Praktiken, und sorgen Sie durch reichliche Wasserzufuhr für eine gute Harnausscheidung. Preiselbeeren enthalten eine Substanz, die die Harnausscheidung fördert und es Bakterien erschwert, sich in der Blasenschleimhaut festzusetzen. Sofern Sie also häufig an Harnwegsinfektionen leiden, trinken Sie oft Preiselbeersaft, oder verwenden Sie ungesüßtes Preiselbeerkonzentrat aus dem Reformhaus, das Sie beliebig mit Wasser oder Sprudel verdünnen können. Ebenso kann die Einnahme von Acidophilus in flüssiger oder Kapselform nach den Mahlzeiten die Resistenz gegenüber Blaseninfektionen erhöhen.

Heilpflanzen

Ein hilfreiches pflanzliches Mittel bei Harnwegsbeschwerden ist die Bärentraube (*Arctostaphylos uva-ursi*). Tinkturen und Extrakte der Blätter in Kapselform sind in Reformhäusern und Bioläden erhältlich. Als Dosierung empfehle ich einen Tropfenzähler voll von der Tinktur mit etwas Wasser oder ein bis zwei Kapseln des Extraktes drei- bis viermal täglich. Bärentraube sollte jedoch nur kurzzeitig genommen werden, da eine längere Einnahme zu Reizungen führen kann.

Alternative Medizin

Alternative Behandlungsmethoden, insbesondere der Naturheilkunde, Homöopathie und der traditionellen chinesischen Medizin, können hier ebenfalls hilfreich sein.

Psyche/Körper

Die psychische Ebene kann zur Bewältigung von Harnwegsbeschwerden außerordentlich erfolgreich genutzt werden. Eine geleitete Imagination mit einem ausgebildeten Therapeuten wäre in diesem Fall meine erste Wahl.

Frauenleiden

Menstruationsbeschwerden – im besonderen schmerzhafte Menstruation und prämenstruelles Syndrom – können mit Verzicht auf Koffein und Fette mit mehrfach ungesättigten Fettsäuren sowie auf künstlich hydrierte Fette (siehe »Autoimmunkrankheiten«) und mit der Einnahme von Ergänzungen in Form von Gamma-Linolensäure (siehe »Hautkrankheiten«), Vitamin E und Vitamin B_6 (100 Milligramm zweimal täglich) gelindert werden. Außerdem ist Dong quai (*Angelica sinensis*) ein wirksames Tonikum bei einer Vielzahl von Frauenleiden (siehe Seite 256). Ein weiteres wirksames Kräuterheilmittel ist Mönchspfeffer (*Vitex agnus-castus*), sowohl als Tinktur als auch in Kapselform (ein Tropfenzähler voll von der Tinktur mit etwas Wasser oder ein bis zwei Kapseln zweimal täglich); Mönchspfeffer verhilft zu einer regelmäßigen Periode. Auch ein gewisses Maß an regelmäßiger aerober körperlicher Bewegung mindert Frauenleiden.

Zur Vermeidung von Störungen des Östrogenstoffwechsels ist es wichtig, östrogenbelastete Nahrungsmittel (Fleisch und Geflügel aus Massentierhaltung) sowie übermäßige Belastung durch Schadstoffe, die den Östrogenhaushalt beeinflussen, zu meiden, den Alkoholkonsum auf ein Minimum zu reduzieren, auf eine fettarme Ernährung zu achten und den Verzehr von Sojaprodukten zu erhöhen, um sich so die Schutzwirkung der darin enthaltenen Phytoöstrogene zunutze zu machen.

Menopausensymptomen ist ohne Hormonersatztherapie beizukommen; anders liegt der Fall, wenn Frauen sich wegen erster Osteoporoseanzeichen oder wegen stärkerer Gefährdung durch eine koronare Herzkrankheit für eine Hormonersatztherapie entscheiden. Eine von mir empfohlene pflanzliche Kombination, die bei den meisten Frauen Hitzewallungen lindert oder beseitigt, umfaßt Dong quai, Mönchspfeffer und Damiana (*Turnera diffusa*).

Nehmen Sie jeweils einen Tropfenzähler voll von diesen Tinkturen oder jeweils einmal täglich mittags zwei Kapseln.

Psyche/Körper
Die Berücksichtigung des seelischen Anteils an Frauenleiden ist von unschätzbarem Wert. Mit Hypnotherapie und geleiteter Imaginationstherapie können sehr schnell beachtliche und erstaunlich wirksame Ergebnisse erzielt werden.

Männerleiden

Die Prostata oder Vorsteherdrüse ist ein wunder Punkt in der männlichen Anatomie und bei jungen Männern oft ein Herd hartnäckiger Infektionen, die mit zunehmendem Alter Harnlaßbeschwerden verursachen können. Koffein in Kaffee und anderen Getränken, entkoffeinierter Kaffee, Alkohol, Tabak und roter Pfeffer reizen die Prostata besonders stark; auch Flüssigkeitsentzug und entweder zu häufige oder zu seltene Ejakulationen beeinträchtigen die Prostata. Ebenso können längeres Sitzen sowie scheuernde Bewegungen, die auf das Perineum einwirken (wie etwa beim Reiten, Fahrrad- oder Motorradfahren), die Prostata belasten.

Ergänzungen
Nehmen Sie 30 Milligramm Zinkpicolinat am Tag. Essen Sie vermehrt Sojaprodukte, deren Phytoöstrogengehalt die Prostata vor Reizungen der männlichen Sexualhormone schützt.

Heilpflanzen
Bei Vergrößerung der Prostata sind vor allem zwei pflanzliche Mittel zu empfehlen: *Serenoa repens*, das aus den Früchten einer kleinwüchsigen, an der Südostküste der USA beheimateten Palme gewonnen wird, und Pygeum (*Pygeum africanum*).[10] Verwenden Sie eines dieser Mittel oder auch beide, und halten Sie sich bei der Dosierung an die angegebene Gebrauchsmenge. Beide Mittel können unbegrenzt eingenommen werden.

Bei Sexualstörungen hat die traditionelle chinesische Medizin viele Mittel zu bieten, darunter Ginseng (siehe Seite 255), das bevorzugte männliche Sexualtonikum. Die ayurvedische Medizin hat Asvagandha (*Withania somnifera*) zu bieten, das seit neuestem auch in manchen Reformhäusern erhältlich ist. Halten Sie sich an die angegebene Dosierungsanleitung.

Psyche/Körper
Bei allen Problemen im Sexualbereich lohnt es sich, Body-Mind-Ansätze auszuprobieren. Besonders hilfreich sind Hypnotherapie und geleitete Imaginationstherapie.

– 19 –

Krebs als Sonderfall

Wir leben seit jeher mit Krebs. Alle lebenden Organismen sind anfällig für Krebs, und je komplexer der Organismus, desto höher das Risiko. Eine Vielzahl von Faktoren, die auf die Zellen einwirken, zielen auf eine maligne Transformation, eine Entartung; und maligne Zellen sind gefährlich, da sie nicht absterben, wenn sie sollten, nicht bleiben, wo sie sind, und auch ihr Wachstum nicht so beschränken, daß es den allgemeinen Gesetzen entspricht, die die organischen Systeme ganzer Organismen regulieren.

Nichtsdestotrotz gibt es einen entscheidenden Unterschied zwischen einer entarteten Zelle und einer kanzerogenen Wucherung, die das Potential hat, ihren Wirt zu töten. Maligne Zellen entpuppen sich über anomale Antigene an ihren Oberflächenmembranen. Aufgabe des Immunsystems ist es, fortlaufend die Zellentwicklung zu überwachen und jene Zellen zu erkennen und zu eliminieren, die »körperfremd« sind. Angesichts der Zahl der fortlaufend stattfindenden Zellteilungen und all der Möglichkeiten maligner Entartungen wird das »Saatgut« Krebs mit Sicherheit ständig erzeugt und ebenso sicher ständig vom Immunsystem beseitigt. Diese Überwachungsfunktion des Immunsystems zur Ausschaltung maligner Zellen, die Abwehr von Krebs, ist eine Schlüsselfunktion des Heilungssystems, die unser Körper im Laufe der Evolution entwickelte. Die Tatsache, daß das Vorkommen von Krebs heute weltweit dramatisch steigt, ist ein Zeichen dafür, daß unsere Immunabwehr faktisch überfordert ist. Zusätzlich zu den natürlichen kanzerogenen Agenzien, mit denen wir seit jeher leben, haben wir der Umwelt eine

Vielzahl menschengemachter hinzugefügt. Mit den in Teil II dieses Buches aufgezeigten Ratschlägen zur Optimierung des Heilungssystems können Sie Ihre Abwehrkräfte stärken und damit das Risiko, an Krebs zu erkranken, reduzieren. Angesichts der Unzulänglichkeit der gegenwärtigen Krebsbehandlungsmethoden kommt der Frage der Prävention eine alles überragende Bedeutung zu.

Krebs, der sich im Körper manifestiert hat, ist nur sehr schwer zu heilen, insbesondere wenn er sich vom ursprünglichen Entstehungsort über Metastasen abgesiedelt hat. Wir fürchten Krebs, weil er sich heimtückisch von innen her entwickelt, weil er sich unseren besten technologischen Waffen widersetzt und weil er ein großes zerstörerisches Potential hat. Um zu verstehen, warum Krebs eine so gewaltige Herausforderung darstellt, müssen Sie nur ein grundlegendes Faktum begreifen: *Die Präsenz von Krebs im Körper, selbst im frühesten Stadium, ist bereits ein Indiz für ein schwerwiegendes Versagen des Heilungssystems*. Denn daß eine entartete Zelle zu einem feststellbaren Tumor heranwachsen kann, setzt voraus, daß sie der Vernichtung durch die Immunabwehr entgeht, vielen Zellteilungen unterzogen wird und zahllose Generationen von Tochterzellen hervorbringen kann, ohne daß auf irgendeiner Ebene eingegriffen wird. Bei den meisten anderen Krankheiten, selbst bei schweren wie koronaren Herzkrankheiten und Multipler Sklerose, ist es gerechtfertigt, hohe Erwartungen an das Heilungssystem zu stellen. Bei Krebs hingegen ist das Versagen der Heilungsmechanismen bereits offenkundig, wenn ein Knoten festgestellt wird.

Die gegenwärtigen Krebstherapien, sowohl die konventionellen als auch die alternativen, sind alles andere als befriedigend. Die Schulmedizin kennt im wesentlichen drei Behandlungsmethoden: Operation, Strahlen- und Chemotherapie; davon ist nur die erste sinnvoll. Sofern der Krebs genau lokalisiert und dem Messer des Chirurgen zugänglich ist, kann er entfernt und dauerhaft beseitigt werden. Der Prozentsatz der Krebsfälle, die diese Kriterien erfüllen, ist leider nur gering und im wesentlichen auf Haut- und Gebärmutterhalskrebs beschränkt. In zu vielen Fällen hat der Krebs, bis er entdeckt wird, sich jedoch bereits ausgebreitet oder sich im Körper an einer Stelle festgesetzt, an die operativ nicht heranzukommen ist.

Strahlen- oder Chemotherapie sind plumpe, barbarische Methoden, die über kurz oder lang überholt sein werden. Beide Methoden zielen auf die Abtötung sich teilender Zellen ab, wobei unterstellt wird, daß bei kanzerogenen Zellen die Zellteilung schneller erfolgt als bei normalen Zellen. Dies trifft aber nur auf einen kleinen Prozentsatz der Krebsformen zu, im wesentlichen auf Kinderkrebs, Leukämie, Lymphknotenkrebs, Hodenkrebs und einige wenige andere Formen. Verglichen mit der normalen Zellteilung bei den aktivsten Körpergeweben – Haut, Schleimhaut des Magen-Darm-Traktes, Knochenmark und andere Immunstrukturen –, erfolgt die Zellteilung von Krebszellen in den meisten Fällen langsamer. Die hinlänglich bekannten Nebenwirkungen der Strahlen- und Chemotherapie – Haarausfall, Appetitverlust, Übelkeit und Erbrechen – stellen Schädigungen der Haut und des Magen-Darm-Trakts dar. Die Schädigungen des Immunsystems sind weniger offensichtlich, aber weitaus besorgniserregender. Wenn Sie Krebs haben und mit der Entscheidung konfrontiert sind, ob Sie die konventionellen Therapien nutzen sollen, lautet die wichtigste Frage: Wird der Schaden, der dem Krebs zugefügt wird, den Schaden rechtfertigen, der dem Immunsystem zugefügt wird?

Letztlich ist die Hoffnung auf Heilung von Krebs gleichbedeutend mit der Hoffnung auf Immunreaktionen, da das Immunsystem die Fähigkeit hat, malignes Gewebe zu erkennen und zu eliminieren. Die Zukunft der Krebstherapie liegt nicht in größeren und besseren zytotoxischen Waffen (die nie den Stand erreichen werden, daß sie maligne Zellen töten, ohne auch schnell wachsende normale Zellen zu töten). Die Zukunft wird vielmehr in einer Immuntherapie liegen, die in der Lage ist, ein im verborgenen schlummerndes Immunsystem neu zu aktivieren. Einige Formen der Immuntherapie gibt es bereits, aber die meisten sind noch im Versuchsstadium.

Spontanremissionen von Krebs – ein nur allzu seltenes Vorkommnis – scheinen das Ergebnis einer plötzlichen Immunaktivierung zu sein, die das Potential des Immunsystems demonstriert, gegen maligne Wucherungen anzugehen, und zwar manchmal mit einer solchen Energie, daß umfangreiche Tumorgewebe sich innerhalb von Stunden oder Tagen auflösen. Dr. Robert Anderson vom Edmonds in Washington, ehemals Präsident der American Holistic Medical Association, schickte mir einen Bericht über eine derartige Spontanremission von Krebs.[1]

Die Patientin, Helen B., eine Friseuse, war siebenundsechzig Jahre alt, als sie 1985 zu einer Routinekontrolle zu ihm kam. Bei der vaginalen Untersuchung tastete Dr. Anderson eine Gewebsvermehrung; er vermutete ein Narbengewebe, das auf die vorherige Gebärmutteroperation zurückzuführen war, war dann aber doch besorgt, als die Bluttests eine Anämie sowie eine anomale Leberfunktion anzeigten. Anderson wollte Helen zu einem Gynäkologen schicken, was die Patientin jedoch nicht für notwendig hielt, da ihr früherer Arzt, wie sie sagte, das gleiche vor Jahren auch schon festgestellt hatte. Beide Ärzte, bei denen sie früher gewesen war, waren jedoch inzwischen tot und die alten Unterlagen nicht mehr auffindbar. Bei einer Folgeuntersuchung sechs Wochen später stellte Dr. Anderson fest, daß sich die Gewebsvermehrung »erheblich vergrößert« und das Bild der Blutwerte sich deutlich verschlechtert hatte. Er bestand nun auf weiteren Untersuchungen durch einen Gynäkologen; dieser diagnostizierte bei einer Ultraschalluntersuchung »im linken Beckenbereich eine Gewebsvermehrung ovarialen Ursprungs«.

Einen Monat später unterzog Helen B. sich einer Totaloperation. Dabei kam ein großer Tumor im linken und mittleren Beckenbereich zum Vorschein, der weithin bereits auf den Dünndarm und Dickdarm übergegriffen hatte; außerdem vermerkte der Chirurg in seinem Bericht, daß »3 bis 9 Millimeter große peritoneale Läsionen, über hundert an der Zahl, in der ganzen Becken- und Bauchhöhle verstreut waren, von denen fünf zur histologischen und zytologischen Untersuchung entnommen wurden«. Der Biopsiebericht sprach von einem »malignen Tumor mit unterschiedlichen Differenzierungen in der Zellgröße und -form ..., bei dem es sich offensichtlich um ein relativ entdifferenziertes Karzinom, möglicherweise ovarialen Ursprungs, handelt«. Wenige Tage später unterzog Helen sich einer weiteren Operation, bei der die Gewebsvermehrung und die angegriffenen Abschnitte von Dünndarm und Dickdarm entfernt wurden. Sie mußte sich jedoch damit abfinden, daß zwecks Stuhlableitung eine äußere Dickdarmfistel angelegt wurde und daß sie noch immer einen Tumor in der Bauchhöhle hatte, an den man nicht herankam. Der pathologische Abschlußbericht sprach von einem »relativ entdifferenzierten Karzinom wahrscheinlich ovarialen Ursprungs«.

Ein relativ entdifferenziertes Karzinom, gleich welchen Ursprungs, ist ein Tumor, mit dem sich nicht gut leben läßt. Die Zellen sind in der Regel äußerst bösartig und invasiv; in Helens Fall hatten sich die Metastasen bereits in der ganzen Bauchhöhle ausgebreitet, so daß die Prognose denkbar schlecht war. »Ich empfehle«, schrieb der Chirurg an Dr. Anderson, »einen Onkologen hinzuzuziehen und den Beginn einer Chemotherapie. Die Kolostomie muß nicht als dauerhaft betrachtet werden. Nach den ersten chemotherapeutischen Anwendungen, etwa nach sechs Monaten, sollten wir sie nochmals untersuchen, und bei der Gelegenheit könnten wir die Kolostomie schließen.« Aber Helen wollte weder zu einem Onkologen gehen noch eine Chemotherapie auf sich nehmen. Sie ging wieder zu Dr. Anderson und sagte: »Ich möchte, daß Sie mir sagen, was ich tun kann, um möglichst wieder gesund zu werden.« Er empfahl ihr ein umfangreiches Programm mit einer fettarmen, zuckerarmen und ballaststoffreichen vegetarischen Diät, Ergänzungen mit antioxidativen Vitaminen und Mineralstoffen, möglichst regelmäßiger körperlicher Bewegung, regelmäßiger Meditation, einschließlich Visualisierungen zur Tumorschrumpfung; zu diesem Programm gehörte auch, »ihre Haltung gegenüber ihrem Mann zu ändern und auch die Bereitschaft zu verzeihen aufzubringen«, da eheliche Querelen ein wesentlicher Streßfaktor in ihrem Leben waren. Ferner bestand Dr. Anderson auf einem Besuch bei einem Onkologen, den Helen, wenn auch widerwillig, machte. Der Onkologe, sehr besorgt wegen des nach wie vor vorhandenen Tumors, drängte auf eine Chemotherapie, »lieber jetzt als später, wenn der Tumor größer geworden ist und unsere Chancen auf ein gutes Resultat weitaus geringer sind«. Aber Helen weigerte sich und sagte, sie werde mit Gott den Kampf schon gewinnen.

Einen Monat nach der Operation verschwand ihre Anämie, und ihre Leberfunktion normalisierte sich. Sie fühlte sich bestätigt und war zuversichtlich. Dr. Anderson ermutigte sie in ihrer Haltung. »Ihr Glaube an das Göttliche war geradezu evangelisierend; ich bestärkte sie in ihrer Hoffnung auf jede nur denkbare Weise«, schrieb er. Helen haßte die angelegte Dickdarmfistel und bedrängte den Chirurgen, sie zu entfernen, wozu er jedoch nicht bereit war, solange sie sich keiner Chemotherapie unterzogen hatte. Sie weigerte sich jedoch so hartnäckig und eisern, daß er schließlich nachgab und sie zweieinhalb Monate nach der Tumoroperation nochmals operierte. »Eine langwierige und schwierige Operation«, schrieb er in seinem Bericht. »Die Verwachsungen, denen ich allein beim Zugang in die Bauchhöhle begegnete, gehörten zu den schlimmsten, die ich je gesehen habe... Am Bild der 3 bis 9 Millimeter großen peritonealen Läsionen – zu Hunderten – hatte sich nichts geändert. Sieben wurden an verschiedenen Stellen zwecks histologischer und zytologischer Untersuchungen entnommen.« Diesmal besagte der pathologische Befund allerdings etwas völlig anderes; nach dem Biopsiebefund wurde »entzündetes Gewebe mit mäßigen Zellveränderungen, aber keinen malignen Charakteristika« festgestellt. Dies veranlaßte den Chirurgen nach Lektüre des Befundes zu der Bemerkung, sie sei »eine sehr interessante Frau«.

Helen B. fand schnell wieder zu ihrem normalen Leben ohne weitere gesundheitliche Beschwerden zurück. Sie hielt sich aber weiterhin an das Programm, das Dr. Anderson ihr empfohlen hatte. Zwei Jahre später wurde sie von ihrem Mann geschieden, ein offenbar psychisch befreiender Schritt. »Ungefähr gleichzeitig, 1987, etwa zwei Jahre nach ihrem ersten Besuch bei mir«, schrieb Dr. Anderson, »entwickelte sie eine Hernie an der Stelle, an der sie vorher operiert worden war. Es wurde kritisch, und so mußte sie sich ein viertes Mal einer Operation, diesmal einer Bruchoperation, unterziehen. Ich nutzte zusammen mit dem Chirurgen die Gelegenheit, ihre Bauchhöhle nochmals kurz zu untersuchen: Die Verwachsungen waren gänzlich verschwunden; *es gab weder irgendwelche verbliebenen peritonealen Tumore noch irgendwo ein Anzeichen von Krebs.*« Helen B. starb im Alter von fünfundsiebzig Jahren, fast acht Jahre nach der Erstdiagnose – allerdings an völlig anderen Ursachen.

Was geschah in der Bauchhöhle dieser Frau, was war ausschlaggebend dafür, daß der bereits fortgeschrittene Krebs beseitigt wurde? Verantwortlich dafür war mit Sicherheit – vermutlich über die Aktivierung von Immunmechanismen – ihr Heilungssystem, aber warum hat es nicht vorher schon reagiert? Wurde der Heilungsprozeß letztlich durch die Entfernung der Hauptmasse des Tumorgewebes in Gang gesetzt? Wenn ja – warum passiert das nicht häufiger? Bei den meisten Patienten mit metastatischem Krebs dieser Art wachsen die Tumore nach, und zwar oft trotz der aggressiven zytotoxischen Therapie, mit häufig fatalen Folgen. Sofern eine Immunreaktion die beste Hoffnung auf eine vollständige Heilung von Krebs ist, sollte man mit zytotoxischen Behandlungen, die das Immunsystem schädigen können, vorsichtig sein.

In der Welt der alternativen Medizin überbietet man sich gegenseitig mit neuen Ansätzen zur Krebstherapie, von denen die meisten zwar weitaus weniger toxisch sind als Strahlen- und Chemotherapie, von denen aber keiner für sich in Anspruch nehmen kann, über erfolgreiche Einzelfallbehandlungen hinaus auch im größeren Rahmen verläßlich zu sein. Viele der Therapien, mit denen ich mich beschäftigt habe, scheinen bei einigen Patienten zu Remissionen geführt zu haben, und bei etlichen konnte damit eine zeitweilige Verbesserung der Lebensqualität erreicht werden, aber der Krebs blieb und wuchs weiter. Wenn es eine verläßliche, wirksame alternative Behandlungsmethode von Krebs gäbe, wüßten wir mit Sicherheit früh genug davon.[2]

Lassen Sie mich das bisher Gesagte in diesem Kapitel kurz zusammenfassen. Ständig entarten Zellen, und sie werden normalerweise vom Heilungssystem beseitigt. Angesichts der wachsenden Umweltbelastungen, die eine maligne Entartung forcieren, und angesichts der Unzulänglichkeit der Krebsbehandlungen ist es dringend geboten, dafür zu sorgen, daß unser Heilungssystem reibungslos funktioniert, und sich kundig zu machen, wie man die Krebsrisiken reduzieren kann.[3] Es gibt Spontanheilungen bei Krebs, aber sie sind weitaus seltener als Spontanheilungen bei den meisten anderen Krankheiten, da das Heilungssystem bereits versagt hat, wenn eine bösartige Zelle das Wachstum eines dann feststellbaren Tumors in

Gang setzen konnte. Wenn Remissionen auftreten, so steht dahinter der Mechanismus einer Immunaktivierung; deshalb will es gut überlegt sein, ob man sich für oder gegen eine zytotoxische Behandlung (Strahlen- oder Chemotherapie) entscheidet, da durch eine Schädigung des Immunsystems die langfristige Möglichkeit einer Heilung eingeschränkt werden kann.

Was sollten Sie also tun, wenn Sie Krebs entwickeln oder eine Ihnen nahestehende Person an Krebs erkrankt? Im ersten Schritt gilt es zu entscheiden, ob und inwieweit konventionelle Behandlungen in Anspruch genommen werden sollen. Dazu einige Anhaltspunkte:

- Sofern eine operative Entfernung des Tumors möglich ist, lassen Sie sich operieren. Selbst die teilweise Entfernung einer großen Tumormasse (»Ausräumen«) kann dem Heilungssystem helfen, das kanzerogene Wachstum einzudämmen.
- Erkundigen Sie sich, ob es für Ihre Krebserkrankung irgendwelche Formen der Immuntherapie gibt. Sofern Ihr Arzt Ihnen nicht weiterhelfen kann, gibt es die Möglichkeit, sich an die Deutsche Krebsgesellschaft in Frankfurt, das Deutsche Krebsforschungszentrum in Heidelberg oder die Krebsforschungszentren an Universitäten zu wenden.
- Sofern Sie gedrängt werden, sich einer Strahlen- und/oder Chemotherapie zu unterziehen, besorgen Sie sich statistische Daten über die Erfolgsquoten bei Ihrer speziellen Art von Krebs und dem jeweiligen Stadium der Erkrankung. Man kann sich hierbei nicht immer auf die Aussage von Onkologen verlassen, da sie ein erklärtes Interesse an der Anwendung der beiden genannten Therapien haben und über alternative Ansätze in der Regel nicht informiert sind. Ich kenne Onkologen, die ihre Chemotherapie mit einer »Heilungsquote von achtzig Prozent« zu propagieren versuchten, während die wissenschaftliche Literatur ihr tatsächlich in achtzig Prozent der Fälle lediglich eine Überlebensrate von fünf Jahren ohne Krebs bescheinigte. Und was passierte mit den Patienten nach fünf Jahren? Um richtig entscheiden zu können, müssen Sie also die genauen Aussichten auf Erfolg kennen. Es gibt auch einige wenige Bücher, die Orientierungshilfe bei dieser

schwierigen Entscheidung geben.[4] Im Zweifelsfall bleibt Ihnen der Gang in eine medizinische Fachbibliothek nicht erspart, um die entsprechenden Artikel zur vorgeschlagenen Behandlung zu recherchieren.

- Vergessen Sie nicht, daß Strahlen- und Chemotherapie als solche mutagen und kanzerogen sind. Man kann den Prozentsatz von Patienten errechnen, die diesen Therapien ausgesetzt waren und die, wenn sie nur lange genug überleben, unabhängig von der ursprünglichen Erkrankung als direkte Folge der Behandlung Krebs entwickeln.
- Natürliche Chemotherapeutika wie Vincristin, das aus einem Immergrün (*Catharanthus roseus*) gewonnen wird, und Taxol, das aus einer Eibe gewonnen wird, sind nicht unbedenklicher als synthetische. Bei allen Formen der Chemotherapie – natürlichen oder chemischen, alten oder neuen, einzeln oder in Kombination angewandten – handelt es sich um zelltötende Substanzen, die die DNA und sich teilende Zellen schädigen, auch die des Immunsystems.
- Im allgemeinen ist die Strahlentherapie unbedenklicher als die Chemotherapie, da sie gezielter eingesetzt und auf einen Teil des Körpers beschränkt werden kann. Gleichwohl bleibt, daß sie schwere Vernarbungen verursachen und somit Organfunktionen beeinträchtigen kann.
- Sofern die Option einer Immuntherapie nicht gegeben ist und die Erfolgsquoten der konventionellen Therapien für Ihre Art von Krebs und unter Berücksichtigung des Stadiums gut sind, dann nutzen Sie sie, ohne sich über die Risiken Sorgen zu machen. Diese Therapien geben Ihnen dann möglicherweise die Zeit, andere Optionen auszuprobieren; und nicht zuletzt können Sie mit der Arbeit an einer Optimierung Ihres Heilungssystems deren Nebenwirkungen reduzieren.
- Wenn Sie sich für eine Strahlen- oder Chemotherapie entscheiden, setzen Sie während der Behandlung jede Einnahme von antioxidativen Ergänzungen ab, da sie neben den normalen Zellen auch die Krebszellen schützen könnten. Nach Beendigung der Behandlung beginnen Sie dann wieder mit der Einnahme.

- Sofern Sie nach Überprüfung der statistischen Daten über die Brauchbarkeit der Strahlen- und Chemotherapie bei Ihrem speziellen Krebs und dessen Stadium zu der Entscheidung gelangen, sich diesen Behandlungen nicht zu unterziehen, sollten Sie sich im nächsten Schritt eingehend über alternative Therapien informieren.

Zu dem Angebot an alternativen Krebstherapien sind einige grundsätzliche Anmerkungen zu machen.

- Es ist genauso wichtig, sich anhand statistischen Materials im einzelnen eingehend über die Erfolgsaussichten der alternativen Behandlungsmethoden zu informieren. Erkundigen Sie sich nach den einschlägigen Publikationen über die Behandlung, an der Sie interessiert sind. Fehlen solche, so müssen Sie sich im Zweifel auf die Aussagen des Anbieters verlassen.
- Versuchen Sie zu klären, ob die fraglichen Therapien mit irgendwelchen Toxizitäts- oder anderen schädlichen Risiken verbunden sind.
- Bitten Sie um Namen von Patienten, die diese Therapien gemacht haben und mit denen Sie Verbindung aufnehmen können. Wenn der Anbieter Auskünfte rundum verweigert, sollten Sie skeptisch sein.

Unabhängig davon, ob Sie sich für eine konventionelle oder alternative Therapie entscheiden, gibt es allgemeine Empfehlungen, an die jeder Krebspatient sich halten sollte.

- Da Krebs selbst im Früh- und lokalisierten Stadium ein Versagen des Heilungssystems darstellt, haben wir es hier mit einer systemischen Krankheit zu tun. Deshalb ist es wichtig, generell etwas für die Verbesserung der Gesundheit und zur Stärkung der Widerstandskraft zu tun, und zwar in physischer, psychischer und geistiger Hinsicht.
- Als Mindestprogramm empfehle ich: Auf eine Ernährung gemäß den in Kapitel 9 erläuterten Prinzipien zu achten; sich an einen

Plan regelmäßiger körperlicher Bewegung zu halten; antioxidative Ergänzungen zu nehmen, pflanzliche Tonika zu verwenden, insbesondere solche mit abwehrsteigernden Eigenschaften; Visualisierungs- oder geleitete Imaginationstechniken zu erlernen, die dem Heilungssystem helfen, den Krebs einzudämmen; an einer Verbesserung Ihrer Beziehungen zu arbeiten – zu Ihren Eltern, Kindern, dem Partner oder der Partnerin zum Beispiel; den Lebensstil in jeder Hinsicht so zu ändern, daß Ihre Heilungschancen steigen.

- Versuchen Sie darüber hinaus, Personen ausfindig zu machen, die von Krebs geheilt wurden, am besten solche, die Ihre Art von Krebs hatten. Lesen Sie Berichte und Bücher über Heilungen, die das Vertrauen in Ihr eigenes Heilungspotential stärken.
- Erkundigen Sie sich nach Heilern. Nehmen Sie jede Hilfe in Anspruch, die Sie finden können.

Selbst wenn das Heilungssystem den Krebs nicht ganz besiegen kann, so vermag es doch das bösartige Wachstum zu verlangsamen oder einzudämmen und Ihnen damit eine Zeit relativ guter Gesundheit zu schenken. Nachfolgend finden Sie die Geschichte einer Patientin, die sich erstaunlich tapfer schlug, obwohl ihr Krebs am Ende tödlich war.

Barbara S. kam Anfang 1989 zu mir, fünfeinhalb Jahre nachdem bei ihr Brustkrebs diagnostiziert worden war und sie sich der Standardbehandlung unterzogen hatte: Brustamputation und Chemotherapie. Da sie fünf Jahre ohne neuerliches Auftreten der Symptome überstanden hatte, wähnte sie sich schon außer Gefahr; aber genau am fünften Jahrestag ihrer Diagnose verletzte sie sich bei einem unglücklichen Sturz die rechte Hüfte, die nun nicht heilen wollte. Untersuchungen ergaben, daß der Hüftknochen durch einen Tumor geschwächt war. Der Krebs war nicht überwunden; er zeigte sich jetzt in Form von Knochenmetastasen im ganzen Skelett. Ihr Arzt verordnete ihr Tamoxifen, eine antiöstrogen wirkende Substanz, und stellte eine weitere Chemotherapie in Aussicht, sofern die Behandlung nicht anschlug und die Knochentumore nicht zum Schrumpfen brachte.

In den Folgemonaten nahm Barbara in ihrem Leben einschneidende Veränderungen vor. Sie ließ sich einstweilen von ihrem Dienst als Collegedekanin freistellen, suchte eine Reihe von Beratungsstellen und Psychotherapeuten auf, begann mit Yoga, machte eine Visualisierungstherapie, fing mit der Einnahme von Vitaminen an, verbesserte ihre Ernährung, ging jetzt regelmäßig schwimmen, unterzog sich Shiatsu-Behandlungen, nahm ein chinesisches pflanzliches Antikrebsmittel und arbeitete mit Heilern. Entgegen allen Statistiken bei fortgeschrittenem Brustkrebs war sie in den nächsten Jahren bei guter Gesundheit und machte einen so vitalen Eindruck, daß die meisten, die ihr begegneten, nicht glauben konnten, daß sie Krebs hatte. In dieser Zeit schickte ich mehrere Patientinnen zu Barbara, bei denen gerade Brustkrebs diagnostiziert worden war und die ebenso verängstigt wie verunsichert waren, was sie jetzt tun sollten. Sie war ihnen eine große Hilfe. Ich lud Barbara auch in meine Seminare ein, damit sie ihre Krankheitsgeschichte Medizinstudenten erzählen konnte. Sie war eine überzeugende Rednerin, ein Musterbeispiel, wie man Verantwortung für das eigene Leben übernahm und lernen konnte, konventionelle und alternative Behandlungsmethoden miteinander zu verbinden. Vor allem demonstrierte sie mit ihrer Person, daß ein Wiederauftreten von Krebs nicht automatisch bedeutete, daß man zu Gebrechlichkeit und rapidem Verfall verurteilt war.

Im Herbst 1992 hatte Barbaras Krebs sich mit neuen Metastasen in der Leber weiter ausgebreitet. Sie unterzog sich einer Chemotherapie, erklärte sich zur Teilnahme an einer Testreihe zur Erprobung eines neuen Medikamentes bereit, informierte sich über weitere alternative Behandlungsmethoden und führte darüber hinaus ihr selbstentwickeltes Gesundheitsprogramm weitgehend fort. Sie lebte noch eineinhalb Jahre, in denen sie eine besondere Nähe mit ihrer Familie verband. Angesichts des fortgeschrittenen Stadiums ihrer Krankheit konnten die Ärzte nicht genug staunen, wie lange sie überlebte und welche Tatkraft sie trotz allem zeigte; und sie war weiterhin für viele ein anspornendes Beispiel. Barbaras Heilungssystem konnte den Krebs nicht besiegen, aber es hielt ihn lange Zeit unter Kontrolle, in der sie sehr viel leistete und erreichte.

Wir werden immer mit Krebs leben. Und Vorbeugung bleibt die beste Strategie, damit umzugehen – ob erfolgreich, das hängt davon ab, inwieweit unser Heilungssystem intakt ist. Angesichts der wachsenden Umweltbelastungen, die die Entwicklung maligner Zellentartungen begünstigen, ist es wichtiger denn je, darüber Bescheid zu wissen, wie Sie Ihr Heilungspotential optimal fördern können. In der Krebstherapie selbst zeichnet sich für die Zukunft ein neuer und besserer Ansatz in Form der Immuntherapie ab – Methoden, die sich die natürlichen Heilungsmechanismen zur Erkennung und Beseitigung bösartiger Zellen zunutze machen werden, ohne dabei die gesunden Zellen zu schädigen.

In der Zwischenzeit könnte man mit vereinten Kräften darangehen, die Fälle von Spontanremissionen besser zu erforschen, um dieses Phänomen zu verstehen und dazu beizutragen, daß es häufiger auftritt. Voraussetzung für eine kluge Entscheidung hinsichtlich der Nutzung der bestehenden Krebstherapien ist, daß Sie sich dabei auf verläßliche Informationen über deren Nutzen und Risiken stützen. Aber für welche Behandlung Sie sich im einzelnen auch entscheiden – unabdingbar ist, daß Sie sich mit allem gebotenen Nachdruck um eine Verbesserung Ihrer allgemeinen Gesundheit bemühen, um somit dem Heilungssystem eine optimale Chance zu geben, eine weitere Ausbreitung des Krebses unter Kontrolle zu halten.

Nachwort: Rezepte für die Gesellschaft

Stellen Sie sich eine zukünftige Welt vor, in der die Medizin heilungsorientiert statt krankheitsorientiert ist, in der die Ärzte an die natürliche Heilungsfähigkeit der Menschen glauben und die Vorbeugung vor die Behandlung stellen. Abgesehen von den Notaufnahmen und Intensivstationen könnten die Krankenhäuser in dieser Welt eher Kurkliniken ähneln, in denen Patienten die Prinzipien einer gesunden Lebensweise kennenlernen und sie beherzigen, in denen sie lernen, sich gesund zu ernähren und gesunde Speisen zuzubereiten, sich um die Bedürfnisse ihres Körpers zu kümmern, ihre Psyche und ihren Geist in den Dienst des Heilens zu stellen und unabhängiger statt abhängiger vom Gesundheitswesen und seinen Repräsentanten zu werden. Und selbst in den Notaufnahmen und auf den Intensivstationen würde die Technologie zur Förderung des Heilungssystems eingesetzt, zum Beispiel zur Stimulation der Regeneration von geschädigten Organen. Hier wären alle Patienten Nutznießer der besten Ansätze und Methoden sowohl der konventionellen als auch der alternativen Medizin. Ärzte und Patienten wären Partner, die auf das gleiche Ziel hinarbeiten, so daß Rechtsstreitigkeiten wegen Fahrlässigkeit, Kunstfehlern oder falscher Behandlung weitgehend der Vergangenheit angehörten. Die Krankenversicherungen wären glücklich, die Kosten für Schulungen in Prävention und natürliche Behandlungsmethoden erstatten zu dürfen, da sie wüßten, daß diese Bemühungen ihrem Budget zum Besten gereichen.

Was steht einer Entwicklung der Gesundheitsvorsorge in dieser

Richtung im Wege? Die Haupthindernisse, welche ich in diesem Zusammenhang sehe, sind:

- Daß die medizinische Ausbildung krankheitsorientiert verhaftet ist. Die klinische Ausbildung von Ärzten bleibt eine brutale Initiation, die es Studenten sehr schwer macht, einen gesunden Lebensstil beizubehalten und mental und spirituell die Qualitäten von Heilern zu entwickeln.
- Daß die Beziehungen zwischen Arzt und Patient durch eine Atmosphäre des Mißtrauens vergiftet sind, so daß heute jeder Patient, der in die Arztpraxis kommt, als potentieller Kläger vor Gericht erscheint und sich der Arzt deshalb mehr denn je scheut, von der herkömmlichen Praxis abzuweichen.
- Daß die Krankenversicherungen mit ihrem Erstattungsmodus oft diktieren, wie und welche Medizin praktiziert wird. So würden sie zum Beispiel die Mehrzahl der in diesem Buch beschriebenen Behandlungen nicht bezahlen, mit dem Argument, daß ihnen wissenschaftlich gesicherte Daten über deren Wirksamkeit oder entsprechende Kosten-Nutzen-Analysen im Vergleich zu den konventionellen Mitteln fehlen.
- Daß es wissenschaftliche Forschung auf dem Gebiet der Heilung und der alternativen Medizin so gut wie gar nicht gibt, da diejenigen, die in der Forschung die Prioritäten setzen und für die Verteilung der Forschungsgelder zuständig sind, an diesen Feldern nicht interessiert sind.
- Daß das biomedizinische Modell, nach dem die Medizinwissenschaft arbeitet, jede Entwicklung hin zu einer Hygieia-Medizin erstickt. Infolge der materialistischen Ausrichtung dieses Modells fällt es Ärzten auch nicht schwer, die meisten der wie in diesem Buch vorgestellten alternativen Grundideen und Behandlungsmethoden als unwissenschaftlich oder indiskutabel für weitere Untersuchungen abzutun.

Welche Möglichkeiten gibt es, um diese Situation zu ändern?

Die Wurzel des Problems liegt nach meiner Überzeugung in der medizinischen Ausbildung. Wenn künftige Ärzte alternative wissenschaftliche und gesundheitliche Modelle gelehrt würden, wenn sie ermutigt würden, die heilende Kraft der Natur zu studieren, und wenn ihnen erlaubt würde, sich zu gesunden Rollenmodellen für Patienten zu entwickeln, würden alle vorgenannten Hemmnisse allmählich dahinschwinden. Diese neuen Ärzte hätten den Wunsch, die Forschung voranzutreiben, die am Ende die Maßstäbe in der Medizinpraxis verändern und die Krankenversicherungen dahin bringen würde, ihr Geld besser auszugeben. Diese Ärzte wüßten, wie sie mit dem Glauben umzugehen haben, den Patienten in sie setzen, und wie sie ihn »zurückzugeben« hätten, damit Spontanheilungen häufiger auftreten. Sie wären auch in der Lage, einen neuen Typ von Gesundheitsvorsorgeeinrichtungen zu entwerfen und auszustatten – Einrichtungen, die eher Kurkliniken ähnelten als Krankenhäusern. Diese Ärzte würden auch das Vertrauen der Patienten in sie wiederherstellen können.

Leider muß ich Ihnen gestehen, daß ich die Aussichten auf eine radikale Reform der medizinischen Ausbildung eher skeptisch beurteile, wenngleich ich engagiert versuche, etwas zu bewegen. Meine Skepsis geht auf die Zeit meines ersten Jahres als Medizinstudent, 1964, zurück und wurde durch meine Erfahrungen an einer medizinischen Fakultät verstärkt. Viele meiner Kommilitonen an der Harvard Medical School hatten als Hauptfach Geisteswissenschaften statt Naturwissenschaften belegt, und viele waren sich nicht sicher, ob sie Arzt werden wollten. Wir waren eine aufsässige und aufrührerische Gruppe und entsetzt über die Qualität der Lehre, die man uns in den naturwissenschaftlichen Grundkursen angedeihen ließ. Statt uns zu lehren, wie man sich systematisch mit Wissenschaft und Gesundheit beschäftigt, statt uns die allgemeinen Prinzipien der menschlichen Biologie zu vermitteln, wurden wir massenweise mit Einzelheiten vollgestopft, um sie dann, wie auf Abruf, bei den häufigen Examina wiederzukäuen. Viele von uns hatten auf dem College weitaus bessere Lehrerfahrungen gemacht, und wir beschwerten uns bitter. Die Fakultät wies uns ab mit der Ankündigung, im zweiten Semester werde man ein brandneues Curriculum, das Ergebnis fleißiger Ausschüsse und Unterausschüsse, vorstellen: ein sogenanntes integriertes Curriculum, das künftighin das Modell für die medizinischen Hochschulen sein sollte. »Was euch heute geboten wird«, sagte man uns, »das ist der alte Stoff. Hört also bitte auf, euch zu beschweren, und geduldet euch.«

Der erste Tag des neuen Curriculums kam. Statt uns mit den traditionellen Themen wie Embryologie, Anatomie, Physiologie und Biochemie zu beschäftigen, sollten wir uns nun mit den Körpersystemen befassen, und als erstes stand das Herz auf dem Plan. Ein Embryologe lieferte eine unglaublich detaillierte sechzigminütige Vorlesung über die Embryologie des Herzens. Als nächstes hielt ein Anatom eine ebenso detaillierte Vorlesung über die Herzanatomie. Der gleichen Gründlichkeit befleißigten sich der Physiologe und der Biochemiker. Am Ende der vier Stunden waren wir benommen von Fakten, verwirrt und wütend. Das sollte nun die sogenannte integrierte Lehre sein? Das war nichts weiter als Aneinanderreihung! Leider muß ich feststellen, daß in all den Jahren, in denen ich mir seither Ausschüsse und Unterausschüsse mit ihren Ideen und Vorschlägen für eine Curriculumreform angehört habe, keinerlei Fortschritte zu verzeichnen waren. Alles läuft immer wieder nur darauf hinaus, daß die Karten neu gemischt und dann lediglich anders ausgeteilt werden.

Was ich mit einer radikalen Reform der medizinischen Ausbildung meine, ist:

- Eine grundlegende Lehre in Wissenschaftstheorie unter Bezugnahme auf die neuen Modelle, die sich auf die Quantenphysik stützen und die alten Newtonschen Gesetze und Regeln sowie den Kartesischen Dualismus ersetzen. Diese Lehre würde Informationen über die Wahrscheinlichkeits- und Spieltheorie mit einbeziehen, sie würde auf mögliche Interaktionen zwischen Beobachter und Beobachtetem eingehen, und sie würde Modelle präsentieren, die auf die nichtphysische Verursachung physischer Ereignisse eingingen.
- Eine Lehre über die Geschichte der Medizin unter Bezugnahme auf die Entwicklung der wichtigsten Ansätze wie traditionelle chinesische Medizin, Homöopathie und Osteopathie.

- Eine schwerpunktmäßige Darstellung der heilenden Kraft der Natur und des körpereigenen Heilungssystems.
- Eine schwerpunktmäßige Darstellung der Wechselwirkungen zwischen Körper, Psyche und Geist – Placeboreaktionen, medizinische Verhexungen und Psychoneuroimmunologie eingeschlossen.
- Eine Lehre, die zusätzlich zu den Informationen über den menschlichen Körper auch Psychologie und Spiritualität mit einbezieht.
- Eine quantitative Reduzierung des Faktenwissens, das Studenten heute abrufbereit haben müssen, um ihre Examina zu bestehen. Wenn Studenten hingegen lernen, wie sie mit der allgemeinen Formation des Wissens in den verschiedenen naturwissenschaftlichen Bereichen der Medizin umzugehen haben, sind sie in der Lage, die Details bei Bedarf nachzuschlagen, zumal diese Informationen inzwischen als Software-Pakete angeboten werden.
- Das Angebot zu praktischen Erfahrungen in den Bereichen Ernährung, körperliche Bewegung, Entspannung, Meditation und Visualisierung. Studenten sollten nicht nur nach ihrem Faktenwissen, sondern auch nach ihren persönlichen Fortschritten in der Entwicklung eines gesunden Lebensstils beurteilt werden.
- Die praktische Erfahrung mit den grundlegenden Methoden der alternativen Medizin wie Naturheilkunde, ernährungswissenschaftliche Medizin, Manipulation, Körperarbeit, Atemtherapie, Akupunktur und geleitete Imagination (ergänzend zu den grundlegenden Methoden der Allopathie).
- Eine Lehre, wie wissenschaftliche Forschungen in der Medizin zu konzipieren und durchzuführen und wie publizierte wissenschaftliche Untersuchungen auszuwerten sind.
- Eine Lehre über die Kunst der Kommunikation, einschließlich der Aufnahme der Krankengeschichte, Patienteninterviews und Präsentation der beabsichtigten Behandlungen in einer heilungsfördernden Weise, die die Wahrscheinlichkeit erhöht, daß das körpereigene Heilungssystem aktiviert wird.

Über die Änderungen in der Ausbildung von Ärzten hinaus ist es aus meiner Sicht unverzichtbar, Institutionen und Ämter zu schaffen, die für Gesundheit und Heilung zuständig sind, und zwar innerhalb der heute bestehenden Ministerien, Ämter und Einrichtungen, deren Hauptaufgabe im wesentlichen in der Verwaltung von Krankheiten liegt. Aufgabe solcher Institutionen und Ämter wäre es, alle Phänomene der Heilung zu untersuchen, einschließlich Spontanremissionen von Krebs und anderen Krankheiten sowie Placeboreaktionen und Glaubensheilungen. Ein weiterer Schwerpunkt wäre der Bereich der alternativen Medizin, ein Aufgabenbereich, dem hinreichende Mittel für Forschungen über die Wirksamkeit alternativer Behandlungsmethoden, einschließlich eines Kosten-Nutzen-Vergleichs mit konventionellen Methoden, zur Verfügung zu stellen wären. Ein weiteres Ziel sollte die Entwicklung sogenannter nationaler Heilungsregister sein, die nach Krankheiten zu klassifizieren und ausgehend von breitgefächerten Querschnittserhebungen zu erstellen wären. Diese Informationen sollten allen Praktikern und Patienten zugänglich sein, so daß man sich, wenn man zum Beispiel eine Sklerodermie entwickelt, kundig machen kann, wo Heilungen von Sklerodermie aufgetreten sind, und gegebenenfalls auch die Namen von Personen erfährt – soweit diese sich auf freiwilliger Basis zur Weitergabe ihrer Namen bereit erklärt haben –, um sich (bzw. der Arzt) mit ihnen in Verbindung zu setzen und herauszufinden, welche Schritte sie im einzelnen unternommen haben. Eine derartige Erhebung wäre nicht nur Grundlage einer Datensammlung, wonach Forscher spezifizieren könnten, welche Behandlungen bei welchen Krankheiten am vielversprechendsten sind, sie würde auch, so behaupte ich, dafür sorgen, daß Spontanheilungen in unserer Gesellschaft häufiger vorkommen.

Sie können dazu beitragen, diese Veränderungen zu realisieren, indem Sie mit Ihrer Stimme in den Chor derer einfallen, die grundlegende Veränderungen in der Gesundheitsvorsorge verlangen. Einer starken Verbraucherbewegung haben wir die Entwicklung und Verbreitung der alternativen Medizin auf der ganzen Welt und die wachsende Aufgeschlossenheit zu verdanken, mit der die Ärzteschaft ihr begegnet. Hinzu kommt, daß die Schulmedizin heute in einer Kostenkrise steckt, die Krankenhäuser, Krankenversicherungen und Ärzte zur Erörterung von Ideen zwingt, die vor einem Jahrzehnt noch undenkbar gewesen wären – der richtige Zeitpunkt für Veränderungen. Und die Richtung, in die sich die Medizin bewegen muß, ist klar.

Danksagung

Dieses Buch wurde weitgehend in einem Sommer mit Rekordhitze und Rekordtrockenheit in der Sonora-Wüste im südlichen Arizona und inmitten eines aufwendigen Umzugs meiner Familie von einem Ende des Tucson-Tales zum anderen geschrieben. Gleich zu Beginn der Umzugsaktion verlor ich mein Arbeitszimmer und damit einen komfortablen Ort zum Schreiben. Mel Zuckerman von der Canyon-Ranch rettete mich mit seinem Angebot, mir ein Gästehaus als Schreibbüro zu überlassen. Ohne seine Hilfe hätte dieses Buch nicht so schnell das Licht der Welt erblickt. Ich bin ihm und Enid Zuckerman und ebenso Gary Frost, Jerry Cohen, Jonah Liebrecht und anderen Beschäftigten der Canyon-Ranch für ihre großzügige Gastfreundschaft sehr zu Dank verpflichtet.

Meinem Agenten Richard Pine von Arthur Pine Associates verdanke ich, daß der richtige Verleger für mein Buch gefunden wurde und daß er mich motivierte, mit der Arbeit an diesem Buch zu beginnen. Hilfreich waren auch die Kommentare und Fakten, die er dazu beisteuerte. Marly Rusoff und Sara Davidson habe ich zu danken, daß sie mich mit ihm bekannt machten. Jonathan Segal, mein Lektor beim Alfred A. Knopf Verlag, schenkte dem Manuskript bereits in der Vorbereitungszeit große Aufmerksamkeit, wofür ich ihm sehr dankbar war.

Zu denjenigen, die mit Informationen zu diesem Buch beitrugen, gehören Dr. James Dalen und Dr. Jean Wilson vom University of Arizona Health Sciences Center, Dr. Robert Anderson, Dr. William Manahan, Dr. Amy Stine, Dr. Michael T. Murray, Mark Blumenthal, Stephen Foster, Deborah Coryell, Kay Swetnam, Paul Stamets sowie alle Patienten und Patientinnen, die großzügig ihr Einverständnis gaben, daß ihre Heilungsgeschichte hier verwendet wurde. Pete Craig vom University of Arizona College of Medicine war mir bei meinen Forschungen eine große Hilfe, und eine Reihe von Personen, die das Manuskript vorab lasen, gaben mir wertvolle Ratschläge: insbesondere Melanie Anderson, Brian Becker, Sue Fleishman, Woody Wickham und Sabine Kremp.

Kevin Barry, der leitende Hydrotherapeut auf der Canyon-Ranch, sorgte dafür, daß ich beim Schreiben entspannt und bei Laune blieb, und Dr. Dean Ornish munterte mich immer wieder auf, wenn ich mich überfordert und ausgelaugt fühlte.

Und nicht zuletzt möchte ich meinem alten Freund und gelegentlichen Koautor Winifred Rosen besonders danken, der mir mit sehr viel Zeit und Energie half, dem Manuskript so weit den letzten Schliff zu geben, daß wir beide damit zufrieden waren.

Tucson, Arizona, im Frühjahr 1995 — Andrew Weil

Adressen- und Bezugsquellenhinweise

Nachfolgend einige Adressen- und Bezugsquellenhinweise, die Ihnen bei der Suche nach den in diesem Buch angesprochenen Praktikern und empfohlenen Heilpflanzen weiterhelfen können.

Akupunktur

Akupunktur wird derzeit in der Bundesrepublik Deutschland von rund zehntausend niedergelassenen Ärzten und darüber hinaus von Personen mit einer entsprechenden Spezialausbildung praktiziert, so daß es kein Problem sein dürfte, über die Gelben Seiten Ihres Telefonbuches oder mit einem Blick in den Anzeigenteil von Zeitschriften und Zeitungen Praktiker zu finden.

Ayurveda, Biofeedback, Feldenkrais, Hypnotherapie und Trager-Massage

Diese Heilverfahren sind inzwischen so verbreitet, daß es ebenfalls kein Problem sein dürfte, mit einem Blick in die Gelben Seiten Ihres Telefonbuches oder in den Anzeigenteil von Zeitschriften und Zeitungen entsprechende Therapeuten und Praktiker zu finden.

Homöopathie, Naturheilkunde

Homöopathen und Heilpraktiker finden Sie in den Gelben Seiten Ihres Telefonbuches.

Rolfing

Rolfing-Therapeuten finden Sie über die Gelben Seiten Ihres Telefonbuches, mit einem Blick in den Anzeigenteil von Zeitschriften und Zeitungen oder über:

Rolfing Association e. V., Ohmstr. 9, 80802 München, Tel. 0 89/ 39 68 02.

Osteopathie, kraniosakrale Manipulation

In der Bundesrepublik Deutschland gibt es noch nicht sehr viele Osteopathen. Diese alte Behandlungsmethode wurde hier vor allem erst in den letzten Jahren wiederentdeckt. Zwecks Vermittlung von Adressen können Sie sich an den im September 1994 gegründeten deutschen Verband wenden:

Verband der Osteopathen Deutschland e. V., Wielandstr. 5, 65187 Wiesbaden,

oder an:

Verband Deutscher Heilpraktiker e. V., Ernst-Grote-Str. 13, 30916 Hannover-Isernhagen, Tel. 05 11/6 18 28.

Auskunft erteilt ferner das College Sutherland, die maßgebende osteopathische Schule auf dem europäischen Kontinent, die auch Einrichtungen in der Bundesrepublik unterhält:

College Sutherland, Stationsdreef 47, B-8800 Roeselare/Belgien, Tel. 00 32/51 22 14 25.

Geleitete Imaginationstherapie

Sofern Sie in den Gelben Seiten Ihres Telefonbuches oder im Anzeigenteil von Zeitschriften und Zeitungen keine Hinweise auf Praktiker der geleiteten Imaginationstherapie finden, können Sie sich zwecks Auskunft wenden an:

David M. Morgenroth, Holtenauerstr. 208, 24105 Kiel, Tel. 04 31/80 67 32.

Chinesische Medizin

Zwecks Auskunft über die chinesische Medizin können Sie sich wenden an:

Internationale Gesellschaft für Chinesische Medizin e. V. (Societas Medicinae Sinensis), Leopoldstr. 17, 80802 München, Tel. 0 89/33 56 74.

Chinesische Heilkräuter und Tonika

Sofern die in diesem Buch erwähnten chinesischen Heilpflanzen und Tonika nicht über Reformhäuser, Drogerien und Naturkostläden erhältlich sind, können sie auch bezogen werden über:

The Tea Garden Herbal Emporium; 903 Colorado Boulevard, Suite 200; Santa Monica, California 90405; USA – Tel. 3 10-4 50-01 88.

Gefriergetrocknete Pflanzenextrakte und Tinkturen

Sofern bestimmte gefriergetrocknete Pflanzenextrakte und Tinkturen im Handel nicht erhältlich sind, können sie bezogen werden über:

Eclectic Institute; 14385 Southeast Lusted Road; Sandy, Oregon 97055; USA – Tel. 8 00–3 32–43 72.

Ingwerpräparate

Sofern bestimmte Ingwerpräparate im Handel nicht erhältlich sind, können sie bezogen werden über:

New Moon Extracts, Inc.; 99 Main Street; Brattleboro, Vermont 05301; USA – Tel. 8 02–2 57–00 18.

Detaillierte Anleitungen zum Umgang mit allgemeinen Krankheiten und zur entsprechenden Behandlung mit natürlichen pflanzlichen Mitteln finden Sie in meinem Buch *Natürliche Medizin/Natürliche Gesundheit. Das Handbuch für Vorbeugung und Heilung* (Hamburg 1991).

Sofern Sie weitere allgemeine Informationen oder Auskünfte über meine Seminare und Vorträge haben möchten oder Interesse an meinem Rundbrief über Gesundheit und Heilung haben, schreiben Sie bitte an:

Andrew Weil, M. D.; P. O. Box 697; Vail, Arizona 85641/USA.

Quellenverzeichnis

Einleitung

1 René Dubos: *Mirage of Health: Utopias, Progress, and Biological Change*. New York 1959 – zitiert aus: Andrew Weil: *Heilung und Selbstheilung. Über konventionelle und alternative Medizin*. Weinheim 1988, S. 168 f.

2 Michael D. Katz, in: *Clinical Research News of Arizona Physicians*, 5, September 1994, S. 9 (publiziert vom University of Arizona Health Sciences Center, Office of Public Affairs). Für weitere Informationen zum Thema siehe auch: A. Tomascz: »Multiple-antibiotic-resistant pathogenic bacteria. A report on the Rockefeller University Workshop«. *New England Journal of Medicine*, 330, 1994, S. 1247 ff.; sowie Jeffrey A. Fisher: *The Plague Makers: How We Are Creating Catastrophic New Epidemics – And What We Must Do To Avert Them*. New York 1994.

Kapitel 1

1 Samuel Hahnemann: *Chronische Krankheiten. Theoretischer Teil*. Ursprünglich veröffentlicht 1835, Reprint: Hohenschäftlarn 1983.

2 Siehe Joe Kane: »Letter From the Amazon«. *The New Yorker*, 27. September 1993.

Kapitel 2

1 V. M. Frymann: »A Study of the Rhythmic Motions of the Living Cranium«. *Journal of the American Osteopathic Association*, 70, 1971,

S. 928 ff.; D. K. Michael und E. W. Retzlaff: »A Preliminary Study of Cranial Bone Movement in the Squirrel Monkey«. *Journal of the American Osteopathic Association,* 74, 1975, S. 866 ff.; E. W. Retzlaff u. a.: »Cranial Bone Mobility«. *Journal of the American Osteopathic Association,* 74, 1975, S. 869 ff.

2 *Robert Fulford: An Osteopathic Alternative.* Zu beziehen über: Biomedical Communications, University of Arizona Health Sciences Center, Tucson, Arizona 85724, USA.

Kapitel 3

1 J. Kleijnen und P. Knipschild: »Ginkgo biloba for Cerebral Insufficiency«. *British Journal of Clinical Pharmacology,* 34, 1992, S. 352 ff.

Kapitel 4

1 D. M. Eisenberg u. a.: »Unconventional Medicine in the United States: Prevalence, Costs, and Patterns of Use«. *New England Journal of Medicine,* 328, 1993, S. 246 ff.

2 Siehe W. B. Cannon: »Voodoo Death«. *Psychosomatic Medicine,* 19, 1957, S. 182 ff.

3 Siehe zum Beispiel R. A. Kirkpatrick: »Witchcraft and Lupus Erythematosus«. *Journal of the American Medical Association,* 245, 1981, S. 1937.

4 Brendan O'Regan und Carlyle Hirshberg: *Spontaneous Remission: An Annotated Bibliography.* Sausalito, Kalifornien, 1993.

5 Ebenda.

6 Siehe »Warum Warzen abfallen«, Kapitel 18 meines Buches *Heilung und Selbstheilung. Über konventionelle und alternative Medizin.* Weinheim 1988.

Kapitel 5

1 Siehe Donald Voet und Judith G. Voet: *Biochemie,* Kapitel 12 und Kapitel 14. Weinheim 1992.

2 Siehe E. C. Friedberg: *DNA Repair.* New York 1985. Ebenso A. Sancar und G. B. Sancar: »DNA Repair Enzymes«. *Annual Review of Biochemistry,* 57, 1988, S. 29 ff.

3 Voet und Voet: *Biochemie,* Kapitel 31. Weinheim 1992.

4 J. L. Goldstein u. a.: »Receptor-mediated Endocytosis«. *Annual Review of Cell Biology,* 1, 1985, S. 1 ff.
5 Ramzi S. Cotran, Vinay Kumar, Stanley L. Robbins: *Grundlagen der allgemeinen Pathologie.* Stuttgart 1993.
6 Ebenda.
7 Robert O. Becker und Gary Selden: *The Body Electric: Electromagnetism and the Foundation of Life.* New York 1985.
8 Cotran, Kumar und Robbins: *Robbins Pathologic Basis of Disease.* 4. Ausgabe, Philadelphia 1989, S. 72 und 913.
9 Ebenda, S. 72 f.
10 Dean Ornish: *Die Ornish-Herz-Diät.* Stuttgart 1993.
11 J. Garner: »Spontaneous Regressions: Scientific Documentation as a Basis for the Declaration of Miracles«. *Canadian Medical Association Journal,* 111, 1974, S. 1254 ff.
12 Ebenda, zitiert in: Brendan O'Regan und Carlyle Hirshberg: *Spontaneous Remission: An Annotated Bibliography.* Sausalito 1993, S. 548.

Kapitel 6

1 E. J. Boyko u. a.: »Risk of Ulcerative Colitis among Former and Current Cigarette Smokers«. *New England Journal of Medicine,* 316, 1987, S. 707 ff.
2 Siehe Terence Monmaney: »Annals of Medicine«. *The New Yorker,* 20. September 1993.
3 C. B. Pert u. a.: »Neuropeptides and Their Receptors: A Psychosomatic Network«. *Journal of Immunology,* 135, 1985, S. 820 ff.
4 Ebenda, S. 824.
5 Laotse: *Tao-Te-King.* Stuttgart 1979, Vers 85, 175, 186.

Kapitel 7

1 Siehe zum Beispiel Mary Catharine O'Connor: *Art of Dying Well: Development of the* Ars Moriendi. New York 1967.
2 Larry Dossey: *Wahre Gesundheit finden. Krankheit und Schmerz aus ganzheitlicher Sicht.* München 1991.
3 John E. Sarno: *Healing Back Pain: The Mind-Body Connection.* New York 1991.
4 M. C. Jensen u. a.: »Magnetic Resonance Imaging of the Lumbar Spine in People Without Back Pain«. *New England Journal of Medicine,* 331, 1994, S. 69 ff.

Kapitel 8

1 K. Bagwell: »Lupus is Found at Highest Rate in Nogales, Ariz.«. *Arizona Daily Star,* 7. November 1993.

Kapitel 9

1 S. A. Grover u. a.: »Life Expectancy Following Dietary Modification or Smoking Cessation«. *Archives of Internal Medicine,* 154, 1994, S. 1697 ff.

2 E. J. Masoro: »Assessment of Nutritional Components in Prolongation of Life and Health by Diet«. *Proceedings of the Society for Experimental Biology and Medicine,* 193, 1990, S. 31 ff.

3 M. Aviram und K. Eias: »Dietary Olive Oil Reduces Low-Density Lipoprotein Uptake by Macrophages and Decreases the Susceptibility of the Lipoprotein to Undergo Lipid Peroxidation«. *Annals of Nutrition and Metabolism,* 37, 1995, S. 75 ff.

4 Siehe zum Beispiel A. Leaf: »Cardiovascular Effects of Omega-3 Fatty Acids«. *New England Journal of Medicine,* 318, 1988, S. 549 ff.; Wolfgang Herrmann u. a.: »Beeinflussung der Serumkonzentration von Lipiden, Lp(a), der Fibrinolyse und des Blutdrucks durch n-3 PUFAreiche Fischöldiät bei Herz-Kreislauf-Patienten«. *Zeitschrift für Klinische Medizin,* Band 46, September 1991, S. 1363 ff.; R. A. Karmali: »Omega-3 Fatty Acids and Cancer«. *Journal of Internal Medicine,* 225 (Ergänzung 1), 1989, S. 197 ff.; J. M. Kremer: »Clinical Studies of Omega-3 Fatty Acid Supplementation in Patients Who Have Rheumatoid Arthritis«. *Rheumatic Disease Clinics of North America,* 17, 1991, S. 391 ff.; und H. R. Knapp: »Omega-3 Fatty Acids, Endogenous Prostaglandins, and Blood Pressure Regulation in Humans«. *Nutrition Reviews,* 47, 1989, S. 301 ff.

5 A. Cassidy u. a.: »Biological Effects of a Diet of Soy Protein Rich in Isoflavones on the Menstrual Cycle of Premenopausal Women«. *American Journal of Clinical Nutrition,* 60, 1994, S. 333 ff.

Kapitel 10

1 T. H. Jukes: »Organic Food«. *CRC Critical Reviews in Food Science & Nutrition,* 9, 1977, S. 395 ff.

2 A. M. Fan und R. J. Jackson: »Pesticides and Food Safety«. *Regulatory Toxicology and Pharmacology,* 9, 1989, S. 168.

3 Ebenda, S. 169.
4 R. Wiles u. a.: *Washed, Peeled, Contaminated.* Washington 1994.
5 R. O. Becker: *Heilkraft und Gefahren der Elektrizität.* München 1993.

Kapitel 11

1 J. E. Brody: »Personal Health: Modern Doctors Confirm the Ancient Wisdom That Garlic Has Many Benefits«. *New York Times,* 27. Juli 1994.
2 »Garlic«: *The Lawrence Review of Natural Products.* St. Louis, Facts and Comparisons, April 1994.
3 Brody: »Personal Health: Modern Doctors Confirm the Ancient Wisdom That Garlic Has Many Benefits«. *New York Times,* 27. Juli 1994.
4 Paul Schulick: *Ginger: Common Spice & Wonder Drug.* Brattleboro, überarbeitete Ausgabe 1994. Dieses Buch enthält ein ausgezeichnetes Quellenverzeichnis über die wissenschaftliche Literatur.
5 Ebenda.
6 Jean Carper: *Wundermedizin Nahrung: Wie Sie durch richtige Ernährung über 100 Krankheiten und Beschwerden vorbeugen und sie heilen können.* Düsseldorf 1995. Siehe auch H. N. Graham: »Green Tea Composition, Consumption, and Polyphenol Chemistry«. *Preventive Medicine,* 21, 1992, S. 334 ff.; Y. Sagesaka-Mitane u. a.: »Platelet Aggregation Inhibitors in Hot Water Extract of Green Tea«. *Chemical and Pharmacological Bulletin,* Tokio, 38, 1990, S. 790 ff.
7 V. Fintelmann und A. Albert: *Therapiewoche.* 30, 1980, S. 5589 ff.; H. Hikino und Y. Kiso: »Natural Products for Liver Disease«. In: H. Wagner, H. Hikino und N. R. Farnsworth: *Economic and Medicinal Plant Research.* Band 2, New York 1988, S. 39 ff.
8 Subhuti Dharmananda: *Chinese Herbal Therapies.* Portland 1988, Kapitel 2.
9 Siehe »Astragalus« in: A. Y. Leung und S. Foster: *Encyclopedia of Common Natural Ingredients.* New York 1995.
10 N. R. Farnsworth u. a.: »Siberian Ginseng *(Eleutherococcus senticosus)*: Current Status as an Adaptogen«. In: H. Wagner, H. Hikino und N. R. Farnsworth (Hg.): *Economic and Medicinal Plant Research.* Band 1, Orlando 1985, S. 155 ff; und B. W. Halstead und L. L. Hood: *Eleutherococcus senticosus, Siberian Ginseng: An Introduction to the Concept of Adaptogenic Medicine.* Long Beach 1984.
11 H. Namba: »Maitake Mushroom: Promising Immune Therapy for Cancer Treatment«. *New Editions Health World,* Oktober 1994, S. 20 ff.
12 N. Ohno u. a.: »Structural Characterization and Antitumor Activity of

the Extracts from Matted Mycelium of Cultured *Grifola frondosa*«. *Chemical and Pharmacological Bulletin*, Tokio, 33, 1985, S. 3395 ff.; auch I. Suzuki: »Antitumor and Immunomodulating Activities of a ß-Glucan Obtained from Liquid-cultured *Grifola frondosa*«. *Chemical and Pharmacological Bulletin*, Tokio, 37, 1989, S. 410 ff.
13 Cameron Smith: »Gold Medal Herbs«. *Natural Health*, Mai/Juni 1994, S. 85 ff.

Kapitel 13

1 Edward Hoffmann: *The Way of Splendor: Jewish Mysticism and Modern Psychology*. Northvale 1992, S. 124.
2 Andrew Weil: *Natürliche Gesundheit/Natürliche Medizin. Das Handbuch für Vorbeugung und Heilung*. Hamburg 1991, S. 147.
3 Eine ausgezeichnete, gerade erschienene Publikation ist: *Conscious Breathing* von Gay Hendricks, New York 1995. Darin enthalten sind detaillierte Anleitungen zur Arbeit mit dem Atem, um die physische, psychische und geistige Gesundheit zu verbessern.
4 C. Stout u. a.: »Unusually Low Incidence of Death from Myocardial Infarction: Study of an Italian American Community in Pennsylvania«. *Journal of the American Medical Association*, 188, 1964, S. 845 ff. A. Keys: »Arteriosclerotic Heart Disease in Roseto, Pennsylvania«. *Journal of the American Medical Association*, 195, 1966, S. 137 ff. Die in diesen Arbeiten gezogenen Schlußfolgerungen werden in einem Artikel jüngeren Datums von S. Wolf und anderen in Frage gestellt: »Roseto Revisited: Further Data on the Incidence of Myocardial Infarction in Roseto and Neighboring Pennsylvania Communities«. *Transactions of the American Clinical and Climatological Association*, 85, 1973, S. 100 ff.

Kapitel 15

1 L. Geng-tao: »Pharmacological Actions and Clinical Use of Fructus Schizandrae«. *Chinese Medical Journal*, 102, 1989, S. 740 ff.
2 H. O. Collier u. a.: »Extract of Feverfex Inhibits Prostaglandin Biosynthesis«. *Lancet*, 11, 1981, S. 1054; M. I. Berry: »Feverfex Faces the Future«. *Pharmacy Journal*, 232, 1984, S. 611 ff.
3 V. A. Ziboh: »Implications of Dietary Oils and Polyunsaturated Fatty Acids in the Management of Cutaneous Disorders«. *Archives of Dermatology*, 125, 1989, S. 241 ff.
4 B. Bräunig u. a.: »Echinacea purpureae Radix: zur Stärkung der kör-

pereigenen Abwehr bei grippalen Infekten«. *Zeitschrift für Phytotherapie,* Heft 1, Februar 1992, S. 7 ff.

5 E. Middleton und G. Drzewieki: »Naturally Occuring Flavonoids and Human Basophil Histamine Release«. *International Archives of Allergy and Applied Immunology,* 77, 1985, S. 155 ff.; M. Amelia u. a.: »Inhibition of Mast Cell Histamine Release by Flavonoids and Bioflavonoids«. *Planta Medica,* 51, 1985, S. 16 ff.; E. Middleton und C. Kundaswami: »Effects of Flavonoids on Immune and Inflammatory Cell Functions«. *Biochemical Pharmacology,* 43, 1992, S. 1167 ff.

Kapitel 16

1 Andrew Weil: *Heilung und Selbstheilung. Über konventionelle und alternative Medizin.* Weinheim 1988.

2 G. V. Satyavati: »Gum Guggul *(Commiphora mukul)* – the Success Story of an Ancient Insight Leading to a Modern Discovery«. *Indian Journal of Medical Research,* 87, 1988, S. 327 ff.; S. Nityanand u. a.: »Clinical Trials with Gugulipid, a New Hypolipidaemic Agent«. *Journal of the Association of Physicians of India,* 37, 1989, S. 323 ff.

3 Larry Dossey: *Healing Words: The Power of Prayer and the Practice of Medicine.* San Francisco 1993.

Kapitel 18

1 P. Mittman: »Randomized, Double-Blind Study of Freeze-Dried *Urtica dioica* in the Treatment of Allergic Rhinitis«. *Planta Medica,* 56, 1990, S. 44 ff.

2 Siehe »Feverfex« in: *The Lawrence Review of Natural Products.* St. Louis, Facts and Comparisons, September 1994.

3 M. Murray: »Curcumin: A Potent Anti-inflammatory Agent«. *American Journal of Natural Medicine,* 1, 1994, S. 10 ff.

4 T. Kawasaki: »Antioxidant Function of Coenzyme Q«. *Journal of Nutritional Science and Vitaminology,* 38, 1992, Sonderausgabe, S. 552 ff.

5 C. J. Pepine: »The Therapeutic Potential of Carnitine in Cardiovascular Disorders«. *Clinical Therapeutics,* 13, 1991, S. 2 ff.

6 D. E. Hammerschmidt: »Szechuan Purpura«. *New England Journal of Medicine,* 302, 1980, S. 1191 ff.

7 B. Bräunig u. a.: »Echinacea purpureae Radix: zur Stärkung der körpereigenen Abwehr bei grippalen Infekten«. *Zeitschrift für Phytotherapie,* Heft 1, Februar 1992, S. 7 ff.

8 W. Kaufmann: »The Use of Vitamin Therapy to Reverse Certain Concomitants of Aging«. *Journal of the American Geriatric Society,* 3, 1955, S. 927 ff.
9 C. K. Reddy u. a.: »Studies on the Metabolism of Glycosaminoglycans under the Influence of New Herbal Anti-inflammatory Agents«. *Biochemical Pharmacology,* 20, 1989, S. 3527 ff.
10 G. Champault u. a.: »A Double-blind Trial of an Extract of the Plant *Serenoa repens* in Benign Prostatic Hyperplasia«. *British Journal of Clinical Pharmacology,* 18, 1984, S. 461 f.; A. Barlet u. a.: »Efficacy of *Pygeum africanum* Extract in the Medical Therapy of Urination Disorders Due to Benign Prostatic Hyperplasia: Evaluation of Objective and Subjective Parameters: A Placebo-controlled Double-blind Multicenter Study«. *Wiener Klinische Wochenschrift,* 102, 1990, S. 667 ff.

Kapitel 19

1 Dr. R. A. Anderson: »Carcinoma of the Ovary: A Case Report«. Dezember 1992.
2 Eingehend wird dieses Thema zum Beispiel mit detaillierten Informationen über die Natur und Verfügbarkeit alternativer Krebstherapien in *Choices in Healing* von Michael Lerner behandelt; Boston 1994.
3 Zusätzlich zu den Informationen in Teil II dieses Buches verweise ich auf mein letztes Buch, *Natürliche Gesundheit/Natürliche Medizin. Das Handbuch für Vorbeugung und Heilung* (Hamburg 1991), insbesondere auf Kapitel 11, »Wie ich Krebs vorbeuge«, und Kapitel 12, »Wie kann ich mein Immunsystem schützen?«.
4 Zum Beispiel S. Austin und C. Hitchcock: *Breast Cancer: What You Should Know, But May Not Be Told About Prevention, Diagnosis, and Treatment* (Rocklin 1994), das eine ausgezeichnete Analyse der Wahlmöglichkeiten enthält, vor denen Frauen mit Brustkrebs stehen.

Weiterführende Literatur

Achterberg, Jeanne: *Die heilende Kraft der Imagination. Heilung durch Gedankenkraft – Grundlagen und Methoden der Neuen Medizin.* München 1987.

Araoz, Daniel L.: *Die Neue Hypnose.* Paderborn 1989.

Becker, Robert O.: *Heilkraft und Gefahren der Elektrizität. Die Chance der Energiemedizin und die Gefahren des Elektrosmog.* München 1993.

Bocksch, Manfred: *Natürlich heilen und behandeln. Praktische Naturheilkunde für jeden.* München 1985.

Böhmig, Ulf, Dr. med.: *Naturheilpraxis für zu Hause.* Wien 1993.

Buchberger, Dietmar: *Wenn Luft und Wetter krank machen. Gefahren durch Wetter, Strahlen, Smog, Ozonloch ... und wie man sich schützt.* Köln 1994.

Calatin, Anne: *Ernährung und Psyche.* Karlsruhe 1988.

Carper, Jean: *Nahrung ist die beste Medizin. Sensationelle Erkenntnisse über die Heilstoffe in unseren Lebensmitteln.* Düsseldorf 1989.

Carper, Jean: *Wundermedizin Nahrung. Wie Sie durch richtige Ernährung über 100 Krankheiten und Beschwerden vorbeugen und sie heilen können.* Düsseldorf 1995.

Dethlefsen, Thorwald, und Dahlke, Rüdiger: *Krankheit als Weg. Deutung und Be-Deutung der Krankheitsbilder.* München 1983.

Dahlke, Rüdiger: *Krankheit als Sprache der Seele. Be-Deutung und Chance der Krankheitsbilder.* München 1992.

Dahlke, Rüdiger: *Lebenskrisen als Entwicklungschancen. Zeiten des Umbruchs und ihre Krankheitsbilder.* München 1995.

Dahlke, Rüdiger: *Reisen nach Innen. Geführte Meditationen auf dem Weg zu sich selbst.* München 1994.

Dahlke, Rüdiger: *Bewußt fasten. Ein Wegweiser zu neuen Erfahrungen.* Neuauflage. München 1995.

Dossey, Larry: *Wahre Gesundheit finden. Krankheit und Schmerz aus ganzheitlicher Sicht.* München 1991.

Fischer, Claudia und Reinhold: *Tu was!* Berlin 1984.
Fulder, Stephen: *Überlebensführer für Patienten. Nebenwirkungen und Risiken der modernen Medizin.* Reinbek 1991.
Grosch, Peter, und Schuster, Gerd: *Der Biokost-Report.* München 1985.
Hunt, Douglas: *Angstfrei leben. Der Einfluß unserer Ernährung auf das psychische Wohlbefinden.* Hamburg 1990.
Jung, Mathias, Dr. med.: *Kranke Medizin. Ein Blick hinter die Mauer des Schweigens.* Düsseldorf 1989.
Justice, Blair: *Wer wird krank? Der Einfluß von Stimmungen, Gedanken und Gefühlen auf unsere Gesundheit.* Hamburg 1989.
Katalyse e. V: *Das Ernährungs-Buch. Lebensmittel und Gesundheit.* Köln 1989.
Klopfleisch, Reinhard, und Maywald, Armin: *Es ist angerichtet. Wie die Lebensmittelindustrie uns künstlich ernähren will und wie wir uns gegen synthetische Kost wehren können.* Hamburg 1989.
Koch, Egmont R., u. a.: *Entgiften. Was jeder zu Hause tun kann.* München 1986.
Koch, Egmont: *Umweltschutz zu Hause.* München 1984.
Lambley, Peter: *Psyche und Krebs. Zur Psychosomatik von Krebserkrankungen.* Reinbek 1989.
Langbein, Kurt, u. a.: *Bittere Pillen. Nutzen und Risiken der Arzneimittel. Ein kritischer Ratgeber.* Köln 1993.
Laskow, Leonard: *Heilende Energie. Einführung in die Medizin der inneren Kräfte.* München 1995.
Leung, Albert Y.: *Chinesische Heilkräuter.* Köln 1985.
Liebster, Günther: *Heilkraft aus dem Garten.* München 1985.
Lindner, Ernst: *Toxokologie der Nahrungsmittel.* Stuttgart 1990.
Naturmedizin heute. München 1993.
Oberbeil, Klaus: *Fit durch Vitamine.* München 1993.
Öko-Institut u. a.: *Chemie im Haushalt.* Reinbek 1984.
Olbricht, Ingrid: *Alles psychisch? Der Einfluß der Seele auf unsere Gesundheit.* München 1989.
Ornish, Dean: *Die Ornish-Herz-Diät.* Stuttgart 1993.
Ornstein, Robert, und Sobel, David: *Gesund durch Lebensfreude.* München 1994.
Rainwater, Janette: *Therapie in eigener Verantwortung.* München 1993.
Schrott, Ernst, Dr. med.: *Ayurveda für jeden Tag.* München 1994.
Seng, G., Dr. med.: *Naturheilverfahren und Homöopathie. Methoden, Krankheiten und ihre Behandlung.* Stuttgart 1986.
Siegel, Bernie: *Mit der Seele heilen. Gesundheit durch inneren Dialog.* Düsseldorf 1993.
Simonton, Carl O.: *Auf dem Wege der Besserung. Schritte zur körperlichen und spirituellen Heilung.* Reinbek 1993.

Simonton, Carl O.: *Wieder gesund werden. Eine Anleitung zur Aktivierung der Selbstheilungskräfte für Krebspatienten und ihre Angehörigen.* Reinbek 1992.
Spelsberg, Gerd: *Essen aus dem Genlabor. Über die Zukunft unserer Ernährung.* Göttingen 1993.
Urban, Martin (Hg.): *Leben mit Chemie. Schattenseite der Industriekultur.* München 1987.
Weil, Andrew: *Heilung und Selbstheilung. Über konventionelle und alternative Medizin.* Weinheim 1988.
Weil, Andrew: *Natürliche Gesundheit/Natürliche Medizin. Das Handbuch für Vorbeugung und Heilung.* Hamburg 1991.
Werdin, Sitha: *Gemüse-Apotheke. Alte und neue Heilrezepte.* München 1995.

Register